劳动法讲习所

企业人力资源管理与
法律顾问实务指引**丛书**

AAA

人力资源法律风险防范体系

可视化流程指引和
工具化落地方案

王　勇◎主编

中国法制出版社
CHINA LEGAL PUBLISHING HOUSE

编 委 会

PREFACE

序言

一、出书缘起

1. 这是一个劳动者权益高涨的时代。

对于劳动者，在劳动争议中除了为取得劳动报酬、休息休假、社会保险和福利等权利、劳动安全保护等，还出现了涉及职场的话语权和员工职业发展权益的争议，如平等就业和选择职业权利、接受职业技能培训权利、参与民主管理权利等。可以说，这是一个劳动者权益高涨的时代。

2. 这是一个企业用工合规觉醒的时代。

企业在经营发展的过程中不仅面临竞争日益激烈的外部环境，还要处理矛盾不断紧张的员工关系。伴随着劳动者权益高涨的时代，企业违法用工的成本和风险在加重，不管企业是否主动还是被动察觉用工风险问题，这都是一个企业用工合规觉醒的时代。

3. 这是一个 HR 和劳动法律师互相成就的时代。

只有 HR 和律师互相配合，发挥 HR 的管理优势和律师的法律优势，才能合规高效处理员工关系。不管 HR 或律师是否主动还是被动意识到双方的天然合作关系，这都是一个 HR 和劳动法律师互相成就的时代。

二、写作方法

六大维度分析、解决企业用工风险。本书从入职到离职期间涉及的十大模块全方位进行企业人力资源用工风险的梳理和规避。

在**用工场景**里，通过企业用工行为操作，直接说明法律后果（如承担补偿金、赔偿金、行政处罚、用工损失、管理失误等）的方式来表达用工风险给企业带来的不良影响；

在**风险提示**中针对用工场景发生的不利后果进行点明并解析，把企业用工操作的风险点介绍清楚，其实相当于"先果后因"的推导过程；

在 **HR 操作建议指引**中提供用工合规化的实操处理技巧和经验操作，为企业规避、降低用工风险提供法律实务经验；

在**用工风险防范工具**中进行理论联系实际，通过工具化方式（表单、协议、制度）

解决用工风险，体现律师法律服务的实用性价值。

在**知识答疑**中罗列该用工模块涉及的争议点和复杂情况予以一问一答方式呈现，作为从事企业人力资源管理人员深度学习知识打卡区；

在**地方性法律法规**中，体现各地的用工立法政策和司法态度差异，表明企业用工领域的专业复杂程度。

三、本书特点

1. **可视化**：本书一改现有图书市场上的劳动法书籍的写作方式，着重以思维导图、流程图等可视化方式呈现企业用工的风险点以及用工操作指引，力图给企业用工操作带来直观上的便捷，尽最大限度地避免企业花费过多的时间用在理解枯燥的法条和繁杂的案例上。

2. **工具化**：本书也毫不吝啬地给企业贡献我们劳动法讲习所的解决用工风险的落地表单、协议、制度，并批注律师服务企业所考虑的合规风险点，力图将此书真正地作为一本工具书，给企业用工合规带来实实在在的便利。后续针对本书内容将研发相应线上及线下培训课程，帮助大家更好地学习和使用。

3. **时效性**：本书定稿之际，正遇《民法典》和《最高人民法院关于审理劳动争议案件适用法律问题的法解释一》生效实施，为此我们劳动法讲习所团队重新梳理了书稿的法律法规，删旧改新，保证涉及的法律法规时效性准确。鉴于地方性法律规范浩瀚如云又更新频繁，本书无法保证在出版之后业已引用的法规依然有效，恳请读者对此予以谅解。对于已失效的部分地方性配套规定，在目前地方司法实践中仍大量适用，且具有学习借鉴意义，各位读者可结合地方裁判案例予以参考适用。

4. **系统性**：本书共八篇二十三章、从招聘与入职、劳动合同、薪酬福利和社会保险、工时休假、培训服务竞业限制保密期、离职管理、规章制度与劳动争议、复合用工等方面，全面系统地分析了员工从入职到离职整个用工合规流程。

感谢劳动法讲习所出书团队不竭余力地参与本书写作，从初期的确立出书体例、安排出书节点计划，中期的书稿写作、讨论整理，定稿前交流互审，到书稿最终完成定版，可谓一步一个脚印，凝结了团队的心血与智慧。然时代飞速，光阴即逝，劳动法讲习所团队也不过是浩瀚劳动法律领域书海中的一位读者，无法穷尽书海中的知识与智慧，水平有限难免有些纰漏，如有不妥或疏忽之处，还请读者朋友们多多批评指正并给予谅解。

王勇
2021 年 5 月

劳动法讲习所 · 各地劳动法专业律师

全国咨询电话：022-27313417

区域	城市	姓名	区域	城市	姓名
劳动法讲习所总部		王 勇 律师	华东	滨州	张 伟 律师
华北	天津	王晨辉 律师		常熟	张雪松 律师
	北京	宋金玉 律师		常州	巢 军 律师
	沧州	陈 静 律师		东营	郭维群 律师
	邯郸	曹 明 律师		福州	洪淑贞 律师
	衡水	赵 擎 律师		杭州	林珊景 律师
	晋城	孙海洋 律师		淮安	刘 伟 律师
	廊坊	赵春蕾 律师		济南	叶冠明 律师
	临汾	郇新丽 律师		连云港	朱 丽 律师
	秦皇岛	李春红 律师		临沂	房兆丽 律师
	太原	张改云 律师		龙岩	刘清山 律师
	唐山	郭 涛 律师		马鞍山	郑 峰 律师
	邢台	代雄雄 律师		南京	曹 冉 律师
	燕郊	韩晶华 律师		南通	冒月建 律师
	张家口	武晓锐 律师		宁波	郭 侠 律师
	长治	吴新宇 律师		苏州	张宗峦 律师
华南	东莞	陈贵青 律师		苏州	梅 娜 律师
	广州	曾敏华 律师		威海	邹 丹 律师
	柳州	史 芸 律师		潍坊	王洪磊 律师
	南宁	邹代懋 律师		温州	陈思思 律师
	深圳	张江多 律师		徐州	王金良 律师
	深圳	孙 俊 律师		烟台	张 瑀 律师
	深圳	莫伟智 律师		盐城	唐 朝 律师
华中	武汉	舒 洪 律师		永康	吕毅娉 律师
	湘潭	罗丽君 律师		淄博	郭 君 律师
	襄阳	何天翔 律师	西北	昌吉	宁菊红 律师

续表

区域	城市	姓名	区域	城市	姓名
	岳阳	章浩然　律师		兰州	鞠天麟　律师
	长沙	吴咏梅　律师		西安	杨　宝　律师
	郑州	田华钢　律师		西咸	张　娜　律师
西南	成都	冯　群　律师		咸宁	郑德露　律师
	贵阳	陈远航　律师	东北	沈阳	王素莹　律师
	昆明	李果霏　律师		大连	雒园园　律师
	玉溪	廖庆生　律师		锦州	邢吉伟　律师
	遵义	况明应　律师		长春	张博心　律师

目录 contents

第二篇　劳动合同

第四篇　工时管理与假期管理

第七篇 规章制度与劳动争议

第八篇 复合用工

索　引

用工风险防范工具

续表

索　引

知识答疑

续表

一个劳动者权益高涨的时代，

一个企业用工合规觉醒的时代，

一个 HR 和劳动法律师互相成就的时代。

1

CHAPTER

第一篇

招聘管理、入职管理与试用期管理

HUMAN RESOURCES RISK MANAGEMENT

第一章 | 招聘管理与入职管理

第一节　用工场景

招聘阶段与入职阶段的风险往往被大多数用人单位忽略。与《劳动合同法》同年生效的《就业促进法》像沉睡的"雄狮"，一旦用人单位违反相关的就业法规，特别是发布虚假的招聘信息和带有歧视性质的招聘信息（如性别歧视、年龄歧视、地区歧视等），将引发巨大的用工风险。另外如果招聘了一个不该招的员工，对用人单位来说将后患无穷。因此，用人单位要在招聘环节把好入职关。此外，用人单位若未考虑招聘信息或广告内容的合规性以及应聘人员的用工制度，那么必将面临相应的法律风险。

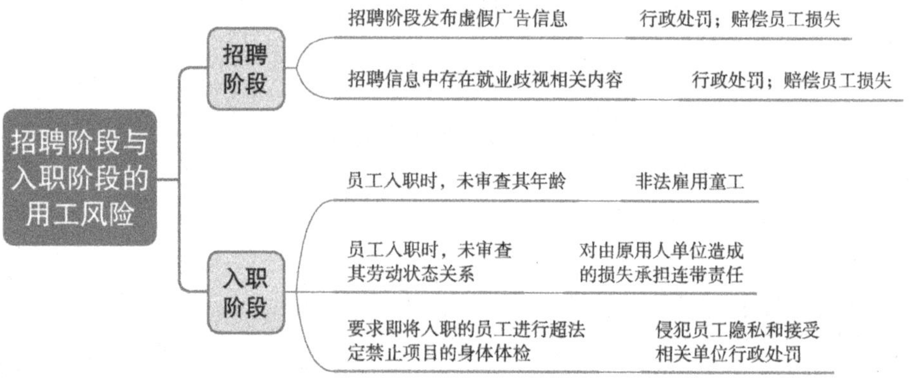

图 1-1　招聘阶段与入职阶段的用工风险

第二节　风险提示

用工风险 1：发布虚假的招聘广告。

根据《就业服务与就业管理规定》第十四条规定，用人单位招用人员不得有下列行为：（一）提供虚假招聘信息，发布虚假招聘广告；（二）扣押被录用人员的居民身份证和其他证件；（三）以担保或者其他名义向劳动者收取财物；（四）招用未满16周岁的未成年人以及国家法律、行政法规规定不得招用的其他人员；（五）招用无合法身份证件的人员；（六）以招用人员为名牟取不正当利益或进行其他违纪活动。

劳动者若因虚假招聘信息与用人单位签订劳动合同，那么可以以用人单位欺诈导致劳动合同无效为由，提出解除劳动合同并要求用人单位为其支付经济补偿金。

用工风险2：发布带有就业歧视的招聘信息。

根据《就业促进法》第三条规定，劳动者依法享有平等就业和自主择业的权利。劳动者就业，不因民族、种族、性别、宗教信仰等不同而受歧视。

如歧视妇女。根据《关于进一步规范招聘行为促进妇女就业的通知》的规定，对招聘环节中就业性别歧视的具体表现进一步作出了细化规定。明确要求各类用人单位、人力资源服务机构在拟定招聘计划、发布招聘信息、招用人员过程中，不得限定性别（国家规定的女员工禁忌劳动范围等情况除外）或性别优先，不得以性别为由限制妇女求职就业、拒绝录用妇女，不得询问妇女婚育情况，不得将妊娠测试作为入职体检项目，不得将限制生育作为录用条件，不得差别化地提高对妇女的录用标准。

再如歧视乙肝病原携带者。根据《关于进一步规范入学和就业体检项目维护乙肝表面抗原携带者入学和就业权利的通知》的规定，用人单位在就业体检中，不得要求乙肝项目检测，不得因劳动者是乙肝病原携带者而拒绝予以招用或辞退。对用人单位违反本通知规定，要求受检者进行乙肝项目检查的，要及时制止、纠正，并依据《就业服务与就业管理规定》第六十八条，将由劳动保障行政部门责令改正，并可处以1000元以下的罚款；如果用人单位因劳动者是乙肝病原携带者而拒绝予以招用的，将侵犯劳动者的就业平等权，须要承担赔偿责任，如果用人单位因劳动者是乙肝病原携带者而予以辞退的，属于违法解除劳动合同，承担赔偿金责任或恢复劳动关系，赔偿工资损失责任。

用工风险3：员工入职时，用人单位未审查员工年龄。

根据《劳动法》第十五条规定，禁止用人单位招用未满16周岁的未成年人。文艺、体育和特种工艺单位招用未满16周岁的未成年人，必须遵守国家有关规定，履行审批手续，并保障其接受义务教育的权利。一旦用人单位疏于审查员工的年龄导致事实上使用童工的，根据《禁止使用童工规定》第六条规定，用人单位使用童工的，由劳动保障行政部门按照每使用一名童工每月处5000元罚款的标准给予处罚。同时，劳动保障行政部门会责令用人单位限期将童工送回原居住地送交其父母或者其他监护人，所需交通和食宿费用全部由用人单位承担。如果用人单位逾期仍不将童工送交其父母或者其他监护人的，从责令限期改正之日起，由劳动保障行政部门按照每使用一名童工每月处1万元罚款的标准处罚，并由工商行政管理部门吊销其营业执照或者由民政部门撤销民办非企业单位登记。

用工风险4：员工入职时，用人单位未审查其劳动关系状态。

根据《劳动合同法》第九十一条规定，用人单位招用了与其他用人单位尚未解除或者终止劳动合同的劳动者，给其他用人单位造成损失的，用人单位应当承担连带赔偿责任。同时根据《违反〈劳动法〉有关劳动合同规定的赔偿办法》第六条规定，用人单位招用尚未解除劳动合同的劳动者，对原用人单位造成经济损失的，除该劳动者承担直接赔偿责任外，该用人单位应当承担连带赔偿责任，其连带赔偿的份额应不低于对原用人单位造成经济损失总额的70%。向原用人单位赔偿下列损失：（一）对生产、经营和工作造成的直接经济损失；（二）因获取商业秘密给原用人单位造成的经济损失。赔偿本条第（二）项规定的损失，按《反不正当竞争法》第二十条的规定执行。

用工风险5：员工入职时，用人单位要求其提供法定禁止项目的体检信息。

为防止员工患有潜在疾病或职业病，用工单位可以要求应聘者到指定医院参加体检。但是，用人单位须杜绝下列情况：招用人员时将乙肝病毒血清学指标作为体检标准；将妊娠测试作为入职体检项目。

如果用人单位招用人员时将乙肝病毒血清学指标作为体检标准的，依据《就业服务与就业管理规定》第六十八条，将由劳动保障行政部门责令改正，并可处以1000元以下的罚款。如果用人单位将妊娠测试作为入职体检项目，显然违反《关于进一步规范招聘行为促进妇女就业的通知》的规定，将面临行政部门的约谈、调查、责令改正等，如侵犯员工个人隐私的，还须承担侵权责任。

用工风险 6：用人单位因未明确招聘权而导致被动招聘。

根据《劳动合同法》第七条规定，劳动关系自用工之日起建立。如果业务部门直接对外招聘人员并开始用工，导致人力资源部门无法得知招聘情况，未及时办理入职手续，由于自用工之日起就建立起劳动关系，员工将来还可以主张未签订劳动合同的二倍工资赔偿。如果员工发生工伤事故，因为未及时办理工伤保险手续，导致所有的工伤待遇将由用人单位承担。

用工风险 7：用人单位未审查特殊岗位员工的信用信息。

由于用人单位的某些岗位（如财务、库管）职责涉及管理、保管财物等内容，如果不审查财务、库管等特殊岗位员工的信用状况，将会给用人单位的财物安全带来隐患。例如，如果发现招聘的财务人员其信用卡逾期或者是被列入人民法院失信被执行人，那么其将来在财务岗位任职容易发生职务侵占或挪用资金等风险。

用工风险 8：入职留存员工各种资质证件未签字确认。

用人单位应对应聘者所提供的相关学历证明和各种资格证明的真实性进行审查。用人单位也应该让员工在相关证明复印文件上签字，并保存带有员工签字的复印文件。但是，现实生活中很多用人单位因为其留存复印件没有员工签字，从而在发生争议时员工否认单位提供的复印件系由其提供，否认该复印件的真实性和关联性，无法作为有效的证据，造成用人单位败诉的结果。

第三节　HR 操作建议指引

一、关于发布招聘信息的建议

1. 内容真实：用人单位招聘信息中的工资薪金、福利待遇应保证真实。

2. 避免就业歧视：用人单位在发布招聘信息时应避免出现与就业歧视有关的内容，比如包括对招聘者“性别、婚姻状况、民族、户籍、健康情况”等方面的不合理限制。

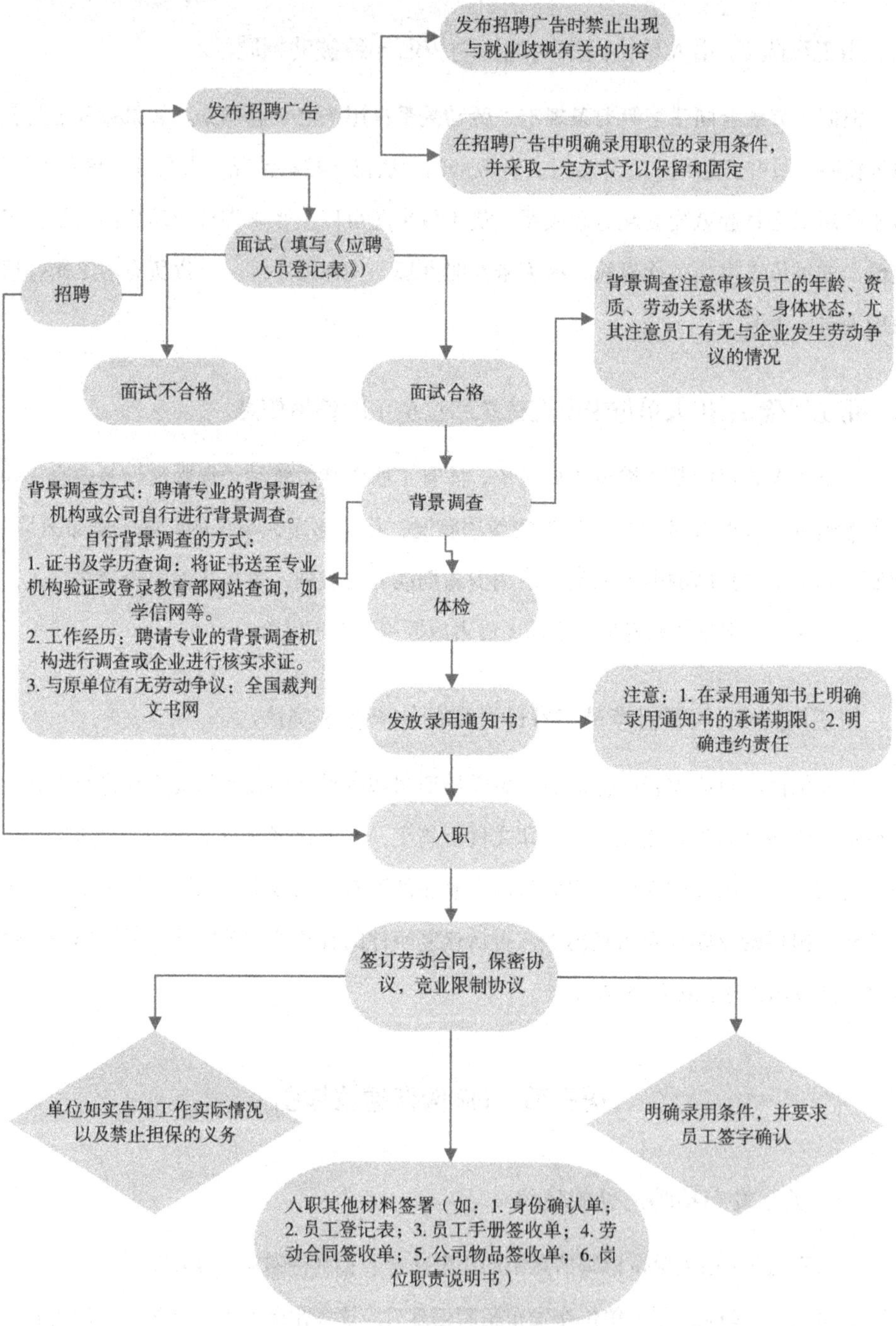
发布招聘广告时禁止出现与就业歧视有关的内容
发布招聘广告
在招聘广告中明确录用职位的录用条件，并采取一定方式予以保留和固定
面试（填写《应聘人员登记表》）
招聘
背景调查注意审核员工的年龄、资质、劳动关系状态、身体状态，尤其注意员工有无与企业发生劳动争议的情况
面试不合格
面试合格
背景调查方式：聘请专业的背景调查机构或公司自行进行背景调查。
自行背景调查的方式：
1. 证书及学历查询：将证书送至专业机构验证或登录教育部网站查询，如学信网等。
2. 工作经历：聘请专业的背景调查机构进行调查或企业进行核实求证。
3. 与原单位有无劳动争议：全国裁判文书网
背景调查
体检
发放录用通知书
注意：1. 在录用通知书上明确录用通知书的承诺期限。2. 明确违约责任
入职
签订劳动合同，保密协议，竞业限制协议
单位如实告知工作实际情况以及禁止担保的义务
明确录用条件，并要求员工签字确认
入职其他材料签署（如：1. 身份确认单；2. 员工登记表；3. 员工手册签收单；4. 劳动合同签收单；5. 公司物品签收单；6. 岗位职责说明书）

图 1-2　HR 操作建议

3. 明确招聘条件：用人单位在招聘信息中要明确所招聘职位的具体要求。用人单位可让员工在招聘信息文件上签字并予以存档，为日后证明员工不符合录用条件保留相应的证据。

二、关于入职审查的建议

1. 背景调查：用人单位需要准确了解拟录用人员的用工信息。用人单位审查拟录用人员的用工信息时要注意以下几点：一是核实用工年龄，避免出现招用未满 16 周岁的童工的情况；二是核实犯罪记录、工作履历、专业资质，充分了解员工的劳动纪律和工作能力，避免员工隐瞒或者提供虚假信息导致员工将来出现违规违纪或者不胜任工作的情形；三是调查劳动关系（劳动争议，民事争议），了解员工与原工作单位之间是否产生过争议，以便在之后建立劳动用工过程中避免触碰到员工权益敏感区，对可能会与其产生劳动争议事项提前做好合规准备；四是调查竞业限制协议，了解员工与原用人单位是否还存在权利义务关系，预防自身侵害原用人单位的权益，避免承担连带责任；五是充分了解特殊岗位员工的个人信用记录。如果发现所招聘的财务人员信用卡逾期或者是被列入人民法院失信被执行人，那么其将来在财务岗位任职容易发生职务侵占或挪用资金等风险。

2. 先体检后录用。用人单位可对存在高强度、高压等风险作业的相关岗位拟聘用员工进行心理或精神类项目体检。对于法律禁止体检的项目，要严格遵守法律底线。在体检合格后再给招聘者发出录用通知书，可根据体检结果决定是否录用该员工，同时避免就业歧视。

3. 用人单位在确定录用该员工的前提下，才能发出录用通知书。并在通知书上列明不予录用的情形。在录用通知书送达后发生法律效力，不得单方面随意变更。

4. 用人单位在制作和签发录用通知书时需注意：一是明确应聘者应予承诺的期限。如应聘者与其未按期确认，则公司有权取消该职位或招聘其他人。二是明确违约责任。若双方达成合作意向后，应聘者未在约定时间报到，则公司可要求其承担相应的违约责任。

5. 员工入职后，用人单位应及时与员工签订劳动合同，不能以录用通知书替代劳动合同。

三、关于录用条件的建议

1. 用人单位在招聘信息中应根据所招聘的职位，明确自己的招聘条件，并将此招聘信息存档备查。

2. 用人单位应根据所招聘职位的要求逐条拟订录用条件，并且内容应当明确化、具体化，切忌空泛化、简单化。一般情况下，录用条件的设定可以包括：工作能力方面，如学历、工作经验、专业技能等；身体状况方面，如没有不适合从事相关工作的疾病等；工作态度方面，如遵守公司的规章制度等；法律规定方面，如与其他任何单位不存在劳动关系等；以及用人单位的业绩要求方面等。

3. 各职位的录用条件应事先向劳动者公示，并保留相应的公示证据（签字确认）。如招聘广告、录用通知书、劳动合同等书面材料。

4. 由于法律不禁止员工建立多重劳动关系，即劳动者可以同时和多家用人单位建立劳动关系。如用人单位要求员工不得在其他单位任职的，可以在录用条件中确认该情形不符合录用条件，同时也在劳动合同或规章制度中明确禁止员工在其他单位任职（禁止双重雇佣条款或规定）。

四、其他建议

用人单位在规章制度中应明确，招聘权属于公司，由人力资源部门执行（可以设置招聘专员），其他部门和人员无权对外进行招聘，避免招聘权分散或下发，否则面临事实劳动关系的风险（被动招聘）。

招聘渠道。用人单位自主招聘情况下往往不能从用工风险角度出发规避用工风险，招聘渠道方面，除用人单位自主招聘外，还可以通过第三方招聘公司代理招聘，由其发布招聘广告信息以及负责招聘人员录用面试等工作，来规避招聘环节的一些风险。

招聘流程和岗位职责。招聘流程和岗位职责要划分，建议岗位职责所要求的用工标准由用工部门确定，因此人力资源部门要和用工部门配合好，制定出符合用人单位实际情况的试用期岗位录用条件和不胜任工作的考核标准，为将来合法解除试用期员工和正式员工提供合法合理的文件依据。同时也要划分部门分工职责，用工部门不得恣意退工，防止将来开除、辞退员工的法律责任全部由人力资源部门承担。

入职报到时间。由于员工入职手续和劳动行政用工手续有所区别，即劳动行政用工部门往往在每月底或次月初开放办理用工登记和缴纳社保，对于月中入职的员工如果发生工伤，但此时用人单位尚无法为员工办理工伤保险，导致相应工伤待遇无法由工伤保险基金报销，则由用人单位支付相应的工伤待遇。为此，建议办理完毕劳动行政部门用工手续后再要求员工入职。有些地区的劳动行政部门已考虑到上述问题，用人单位可以在员工入职后先进行预登记，待到具体开放办理用工手续时间时再为员工缴纳社保。其间发生的社会保险待遇是可以进行社保报销或支付的。

入职材料的签署时间。对于增加员工义务的录用条件确认书、规章制度、保密协议和竞业限制协议等文件，用人单位要把入职时间作为签署文件日期，因为此时签署相关文件推进阻力小。

劳动合同签署。《劳动合同法》规定用工之日起一个月内需要签订劳动合同，否则用人单位面临未签劳动合同二倍工资赔偿责任。因此，在签署劳动合同环节，要给员工设立签署义务，建议可以先发签订劳动合同通知书，要求员工入职3周内主动到人力资源部门办公室签订劳动合同，逾期视为员工拒绝签订劳动合同。此种情形下，用人单位可以合法终止劳动关系。

第四节 用工风险防范工具

工具一：应聘人员信息登记表

1. 工具说明

劳动者在应聘时没有主动告知相关用工情况的义务，也就是说，用人单位未主动询问，劳动者可以不如实回答。因此，如何将用人单位口头询问了解的用工情况书面固定下来，并证明劳动者是否如实回答，是否存在虚假情况，就是通过应聘人员信息登记表的方式体现出来。应聘人员信息登记表是公司在招聘入职时要求应聘人员填写的表单，相当于应聘人员的简历，是公司了解员工基本信息、工作经历、教育经历等情况的重要工具，是公司行使知情权的集中体现，也是公司对员工进行管理的重要依据。同时，公司还可以通过应聘人员信息登记表将公司已履行的相关义务如告知义务等事实固定下来，同时也把劳动者应当如实回答用工信息的义务通过登记表形式固定下来，避免出现法律风险。因此，此表单应为公司的必备表单之一。同时，入职登记表上要求员工填写的用工信息要注意填写范围，避免侵犯员工个人隐私权，如婚姻、生育情况等。

2. 适用范围

员工入职时或用人单位招聘时使用。

3. 规避风险

公司通过员工信息登记表，一般应解决如下问题或规避如下法律风险：

- 确定向员工送达文书的地址，避免出现争议时无法送达的风险；
- 避免产生与员工婚假、产假以及相关待遇的风险；
- 确定所招聘员工具备相应的学历水平；
- 避免人事管理部门在招聘过程中出现收取押金、要求员工提供担保、扣押证件甚至收取利益的行为而造成的风险；
- 避免人事管理部门招用童工的风险；
- 避免招用与其他公司尚未解除劳动关系的员工的风险；
- 避免招用与其他公司订立竞业限制协议的员工的风险；
- 避免员工提供虚假信息的风险；
- 确定公司已履行告知义务。

4. 核心工具

1. 应聘人员姓名，为表单的必备内容。
2. 所填姓名应与身份证保持一致，不得出现错字、别字，也不建议填写繁体字。

核实身份证号码与员工身份证保持一致。

核实出生年月日，主要用于确定应聘人员的年龄，区分未成年、成年或退休之用，避免公司出现招用童工、与退休人员订立劳动合同等情况。

参加工作时间和累计工作年限，主要目的是确定与工作年限相关的权益如医疗期、年休假等。

公司办理档案调入或查看档案所需。

照片为本人1个月内的正面免冠彩色单人半身小一寸照片。

应聘人员信息登记表

重要提示：应聘人员应当填写真实、准确的信息。如提供虚假信息导致公司误解而录用的，本公司将因您严重违反用人单位的规章制度与您解除劳动合同关系并要求您赔偿公司损失。

填表日期：　　年　月　日

应聘部门		拟入职时间		拟聘岗位		（照片）
姓　名		性　别		民　族		
身份证号码				户口类别		
出生年月日				政治面貌		
参加工作时间		累计工作年限		档案存放地		
最高学历		毕业院校			学位	

续表

<table>
<tr><td colspan="2">现家庭住址</td><td colspan="6"></td></tr>
<tr><td colspan="2">文书送达地址</td><td colspan="2"></td><td>五险一金参保情况</td><td colspan="3"></td></tr>
<tr><td colspan="2">移动电话</td><td colspan="2"></td><td>固定电话</td><td colspan="3"></td></tr>
<tr><td colspan="2">紧急联系人</td><td colspan="2"></td><td>联系电话</td><td colspan="3"></td></tr>
<tr><td colspan="2">外语语种及水平</td><td colspan="2"></td><td>计算机水平</td><td colspan="3"></td></tr>
<tr><td rowspan="3">教育培训经历</td><td>起止时间</td><td colspan="2">学校 / 培训机构</td><td>专业 / 培训内容</td><td colspan="2">是否取得学历</td><td>备注</td></tr>
<tr><td></td><td colspan="2"></td><td></td><td colspan="2"></td><td></td></tr>
<tr><td></td><td colspan="2"></td><td></td><td colspan="2"></td><td></td></tr>
<tr><td>工作经历</td><td>入职日期</td><td>离职日期</td><td>本次工作年限</td><td>工作单位</td><td>职务</td><td>证明人及电话</td><td>离职原因</td></tr>
<tr><td colspan="2">受过何种奖励</td><td colspan="6"></td></tr>
<tr><td colspan="2">受过何种处罚</td><td colspan="6"></td></tr>
<tr><td colspan="8">是否曾经或者正在被追究或者承担过刑事责任：填写“是”或“否”　（　　）
是否有亲属在应聘公司任职：填写“是”或“否”　（　　）</td></tr>
<tr><td colspan="2">健康状况</td><td colspan="6">是否曾被认定为工伤或者职业病：填写“是”或“否”　（　　）
是否从事过井下、高空、高温，特别繁重体力劳动以及有毒有害工种：填写“是”或“否”　（　　）
是否存在其他病史：填写“是”或“否”　（　　）</td></tr>
<tr><td colspan="2" rowspan="4">家庭成员（选填）</td><td>称谓</td><td>姓名</td><td>出生年月日</td><td>政治面貌</td><td>工作单位、职务</td><td>联系电话</td></tr>
<tr><td></td><td></td><td></td><td></td><td></td><td></td></tr>
<tr><td></td><td></td><td></td><td></td><td></td><td></td></tr>
<tr><td></td><td></td><td></td><td></td><td></td><td></td></tr>
<tr><td colspan="2">声明及确认</td><td colspan="6">1. 本人确认，公司已向本人如实告知了工作内容、工作地点、工作条件、职业危害、安全生产状况、劳动报酬以及本人要求了解的情况。
2. 本表内容均为公司决定聘用与否的关键内容并作为试用期考核的录用条件内容。本人若有隐瞒、编造、提供虚假信息之情形，将视为使公司在违背真实意思的情况下订立或变更劳动合同，公司有权依法与本人解除劳动关系，并不支付任何经济补偿，且本人将依法承担赔偿责任。同时，由此致使公司承担连带责任的，公司有权向本人进行追偿。
3. 本人保证上述信息真实、准确，并授权公司对本人进行背景调查，同时，本人承诺不会对任何公司或团体因提供或透露本人资料的行为主张相关法律责任。</td></tr>
</table>

文书送达地址，主要是为了确定邮寄文书的地址。

应聘人员的教育情况，主要目的为让公司了解其教育情况。

证明人及电话，为表单的必要内容，主要用于公司对应聘人员工作经历进行背景调查。

离职原因，有助于公司对应聘人员忠诚度及是否便于管理等方面进行了解。

工作经历情况，主要目的是确定与工作年限相关的权益如医疗期、年休假等。同时也能反映出应聘人员的工作经验等情况。

健康状况，为表单的必备内容，主要目的是尽量预防患职业病或重大疾病的人员进入公司。

续表

本人已充分理解并知悉登记表上的全部内容并保证所提供及填写的资料均属实，如有提供虚假不实信息，愿意承担相应法律责任。 签名： ________年____月____日 填表说明：除注明选填之外，其他内容均为必填。

签名，为表单的必备内容。
签字应为面签，且与身份证姓名一致，不得出现错字、别字，也不建议填写繁体字，落款日期为填表日期。其他页空白处也建议员工签字确认；双页以上文件建议压骑缝章。

工具二：录用通知书

1. 工具说明

用人单位告知应聘人员录用结果的方式有口头、书面和电子邮件等。尽管从法律角度来讲，录用通知书并非法律要求的文件，一般不建议公司使用书面的录用通知。但从管理角度来讲，书面录用通知会显得更为正式，会让员工对公司具有更强的认同感。同时，发送录用通知书会有法律效力，为保障用人单位的用工自主权，需要进行法律条款设计。

2. 适用范围

用人单位录用新员工时用此工具。

3. 规避风险

公司通过录用通知书可规避如下法律风险：

- 履行告知录用结果的义务；
- 告知员工不按时报到的后果。

4. 核心工具

录用通知书

________先生 / 女士：

您好！您诚意应聘本公司________职位，经面试合格，依本公司招聘和录用管理制度给予录取，竭诚欢迎您加入本公司。有关报到事项如下，敬请参照办理。

一、报到日期：________年____月____日（星期____）____时。

地点：________市________区________号，____________有限公司人力资源部。

二、携带资料、物品：

（一）身份证原件及复印件；

（二）个人简历；

（三）录用通知书；

（四）高中以上毕业证、学位证原件及复印件；

（五）二寸免冠照片三张；

（六）户口簿原件及复印件；

（七）就失业证原件；

（八）保险手册原件；

（九）解除 / 终止劳动合同证明原件及复印件；

（十）本人银行账户信息及相关凭证。

三、本公司拟与您约定试用期____个月，试用薪资________元 / 月。

四、未获得本公司书面许可，如您在________年____月____日未到职，本录用通知书自动失效，同时本公司不承担任何责任。

五、如本通知与双方签订的劳动合同、保密协议等相关协议有不一致的，以双方后签订的协议为准。

六、以上事项若有疑问或困难，请与本公司人力资源部联系。

本录用通知书有效期为____天，如在期限内未收到您的书面回复确认，本录用通知书到期失效。

在本录用通知书规定的报到时间之前，本公司结合经营情况有权取消该录用通知书，届时本公司将补偿员工________元。

联系电话：________________

________有限公司

________年____月____日

录用通知书上不建议明确劳动合同期限，是为了给予用人单位及时终止权。为防止员工入职后发现出现不予录用的情形，可以在一个月内签订短期劳动合同，到期不续签的方式终止用工关系。

赋予录用通知书的承诺时间效力，可以防止员工迟迟不报到而用人单位另行招聘造成员工无法入职的用工风险。

为避免录用通知书内容与将来的劳动合同或规章制度相互冲突，建议为此作出明确规定，以之后签署的文件为准。

赋予录用通知书的有效期限，以员工书面回复确认作为承诺方式，可以及时明确员工签约意向，防止双方久拖不决，避免用人单位招用其他员工代替原录用岗位后，原员工要求用人单位承担未予录用的违约赔偿责任。

赋予录用通知书的取消权，给用人单位一定的选择权。该情况下用人单位属于违约，对此约定违约补偿金数额，可以一定程度上防止员工主张额外的损失赔偿。

录用通知书的发放时间要讲究时机。一般建议在双方已达成建立劳动关系合意的情况下发放，具体为在通过面试及体检后发放。

第五节　知识答疑

1. 录用通知书争议是否需要劳动仲裁前置程序？

录用通知书的性质属于用人单位希望与被录用者建立劳动关系的要约，双方尚未建立起劳动关系。在司法实务中，因为录用通知书而产生的争议，应受《民法典》的调整。因此，因录用通知书发生的争议不属于劳动争议，故不适用劳动仲裁前置程序，守约一方可以直接向人民法院提起诉讼，主张权益保护。

2. 签订劳动合同后，录用通知书是否失效？

录用通知书是依法有效成立的法律文书，对用人单位和劳动者具有约束力，在没有特殊说明的情况下，即便签订了劳动合同，录用通知书的效力依然存在；如若录用通知书本身明确了有效期限或双方约定一切以劳动合同为准，则未在劳动合同中体现的内容就不再具有法律效力，录用通知书的双方当事人均不得以此主张权利。

3. 入职材料虚假，是否违反了如实说明义务，构成欺诈？

根据《劳动合同法》第八条规定，用人单位招用劳动者时，应当如实告知劳动者工作内容、工作条件、工作地点、职业危害、安全生产状况、劳动报酬，以及劳动者要求了解的其他情况；用人单位有权了解劳动者与劳动合同直接相关的基本情况，劳动者应当如实说明。该条文要求用人单位履行主动告知义务和劳动者的说明义务。这里要强调的是，劳动者的说明义务系被动特征，即用人单位须先主动提出要求了解相关情况，劳动者才有如实说明义务，如用人单位未主动提出了解相关情况，视为放弃该项权利，劳动者无须进行说明。因此，在用人单位未主动提出要求了解劳动者的基本情况下，劳动者入职时隐瞒了基本情况或提供的入职材料虚假、不属实，则劳动者未违反《劳动合同法》第八条的说明义务，不能认定其有欺诈行为。

第六节　地方性法规参考

◆《北京市实施〈中华人民共和国妇女权益保障法〉办法》

第十八条　用人单位在招用职工时，除国家规定的不适合妇女的工种或者岗位外，不得以性别为由拒绝招用妇女或者提高对妇女的招用标准。

用人单位的招聘广告、规章制度中不得含有歧视妇女的内容。

用人单位在招用女职工时，应当依法与其签订劳动合同或者聘用合同。合同中应当约定女职工的岗位、劳动报酬、劳动安全卫生、社会保险等事项，不得含有限制女职工结婚、生育等歧视性内容。

第十九条　本市实行男女同工同酬。妇女在享受福利待遇方面享有与男子平等的权利。

用人单位和有关部门在晋职、晋级、评定专业技术职务等方面，应当坚持男女平等的原则，不得歧视妇女。

◆《广州市妇女权益保障规定》

第十三条　用人单位的招聘简章、启事等招聘信息不得有歧视妇女的内容。

女职工在经期、孕期、产期、哺乳期期间享受法律、法规和规章规定的特殊保护待遇。女职工在孕期、产期、哺乳期期间，用人单位不得违法变更其工作岗位或者降低其工资和福利待遇，不得违法解除或者终止劳动合同。

◆《天津市妇女权益保障条例》

第二十四条 用人单位在招用聘用人员时，应当向妇女提供平等的就业机会和职业待遇，除国家规定的不适合妇女的工种或者岗位外，不得提高对妇女的招用聘用标准或者设置排斥妇女平等就业的条件，不得以性别或者变相以性别为由拒绝、限制招用聘用妇女。

◆《江西省实施〈中华人民共和国妇女权益保障法〉办法》

第十八条 用人单位录用职工，除不适合妇女的工种或者岗位外，不得以性别为由拒绝录用妇女或者提高对妇女的录用标准。

用人单位录用女职工应当签订劳动（聘用）合同或者服务协议，其中不得针对结婚、怀孕、产假、哺乳等情况设置不平等条款。

◆《郑州市劳动用工条例》

第十条 用人单位不得有下列行为：

（一）发布含有虚假或者歧视性内容的招聘信息；

（二）扣押劳动者的居民身份证或者其他证件；

（三）在国家规定应持证上岗的工种岗位使用未取得相应职业资格证书人员；

（四）违反规定使用年满十六周岁未满十八周岁的未成年工；

（五）以暴力、威胁或者非法限制人身自由的手段强迫劳动者劳动；

（六）违章指挥或者强令冒险作业危及劳动者人身安全；

（七）侮辱、体罚、殴打、非法搜查或者拘禁劳动者；

（八）劳动条件恶劣、环境污染严重，给劳动者身心健康造成损害；

（九）其他违反法律、法规规定的行为。

禁止用人单位招用未满十六周岁的未成年人。法律、法规另有规定的，从其规定。

◆《深圳市中级人民法院关于审理劳动争议案件的裁判指引》

一百〇四、用人单位违法收取劳动者定金、保证金、抵押金等，劳动者除要求退回定金、保证金、抵押金外，还要求用人单位按人民银行同期贷款利率支付占用定金、保证金或抵押金期间利息的，应予支持。

用人单位在 2008 年 1 月 1 日之前就已违法收取劳动者定金、保证金、抵押金等财物，劳动者要求支付相应利息的，利息应从 2008 年 1 月 1 日开始起计。

◆《山西省劳动合同条例》

第六条 用人单位招用劳动者时，应当公示招聘简章，如实告知劳动者工作内容、工作条件、工作地点、职业危害、安全生产状况、劳动报酬、社会保险以及劳动者要求了解的其他情况。

用人单位招用劳动者，不得扣押劳动者的居民身份证和其他证件，不得要求劳动者提供担保、押金或者其他财物。

第七条 用人单位有权了解劳动者与劳动合同直接相关的健康状况、工作经历、知识技能等基本情况，核对劳动者的居民身份证或者其他有效证件，劳动者应当如实说明或者提供。

用人单位应当对劳动者的个人信息予以保密，除依法公开的内容外，未经劳动者本人同意，不得公开其个人信息。

第二章 ┃ 试用期管理

第一节　用工场景

试用期是用人单位和劳动者约定的劳动者入职后的一段试用考察期。试用期是在招聘录用程序后，用人单位和劳动者互相考察对方，给予双方再次选择的机会。对于劳动者而言，试用期内可以提前三天提出解除劳动合同，但是对于用人单位而言，在试用期内解除劳动合同需要符合《劳动合同法》第二十一条的规定，即在试用期内，除劳动者有《劳动合同法》第三十九条和第四十条第一项、第二项规定的情形外，不得解除劳动合同。因此，用人单位应当充分了解现行法律法规对试用期的规定，合法合理地设计试用期流程，在保护劳动者利益的前提下，利用试用期来进行甄别，一方面留用企业所需要的人才，避免真正的人才流失；另一方面淘汰不合适的员工，防止用人单位徒增人力成本。

但是，用人单位在员工试用期的一些操作容易引发劳动纠纷。

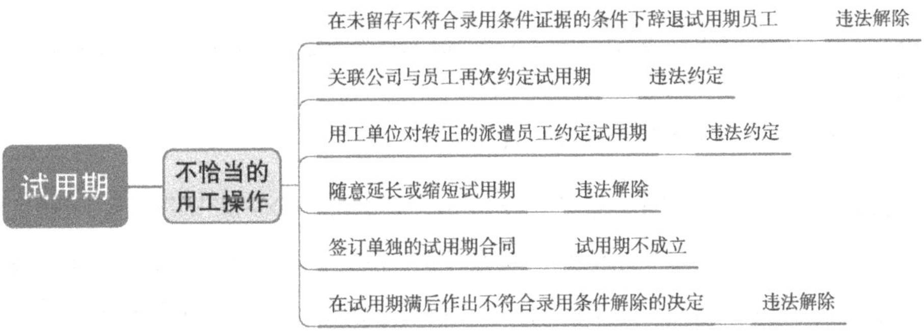

图 2-1　用人单位在员工试用期的一些不恰当操作

第二节　风险提示

用工风险 1：未留存不符合录用条件的证据。

用人单位辞退试用期员工需要提供证据。实践中，有些用人单位因为证据缺失导致试用期解除员工属于违法解除。在（2019）京 0102 民初 2940 号案件中，某公司主张员工薛某不符合试用期条件因此不予聘用，因既未举证证明薛某入职时与其约定过试用期、告知过试用期录用条件，也未举证证明对其进行过考核、考核的依据及结果。公司提交的新聘员工试用期评价表中所列薛某不符合试用期标准的表现，没有证据佐证，该评价表也无薛某的签字认可。故法院认定公司与薛某解除劳动关系的行为系违法解除。

用工风险 2：关联公司与员工再次约定试用期。

根据《劳动合同法》第十九条规定，同一用人单位与同一劳动者只能约定一次试用期。有些用人单位为了与员工重新约定试用期，规避该法条的限制，通过关联公司与员工再次约定试用期，也属于违法约定。在（2014）吴民初字第 1489 号案件中指出，某员工虽然在与原用人单位协议解除劳动关系后与新用人单位签订了新的劳动合同，但原用人单位与新用人单位是关联企业，该员工的工作地点、岗位和内容没有发生任何变化，故新用人单位不应当再与该员工重新约定试用期，新用人单位以该员工试用期不合格为由解除劳动合同不符合法律规定。

用工风险 3：用工单位对转正的派遣员工约定试用期。

根据《劳动合同法》第十九条规定，同一用人单位与同一劳动者只能约定一次试用期。而对于“试用期”的适用，参照劳动部办公厅关于印发《关于〈中华人民共和国劳动法〉若干条文的说明》的通知（劳办发〔1994〕289 号）的内容，“试用期”适用于初次就业或再次就业时改变劳动岗位或工种的劳动者。用工单位与转正的派遣员工建立劳动关系的，员工的工作地点、岗位和内容没有发生变化，其本质已不属于初次就业或再次就业时改变劳动岗位或工种的情形，如用工单位与转正的派遣员工约定试用期并以试用期考核未能通过而解除劳动合同，属于违法解除。

用工风险4：随意延长或缩短试用期。

劳动合同期限	试用期
三个月以上不满一年的	不得超过一个月
一年以上不满三年的	不得超过二个月
三年以上固定期限和无固定期限的	不得超过六个月
以完成一定工作任务为期限或者期限不满三个月的	不得约定试用期

根据《劳动合同法》第十九条规定，劳动合同期限三个月以上不满一年的，试用期不得超过一个月；劳动合同期限一年以上不满三年的，试用期不得超过二个月；三年以上固定期限和无固定期限的劳动合同，试用期不得超过六个月。同一用人单位与同一劳动者只能约定一次试用期。以完成一定工作任务为期限的劳动合同或者劳动合同期限不满三个月的，不得约定试用期。如果延长试用期，属于违反该法条规定。根据《劳动合同法》第八十三条规定，用人单位违反本法规定与劳动者约定试用期的，由劳动行政部门责令改正；违法约定的试用期已经履行的，由用人单位以劳动者试用期满月工资为标准，按已经履行的超过法定试用期的期间向劳动者支付赔偿金。

但是如果缩短试用期有利于保护劳动者权益，那么缩短试用期提前"转正"的做法就被视为用人单位放弃剩余期限权利。因此，如果用人单位反悔缩短试用期的约定，在原约定试用期的剩余期限内以不符合录用条件为由解除劳动合同，则属于违法解除劳动合同。

用工风险5：签订单独的试用期合同。

根据《劳动合同法》第十九条规定，试用期包含在劳动合同期限内。劳动合同仅约定试用期的，试用期不成立，该期限为劳动合同期限。也就是说，用人单位不能与员工签订单独的试用期合同。否则，试用期合同视为正式的劳动合同，从而形成用人单位与员工的第一次固定期限劳动合同。如用人单位与员工再订立一次固定期限劳动合同，在第三次签订劳动合同的时候，用人单位就应该与员工签订无固定期限劳动合同了。

用工风险6：在试用期满后作出不符合录用条件的解除决定。

根据《劳动合同法》第三十九条规定，员工在试用期内不符合录用条件的，用人单位可以解除劳动合同。用人单位应当严格注意"试用期内"这个时间限制条件，对不符合录用条件的员工，需要在试用期内以书面方式提出。用人单位试用期期满未提出的，视为劳动者符合录用标准，试用期期满后再以不符合录用条件为由作出解除劳动关系的决定，就没有法律依据了，从而构成违法解除行为。

第三节 HR 操作建议指引

录用条件已经成为用人单位试用期管理的有效工具，因此，对试用期员工考核的流程应当紧紧围绕“录用条件”而设计。

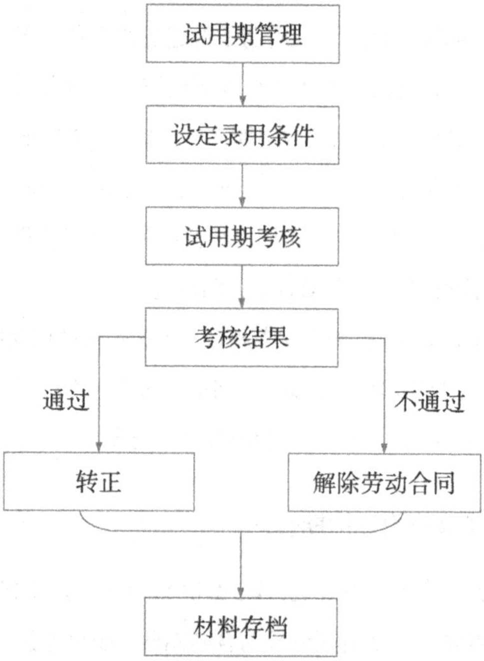

图 2-2 试用期员工考核流程

一、设定录用条件

设定录用条件又可以具体分为以下 3 个步骤。

1. 设定录用条件的原则。“录用条件”的设定是为了给试用期员工提供一个行为准则、考核标准，因此用人单位在对录用条件进行选择时，应当尽量遵循“可量化、能衡量、有依据”的原则，如果脱离了这一原则，则“录用条件”会变得华而不实，失去了实用性，无法对企业管理起到任何帮助作用。例如，可以设定“未在指定时间将个人档案转入单位指定的档案管理机构”为不符合录用条件，这一条既可量化到指定日期，又可轻松地找到依据；再如，设定“工作能力差”为不符合录用条件，表面上看似乎可以衡量，但是由于没有固定的标准，偏主观化，因此，实际操作中仍然无法判断。

2. 录用条件的内容。通常而言，录用条件可以分为一般录用条件和特殊录用条件两类。一般录用条件是那些大多数岗位都可以通用的录用条件，用人单位可以在劳动合同的范本、员工手册或其他的规章制度中进行约定或规定。特殊录用条件是指根据岗位的性质、特点约定的特殊的录用条件，形式包括招工简章、岗位职责说明书、目标考核协议，也可以在劳动合同中做特殊约定。因此，用人单位除设定一般的录用条件外，还可以根据岗位的性质、人员的特点等设定更为全面、更具可执行性的特殊的录用条件。

3. 履行告知程序。用人单位告知劳动者录用条件。用人单位可以以通知或签收的形式告知劳动者，并且一定要保留好相关的证明材料，以防将来发生争议。告知程序的履行是对试用期员工进行考核的前提，该程序是不可缺少的。

二、试用期期间对员工的考核

对于考核内容，应当是对员工是否符合录用条件的全面考核，而不是单纯的绩效考核，这也就意味着用人单位应当对所设定的录用条件逐条地进行审核；对于考核时间，用人单位可以采用固定考核的形式，也可以采用灵活考核与固定考核相结合的形式，固定考核一般可以设定在一次到两次，固定考核可以保证用人单位对员工进行全面的了解，是对员工的“广度”了解，另外，用人单位可以在规章制度中明确或通过协议的形式与员工约定，用人单位将在试用期间对员工进行弹性考核，这种弹性考核可以有针对性地进行，以帮助用人单位对员工的一些细节进行更为详细的了解，是对员工的“深度”了解；对于考核方式，用人单位也可以采取灵活多样的形式，例如以考评表进行考核、通过对其上下级员工的访谈进行 360 度考核等。

三、根据考核结果决定员工的去留

单位根据最终的考核结果来决定员工是否符合企业长期发展需要，是与员工解除劳动关系还是让员工在试用期满后转正，当然这一切需要建立在考核的结果客观、全面的基础之上。

四、履行告知义务

根据《劳动合同法》第二十一条的规定，用人单位在试用期解除劳动合同的，应当向劳动者说明理由。因此，如果用人单位根据考核认定劳动者不符合录用条件，依法解除与劳动者的劳动合同，应当告知劳动者并向其说明理由。

五、材料的存档

为防止争议的发生，对员工试用期考核的相关材料应当进行保存，尤其是那些未通过试用期考核的员工。相关材料应当至少有：员工的基本信息；录用条件的相关文件，并附有告知员工的证明材料；试用期考评表；相关考评人员考评时依据的事实及相关证明材料。

第四节　用工风险防范工具

工具一：试用期管理制度核心规定

1. 工具说明

试用期是公司与员工相互了解、选择而约定的考察期，对公司和员工均有着重要意义。公司如何通过试用期对员工进行考察，并做到依法管理，是每个公司都会遇到的问题。因此，试用期管理制度应为公司的必备制度之一。

2. 适用范围

员工处于试用期期间。

3. 规避风险

公司通过试用期管理制度，一般应规避如下法律风险：

- 确定具有试用期管理权利的部门，避免因权责不明而造成的风险；
- 避免出现试用期约定不合法的风险；
- 正确处理试用期的延长或缩短，避免因此造成的风险；
- 避免出现试用期工资低于法律规定的标准的风险；
- 避免出现对试用期员工无法进行考核或考核程序不当的风险；

- 避免出现无法辞退不符合录用条件的员工的风险；
- 避免出现转正手续操作不当造成的风险；
- 避免出现试用期员工被违法解除劳动合同的风险。

4. 核心工具

试用期管理制度

为了使新员工尽快地熟悉工作并融入所属团队，同时明确试用期员工的工作职责，加强对新员工的管理，特制定此制度。

1. 试用期

公司依法对新员工实行试用期制度，根据有关法律法规，公司可以在劳动合同中与员工约定试用期。

2. 试用期的期限和工资

2.1 试用期的期限和工资由公司和员工按照法律法规的规定在试用期补充协议中体现，根据工作岗位不同工资标准不同，试用期期限根据劳动合同的期限确定。

《劳动合同法》第二十条规定："劳动者在试用期的工资不得低于本单位相同岗位最低档工资或者劳动合同约定工资的百分之八十，并不得低于用人单位所在地的最低工资标准。"

2.2 劳动合同期限在三个月以上不满一年的，试用期不得超过一个月；劳动合同期限在一年以上不满三年的，试用期不得超过二个月；三年以上固定期限和无固定期限的劳动合同，试用期不得超过六个月。

2.3 同一用人单位与同一劳动者只能约定一次试用期。

2.4 以完成一定工作任务为期限的劳动合同或者劳动合同期限不满三个月的，不得约定试用期。

2.5 非全日制用工双方当事人不得约定试用期。

2.6 劳动者在试用期内患病或者非因工负伤停工治疗的，在规定的医疗期内，单位可以决定中止试用期。医疗终结或者医疗期满后试用期继续履行。

试用期中止问题目前存在较大争议，除地方性法规对此有特别规定的，公司在实践中如需中止试用期建议另行与员工协商。

3. 试用期基本的管理制度

…………

4. 试用期考核转正

员工具有下列情形之一的，视为在试用期内不符合录用条件，公司可以依法与其解除劳动合同，并不支付任何经济补偿：

（1）无法提供公司办理入职所需的社会保险、住房公积金、档案、证明等资料的；

（2）在其他用人单位兼职或与其他用人单位建立用工关系（包括但不限于劳动、雇佣、借调、劳务派遣）的；

（3）与原用人单位未解除、终止劳动合同或劳动关系的；

（4）与原用人单位签有保密协议或竞业限制协议且公司在限制范围内的；

（5）不具备工作岗位所必备的执业资质条件、不能提供本岗位所需的等级证书或职业资格证书的；

员工试用期病假等缺勤视为不符合录用条件目前争议较大，风险较高，公司实践中需谨慎使用。

员工试用期受行政拘留处罚视为不符合录用条件目前争议较大，风险较高，公司实践中需谨慎使用。

员工隐瞒曾受刑事处罚视为不符合录用条件目前争议较大，风险较高，公司实践中需谨慎使用。

需注意，外籍、港澳台人员需满18周岁。

建议用人单位根据公司实际情况增加相应的录用条件，尽量可量化、可操作。

（6）入职后连续缺勤天数达5日或试用期内累计缺勤天数达10日的；

（7）受行政拘留处罚的；

（8）隐瞒曾经受到刑事处罚事实的；

（9）未满16周岁的；

（10）其他特殊岗位的特别录用条件；

（11）公司与员工另行约定的录用条件；

（12）公司其他规章制度规定的录用条件。

5. 员工正式录用

…………

6. 辞职或辞退

…………

7. 附则

…………

工具二：试用期补充协议核心条款

1. 工具说明

试用期是公司与员工相互了解、选择而约定的考察期，对公司和员工均有着重要意义。公司如何通过试用期对员工进行考察，并做到依法管理，是每个公司都会遇到的问题。与员工就试用期的相关权利和义务进行约定是公司对员工试用期进行有效管理的重要手段。因此，试用期补充协议应为公司的必备协议之一。

2. 适用范围

员工处于试用期。

3. 规避风险

公司通过试用期补充协议，一般应规避如下法律风险：

- 避免出现试用期的约定不合法的风险；
- 正确处理试用期的延长或缩短，避免因此造成的风险；
- 避免出现试用期工资低于法律规定的标准的风险；
- 避免出现对试用期员工无法进行考核或考核程序不当的风险；
- 避免出现无法辞退不符合录用条件的员工的风险；
- 避免出现转正手续操作不当造成的风险；
- 避免出现试用期被员工违法解除劳动合同的风险。

4. 核心工具

试用期补充协议

甲方：________

乙方：________

鉴于甲、乙双方已经签订了劳动合同，为进一步明确双方在试用期的权利与义务，经双方友好协商，就双方在试用期的权利义务达成以下一致意见，以资信守。

第一条　甲、乙双方签订劳动合同（合同编号：__________），劳动合同期限为____年，自______年____月____日起至______年____月____日止。

第二条　乙方试用期期限为___个月___日，自_____年___月___日至_____年___月___日。

第三条　乙方试用期工资为______元，每月____日至____日之间发放上一月工资。

第四条　在试用期，乙方应积极参加甲方组织的业务培训和各种技能的岗前培训，但甲方将不安排乙方参加专项技术培训。

第五条　员工具有下列情形之一的，视为在试用期内不符合录用条件，公司可以依法与其解除劳动合同，并不支付任何经济补偿：

1. 无法提供公司办理入职所需的社会保险、住房公积金、档案、证明等资料的。

2. 在其他用人单位兼职或与其他用人单位建立用工关系（包括但不限于劳动、雇佣、借调、劳务派遣）的。

3. 与原用人单位未解除、终止劳动合同或劳动关系的。

4. 与原用人单位签有保密协议或竞业限制协议且公司在限制范围内的。

5. 不具备工作岗位所必备的执业资质条件、不能提供本岗位所需求的等级证书或职业资格证书的。

6. 入职后连续缺勤天数达 5 日或试用期内累计缺勤天数达 10 日的。

7. 当月迟到或早退连续达 2 次，或累计达 3 次的。

8. 通缉在案的或者被依法采取拘留、逮捕、取保候审、监视居住等刑事强制措施的。

9. 受行政拘留处罚的。

10. 隐瞒曾经受到刑事处罚事实的。

11. 未满 16 周岁的。

12. 其他特殊岗位的特别录用条件。

13. 公司与员工另行约定的录用条件。

14. 公司其他规章制度规定的录用条件。

15. 其他录用条件：

……

在乙方同意的情况下，甲方有权缩短或延长试用期，但试用期期限不得超过《劳动合同法》规定的时间。试用期期限的缩短或延长，视为双方在一定条件下对试用期期限的合理合法的变更，不应当视为再次约定试用期。

用人单位和劳动者应在签订劳动合同的同时或之后签订试用期补充协议，不能只签订试用期协议，否则试用期协议就会被认定为劳动合同。

试用期起始时间应与劳动合同起始时间一致。

员工试用期的工资不得低于公司相同岗位最低档工资或者劳动合同约定工资的80%，并不得低于公司所在地的最低工资标准。

公司组织员工在试用期的岗前培训，不得与员工约定服务期。公司对员工试用期满后的专项培训，可以与其约定服务期。

员工试用期病假等缺勤视为不符合录用条件目前争议较大，风险较高，公司实践中需谨慎使用。

员工试用期受行政拘留处罚视为不符合录用条件目前争议较大，风险较高，公司实践中需谨慎使用。

员工隐瞒曾受刑事处罚视为不符合录用条件目前争议较大，风险较高，公司实践中需谨慎使用。

建议用人单位根据公司实际情况增加相应的录用条件，尽量可量化、可操作。

法律规定试用期只能约定一次，对于试用期的续延法律没有明确规定，公司认为有必要续延员工的试用期的，建议与员工协商延长，并需要注意续延期限要在法律规定的试用期期限内。

办理社保不但是公司的义务也是员工的法定义务，一旦因未及时缴纳社保发生损失公司不会当然免责，还需要具体问题具体分析。

劳动者在试用期内患病或者非因工负伤停工治疗的，在规定的医疗期内，甲方可以决定中止试用期。医疗终结或者医疗期满后试用期继续履行。

第六条　甲、乙双方应依法办理社会保险事宜，因乙方原因导致甲方无法正常完成社保缴纳工作的，乙方对无法缴纳保险给自身所造成的损失负责并承担赔偿责任。

第七条　《录用通知书》与本协议不一致的，以本协议约定为准，本协议作为双方签订的劳动合同附件，与双方已签订的劳动合同具有同等效力。

乙方承诺：签订本协议时，已详细阅读，对协议内容全面理解；同时已知晓甲方各类规章制度和《员工手册》的全部具体内容，并且保证予以严格遵守执行。

甲方：（盖章）　　　　　　　　　　乙方：（签字或盖章）

法定代表人或委托代理人：（签字或盖章）

________年____月____日　　　　　　　　________年____月____日

第五节　知识答疑

1. 用人单位约定试用期超期除支付赔偿金外，是否还要补足转正工资差额？

根据《劳动合同法》第八十三条规定，用人单位违反本法规定与劳动者约定试用期的，由劳动行政部门责令改正；违法约定的试用期已经履行的，由用人单位以劳动者试用期满月工资为标准，按已经履行的超过法定试用期的期间向劳动者支付赔偿金。该法条针对用人单位约定试用期超期规定了惩罚性法律责任，即对实际履行了超过法定试用期期间的用人单位，须按员工试用期满后的月工资标准额外加付赔偿金。但是，该法条并未规定员工可以主张超过法定试用期期间的工资报酬按转正后的标准予以补足差额，引发补发转正工资差额争议。

对此，《浙江省劳动人事争议仲裁院关于审理劳动争议案件若干问题的解答（三）》中规定，用人单位超过法律规定期限与劳动者约定试用期，对已经履行的超过法定试用期的期间，用人单位应当按照《劳动合同法》第八十三条规定支付赔偿金，但无需向劳动者补足超过期间的工资差额。

因此，该问题在《劳动合同法》未明确的情况下，司法实践中需要结合地方性法律法规等参考。

2. 劳动者在试用期内出现伤病、工伤，能否中止约定试用期？

根据《劳动合同法》第十九条规定，同一用人单位与同一劳动者只能约定一次试用期。该法条对用人单位约定试用期进行了极大的限制，不允许用人单位延长试用期、变更试用期约定，也导致实践中新入职员工在试用期内出现伤病、工伤，医疗期或者停工留薪期很长，甚至超过了试用期期限，用人单位无法对这类员工进行试用期考核，限制或者剥夺了用人单位的单方解除权，这对于用人单位来说不公平。

对此，《天津市贯彻落实〈劳动合同法〉若干问题实施细则》第十三条规定，"……劳动者在试用期内患病或者非因工负伤的，经劳动关系双方协商一致，试用期可以中止"。这给用人单位针对特殊情况下中止试用期提供了合法依据，但仍需注意的是，该条文规定中止试用期要征得员工同意，否则直接单方规定试用期中止的做法将得不到支持。

相比于天津市的地方性规定，浙江省在《关于审理劳动争议案件若干问题的解答（四）》中规定，劳动者在试用期请病假，影响考察目的的实现，故该病假期间可从试用期中扣除。该扣除做法效果和中止做法等同，但是无须征得员工同意。

因此，对于劳动者在试用期内出现伤病、工伤，能否约定试用期中止，在国家法律并未进行统一性规定的情况下，用人单位还是要结合地方性规定，避免出现违法约定试用期的情形。

第六节　地方性法规参考

◆《北京市高级人民法院、北京市劳动人事争议仲裁委员会关于审理劳动争议案件法律适用问题的解答》

11.……就劳动者是否符合录用条件的认定，在试用期的认定标准可适当低于试用期届满后的认定标准。劳动者不符合录用条件的情况主要有以下情形：

（1）劳动者违反诚实信用原则对影响劳动合同履行的自身基本情况有隐瞒或虚构事实的，包括提供虚假学历证书、假身份证、假护照等个人重要证件；对履历、知识、技能、业绩、健康等个人情况说明与事实有重大出入的；

（2）在试用期间存在工作失误的，对工作失误的认定以劳动法相关规定、用人单位规章制度以及双方合同约定内容为判断标准；

（3）双方约定属于用人单位考核劳动者试用期不符合录用条件的其他情况。

◆《天津市劳动争议案件审理指南》

24.用人单位以劳动者在试用期内被证明不符合录用条件为由解除劳动合同，并同时符合以下条件的，应予支持：

（1）用工之前已经向劳动者告知录用条件；

（2）录用条件应当符合劳动合同目的，与工作岗位、工作能力相联系，不存在设定明显不能完成的、超过一般劳动者平均水平的条件，不存在歧视性条件，不违反法律法规的规定；

（3）劳动者被证明不符合录用条件，且用人单位在试用期满之前明确通知劳动者解除劳动合同。

◆《关于印发天津市贯彻落实〈劳动合同法〉若干问题实施细则的通知》

第十三条 劳动者在试用期间内被证明不符合录用条件的，用人单位应当在试用期内做出解除劳动合同的决定。劳动者在试用期内患病或者非因工负伤的，经劳动关系双方协商一致，试用期可以中止。

◆《浙江省高级人民法院民事审判第一庭、浙江省劳动人事争议仲裁院关于印发〈关于审理劳动争议案件若干问题的解答（四）〉的通知》

二、劳动者在试用期请病假，病假期间能否从试用期中扣除？

答：试用期是用人单位与劳动者的相互考察期间。劳动者在此期间请病假，影响到考察目的的实现，故该病假期间可从试用期中扣除。

◆《浙江省高级人民法院民事审判第一庭、浙江省劳动人事争议仲裁院关于审理劳动争议案件若干问题的解答（三）》

十五、……用人单位超过法律规定期限与劳动者约定试用期，对已经履行的超过法定试用期的期间，用人单位应当按照《劳动合同法》第八十三条规定支付赔偿金，但无需向劳动者补足超过期间的工资差额。

◆《江苏省劳动合同条例》

第十五条 试用期包含在劳动合同期限内。

劳动者在试用期内患病或者非因工负伤须停工治疗的，在规定的医疗期内，试用期中止。

◆《安徽省劳动合同条例》

第十二条 劳动合同当事人可以根据岗位技能的要求协商约定试用期，但试用期最长不得超过6个月。试用期包含在劳动合同期限内。劳动合同期限在6个月以内的，不得约定试用期；劳动合同期限在6个月以上1年以下的，试用期不得超过15日；劳动合同期限在1年以上2年以下的，试用期不得超过30日；劳动合同期限在2年以上5年以下的，试用期不得超过60日。

劳动者试用期间的劳动报酬不得低于当地的最低工资标准。同一用人单位对同一劳动者只能试用一次。

◆《湖北省高级人民法院关于审理劳动争议案件若干问题的意见（试行）》

十五、关于《劳动法》中“录用条件”的理解与适用

相关法律规定:《劳动法》第25条　劳动者有下列情形之一的，用人单位可以解除劳动合同：

（一）在试用期间被证明不符合录用条件的；

（二）严重违反劳动纪律或者用人单位规章制度的；

（三）严重失职，营私舞弊。对用人单位利益造成重大损害的；

（四）被依法追究刑事责任的。

《劳动法》第二十五条第一款中的“录用条件”，以法定最低就业年龄等基本录用条件以及用人单位招用时规定的文化、技术、身体、品质等条件为标准。

◆《云南省职工劳动权益保障条例》

第十一条　劳动合同期限不满6个月的，试用期不得超过15日；合同期限在6个月以上不满1年的，试用期不得超过30日；合同期限在1年以上不满2年的，试用期不得超过60日；合同期限在2年以上不满5年的，试用期不得超过90日；合同期限在5年以上的，试用期不得超过6个月。

人事聘用合同的试用期不得超过1年。

◆《宁夏回族自治区劳动合同条例》

第十五条　劳动合同当事人约定试用期的，试用期最长不得超过六个月，试用期自劳动关系形成之日起计算，包括在劳动合同期限内。试用期的约定，应当遵守下列规定：

（一）劳动合同期限不满六个月的，试用期不得超过十五日；

（二）劳动合同期限在六个月以上不满一年的，试用期不得超过三十日；

（三）劳动合同期限在一年以上不满三年的，试用期不得超过九十日；

（四）劳动合同期限在三年以上不满五年的，试用期不得超过一百二十日；

（五）劳动合同期限在五年以上的，试用期不得超过一百八十日。

2

CHAPTER

第二篇

劳动合同

HUMAN RESOURCES RISK MANAGEMENT

第三章 | 劳动合同签订

第一节　用工场景

劳动合同是用人单位和劳动者就双方权利、义务达成的书面协议。劳动者可以借此作为双方建立劳动关系的凭证，也可以凭借劳动合同主张劳动报酬、劳动条件、劳动保护和社会保险待遇等。

根据《劳动合同法》第十条规定，建立劳动关系，应当订立书面劳动合同。同时，《劳动合同法》第八十二条规定，用人单位自用工之日起超过一个月不满一年未与劳动者订立书面劳动合同的，应当向劳动者每月支付二倍的工资。实践中，用人单位由于未签劳动合同而支付二倍工资的纠纷、案例大量存在，一些用人单位已经警觉或者已经在未签劳动合同上承担过赔偿责任，纷纷开始重视劳动合同的签订。但是由于签订劳动合同时涉及的条款诸多，《劳动合同法》规定了劳动合同必备条款、可约定条款、无效条款等，用人单位若不注意《劳动合同法》等法律对劳动合同的强制性规定，将在劳动合同签订环节造成用工风险。

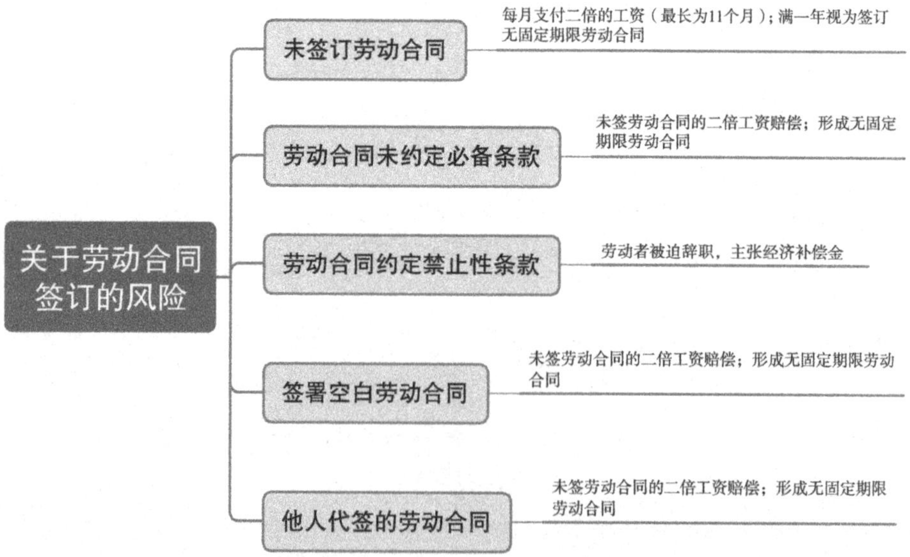

图 3-1　关于劳动合同签订的风险

第二节　风险提示

用工风险 1：未签订劳动合同。

根据《劳动合同法》第八十二条规定，用人单位自用工之日起超过一个月不满一年未与劳动者订立书面劳动合同的，应当向劳动者每月支付二倍的工资。同时，《劳动合同法》第十四条规定，用人单位自用工之日起满一年不与劳动者订立书面劳动合同的，视为用人单位与劳动者已订立无固定期限劳动合同。因此，用人单位未在用工之日一个月内及时签订书面劳动合同的，将承担二倍工资责任，期限最长为 11 个月；如果用人单位满一年仍未及时签订劳动合同的，在法律上就视为双方签订了无固定期限劳动合同，这直接导致用人单位丧失了签订固定期限劳动合同的一个优势，即用人单位可以以合同期限届满为由单方终止劳动合同的权利。

用工风险 2：劳动合同未约定必备条款。

根据《劳动合同法》第十七条规定，劳动合同需要具备以下条款：（一）用人单位的名称、住所和法定代表人或者主要负责人；（二）劳动者的姓名、住址和居民身份证或者其他有效身份证件号码；（三）劳动合同期限；（四）工作内容和工作地点；（五）工作时间和休息休假；（六）劳动报酬；（七）社会保险；（八）劳动保护、劳动条件和职业危害防护；（九）法律、法规规定应当纳入劳动合同的其他事项。

上述条款为劳动合同的必备条款，如用人单位自拟版本的劳动合同不具备必备条款，则劳动合同不成立，视为双方未签订劳动合同，由此用人单位将承担未签劳动合同的二倍工资法律责任。

用工风险 3：劳动合同约定禁止性条款。

《劳动合同法》第二十六条第一款规定，“下列劳动合同无效或者部分无效：（一）以欺诈、胁迫的手段或者乘人之危，使对方在违背真实意思的情况下订立或者变更劳动合同的；（二）用人单位免除自己的法定责任、排除劳动者权利的；（三）违反法律、行政法规强制性规定的”。禁止性条款的概念源于劳动合同条款符合前述法律规定的情形，比如约定试用期超过 6 个月；如未经批准采取特殊工时制度；不缴纳社会保险；设定无偿或不对价的竞业限制条件等。一旦约定了禁止性条款，将导致劳动合同无效或者部分无效。如给劳动者造成损害的，用人单位应当承担赔偿责任。

用工风险 4：签署空白劳动合同。

空白劳动合同即劳动合同约定条款未填写，仅是留有劳动者的签字。该劳动合同实质上属于双方未明确约定各自的权利、义务，未对劳动合同条款达成一致，未订立劳动合同的情形。由此用人单位将承担未签署劳动合同的二倍工资法律责任。虽然用人单位事后可以填补内容，以主张双方并未签署空白劳动合同，但是劳动者选择司法鉴定程序，主张劳动合同填补内容属于后填后补情形的，一旦鉴定结果显示合同内容与劳动者签字日期形成时间有出入，用人单位将面临诉讼诚信风险，在一定程度上属于虚假陈述，干扰仲裁、诉讼活动，面临司法处罚的风险。

用工风险 5：他人代签的劳动合同。

《2011 年全国民事审判工作会议纪要》第五十五条，用人单位或他人代替劳动者签订劳动合同，用人单位有充分证据证明代签劳动合同经劳动者本人同意，或者劳动者以实际行为表明接受所代签劳动合同的，不影响劳动合同效力。

因此，如果用人单位未充分保留证据，无法证明他人代签劳动合同取得了员工的事前委托或事后追认或实际行动表明接受，则视为双方未签订劳动合同，用人单位将需要承担二倍工资风险。

第三节　HR 操作建议指引

一、签订劳动合同时应注意的几个重要细节

1. 签订劳动合同重在体现双方协商一致的意思表示，因此在签署劳动合同环节应避免出现逐层审批内容的情况。

2. 劳动合同应当有双方明确的签字或盖章。大多数用人单位往往在签订劳动合同时未提前盖章，劳动者签字后也往往疏于盖章。在发生劳动争议时，用人单位切记不能提交未盖章的劳动合同，否则将面临双方未协商一致，签订书面劳动合同的二倍工资风险。但即使用人单位对此补盖公章，如劳动者要求鉴定且鉴定结果为近期盖章的，司法实践部门裁判观点也会认定该劳动合同为劳动者单方确认，用人单位和劳动者并未实际协商一致，双方未实际签订劳动合同，用人单位因此需要承担二倍工资责任。

3. 合理约定合同期限。

用人单位与劳动者在协商选择合同期限时，应根据双方的实际情况和需要来约定。对于重要岗位和核心岗位可以适当约定较长的合同期限；对于流动性大或辅助性的岗位可以约定较短的合同期限。

4. 工作地点的约定方法。

工作地点要避免出现“全国”“北京市”等过于宽泛的工作地点，否则实践中将以劳动者实际的工作地点作为合同约定的工作地点，不利于用人单位合理地调整工作地点。用人单位可以结合经营情况和岗位特征，约定多个具体的工作地点。

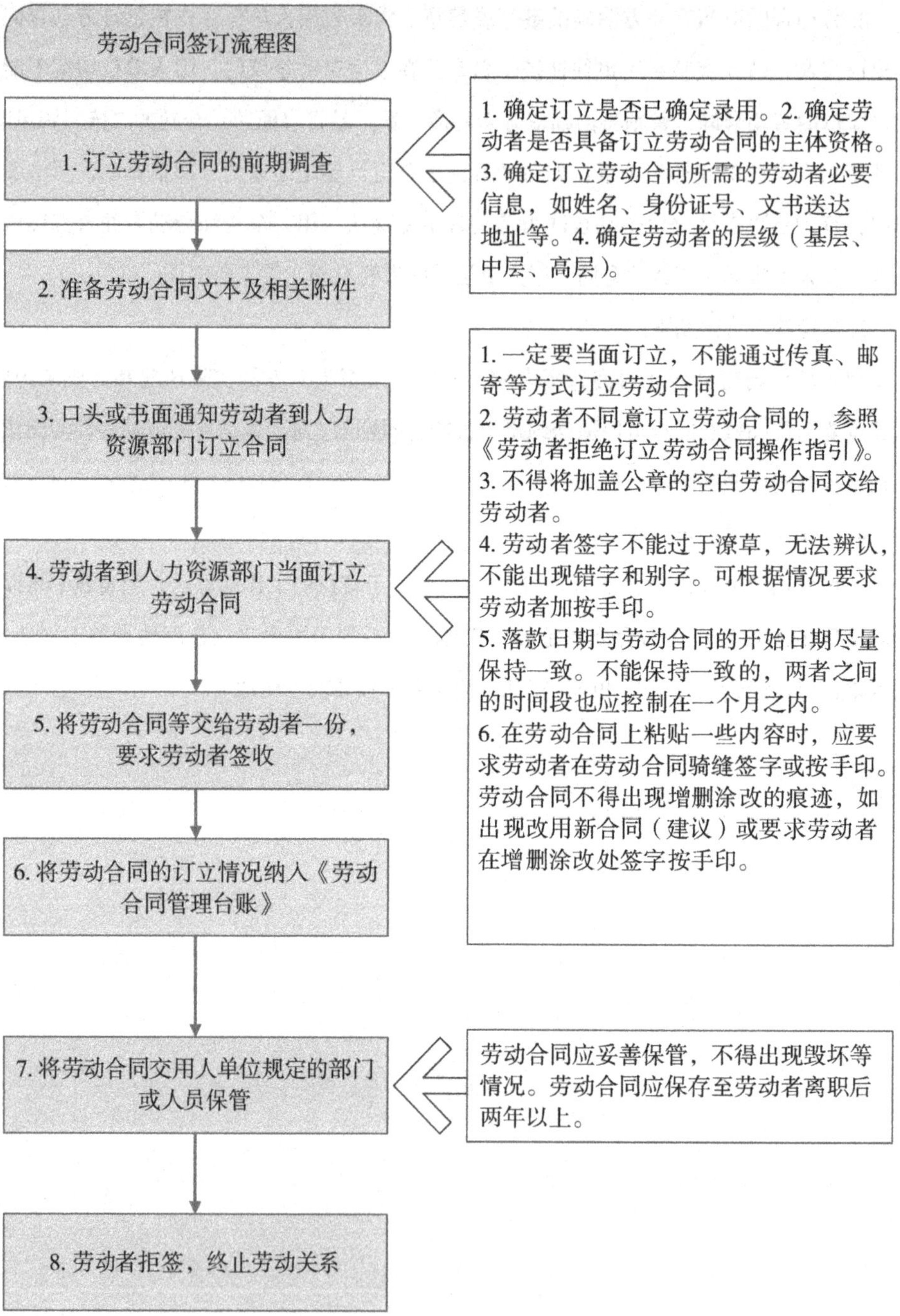
劳动合同签订流程图
1. 订立劳动合同的前期调查
1. 确定订立是否已确定录用。2. 确定劳动者是否具备订立劳动合同的主体资格。3. 确定订立劳动合同所需的劳动者必要信息，如姓名、身份证号、文书送达地址等。4. 确定劳动者的层级（基层、中层、高层）。
2. 准备劳动合同文本及相关附件
3. 口头或书面通知劳动者到人力资源部门订立合同
4. 劳动者到人力资源部门当面订立劳动合同
1. 一定要当面订立，不能通过传真、邮寄等方式订立劳动合同。
2. 劳动者不同意订立劳动合同的，参照《劳动者拒绝订立劳动合同操作指引》。
3. 不得将加盖公章的空白劳动合同交给劳动者。
4. 劳动者签字不能过于潦草，无法辨认，不能出现错字和别字。可根据情况要求劳动者加按手印。
5. 落款日期与劳动合同的开始日期尽量保持一致。不能保持一致的，两者之间的时间段也应控制在一个月之内。
6. 在劳动合同上粘贴一些内容时，应要求劳动者在劳动合同骑缝签字或按手印。劳动合同不得出现增删涂改的痕迹，如出现改用新合同（建议）或要求劳动者在增删涂改处签字按手印。
5. 将劳动合同等交给劳动者一份，要求劳动者签收
6. 将劳动合同的订立情况纳入《劳动合同管理台账》
7. 将劳动合同交用人单位规定的部门或人员保管
劳动合同应妥善保管，不得出现毁坏等情况。劳动合同应保存至劳动者离职后两年以上。
8. 劳动者拒签，终止劳动关系

图 3-2 HR 操作指引

二、其他可约定的条款

除劳动合同必备条款外，用人单位在不违反法律规定的前提下自由约定符合自身经营情况和用工管理的条款，如加班审批条款、录用条件条款、送达条款、竞业限制和服务期条款、病假医疗期条款等。

第四节　用工风险防范工具

工具一：书面劳动合同通知书

1. 工具说明

公司与员工订立书面劳动合同是法律规定公司应当履行的义务，否则公司将承担向员工支付未订立书面劳动合同双倍工资的赔偿责任。基于这一惩罚规则，公司一般都会积极主动与员工订立书面劳动合同。然而，在实践中，不少员工以各种理由拒绝与公司订立书面劳动合同。针对此种情况，依据我国相关法律规定，如果员工不与公司订立书面劳动合同，法律赋予公司单方终止劳动关系的权利。但是，公司在行使该终止权的时候，并不是无条件的，而是应该履行相应程序，即公司应当书面通知员工订立书面劳动合同，否则公司可能构成违法终止，因此承担违法终止劳动关系的赔偿责任。

2. 适用范围

本通知书在公司要求与员工订立书面劳动合同时或口头通知员工订立书面劳动合同，但员工予以拒绝时使用。

3. 规避风险

• 履行要求员工订立书面劳动合同的书面通知义务，避免因履行程序不当构成违法终止劳动关系的风险。

4. 核心工具

书面劳动合同通知书

________先生 / 女士：

您已于____年__月__日被我公司录用，请您在接到此通知后____天内到本单位______部门，与单位签订书面劳动合同书。逾期不签订，单位将依照法律规定与您终止劳动关系。

> 告知被通知人订立劳动合同的时间和地点，应为通知书的必备内容。

> 通知书的必备内容，告知被通知人不订立劳动合同的法律后果。
> 法条依据：《劳动合同法实施条例》
> 第五条　自用工之日起一个月内，经用人单位书面通知后，劳动者不与用人单位订立书面劳动合同的，用人单位应当书面通知劳动者终止劳动关系，无需向劳动者支付经济补偿，但是应当依法向劳动者支付其实际工作时间的劳动报酬。
> 第六条　用人单位自用工之日起超过一个月不满一年未与劳动者订立书面劳动合同的，应当依照劳动合同法第八十二条的规定向劳动者每月支付两倍的工资，并与劳动者补订书面劳动合同；劳动者不与用人单位订立书面劳动合同的，用人单位应当书面通知劳动者终止劳动关系，并依照劳动合同法第四十七条的规定支付经济补偿。

> 拟签订的合同相关内容如下：
> 期限：________________
> 工作岗位：________________
> 工作地点：________________
> 劳动报酬：________________
>
> 单位盖章：
> ________年____月____日
>
> 壹式贰份（用人单位和职工各留存壹份）

工具二：劳动合同签收单

1. 工具说明

劳动合同签收单应为公司管理制度中的必要表单之一。在司法实践中，很多劳动者以未签订劳动合同作为追究公司法律责任的诉求依据，给用人单位造成了经济损失。劳动合同签收单作为确定公司已与员工签订劳动合同，并已交由员工手中的有效凭证，可以规避用人单位在此方面的法律风险。

2. 适用范围

此单据于公司在将劳动合同交付员工一份并要求员工签收时使用。

3. 规避风险

- 避免未按照法律规定交付劳动者劳动合同的法律风险；
- 避免未按照法律规定签订劳动合同的风险。

4. 核心工具

1. 员工的基本信息、劳动合同签订时间。
2. 表明员工已知晓劳动合同的内容，劳动合同是合法有效的，避免出现“空白劳动合同”问题。

表明员工已收到劳动合同文本，且该文本已加盖公章。为签收单的必备内容。

1. 员工签字确认，为签收单的必备内容；
2. 签字应当面签；
3. 落款日期为员工签收劳动合同日期，应为员工本人填写。

> **劳动合同签收单**
>
> 致____________公司：
>
> 本人________（身份证号______________）所属部门__________、劳动合同签订时间______年____月____日，谨此确认本人已完整阅读，并充分理解和认可《劳动合同》的内容。现收到公司交付给本人的已完整填写并加盖公章的《劳动合同》壹份。
>
> 员工签字：
> ________年____月____日

工具三：劳动合同补充协议核心条款

1. 工具说明

企业与员工签订的劳动合同多为当地劳动行政部门的范本合同。由于范本合同仅在法律的框架内进行原则性的设定，加之企业规章制度的缺失，往往导致企业无法达到通过劳动合同及配套制度有效管控员工的目的，由此导致调岗违法、调薪违法、变更工作地点违法等诸多法律风险。同时，为了防止员工以"规章制度违法侵害劳动者合法权益"为由被动辞职进而主张经济补偿金的风险发生，相关用工敏感问题也不宜在规章制度中体现，而只能以劳动合同条款的方式设定。因为即使补充协议个别条款违法，也不会影响其他合同条款的效力。据此，就范本合同无法涉及的细节问题以补充协议的方式予以明确，十分有必要。

2. 适用范围

此合同在用人单位与劳动者已经订立劳动合同，但需要就劳动合同事宜补充约定时使用。

3. 规避风险

- 避免未约定试用期录用条件出现试用期违法解除的法律风险；
- 避免未就加班费规定而日后出现加班费计算基数的纠纷风险；
- 避免未规定劳动报酬而发生劳动报酬纠纷的法律风险；
- 避免未规定违反劳动合同责任的法律风险。

4. 核心工具

劳动合同补充协议

甲方：________

乙方：________

甲乙双方于______年____月____日签订　□固定期限、□无固定期限、□以完成一定任务为期限的劳动合同。现经甲乙双方友好协商，就相关事宜签订如下补充协议，以资共同遵守。

1. 试用期管理

1.1 乙方试用期期限为____个月（日），自____年____月____日至____年____月____日。

1.2 乙方试用期工资为______元，每月____日至____日之间发放上一月工资。

1.3 甲方根据乙方招聘条件，结合岗位职责，确定如下录用条件并作为考核依据，乙方自愿遵守，并承诺认可甲方的考核结果，详见《试用期考核规定》。

1. 试用期管理，非补充协议的必备条款。
2. 如劳动者存在试用期，劳动合同未就试用期进行约定或者对试用期约定不明确的，试用期不成立。
3. 用人单位可拟定单独的试用期补充协议；针对特殊岗位，公司可以根据岗位特点制定特殊的录用条件。

甲方应于试用期满前____个工作日内，按照上述标准对乙方进行考核，如乙方未通过考核，甲方有权以不符合录用条件为由与乙方解除本合同。

1.4 试用期内乙方出现下列情形的，甲方有权以不符合录用条件为由解除劳动合同：

- 无法提供公司办理入职所需的社会保险、住房公积金、档案、证明等资料的；
- 公司其他规章制度规定的录用条件。

……

2. 工作内容

甲方可以根据经营情况或乙方的实际工作情况对乙方的工作岗位、工作地点进行调整，乙方同意其工资待遇随之变动。

> 公司自主决定员工工作地点、工作岗位的变更，存在效力待定问题，但公司可以依据此条与员工商谈，起到员工与公司达成协议一致变更的效果。

3. 工作时间和休息休假

3.1 加班：

…………

3.2 病假：

…………

4. 劳动报酬

乙方工资适用下述第 4.1/4.2/4.3 条约定。

4.1 乙方的工资由固定年薪、绩效奖励、加班加点工资三个部分组成。加班加点工资，乙方符合甲方规定的加班情形的，以乙方正常工作时间的工资为基数依法计发加班工资。

> 对于加班费基数标准，大部分地区规定可以由用人单位和劳动者约定，但是约定基数标准不得低于当地最低工资。

4.2 乙方的工资实行计时工资制。

4.3 乙方的工资实行计件工资制。

5. 社会保险

5.1 甲方按照国家及当地市有关规定负责乙方养老、失业、医疗、工伤、生育等社会保险参保事宜。

5.2 乙方应缴纳的社会保险部分，由甲方在其工资中代扣代缴。

5.3 甲方根据自身的经济效益情况，为乙方办理补充商业保险或建立企业年金制度，乙方符合条件享受补充商业保险或企业年金待遇的，甲方应及时为乙方办理相应的待遇支付手续。

6. 劳动保护、劳动条件和职业危害防护

6.1 甲方严格执行国家和本市有关劳动保护方面的法律、法规及规定，对乙方进行安全生产和操作规程的教育培训，努力改善劳动条件，保证乙方工作过程中的安全与健康。

6.2 乙方在工作过程中必须严格遵守相应的操作规程。

7. 劳动合同变更

甲乙双方可以采取口头形式变更劳动合同。乙方对甲方口头变更劳动合同的行为有异议的，应当在变更之日起 30 日内提出异议，超过该期限视为对甲方变更行为的认可。

> 公司采用口头形式与员工变更劳动合同内容具有法律风险，请注意保留口头变更的证据，尽量选择签订书面变更协议。

8. 劳动合同暂时停止履行

> 1. 劳动合同暂停履行，非本协议的必备条款。
> 2. 主要约定劳动合同暂停履行的情形、暂停期间的权利和义务等内容。
> 3. 公司也可以与员工单独订立中止劳动合同协议书。

9. 劳动合同解除、终止、续订

9.1 甲乙双方协商一致，可以解除本合同。

9.2 乙方主动辞职，在其递交书面辞职通知之日起满 30 日双方劳动合同及本补充协议解除。

9.3 甲方基于乙方的过错原因或非乙方过错原因可以解除劳动合同，其中，乙方的过错行为以甲方文件（包括但不限于员工手册、规章制度、岗位职责、行业标准、会议纪要、协议、承诺、备忘录、签呈等）为准。

10. 离职程序

……

11. 保密、竞业限制及专项培训

甲乙双方针对用工过程中的特别情形另行签订《保守商业秘密协议》《竞业限制协议》《专项培训协议》等特殊合同，上述合同独立于本协议，不因本协议的变更、解除、终止而变化，凡与本协议不一致之处，均以特殊合同为准。

12. 反商业贿赂

乙方作为甲方的工作人员，应当遵守法律、行政法规和甲方规章制度，对甲方负有忠实义务和勤勉义务，不得利用职权收受贿赂或者其他非法收入，不得侵占、挪用甲方的资金或财产，不得将甲方资金以其个人名义或者以其他个人名义开立账户存储，不得将他人与甲方交易的佣金归为己有，不得从事违反对甲方忠实义务或损害甲方利益的其他行为。

13. 违反劳动合同的责任

13.1 乙方因违反本合同给甲方造成损失的，甲方有权向其主张赔偿责任或与乙方工资、报销款等未结款项予以冲抵。

13.2 除特殊解释外，甲方损失包括但不限于下列内容：

13.2.1 甲方招聘录用乙方所支付的费用；

13.2.2 甲方为乙方支付的培训费用；

13.2.3 乙方行为导致甲方的经营损失。

14. 争议处理

14.1 因履行本合同发生争议，双方应友好协商，协商不成，任何一方均有权向甲方注册地劳动人事争议仲裁委员会申请仲裁。

14.2 乙方收取甲方经济补偿等费用或就解除（终止）劳动合同事宜签订相关协议后，视为双方就劳动关系方面再无其他争议，乙方不得再提起任何维权程序，如有违反，甲方有权追回已付费用。

15. 信息送达

15.1 甲乙双方共同确认如下送达信息：

甲方：________

乙方：________

15.2 如上列送达信息发生变更，变更方应于发生变更情形 3 个工作日内书面通知对方，未予通知或逾期通知的，对方以原信息送达相关资料的，视为有效。

15.3 送达方式包括快递、挂号信、住所地公示、省级报纸公告、公证送达等。

16. 其他约定

…………

17. 协议生效

…………

本协议自甲乙双方签章（捺印）之日起生效，协议壹式贰份，双方均持。

甲方：________　　　　　　　　乙方：________

________年____月____日　　　　________年____月____日

1. 违反劳动合同的责任，非本补充协议的必备条款；
2. 主要约定劳动者违反劳动合同给用人单位造成损失的赔偿责任、损失计算、赔偿方式等情形；
3. 除了服务期、竞业限制可以约定违约金外，其他任何情形下约定违约金均是无效的。

能否约定管辖问题存在争议，可能无效，但用人单位仍可以根据公司需要约定。

提前约定员工有效送达地址，可以防止员工不辞而别情况下单位在辞退时发生送达不能的情况。

员工签字工整，避免潦草，并且需要员工当面签署。防止由他人代签情况。

落款日期要在入职之日起 30 天内。

第五节　知识答疑

1. 能否以电子形式签署劳动合同？

可以。根据《关于订立电子劳动合同有关问题的函》（人社厅函〔2020〕33号）规定，用人单位与劳动者协商一致，可以采用电子形式订立书面劳动合同。采用电子形式订立劳动合同，应当使用符合《电子签名法》等法律法规规定的可视为书面形式的数据电文和可靠的电子签名。用人单位应保证电子劳动合同的生成、传递、储存等满足电子签名法等法律法规规定的要求，确保其完整、准确、不被篡改。符合《劳动合同法》规定和上述要求的电子劳动合同一经订立即具有法律效力，用人单位与劳动者应当按照电子劳动合同的约定，全面履行各自的义务。

2. 能否以人力资源部门专用章代替公章签署劳动合同？

可以。人力资源部门专用章并非用人单位正式对外印章，往往在单位内部使用。由于签署劳动合同属于人力资源部门工作职责内容，人力资源部门通过加盖人事专用章代替公章的做法，也表明用人单位通过人力资源部门的职务行为表达签署书面劳动合同的意愿，主观上并未存在恶意逃避《劳动合同法》要求用人单位履行订立书面劳动合同的法定义务。故司法实践中劳动者以人事专用章非公司公章主张劳动合同无效，进而诉请双倍工资一般不被支持。

第六节　地方性法规参考

◆《天津法院劳动争议案件审理指南》

三、劳动合同的订立

12.【未签书面合同的二倍工资】用人单位自实际用工之日起超过一个月不满一年，因用人单位原因未签订书面劳动合同的，应当按照《中华人民共和国劳动合同法》第八十二条的规定向劳动者每月支付二倍工资，最长不超过十一个月。

13.【视为订立无固定期限劳动合同的二倍工资】用人单位自用工之日起满一年因己方原因未与劳动者订立书面劳动合同的，视为用人单位与劳动者已经订立无固定期限劳动合同，劳动者请求用人单位支付未订立书面劳动合同二倍工资的，不予支持。

18.【书面劳动合同的认定】虽然未订立名称为劳动合同的文本，但订立的其他书面文件已经包含了劳动合同期限、工作内容和工作地点、工作时间和休息休假、劳动报酬、社会保险等内容，明确了双方的主要劳动权利义务，具备劳动合同本质特征的，应当认定双方已经订立了书面劳动合同。

◆《江苏省高级人民法院劳动争议案件审理指南（2010年）》

第三节　劳动合同效力纠纷的法律适用问题

一、不订立书面劳动合同的法律责任

2.《劳动合同法》施行后，用人单位违反法律、行政法规规定不与劳动者订立无固定期限劳动合同，用人单位自应当订立无固定期限劳动合同之日至补订无固定期限劳动合同的前一日，向劳动者每月支付二倍的工资，但最长不得超过11个月。

根据法不溯及既往的原则，如果“应当订立无固定劳动合同之日”在2008年1月1日之前的，应当给予用人单位一个月的宽限期，从2008年2月1日起开始起算。从《劳动合同法》第82条第1款和第2款的承接关系，以及实施条例第7条的规定可以看出，不签订书面劳动合同的最大惩罚限度是支付11个月的双倍工资。因此，对不签订书面无固定期限劳动合同的惩罚也应以11个月双倍工资为限。

◆《江西省高级人民法院、江西省人力资源和社会保障厅印发〈关于办理劳动争议案件若干问题的解答（试行）〉的通知》

二、关于劳动合同订立与履行

3.劳动者以书面劳动合同无效为由主张未签订书面劳动合同二倍工资差额的，应如何处理？

劳动者以书面劳动合同无效为由主张未签订书面劳动合同二倍工资差额的，不予支持。

4.劳动者以劳动合同倒签或补签为由主张未签订书面劳动合同二倍工资差额的，应如何处理？

双方将劳动合同的签字日期倒签在法定期限之内，劳动者以劳动合同倒签为由主张未签订书面劳动合同二倍工资差额的，不予支持。但有证据证明存在欺诈、胁迫情形的除外。

双方补签劳动合同的，劳动者主张实际用工之日至补签前一日扣除一个月订立书面劳动合同宽限期的二倍工资差额，应予支持。

6. 劳动者主张用人单位支付二倍工资差额，用人单位以因劳动者原因未订立书面劳动合同为由抗辩的，应如何处理？

用人单位有证据证明其已主动履行订立劳动合同义务，但劳动者拒绝订立劳动合同或者劳动者利用主管人事等职权故意不订立劳动合同，以及因其他客观原因导致用人单位无法及时与劳动者订立劳动合同的，劳动者主张用人单位支付二倍工资差额的，不予支持。

◆《吉林省高级人民法院关于审理劳动争议案件法律适用问题的解答（二）》

二、劳动合同订立与履行

6. 劳动者与用人单位未就劳动合同内容协商一致，要求与用人单位订立书面劳动合同或无固定期限劳动合同的，如何处理？

劳动者与用人单位未就劳动合同条款协商一致，法院不宜判决双方订立书面劳动合同。

劳动者要求订立书面劳动合同的，向劳动者释明可以将诉讼请求变更为要求确认双方存在事实劳动关系，劳动者拒绝变更的，对其诉讼请求不予支持。

劳动者要求订立无固定期限劳动合同的，向劳动者释明可以要求确认双方存在无固定期限劳动合同关系，劳动者拒绝变更的，对其诉讼请求不予支持。

11. 因劳动者的原因导致未订立书面劳动合同，劳动者要求用人单位支付二倍工资的能否支持？

因劳动者原因导致未订立书面劳动合同，劳动者要求用人单位支付二倍工资的，不予支持。

“劳动者的原因”主要包括以下情形：

（1）用人单位有证据证明劳动者不同意订立书面劳动合同的。

（2）具有劳动合同订立权限的高级管理人员未与用人单位订立书面劳动合同的。劳动者有证据证明其要求订立书面劳动合同，用人单位拒绝的除外。

（3）可以认定为劳动者原因的其他情形。

第四章 | 劳动合同变更管理

第一节　用工场景

劳动合同的变更是指劳动合同依法订立后，在合同尚未履行或者尚未履行完毕之前，经用人单位和劳动者双方当事人协商一致，对劳动合同内容作部分修改、补充或者删减的法律行为。劳动合同的变更是原劳动合同的派生，是双方已存在的劳动权利义务关系的发展。

劳动合同变更必须遵守六大原则——合法原则、合理原则、公平原则、平等自愿原则、协商一致原则和诚实守信原则。根据劳动合同变更的实操情况，我们将劳动合同变更归纳为协商变更、约定变更、法定变更三种类型。

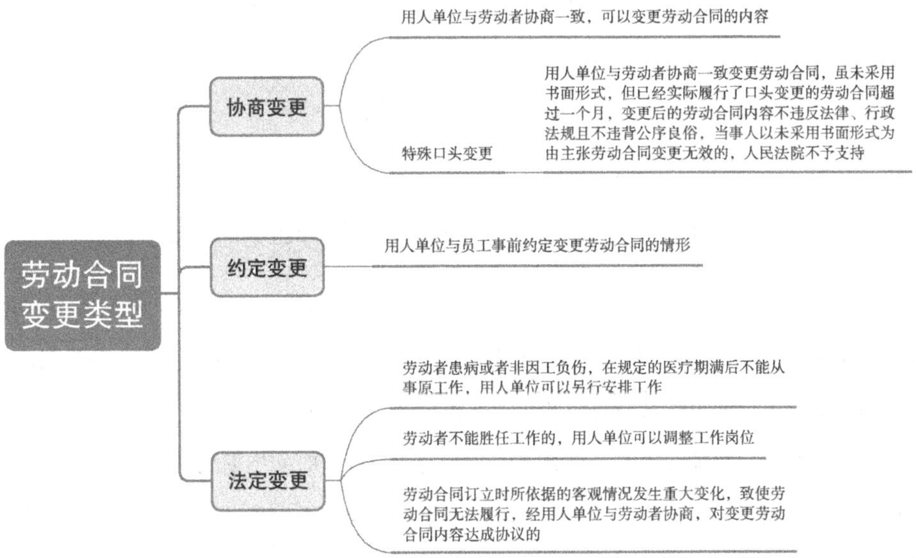

图 4-1　劳动合同变更类型

基于企业生产经营的需要，法律允许用人单位拥有一定的用工自主权，比如变更劳动合同中主体条款、劳动合同期限、薪酬、地点、岗位条款等，以达到经营效率的目的。

但变更劳动合同直接关乎劳动者的切身利益，合法的用工自主权和违法的变更劳动合同存在一定的界限，滥用用工自主权以达到解除劳动合同目的，或者变相强迫劳动者辞职的，则应认定用人单位的行为违法。

实操中，劳动合同变更有哪些错误的操作及给用人单位带来哪些法律后果呢？劳动合同变更中的风险点及法律后果具体如下：（参见图 4-2）

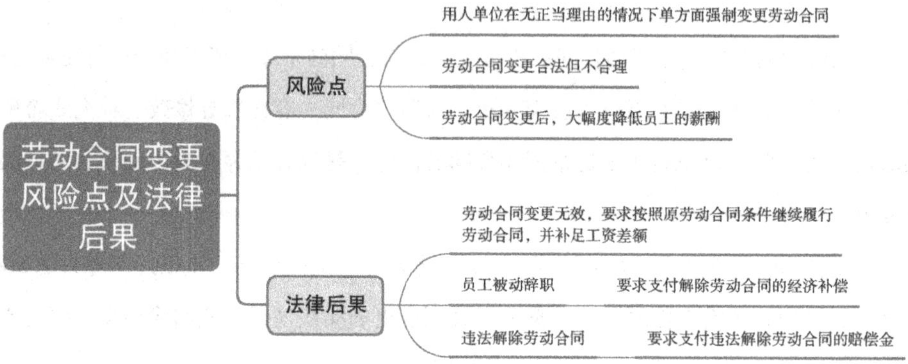

图 4-2　劳动合同变更风险点及法律后果

第二节　风险提示

用工风险 1：在无正当理由的情况下单方面强制变更劳动合同。

一般情况下，劳动合同变更应遵循平等自愿、协商一致的原则，用人单位不得单方面擅自变更劳动合同内容。但在特殊情况下，用人单位可以依法单方面变更劳动合同内容。作为用人单位单方面解除劳动合同的法定前置程序，如劳动者不胜任工作、劳动者患病或者非因工负伤医疗期满后不能从事原工作，劳动合同订立时所依据的客观情况发生重大变化致使劳动合同无法履行时，用人单位可以变更劳动合同内容等。如果劳动合同的变更不是属于法定变更的情形，那么需要与员工协商一致变更劳动合同。

目前，很多用人单位还是想当然地认为，劳动合同变更完全由单位说了算，员工只有服从的份儿，殊不知，这种理解和做法是错误的。法律保护和承认用人单位对员工一定程度的用工自主权，允许用人单位在符合法律规定的情况下，对劳动合同进行变更。但是，法律对这种权利的保护是有限度的，不允许用人单位随意变更劳动合同。

用工风险 2：劳动合同变更合法但不合理。

根据企业生产经营的需要，用人单位可行使用工管理权，在合法的基础上变更劳动合同。但是，在变更劳动合同中，除了考虑合法性外，还需要特别注意劳动合同变更的合理性。单位有经营自主权，并不意味着可以随心所欲地支配劳动者，超过合理的范围。双方发生争执，需要由用人单位举证劳动合同变更的合理性。

比如，因调岗、调薪而发生劳动纠纷时，裁判机关一般应考量的调岗合理性的因素有：

- 新岗位与劳动者所学专业的匹配性；
- 新岗位与劳动者工作经历的匹配性；
- 新岗位工作地点是否足以影响员工日常生活的时间安排，或者虽有影响但是否提供一定的交通便利条件或福利；
- 新岗位不应具备惩罚性或侮辱性质；
- 新岗位职级与薪资标准的对应体系；
- 新岗位工作条件、工作强度是否适应于劳动者的身体状况；
- 新工作岗位与原工作岗位属于同一个用人单位主体。

用工风险 3：大幅度降低薪酬。

从《劳动合同法》和《劳动法》相关规定来看，法律规定用人单位的单方调岗权，并未对用人单位调薪进行规定，实操中用人单位进行调薪时一定要注意调薪的合理性问题。但由于不能胜任工作的调岗，通常是由上而下调整，一般会带来职级的变化，也势必会导致薪酬等级的变化，从这个角度分析，因劳动者不能胜任工作导致的调岗，用人单位按照岗位的变化相应地调整薪酬应属合法的，也是岗变薪变原则的体现。但实操中由于缺乏明确的法律依据，也会给一些裁判者带来法律适用上的困惑，从而给用人单位的管理行为带来法律风险。

为了解决这个问题，我们建议这样操作，在劳动合同中增加一个条款："因乙方（劳动者）不能胜任工作而调整其工作岗位的，乙方同意甲方（用人单位）按照新岗位确定乙方工资标准，实行以岗定薪、岗变薪变。"通过这样的事先约定，解决调岗后调薪的依据问题。但需要注意，特定人员（如"三期"女员工）调岗后是不可以调薪的。

第三节　HR操作建议指引

一、劳动合同主体变更

1. 劳动合同主体变更种类

劳动合同主体变更的情形主要有两类：一类是企业分立、合并的情形；另一类是用人单位将员工转至关联企业或其他公司的情形。

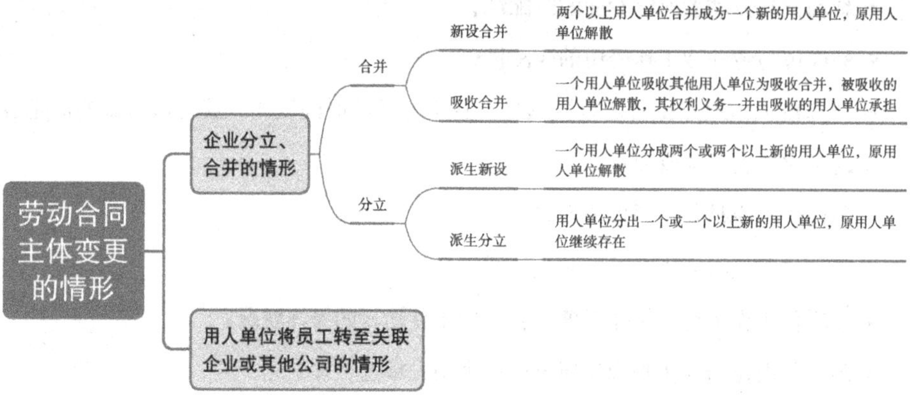

图4-3　劳动合同主体变更的情形

2. 若有劳动合同主体变更的情况，那么原来的劳动合同还有效吗？

《劳动合同法》第三十四条规定："用人单位发生合并或者分立等情况，原劳动合同继续有效，劳动合同由承继其权利和义务的用人单位继续履行。"

根据《劳动合同法》的规定，在分立、合并的情况下，用人单位这一劳动合同主体虽然发生了变化，但原劳动合同继续有效，劳动合同所确立的劳动者的权利义务及用人单位的权利义务均不发生变化，只是分立、合并中形成的新主体替代旧主体，成为劳动关系一方当事人，劳动关系双方当事人仍然按照原有劳动合同确定的权利义务履行双方的约定。

在企业没有发生合并、分立的情况下将劳动者安排至其他独立的用人单位工作而发生的劳动合同主体变更问题，法律没有相应的规定，在这种情况下法律充分尊重当事人的意愿，只要双方协商一致达成协议，就可以变更劳动合同的主体。因此，这种情况下的劳动合同的主体变更以劳动者同意为前提条件。

3. 若有劳动合同主体变更的情况，协议是变更还是重新签订？

公司主体变更，如果仅仅是名称变更、法定代表人变更，原劳动合同均继续有效，不用重新签订劳动合同。

如果公司分立、合并产生新的用工主体，原劳动合同也是继续有效的，可以采用变更劳动合同用工主体的模式。

4. 若有劳动合同主体变更的情况，如何处理工龄、解除劳动合同时补偿等事宜？

根据《最高人民法院关于审理劳动争议案件适用法律问题的解释（一）》第四十六条规定：劳动者非因本人原因从原用人单位被安排到新用人单位工作，原用人单位未支付经济补偿，劳动者依照劳动合同法第三十八条规定与新用人单位解除劳动合同，或者新用人单位向劳动者提出解除、终止劳动合同，在计算支付经济补偿或赔偿金的工作年限时，劳动者请求把在原用人单位的工作年限合并计算为新用人单位工作年限的，人民法院应予支持。

通过变更劳动合同的签订主体，以规避劳动者工龄连续计算，是用人单位常用的减少劳动者工龄的招数。面对此种情形，劳动者需要将举证重点放在证明自己的工作场所和工作岗位未发生变化上。只要证明这一点，用人单位的“金蝉脱壳”之计便无从施展。

二、劳动合同岗位、薪酬变更

（一）调岗调薪类型

岗薪异动的三大模式和九类情形具体如下。

三大模式	九类情形	具体特点
依“法”而调	医疗期满、不胜任工作、客观情况发生重大变化、裁员前	强制、单方、薪随岗变
依“约”而调	预约变更、默示变更	事前协商一致、依约变薪实际履行原则
依“需”而调	女工“三期”、工伤评残员工、涉密员工离职前	按需调整、依法变薪

依“法”而调这一模式的特点具有强制性，并赋予企业单方调岗权。具体包括以下情形：医疗期满后岗薪变更；不胜任工作后岗薪变更；客观情况发生重大变化后岗薪变更；企业转产、技术革新、经营方式变化后裁员前的岗薪变更。

依“约”而调这一模式的特点是岗薪调整完全依照双方的约定，大多在入职初期以书面形式固定，当条件成立时，便依照约定变岗变薪；当然，实践中，也有部分企业与员工之间未采取书面形式约定，但实际履行变更的期限达到一个月以上，形成了既定事实，此种情形在司法实践中叫作默示变更，亦属于约定变更的一种情形。具体包括以下情形：入职初期的预约变更和在职期间的默示变更。

依“需”而调这一模式的特点是针对特殊情形下的员工，法律上虽有规定依需调岗，但不具备强制性，依据客观情况作出调整。包括以下情形：女工“三期”内的岗薪变更；工伤评残员工的岗薪变更；涉密员工离职前的岗薪变更。

（二）“医疗期满”岗薪变更操作流程

“医疗期满”岗薪变更操作流程具体如下：（参见图 4-4）

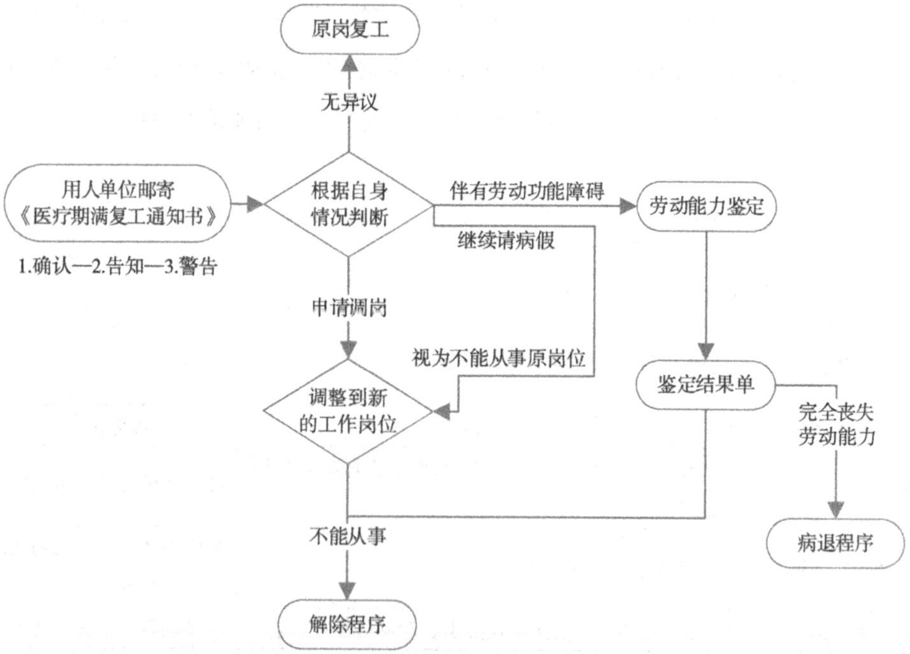

图 4-4 “医疗期满”岗薪变更操作流程

医疗期满后，通常用人单位需要与员工确认复工的时间，如员工明确表示不能复工，需要将《医疗期满复工通知书》以书面形式邮寄给员工，告知员工可以享有的权利及义务，包括以下四项：

- 目的一（确认）：与劳动者确认医疗期期限，并告知确切的复工时间；
- 目的二（告知）：如果劳动者有调岗需求，单位可视情况作出调整；
- 目的三（告知）：如果劳动者伴有劳动功能障碍，单位可配合其做劳动能力鉴定；
- 目的四（警告）：如果劳动者既不复工，也不申请鉴定，亦不履行请假手续，单位有权依据规章制度（旷工）作出辞退的处理决定。

将《医疗期满复工通知书》送达员工后，员工会根据自己的情况作出判断：

- 原岗复工：程序结束。
- 申请调岗：单位可依据组织架构的情况作出合理的岗位安排。
- 继续请病假：此种情况下，企业可视为原岗位不能从事，可象征性进行调岗，如果员工仍然递交病假条的话，可视为新安排的岗位也不能从事，此时，单位可行使解除的权利。
- 劳动能力鉴定：如果员工身体伴有劳动功能障碍，经劳动能力鉴定委员会鉴定为完全丧失劳动能力，且符合国家病退标准的，企业可协助员工办理病退手续；但完全丧失劳动能力不符合病退标准或鉴定为非完全丧失劳动能力的，通常企业也有义务给员工进行调岗，当新安排的岗位仍然不能从事时，企业可行使解除的权利。

实操中还会遇到企业无岗可调的情形，建议企业协商解除，如协商不成，此时员工进入事实待岗状态，亦属于“岗薪异动”的情形，在此期间，企业亦应按照国家规定支付生活费，但时间不宜过长，否则容易造成员工被迫辞职。建议企业在规章制度中明确规定员工可能待岗的情形、期限及待遇，以便日后处理争议时有据可依。

（三）“不胜任工作”岗薪变更操作流程

“不胜任工作”岗薪变更操作流程具体如下：（参见图 4-5）

通常企业多以绩效考核方式来确定员工的岗位胜任能力，但在此之前需要预先与员工签订考核协议，如绩效责任状，确定考核规则以及考核结果的应用。

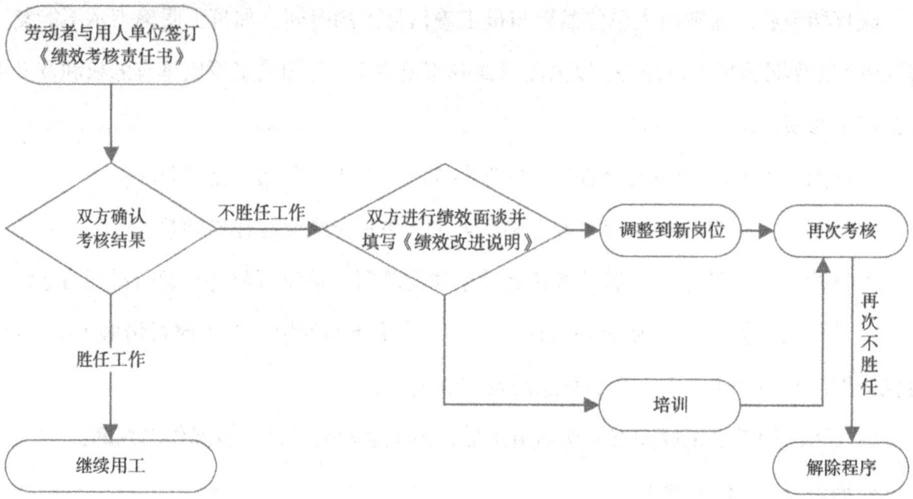

图 4-5 “不胜任工作”岗薪变更操作流程

当出现考核结果为不胜任工作时，企业有义务告知员工考核结果，并让员工签字。这里需要说明的是：很多企业在绩效考核等证明员工不胜任方面存在瑕疵，以至于出现不能合法、合理地证明员工不胜任工作的情形，例如，考核指标定性多于定量，不具备说服力；考核数据来源不清晰，或者员工不认可数据来源。鉴于上述情形，建议企业在签订考核协议时全部明确化，以免出现争议。实践中，关于有些员工不愿意在考核结果上签字的情形，这里需要说明：绩效考核是企业对员工的单方考核行为，理论上即便员工不认可其考核结果，只要企业能够有证据证明考核的准确性、客观性，则该考核结果生效。但实操中企业有将考核结果告知员工的义务，因此需要员工签收，如员工拒收，企业可采取其他方式进行送达；当然，如果能够得到员工对考核结果的认可，是调岗或培训甚至解除劳动关系前最安全的处理方式，这里可以采取一些柔性的技巧，比如与员工进行绩效面谈，并填写绩效改进说明，侧面得到员工对考核结果的认可。

用人单位有证据证明员工不能胜任工作时，才具备单方调岗的权利，调岗时要注意合理性：

一是要考量员工的知识背景和履历，不能大幅度调岗降薪；

二是调整后的岗位如涉及工作地点的变更，不能对员工的上下班及日常生活造成影响，如果造成影响，应适当地采取弥补措施；

三是除工作地点外，不能变相地制造其他不合理的工作条件（如岗位附带的工时、考核规则等）。

（四）“客观情况发生重大变化”岗薪变更操作流程

“客观情况发生重大变化”岗薪变更操作流程具体如下：（参见图 4-6）

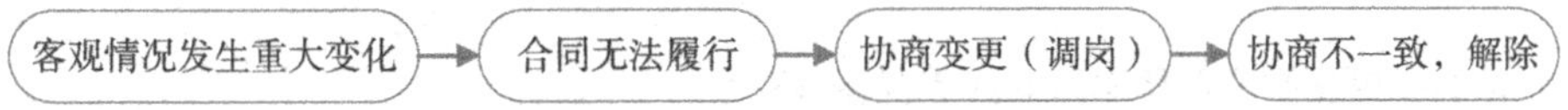

图 4-6 “客观情况发生重大变化”岗薪变更操作流程

在企业变更劳动合同（调岗）前，企业首先要证明其客观情况重大变化的事实。那么，什么是客观情况的重大变化？劳动部对此的定义，多指不可抗力、企业迁移、被兼并、企业资产转移等，但不包括破产进行法定整顿期间，以及生产经营状况发生严重困难的情形。除此之外，实操中对于客观情况的认定包括但不限于：业务重组；组织架构调整；经企业董事会、股东会等决议，撤销乙方所在部门或者岗位；乙方岗位所属业务、项目终止的情形。

企业除证明客观情况发生重大变化外，还需证明该变化足以导致合同无法履行，即二者之间的因果关系，如不能证明两者并列发生，即便有客观情况的重大变化存在，也不能作为单方变更劳动合同（调岗）的理由，如果劳动者不同意变更，企业单方解除劳动关系也是违法行为。

变更劳动合同（如调岗、调薪、调整工作地点等）时一定要注意合理性，例如，恶意变更，迫使劳动者同意等不恰当操作会给企业带来风险。

（五）裁员前岗薪变更操作流程

根据《劳动合同法》第四十一条规定，有下列情形之一，需要裁减人员 20 人以上或者裁减不足 20 人但占企业职工总数 10% 以上的，用人单位提前 30 日向工会或者全体职工说明情况，听取工会或者职工的意见后，裁减人员方案经向劳动行政部门报告，可以裁减人员：（一）依照企业破产法规定进行重整的；（二）生产经营发生严重困难的；

（三）企业转产、重大技术革新或者经营方式调整，经变更劳动合同后，仍需裁减人员的；

（四）其他因劳动合同订立时所依据的客观经济情况发生重大变化，致使劳动合同无法履行的。

因为企业在实践中经营情况比较复杂，且裁员的情形较规模化，所以本章不做重点讲解。

（六）依约变更操作流程

依约变更操作流程具体如下：（参见图 4-7）

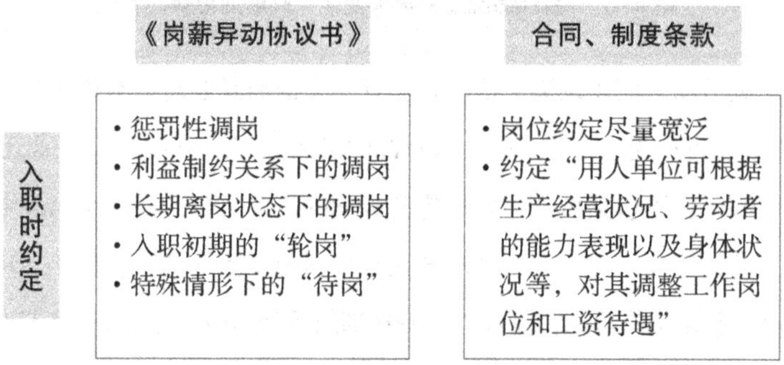

图 4-7　依约变更操作流程

实践中，企业可能作出调岗变薪决定的情形，不仅限于上述法律法规中所指的情形，还会存在一些为适应企业经营自主的需要所作出的调岗变薪行为。因此，建议企业在员工入职初期，与员工以书面形式（岗薪异动协议书）进行劳动合同变更的约定，当条件成立时，企业则可按照约定进行调整，减少劳动争议的发生。该协议书可约定的情形包括：

惩罚性调岗：当员工在履行岗位职责时有过失行为，通常企业会以停职反省或调岗降薪的方式来惩罚员工，这种做法往往会引发争议，如果劳资双方初期在用工规则中已进行约定，通常司法实践中认可该调岗变薪的合法性。

利益制约关系下的调岗：企业中担任重要岗位的员工，抑或是利益制约关系的两个岗位，如员工之间存在近亲属关系、婚姻关系等，则不利于岗位职责得到公正公平的发挥，因此，为了企业利益、股东利益等，企业需要作出调岗变薪的决定，如在协议中提前约定，哪些岗位不应存在用人冲突，以便对日后的调整作出合法合理的铺垫。

长期离岗状态下的调岗：企业内的员工如出现长期连续、断续休事假、病假（医疗期未满）或其他假别，可能会影响工作的连续性，此种情形下，企业对于岗位的人员安排很是头疼，如果说对其进行调岗，无法律依据，不调岗则影响正常的生产经营。如果入职初期与员工约定，出现该情形，企业有调整岗位的权利，那么依约而调则变得有理有据。

入职初期的轮岗：很多企业在员工入职初期都比较喜欢安排员工轮岗，目的一是让新员工在各岗位都进行尝试，以便了解企业全貌，找到更适合自己的岗位，也为更好地对接各部门工作；目的二是部门内轮岗，为日后的人员替补做准备；还有一些企业安排轮岗，则可能是因为廉政建设需要。无论何种原因轮岗，都可能会影响员工的切身利益，一旦发生争议，需要企业举证轮岗的必要性。这个问题如果在入职初期的协议中约定，那么轮岗则变得有据可依。

特殊情形下的待岗：企业由于经营困难、开工不足等情形可能会导致员工处于事实待岗状态，包括前述内容中也提到过，企业履行单方调岗义务，如果无岗可调，也会让员工处于事实待岗，如果超出合理期限，则可能导致员工被迫辞职，主张经济补偿。因此，建议企业约定待岗情形、待遇及期限，一旦条件成就，实施待岗则不再具有争议。

此外，很多用人单位在劳动合同中与员工约定的岗位比较宽泛，甚至在补充条款内声明了企业调岗的权利，在这里需要说明的是：该种约定并不违反法律规定，只是在实操中，任何情况下调岗调薪都要向员工履行解释说明的义务，如变更不存在合理性，该约定则属于“免除自己的法定责任，排除劳动者权利”的不合法行为。

（七）默示变更操作流程

根据《最高人民法院关于审理劳动争议案件适用法律问题的解释（一）》第四十三条规定，用人单位与劳动者协商一致变更劳动合同，虽未采用书面形式，但已经实际履行了口头变更的劳动合同超过一个月，变更后的劳动合同内容不违反法律、行政法规且不违背公序良俗，当事人以未采用书面形式为由主张劳动合同变更无效的，人民法院不予支持。

根据该法条的规定，企业需要在默示变更中承担“一个月”的举证责任，因此，实操中，用人单位HR需注意保留变更的痕迹，尤其是变更的时间起点，以证明一个月的实际履行，以此来抗辩变更（岗薪异动）的合法性。

（八）女工“三期”内的岗薪变更操作流程

根据《女职工劳动保护特别规定》及《妇女权益保障法》的规定，用人单位不得因女职工怀孕、生育、哺乳降低其工资，在晋职、晋级、评定专业职业技术等方面，应当坚持男女平等的原则，不得歧视妇女。但实操中，女职工在怀孕期间因生理状况发生变化，可能有不适应工作岗位的情形发生，这个时候，用人单位与女职工都有可能提出调整工作岗位的要求，随之而来的还有薪酬问题。对此，对于不同原因不同主体提出的变岗变薪要求，我们分别给出如下处理意见：

身体不适：部分女职工怀孕期间，妊娠反应过重，可能因此提出变更岗位或降低工作量的要求，根据《女职工劳动保护特别规定》第六条“女职工在孕期不能适应原劳动的，用人单位应当根据医疗机构的证明，予以减轻劳动量或者安排其他能够适应的劳动”的规定，也就是说，只要女职工出示了医院的证明，用人单位就有义务给予调岗或降低工作量，但不得降低其工资。

禁忌工种：《女职工劳动保护特别规定》里有关于女职工在经期、孕期、哺乳期内严令禁止的几类工作，也就是说当女工“三期”遇到禁忌工种，法律强制用人单位作出调整，以保证女职工“三期”内的健康权。

“三期”本身：实操中，有一部分用人单位认为，女职工怀孕、生育确实给经营造成一定的影响，如形象岗位工作，如用人单位确有调岗需求的话，需征得女职工的同意，同时调岗不得调薪。

（九）工伤评残员工岗薪变更操作流程

根据《工伤保险条例》规定，职工因工致残被鉴定为五级、六级伤残的，保留与用人单位的劳动关系，由用人单位安排适当的工作。难以安排工作的，由用人单位按月发给伤残津贴。依据该规定，我们得知，工伤五级、六级伤残的职工，因其劳动能力障碍，企业有为职工安排力所能及岗位的权利和义务。

此外，实践中，除工伤五级、六级伤残职工外，其他发生过工伤事故的员工也可能有调整工作岗位的需要，无论是用人单位提出还是员工主动提出，单位都应作出合理的适应工伤员工劳动能力的安排。

（十）涉密员工离职前岗薪变更操作流程

根据原劳动部的规定，用人单位与掌握商业秘密的职工在劳动合同中约定保守商业秘密有关事项时，可以约定在劳动合同终止前或该职工提出解除劳动合同后的一定时间内（不超过六个月），调整其工作岗位，变更劳动合同中相关内容。由此，我们得出一个结论，企业在调整涉密员工离职前的岗位时，需要具备三个要件：

一是证明该员工从事的是接触企业商业秘密的岗位；

二是证明该员工与单位签订过保密协议之类的合同文本，且约定劳动合同终止或解除前，单位有权调整其岗位与薪资；

三是约定调岗的期限不得超过六个月。

第四节　用工风险防范工具

工具一：调岗调薪通知书

1. 工具说明

调岗调薪通知书可以罗列调整原因及调整后的结果，确保员工能够及时知悉。同时，就员工未按照此通知书的规定执行岗位变更，对其做相关处理提供了有利证据。

2. 适用范围

用人单位在与劳动者建立劳动关系时，在出现法定变更劳动合同的情形下，用人单位可以行使单方变更劳动合同权利，本通知书于变更工作岗位书面通知劳动者时使用。

3. 规避风险

企业通过本通知书，一般应解决如下问题或规避如下法律风险：

- 避免未依法定程序发给劳动者变更岗位通知书，造成违法调整工作岗位的风险；
- 避免未按照公司规定对未依法到岗的劳动者进行相应处理的风险。

本通知书于变更工作岗位书面通知劳动者时使用。调整员工工作岗位，在法律上是有严格的规定的，不能随意调整，如果没有合理的依据和理由，用人单位的调岗行为存在较大法律风险。

用人单位需要有具体的考核标准和考核结果，才能依据此条款调岗，并将调岗的依据留档备查。

用人单位需要证明员工无法从事原工作，以此证明员工不能胜任，否则会造成违法调岗的法律风险。

针对员工的违规、违纪行为，用人单位的规章制度应该具体明确，并对员工违规、违纪行为的证据进行固定，然后依据规章制度对其进行调岗。

需要明确调岗前后的薪资待遇，保障调岗行为的明确、公开。

针对未依据此规定进行调岗的结果，用人单位需要对此有规定，不能在没有依据的情况下，对员工做出处理。

员工当面签字确认。

用人单位盖章，确定生效的日期。

员工当面领取此通知时，人力资源部需保留员工签收的证明；需邮寄送达时，请确保员工有效送达地址并保留邮寄送达相关单据。

4. 核心工具

调岗调薪通知书

________（先生 / 女士）：

经公司决定，向您发出调整工作岗位通知。

调岗理由：

☐不能胜任工作岗位；

☐医疗期满无法从事原工作；

☐违规、违纪行为；

☐本人申请；

☐其他：

调整前岗位：　　　　　　　　　　　　工资待遇：

调整后岗位：　　　　　　　　　　　　工资待遇：

请于接到本通知之日起______个工作日内到岗，如届时未予到岗，公司将按照相关规定予以处理。

员工签字：　　　　　　　　　　　　　　公司盖章：

________年____月____日

壹式贰份（公司和员工各留存壹份）

工具二：培训通知书

1. 工具说明

培训通知书可在一定程度上证明培训程序合法，同时，它也是日后合法解除劳动关系的有利证据。

2. 适用范围

本通知书在公司因员工不胜任工作，决定对其进行培训时使用。

3. 规避风险

公司通过该通知书，一般应解决如下问题或规避如下法律风险：

- 避免用人单位在员工不胜任工作时违法解除与员工的劳动关系的法律风险；
- 避免不能提供培训证据的法律风险；

- 避免未通知员工培训而调岗的风险。

4. 核心工具

培训通知书

________先生 / 女士：

经公司考核，您的工作能力被评定为不能胜任工作。现公司决定对您进行培训，培训时间为________年____月____日至________年____月____日，请您到______________按要求参加培训。如您不按时参加培训，公司将按照相关规章制度进行处理。培训结束后，如您仍不能胜任工作，公司将按照相关规定予以处理。

公司盖章：

________年____月____日

标题应能简要概括通知书内容，不建议只是简单写明“通知”。

表明进行培训的原因，应为通知书的必备内容。“不能胜任工作”是指劳动者不能按要求完成劳动合同中约定的任务或者同工种、同岗位人员的工作量。用人单位不得故意提高定额标准，使劳动者无法完成。

1. 告知员工不参加培训的后果，应为通知书的必备内容。
2. 企业应在指定规章制度中予以明确，比如规定员工无理由拒绝参加培训的视为旷工，旷工几日视为严重违反公司规章制度，或者直接将拒绝参加培训以及拒绝调整岗位视为严重违反规章制度予以解除劳动合同。

工具三：岗位调整协议书

1. 工具说明

岗位变更是用人单位变更劳动合同的难点，因此很多企业在员工入职时签订岗位调整协议书，提前约定岗位调整的情形，并通过协议书的形式进行固定，并对相关内容予以明确，以此减少用工的法律风险。

2. 适用范围

此协议在用人单位和劳动者依约变更劳动合同时使用。

3. 规避风险

公司通过本协议，一般应解决如下问题或规避如下法律风险：

- 避免变更未签订协议而变更未生效的法律风险；
- 避免因未约定报酬变更而引发纠纷的法律风险。

4. 核心工具

岗位调整协议书

注意是协议书，不是通知书，协议书与通知书是有区别的，实操中需注意。

甲方：________

乙方：________

经甲乙双方协商一致，乙方同意，符合下列任一情形的，甲方有权调整乙方工作岗位：

> 一、乙方岗位范围为：__________________，乙方同意，甲方有权在上述岗位范围内调整乙方工作岗位，该调整不属于变更劳动合同。
>
> 二、甲方根据生产经营的需要可以安排乙方完成临时性工作任务。
>
> 三、乙方同意，甲方有权根据甲方生产经营需要，且保证调整后的工作岗位的劳动待遇水平与原岗位基本相当（与原收入水平相差不超过20%）的情况下，适当调整乙方的工作内容或具体岗位。
>
> 四、乙方有下列情形之一的，甲方有权调整乙方工作岗位，乙方的薪酬标准自动调整为新岗位对应的薪酬标准：
>
> 1. 乙方不能胜任工作的：
>
> （1）连续2个月或累计3个月未完成月任务业绩指标的；
>
> （2）连续2次或累计3次绩效考核得分不足______分或不合格的；
>
> （3）不能按要求完成劳动合同中约定或公司合理制定的相关任务的；
>
> （4）不能完成同工种同岗位人员的平均工作量的80%的；
>
> （5）其他不能胜任工作的情形。
>
> 乙方接受甲方安排业绩指标和进行各项考核，考核需要参考上级或同事意见，具有一定程度上的主观因素，乙方在此确认已知悉并认可甲方作出的考核结果。
>
> 2. 乙方不论何种原因连续____个月或一年内累计____个月未到岗上班，重新到岗上班时甲方已安排其他员工替代乙方原岗位的。
>
> 3. 乙方已不具备该岗位的任职资格的。
>
> 4. 根据乙方的身体或精神状况，不适宜在原岗位继续工作的。
>
> 5. 乙方的近亲属在甲方或甲方的关联公司工作，可能不利于甲方管理或可能损害甲方利益的。
>
> 6. 甲方规章制度规定或双方另行约定的其他情形。
>
> 7. 其他法律法规规定的用人单位可以单方调整乙方工作岗位的情形。

调整后岗位的薪酬根据新岗位的情况确定，但要注意合理性。

建议按照公司实际的考核情况进行修改、调整。

用于请长假或者长期离岗的员工调岗的依据。

第五节 知识答疑

1. 员工不服调岗且拒不到岗，用人单位可以按照旷工处理吗？

以旷工之名行使合同解除权需要基于两个重要前提：第一，岗位调整是合法合理的，有法律依据和事实依据，且岗位调整具有合理性。第二，员工的行为属于旷工。旷工一般是指，除有不可抗拒的因素影响，职工无法履行请假手续情况外，职工不按规定履行请假手续，又不按时上下班。

所以，对于员工不服从调岗，用人单位规章制度中明确规定此类行为属于旷工，则用人单位可以按照旷工处理。企业应当注意审查调岗的合理性和合法性，同时不急于作出处分决定。

2. 劳动者对考核结果不认可但实际上又去了新岗位，能否事后主张调岗无效？

对于这个问题，用人单位可以用实际履行规则进行抗辩。根据《最高人民法院关于审理劳动争议案件适用法律问题的解释（一）》第四十三条规定，用人单位与劳动者协商一致变更劳动合同，虽未采用书面形式，但已经实际履行了口头变更的劳动合同超过一个月，变更后的劳动合同内容不违反法律、行政法规且不违背公序良俗，当事人以未采用书面形式为由主张劳动合同变更无效的，人民法院不予支持。

因此，若用人单位有证据（比如说工资发放的签收记录、新岗位的考勤记录、新岗位的会议记录等）证明员工在协商一致变更的新岗位已工作满一个月，则调岗是有效的。

3. 是否可以在劳动合同中约定用人单位可单方调岗？

实践中，用人单位在劳动合同中约定“用人单位可以根据经营需要及劳动者的工作表现适当调整员工岗位”，即实际上赋予了用人单位单方调岗、调薪的权利，并且通过在劳动合同中列明的方式，使得用人单位这种权利符合法律上“协商一致”的规定要求，这样的约定是否有效，争议较大。

目前司法实践中，有部分法院认定在劳动合同中进行如此约定无效，但是也有法院认可上述约定的效力，对此持赞同意见比较典型的有上海和江苏，如上海市高级人民法院民事审判第一庭《关于审理劳动争议案件若干问题的解答》（2002 年 2 月 6 日发布）第十五条规定以及上海市高级人民法院《关于审理劳动争议案件若干问题的解答》（沪高法民一〔2006〕17 号）第六条规定的内容表明针对用人单位单方调岗权在劳动合同中约定或者其他事前书面约定，原则上持予以支持的态度。

第六节　地方性法规参考

◆《北京市高级人民法院、北京市劳动人事争议仲裁委员会〈关于审理劳动争议案件法律适用问题的解答〉》

12. 哪些情形属于《劳动合同法》第四十条第三项规定的“劳动合同订立时所依据的客观情况发生重大变化”？

“劳动合同订立时所依据的客观情况发生重大变化”是指劳动合同订立后发生了用人单位和劳动者订立合同时无法预见的变化，致使双方订立的劳动合同全部或者主要条款无法履行，或者若继续履行将出现成本过高等显失公平的状况，致使劳动合同目的难以实现。

下列情形一般属于“劳动合同订立时所依据的客观情况发生重大变化”：

（1）地震、火灾、水灾等自然灾害形成的不可抗力；（2）受法律、法规、政策变化导致用人单位迁移、资产转移或者停产、转产、转（改）制等重大变化的；（3）特许经营性质的用人单位经营范围等发生变化的。

◆《广东省中山市中级法院〈关于审理劳动争议案件若干问题的参考意见〉》

九、劳动合同的签订、履行、变更、解除与终止

9.1【岗位调整原则】用人单位调整劳动者工作岗位，一般应经劳动者同意。如没有变更劳动合同主要内容，或虽有变更但确属用人单位生产经营所必需，且对劳动者的报酬及其他劳动条件未作不利变更的，劳动者有服从安排的义务。

9.2【调岗、调酬的处理】用人单位调整劳动者工作内容和工资报酬的，按照以下原则处理：

（三）劳动合同中明确约定调整工作内容与工资报酬的有关条款，当事人可按约定履行。劳动合同中虽有工作内容和工资报酬调整的约定，但调整的条款和指向不明确的，用人单位应当提供充分证据证明调整的合理性，用人单位不能证明调整合理性的，劳动者可以要求撤销用人单位的调整决定。

◆《天津市高级人民法院关于印发〈天津法院劳动争议案件审理指南〉的通知》

四、劳动合同的变更

19. 用人单位对劳动者的工作岗位进行调整，应当同时具备以下条件：

（3）调整后的工作岗位的劳动待遇水平与原岗位基本相当，但根据《中华人民共和国劳动合同法》第四十条第一项，第二项，因劳动者患病或者非因公负伤，在规定的医疗期满后不能从事原工作而被调整岗位，或者因劳动者不能胜任工作而调整岗位的除外；

用人单位与劳动者签订的劳动合同未约定调整工作岗位有关内容，用人单位规章制度也未做相关规定的，除依据《劳动合同法》第四十条第一项、第二项有关规定调整工作岗位情形外，用人单位与劳动者协商一致，可以调整工作岗位。

◆《重庆市劳动和社会保障局关于印发〈重庆市劳动合同管理暂行办法〉的通知》

三、劳动合同的变更

8. 变更劳动合同的程序是：当变更劳动合同的条件出现或即将出现时，由一方当事人书面向对方当事人提出变更劳动合同的理由和修改条款的建议。对方当事人应在10个工作日内书面作出同意或不同意或建议协商的答复。若同意变更则双方达成一致意见，形成书面协议，双方签字（盖章），协议即行生效。双方各持一份，作为劳动合同的附件（“劳动合同变更协议书”式样附后）。

第五章 | 劳动合同终止管理

第一节　用工场景

《劳动合同法》第四十四条规定了6种劳动合同终止的情形：（一）劳动合同期满的；（二）劳动者开始依法享受基本养老保险待遇的；（三）劳动者死亡，或者被人民法院宣告死亡或者宣告失踪的；（四）用人单位被依法宣告破产的；（五）用人单位被吊销营业执照、责令关闭、撤销或者用人单位决定提前解散的；（六）法律、行政法规规定的其他情形。其中，用人单位用工管理中最常见的纠纷就是劳动合同期满如何处理劳动合同终止的问题。由于其他5中法定终止情形在实践中并非每个公司均能遇到，且该5种法定终止情形需要具体情况具体分析，本章节不便就该5种法定终止情形进行展开。本章节就劳动合同到期这一终止情形展开论述，也期寄通过劳动合同到期这一法定终止情形让用人单位认识到劳动合同终止的用工风险。

一般来说，劳动合同到期，用人单位往往根据劳动者在职期间的工作表现，选择是否续订劳动合同。但是劳动合同和民事合同有所区别，民事合同遇到期限到期，双方在合同中约定的权利义务就此终止（结束）；而《劳动合同法》对劳动合同到期进行立法规定，对用人单位选择续签或者不续签劳动合同均进行限制，从而保护劳动者的合法权益。

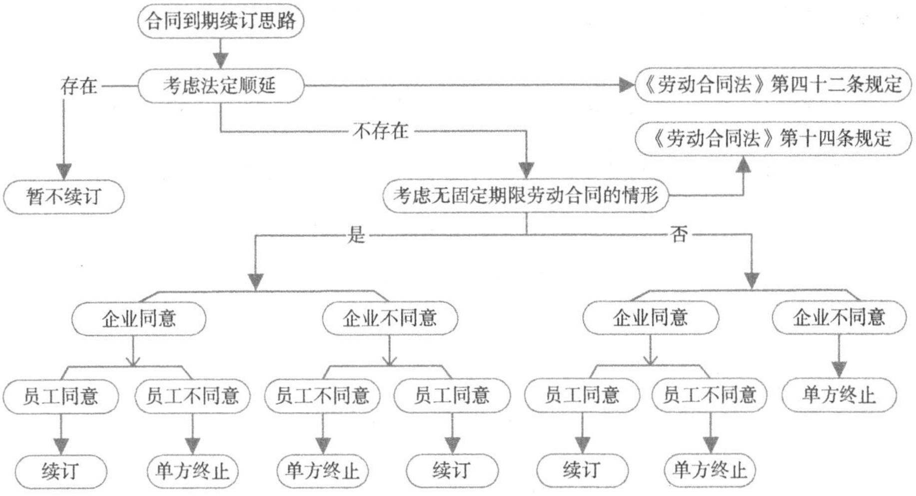

图5-1　劳动合同到期

比如《劳动合同法》规定，劳动合同期满遇到女职工在孕期、产期、哺乳期的情形，需要顺延劳动合同期限，直到情形消失时（哺乳期满）视为期限届满。因此，好多用人单位未注意到《劳动合同法》对于劳动合同到期的特别规定，认为劳动合同跟民事合同一样，期限自然到期就可以终止双方权利义务，直接选择不续签劳动合同，从而违反《劳动合同法》的规定，承担支付违法终止劳动合同赔偿金或继续履行劳动合同的法律责任，给自身带来用工风险问题。

另外，劳动合同到期，遇到劳动者符合签订无固定期限劳动合同的情形（劳动者在该用人单位连续工作满十年的，连续订立二次固定期限劳动合同等），用人单位不与劳动者订立无固定期限劳动合同的，承担未签订无固定期限劳动合同的二倍工资的法律责任。

第二节　风险提示

用工风险 1：合同到期存在法定顺延的情形。

根据《劳动合同法》第四十五条规定，劳动合同期满，有本法第四十二条规定情形之一的（病假员工，“三期”女员工，工伤员工等特殊情形），劳动合同应当续延至相应的情形消失时终止。因此，合同期限到期时遇到法定顺延情形，此时用人单位考虑不周，直接终止劳动合同的，根据《劳动合同法》第四十八条及第八十七条规定，将面临违法终止劳动合同的法律责任（继续履行劳动合同或支付赔偿金）。

用工风险 2：符合签订无固定期限劳动合同的情形，双方均同意续签。

此时应当签订无固定期限劳动合同。但是实践中如果双方续签的是固定期限劳动合同，劳动者能提供证据证明在续签时要求用人单位签订无固定期限劳动合同的，对于用人单位来说将承担自应当订立无固定期限劳动合同之日起向劳动者每月支付二倍工资的法律责任。

用工风险 3：符合签订无固定期限劳动合同的情形，双方均不同意续签。

此时用人单位可以合法终止劳动合同。但是如果用人单位未保留员工不同意续订劳动合同的证据，直接终止劳动合同将面临违法终止劳动合同的法律责任（继续履行劳动合同或支付赔偿金）。

用工风险 4：符合签订无固定期限劳动合同的情形，用人单位不同意续签，而劳动者同意续签。

符合《劳动合同法》第十四条签订无固定期限劳动合同情形的，此时劳动者在续签问题上有主动权，即可以要求用人单位续签无固定期限劳动合同的权利。换言之，劳动者提出续签的，用人单位被迫续签劳动合同，双方进而形成无固定期限劳动合同关系。如果用人单位不同意续订而直接终止劳动合同，将面临违法终止劳动合同的赔偿金或继续履行劳动合同的法律责任（上海地区等除外）。

用工风险 5：不符合签订无固定期限劳动合同的情形，用人单位同意续签，而劳动者不同意续签。

此时按照《劳动合同法》第四十六条规定，用人单位维持或者提高劳动合同约定条件续订劳动合同，劳动者不同意续订的，用人单位终止劳动合同后无需支付经济补偿金。但是，如果用人单位未保留员工不同意续订劳动合同的证据，直接终止劳动合同将面临违法终止劳动合同的法律责任（继续履行劳动合同或支付赔偿金）。

如果用人单位降低原劳动合同约定条件续订劳动合同的，司法实践中认定该情形下视为用人单位无续签劳动合同的意思表示，员工可以主张劳动合同到期终止后的经济补偿金。

用工风险 6：不符合签订无固定期限劳动合同的情形，用人单位不同意续签，而劳动者同意续签。

此时用人单位根据《劳动合同法》第四十四条规定，可以单方终止劳动合同。但是终止劳动合同后，要根据《劳动合同法》第四十六条规定，依法支付经济补偿金。如未依法支付，将面临劳动行政部门责令限期支付，逾期不支付的，将加付赔偿金。

另外，个别地方性法规在《劳动合同法》之外要求用人单位终止第一份劳动合同，到期前应当提前通知劳动者。比如北京市规定，用人单位终止劳动合同未提前 30 日通知劳动者的，以劳动者上月日平均工资为标准，每延迟一日支付劳动者一日工资的赔偿金。

第三节　HR 操作建议指引

员工劳动合同到期前，企业要留意劳动合同的期限届满日期，尽量在合同到期届满日前对是否继续用工进行提前规划处理。

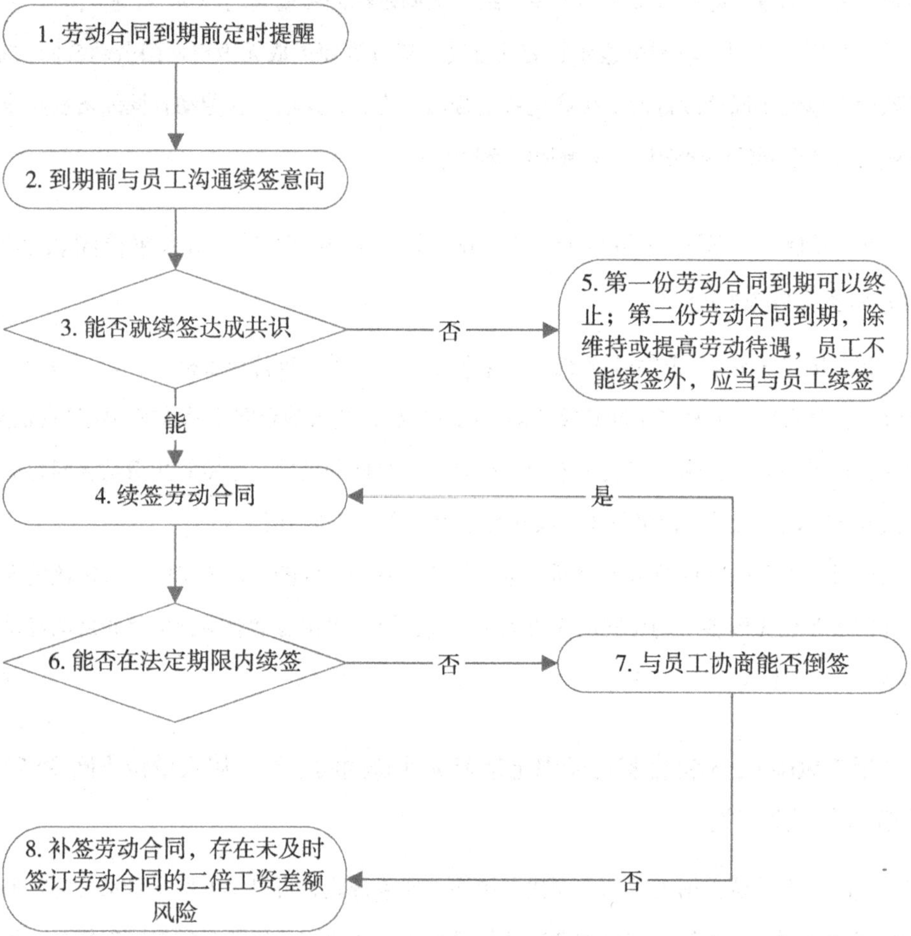

图 5-2　劳动合同续签流程

到期前与员工沟通续签意向：企业应当通过书面发函形式征求员工续签意向。如能提前取得员工书面不予续签劳动合同的意向材料，将来单方终止劳动合同后可以不予支付经济补偿金。

能否就续签达成共识：征求员工续签意向后，企业可以结合自身经营情况和员工劳动表现，决定是否和员工续签劳动合同。

续签劳动合同：企业主动续签的时间不要超过原劳动合同期限届满日起 30 日内，如超期续签，将承担未及时签订劳动合同二倍工资法律责任。

不续签劳动合同：企业不续签劳动合同的，要优先考虑是否存在劳动合同顺延的情形（《劳动合同法》第四十二条规定和第四十五条规定）以及是否存在签订无固定期限劳动合同的情况（连续订立 2 次以上固定期限劳动合同等），才能使得终止劳动合同合法、有效。如存在劳动合同顺延情形，落实好续延的证据，最好有员工的签收材料，避免主观臆断造成劳动合同空白期。如存在签订无固定期限劳动合同的情况，除维持或提高劳动条件待遇员工不续签外，要依法续签。

能否在法定期限内续签：劳动合同届满超出一个月未签订劳动合同，即漏签劳动合同，将存在未签订劳动合同二倍的工资风险，此时需要考虑能否补签或倒签劳动合同。

与员工协商能否倒签：倒签劳动合同是规避未签订劳动合同二倍工资的优先做法。

补签劳动合同：如不能倒签劳动合同，企业也要及时补签，降低未签订劳动合同二倍工资的风险。如员工不补签的，企业可以单方终止劳动关系，但是此时仍需承担支付二倍工资并支付经济补偿金的法律责任。

第四节　用工风险防范工具

工具一：续订劳动合同征询意见函

1. 工具说明

用人单位与劳动者签订的劳动合同，大多数是固定期限劳动合同，在劳动合同到期之前，对于劳动者和用人单位，是一个双向选择的过程，为此，用人单位制作征询意见函，将选择权先交与劳动者，征询劳动者续订劳动合同的意见，并根据劳动者的选择进行合理合法的用工管理。

2. 适用范围

在向劳动合同即将到期的劳动者征询意见时可以使用“员工劳动合同续签流程”的第二环节。

3. 规避风险

- 可以因员工自愿不续订情形不予支付经济补偿金，节约用工成本；
- 针对法律规定必须签订无固定期限劳动合同的情形，可以根据劳动者自身选择，签订固定期限劳动合同，规避法律风险。

4. 核心工具

注意劳动合同签订日期以及到期日期需要明确。避免用人单位的操作时间延误造成劳动关系延续。

明确规定在原内容基础上，确定续订的标准，明确告知员工即将续订劳动合同的各项标准。

要求劳动者按照用人单位要求提交此意见函。用人单位可以根据劳动者提交的文件，及时作出处理，方便用人单位的用工管理。

续订劳动合同征询意见函

________先生 / 女士：

本公司与您于______年____月____日签订的________期限劳动合同，将于________年____月____日到期。根据生产、工作需要，公司向您征询续订意向，在原劳动合同条款规定的内容基础上，是否继续与公司续订劳动合同，为此，请您在接到此意见函后______天内将此份意见函反馈给公司____________部门，您按照下列选项确定续订意向：

A：不同意继续与公司续订劳动合同

员工签字：

B：同意继续与公司续订劳动合同

员工签字：

特此通知。

公司盖章：

________年____月____日

壹式贰份（用人单位和职工各留存壹份）

工具二：终止劳动合同通知书

1. 工具说明

《劳动合同法》赋予了公司在多种情形下可以终止劳动合同的权利，而终止劳动合同通知书是公司行使终止权最直接的体现，在公司人事管理工作中扮演着重要的角色。同时，公司与员工终止劳动合同时向员工出具书面终止劳动合同通知书是用人单位的法定义务。在司法实践中，由于企业未给合同已到期的劳动者发出终止劳动关系通知书，造成到期未终止，劳动关系续延，员工以未签订劳动合同为由追究相关法律责任，给企业带来不必要的损失。

2. 适用范围

本通知书在公司与员工终止劳动合同时使用。主要用于公司与员工劳动合同到期，公司决定不续订劳动合同，用以证明用人单位书面通知劳动者终止劳动关系。

3. 规避风险

- 履行法律规定的程序，避免造成违法终止的风险；
- 避免因劳动合同到期未通知而造成的劳动关系续延的风险。

4. 核心工具

终止劳动合同通知书

________先生 / 女士：

本单位与您于______年____月____日签订的________期限劳动合同，按照《劳动合同法》第四十四条第____项规定，决定不再与您续订劳动合同，请按下列第____种情形办理手续：

1. 请您在接到此通知后____天内到本单位，办理终止劳动合同关系的相关手续。

2. 因您现处______________________________，按照规定请您在该情形消失后______天内到本单位，办理终止劳动合同关系的相关手续。

特此通知。

单位盖章：

________年____月____日

壹式贰份（用人单位和职工各留存壹份）

公司与员工终止劳动合同的原因和法律依据，为通知书的必备内容。

如遇劳动合同法定续延的情况，应选择第二项。

第五节　知识答疑

1. 在劳动合同中约定自动续签有效吗？

根据吉林省高级人民法院《关于审理劳动争议案件法律适用问题的解答（二）》中的规定，固定期限劳动合同到期后，劳动者仍在原用人单位工作，用人单位未与劳动者续签书面劳动合同，劳动者要求支付二倍工资的，应当予以支持；双方约定劳动合同自动延续或属于《劳动合同法》第四十二条规定情形的除外。

所以，鉴于《劳动合同法》未对“约定顺延”条款作出规定，那约定续延条款的有效性应当结合地方性法律法规进行认定。如果地方性法律法规没有作出规定，直接约定顺延条款存在一定的风险。

2. 劳动合同倒签与补签有什么区别吗？

主流观点认为，劳动者入职超过一个月，双方同意倒签劳动合同的，视为劳动者对劳动合同期限和效力的追认，从双方倒签劳动合同的起始日起不支付未签订劳动合同双倍工资差额；补签劳动合同的，用人单位仍需支付自用工之日满一个月的次日起至补签劳动合同前一日止的双倍工资差额。

3. 劳动合同期限可以变更延长吗？

一般来说，用人单位与劳动者协商一致，可以延长劳动合同期限，变更劳动合同内容。这也符合《劳动合同法》的规定。

但是实践中，一些用人单位为规避与员工签订无固定期限劳动合同（连续订立 2 次以上固定期限劳动合同的，劳动者有权要求签订无固定期限劳动合同），往往在第一份劳动合同到期前，利用自身管理优势地位，要求员工延长劳动合同期限，避免签订第二份劳动合同，防止第二份劳动合同到期时，劳动者主张签订无固定期限劳动合同。

为此，一些地方性规定对延长期限进行了限制。比如，《郑州市劳动用工条例》规定，延长劳动合同期限累计超过六个月的，用人单位应当自六个月届满之日起与劳动者重新订立劳动合同。延长劳动合同期限累计超过六个月未重新订立劳动合同的，视为已订立下一个劳动合同。

4. 以完成一定工作任务为期限的劳动合同，在任务完成时遇到女工“三期”，是否顺延？

根据《劳动合同法》第四十二条及第四十四条的规定，女职工在孕期、产期、哺乳期，用人单位不得依照本法第四十条、第四十一条的规定解除劳动合同，劳动合同应当顺延至相应的情形消失时终止。以完成一定任务为期限的劳动合同也有合同届满日期，即任务完成时劳动合同届满。《劳动合同法》也未对此进行排他性规定。故以完成一定工作任务为期限的劳动合同当然适用于《劳动合同法》第四十四条规定之情形，劳动合同期满的顺延至“三期”结束时止。

第六节 地方性法规参考

◆《北京市劳动合同规定》

第四十条 劳动合同期限届满前，用人单位应当提前30日将终止或者续订劳动合同意向以书面形式通知劳动者，经协商办理终止或者续订劳动合同手续。

第四十七条 用人单位违反本规定第四十条规定，终止劳动合同未提前30日通知劳动者的，以劳动者上月日平均工资为标准，每延迟1日支付劳动者1日工资的赔偿金。

◆《北京市高级人民法院、北京市劳动争议仲裁委员会关于劳动争议案件法律适用问题研讨会会议纪要（二）》

27.劳动合同期满后未订立劳动合同，劳动者仍在原用人单位继续工作，如何处理？

劳动合同期满后未订立劳动合同，劳动者仍在原用人单位继续工作，应适用《劳动合同法》第十条、第十四条第三款、第八十二条，《中华人民共和国劳动合同法实施条例》第六条、第七条的规定进行处理。在此情况下，因为用人单位对原劳动合同期满和继续用工的法律后果均有预期，因此不需要再给予一个月的宽限期，原劳动合同期满次日，即是用人单位应当订立劳动合同之日和承担未订立劳动合同的法律后果之日。

◆《深圳市中级人民法院关于审理劳动争议案件的裁判指引》

六十五、自用工之日起一个月内，或者劳动合同期满后劳动者仍在用人单位工作的一个月内，发生下列情形之一，导致用人单位未能与劳动者订立书面劳动合同的，该情形存续期间不计算在用人单位应当订立书面劳动合同的一个月期限内：

（1）不可抗力；

（2）劳动者丧失意思能力或被依法限制人身自由，客观上无法订立劳动合同；

（3）因确认劳动关系争议或解除劳动关系是否合法争议申请劳动仲裁或者诉讼尚未

结案；

（4）因其他客观原因足以影响双方签订书面劳动合同的。

自前款规定的情形消除之日起，用人单位应当订立书面劳动合同的一个月期限继续计算。

六十六、用人单位未按照法定期限与劳动者签订书面劳动合同，即使后来双方签订了劳动合同，劳动者要求用人单位支付二倍工资至签订之日的，应予支持。但双方将劳动合同的签字日期倒签在法定期限之内或者双方约定的劳动合同期间包含了已经履行的事实劳动关系期间的，应视为双方自始签订了劳动合同，劳动者要求用人单位支付二倍工资的，不予支持。

◆《天津市高级人民法院关于印发〈天津法院劳动争议案件审理指南〉的通知》

14.【合同到期未续订但继续工作的二倍工资】劳动合同期满未续签书面劳动合同，劳动者继续在原用人单位工作，原用人单位未表示异议，劳动者主张用人单位支付未与其签订书面劳动合同二倍工资的，应予支持。二倍工资的支付期限为劳动合同期满一个月的次日至双方补签书面劳动合同的前一日，但最长不超过十一个月。

本条及第12条规定的二倍工资的性质不属于劳动报酬，应当将其作为一个整体按照《中华人民共和国劳动争议调解仲裁法》第二十七条第一款的规定计算仲裁时效。

◆《重庆市职工权益保障条例》

第八条 用人单位自用工之日起即与职工建立劳动关系，并应在用工之日起一个月内与职工订立书面劳动合同。

劳动合同文本由用人单位和劳动者各执一份。

劳动合同期满后，用人单位继续使用该职工的，应在一个月内与其续签书面合同。

劳动合同示范文本由市人力资源和社会保障行政部门制定。鼓励用人单位和职工使用劳动合同示范文本。

第二十九条 劳动合同到期后，用工单位继续使用被派遣职工的，应及时与劳务派遣单位续签劳务派遣协议，劳务派遣单位应当在一个月内与该职工续签劳动合同。

◆《浙江省高级人民法院民事审判第一庭、浙江省劳动人事争议仲裁院关于印发〈关于审理劳动争议案件若干问题的解答（二）〉的通知》

七、用人单位与劳动者在劳动合同中约定“合同到期后劳动者继续在用人单位工作的，视为原劳动合同期限的延长”。延长的劳动合同到期后，劳动者提出其已符合签订无固定期限劳动合同的条件，要求用人单位与其续签无固定期限劳动合同的，应否支持？劳动者以延长期间用人单位未与其签订书面劳动合同为由要求支付二倍工资的，应否支持？

答：劳动合同中约定“合同到期后劳动者继续在用人单位工作的，视为原劳动合同期限的延长”，双方实际履行了该约定的，视为双方之间订立了新的劳动合同，因此，延长的劳动合同到期后，用人单位不能直接终止劳动合同，如劳动者提出签订无固定期限劳动合同且符合《劳动合同法》第十四条第二款第三项规定的，应予支持。但劳动者以延长期间用人单位未与其签订书面劳动合同为由要求支付二倍工资的，不予支持。

◆《江苏省高级人民法院、省劳动争议仲裁委员会关于印发〈关于审理劳动争议案件的指导意见〉的通知》

第七条　用人单位与劳动者在劳动合同中约定合同期限届满后自动续延的，应视为双方重新订立了一次劳动合同，但劳动合同依照《劳动合同法》第四十二条、第四十五条规定的事由依法续延的除外。

◆《福建省劳动和社会保障厅关于印发〈福建省进一步规范企业劳动合同订立、变更、解除和终止的办法（试行）〉的通知》

8. 签订固定期限劳动合同的合同期满，若用人单位有延续劳动关系意愿，应提前十五天书面征求劳动者意见，劳动者应接到通知七日内作出答复，经劳动者同意，双方可在劳动合同期满前就有关内容进行协商，并采取书面形式，重新签订劳动合同。

◆《山西省劳动合同条例》

第十一条　用人单位与劳动者在解除或者终止固定期限劳动合同之日起6个月内再次订立固定期限劳动合同的，视为连续订立两次固定期限劳动合同。

连续订立固定期限劳动合同的次数，自2008年1月1日劳动合同法施行后续订固定期限劳动合同时开始计算。

◆《吉林省高级人民法院关于审理劳动争议案件法律适用问题的解答（二）》

10. 固定期限劳动合同到期后未续签的，劳动者要求用人单位支付未订立书面劳动合同二倍工资的能否支持？

固定期限劳动合同到期后，劳动者仍在原用人单位工作，用人单位未与劳动者续签书面劳动合同，劳动者要求支付二倍工资的，应当予以支持；双方约定劳动合同自动延续或属于《中华人民共和国劳动合同法》第四十二条规定情形的除外。

3

CHAPTER

第三篇

薪酬管理、福利管理与工伤管理

HUMAN RESOURCES RISK MANAGEMENT

第六章 | 薪酬管理与福利管理

第一节 用工场景

劳动报酬由哪些项目构成？劳动报酬如何约定？如何使劳动报酬在合法的范围内更好地发挥其激励的作用？这是 HR 们非常关注但也不容易回答的问题。

看似简单的问题，在回答时却存在各种各样的法律误区。比如，什么是工资？奖金、津贴、补贴、福利是工资吗？如何设计合理的薪酬方案？员工违规是否可以扣发其工资？上述问题一直困扰着用人单位的管理，因此薪酬成为用人单位管理中的一个重要部分。但是在实操中，企业薪酬管理出现了各种各样的法律问题。（参见图 6-1）

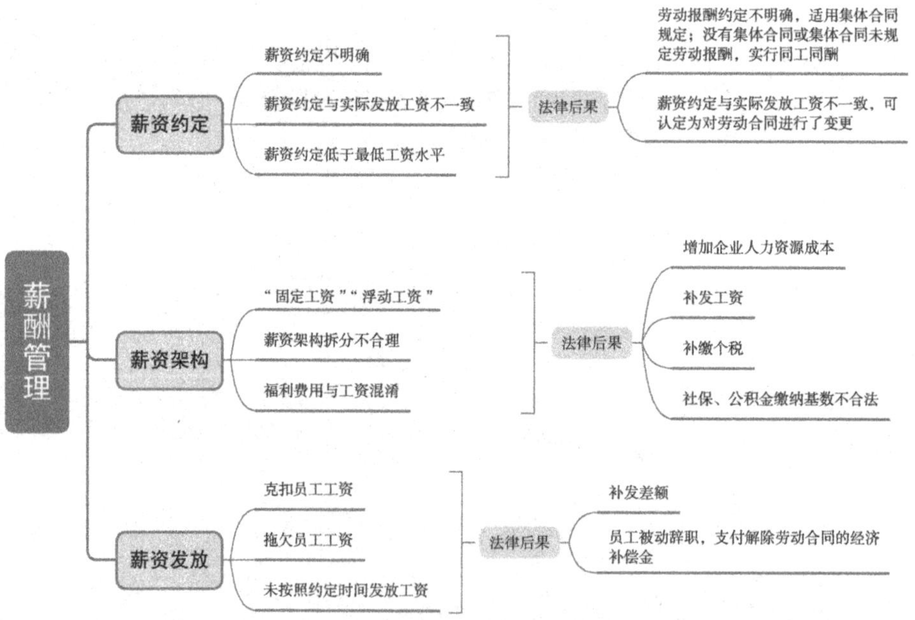

图 6-1 薪酬管理常见误区及法律后果

第二节 风险提示

用工风险 1：薪资约定不明确。

用人单位与劳动者签订劳动合同时，应当明确约定劳动报酬，但有时不排除双方并未就薪资报酬做出具体约定。那么，该如何处理这种情况呢？

《劳动合同法》第十一条规定："用人单位未在用工的同时订立书面劳动合同，与劳动者约定的劳动报酬不明确的，新招用的劳动者的劳动报酬按照集体合同规定的标准执行；没有集体合同或者集体合同未规定的，实行同工同酬。"

该条规定的"同工同酬"是指用人单位对于从事相同工作，付出等量劳动且取得相同劳动成绩的劳动者，应支付同等的劳动报酬。

用工风险 2：约定工资与实际发放的工资不一致。

实践中，部分企业存在这种做法：在劳动合同中与劳动者约定较低的工资标准，而在工作中发放较高的工资。用人单位之所以这样做，主要是想逃避法律规定的以工资为基数计算的较高金额的社会保险费、加班费等。然而这种做法是不合法的。

如果有发放记录等证据证明企业发放的工资与劳动合同的工资不一致，一旦发生纠纷，仲裁机构和法院会支持以实际工资为准。

用工风险 3：薪资架构不拆分或者拆分不合理。

薪资架构拆分是目前用人单位 HR 的一项重要工作。合法的工资拆分是把工资总额分解为多项，方便企业统筹管理。合法的工资通常被拆分为基本工资、岗位工资、绩效工资、加班补助和全勤奖等。合理的薪资架构拆分能够降低企业的经营用工成本。

但在实操中，有的企业薪资架构简单粗暴，甚至有的企业拆分薪资架构不合理，比如，有的企业薪资拆分则是将工资总额分成两份：一份明发；另一份暗给。这种做法的目的是避税和少缴社保费。然而在社保入税后，加之对现金的管理日益严格，这样的薪酬拆分会给企业带来严重的后果。

第三节　HR 操作建议指引

一、工资与工资总额

工资是指用人单位依据劳动合同的规定，以各种形式支付给劳动者的工资报酬。

（一）工资总额的组成

工资总额是指各单位在一定时期内直接支付给本单位全部职工的劳动报酬总额。工资总额由计时工资、计件工资、奖金、津贴和补贴、加班工资、特殊情况下支付的工资构成。（参见图 6-2）

（二）工资总额中不包括的项目

表 6-1　工资总额中不包括的项目

序号	项　目
1	根据国务院发布的有关规定颁发的发明创造奖、自然科学奖、科学技术进步奖和支付的合理化建议和技术改进奖以及支付给运动员、教练员的奖金
2	有关劳动保险和职工福利方面的各项费用
3	有关离休、退休、退职人员待遇的各项支出
4	劳动保护的各项支出
5	稿费、讲课费及其他专业工作报酬
6	出差伙食补助费、误餐补助、调动工作的旅费和安家费
7	对自带工具、牲畜来企业工作职工所支付的工具、牲畜等的补偿费用
8	实行租赁经营单位的承租人的风险性补偿收入
9	对购买本企业股票和债券的职工所支付的股息（包括股金分红）和利息
10	劳动合同制职工解除劳动合同时由企业支付的医疗补助费、生活补助费等
11	因录用临时工而在工资以外向提供劳动力单位支付的手续费或管理费
12	支付给家庭工人的加工费和按加工订货办法支付给承包单位的发包费
13	支付给参加企业劳动的在校学生的补贴
14	计划生育独生子女补贴

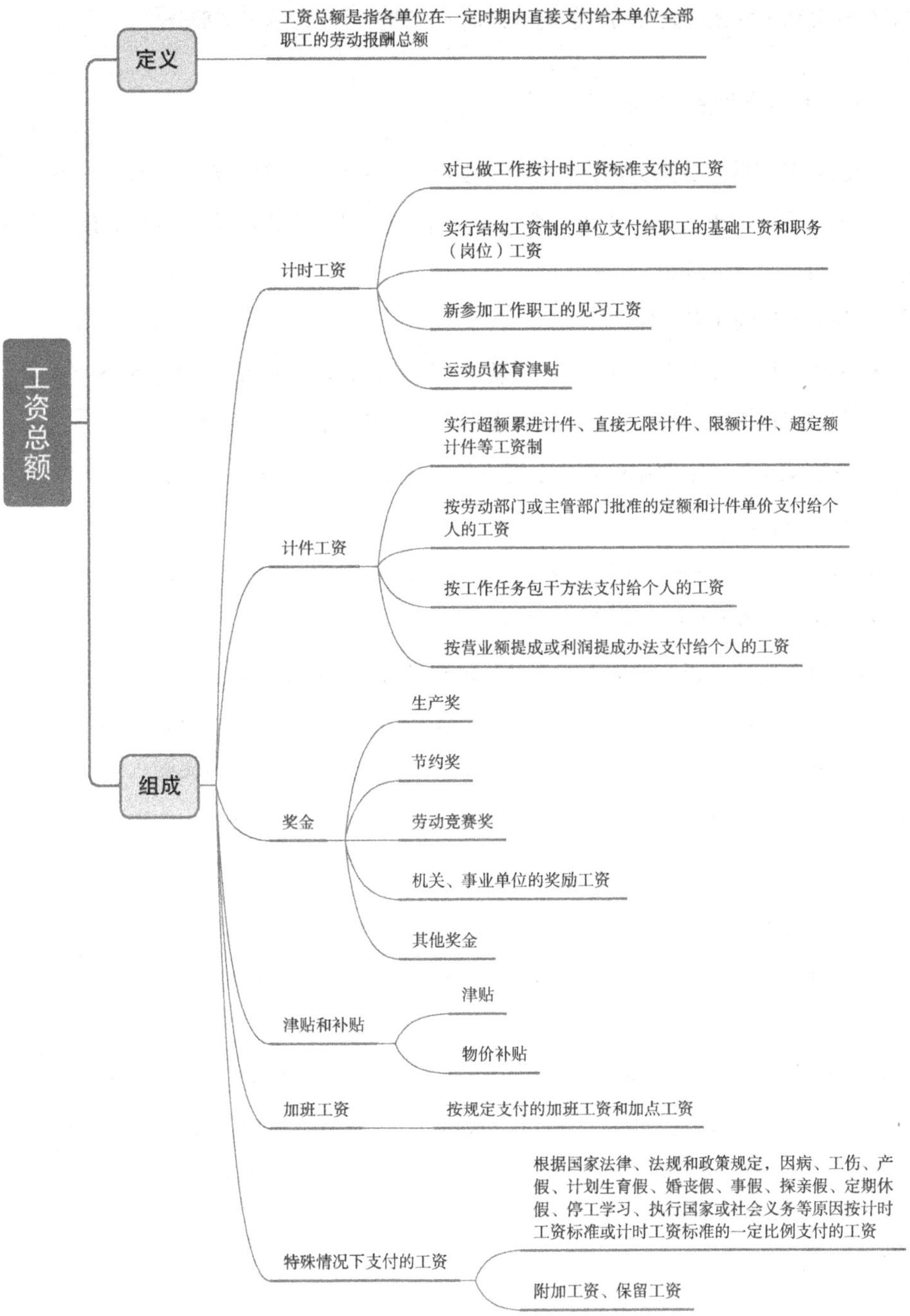

图 6-2　工资总额的定义及组成部分

备注：交通补助、饭费补助、电话补助等是否属于工资尚有争议，如果是每月固定地定时发放且和工资无法区分的，法院普遍认为这部分是工资的组成部分。

（三）薪资架构拆分

合法的工资拆分是把工资总额分解为多项，方便企业统筹管理，通常拆分为基本工资、岗位工资、职级工资、绩效工资、固定加班补助和全勤奖等各项津贴补助，并设定各个工资项目的发放标准。

拆分薪资架构注意事项：

- 薪资架构拆分中用人单位发放的基本工资或者底薪可以低于最低工资水平。
- 薪资架构拆分中用人单位发放的固定工资可以低于最低工资水平。
- 薪资架构拆分中要明确各项工资享受的条件，比如员工在病假、产假等特殊期间是否享受企业补助。
- 薪资架构中拆分出固定加班费，是否有效应当区别对待，并非一律有效或无效。各个地区执行是有差异的。拆分中需注意以下几点：

劳动合同约定是否有效应当看这种约定有没有违反法律法规的强制性规定，以及有没有明显损害劳动者的合法权益。如果劳动合同只约定了工资结构中包括部分加班工资，没有约定所谓加班工资包干或加班小时包干、超出部分不再支付等内容，那么这种约定并没有违反法律的规定，除非有证据证明用人单位是故意通过这种工资架构拆分来变相克扣劳动者的加班工资。

约定固定加班工资在管理上有一定的合理性，部分用人单位希望控制招工成本，因此在招聘时将加班工资因素考虑在内，据此确定某些岗位的工资总额。

因此，对于这样的约定，应当区别对待其效力，不能一概认定为无效。发生争议时，处理原则应当是从有利于劳动者的角度出发。最终折算加班工资时，如果约定的固定加班工资高于法定标准的应认定为有效，由于多出的部分是用人单位自愿支付，不能要求劳动者返还；低于法定标准的用人单位应当补足，已支付的固定加班工资可以冲抵法定的加班工资。

二、最低工资

最低工资，是指劳动者在法定工作时间或依法签订的劳动合同约定的工作时间内提供了正常劳动的前提下，用人单位依法应支付的最低劳动报酬。不包含：（一）延长工作时间工资；（二）中班、夜班、高温、低温、井下、有毒、有害等特殊工作环境、条件下的津贴;（三）法律、法规和国家规定的劳动者福利待遇等。

正常劳动，是指劳动者按照依法签订的劳动合同约定，在法定工作时间或劳动合同约定的工作时间内从事的劳动，劳动者依法享受年休假、探亲假、婚丧假、生育假、节育手术假等国家规定的假期，以及法定工作时间内依法参加社会活动期间，视为提供了正常劳动。

三、工资支付

工资支付项目与内容具体如下。（参见表 6-2）

表 6-2　工资支付项目与内容

项　目	内　容
支付周期	工资至少每月支付一次，非全日制用工工资支付周期最长不得超过 15 天
正常情况	按照双方约定的日期支付
遇节假日或休息日	应提前在最近的工作日支付
工资延期支付	用人单位因生产经营困难，暂时无法按时支付工资的，经与本单位工会协商一致，可以延期支付劳动者工资，并将延期支付的时间告知全体劳动者，延期时间最长不得超过 30 日
对完成一次性临时劳动或某项具体工作的	用人单位应按有关协议或合同规定在其完成劳动任务后即支付工资
依法解除或终止劳动合同时	用人单位应在解除或终止劳动合同时一次性付清劳动者工资（地区有规定的按照地区规定执行）

四、福利

（一）福利分类

职工福利是指企业为职工举办的集体福利以及建立的某些补助和补贴。广义的福利泛指在支付工资、奖金之外的所有待遇，包括社会保险在内。狭义的福利是指企业根据劳动者的劳动在工资、奖金，以及社会保险之外的其他待遇。职工福利主要包括两类，一类是法定福利亦称基本福利，是指按照国家法律法规和政策规定必须发放的福利项目，其特点是只要企业建立并存在，就有义务、有责任且必须按照国家统一规定的福利项目和支付标准支付，不受企业所有制性质、经济效益和支付能力的影响。另一类是司定福利，是指在国家法定的基本福利之外，由企业自定的福利项目。企业司定福利项目的多少、标准的高低，在很大程度上要受到企业经济效益和支付能力的影响以及企业出于自身某

种目的的考虑。（参见图 6-3）

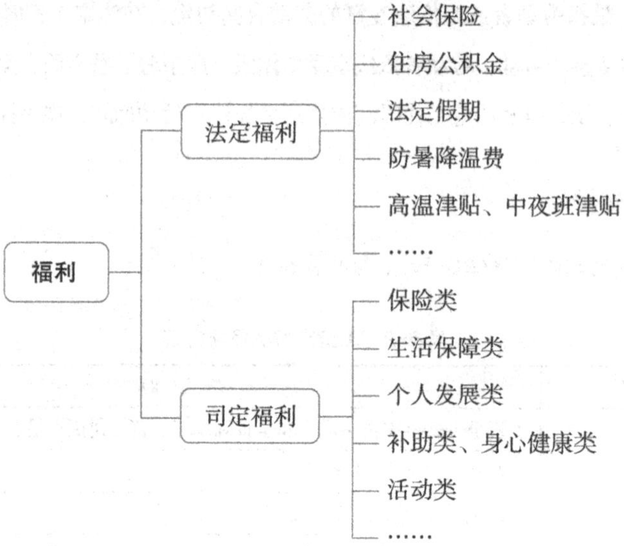

图 6-3　福利分类

（二）薪酬与福利的不同

1. 与职工付出劳动的联系不同

薪酬是与职工的工作岗位，付出劳动的质量、数量、强度等紧密联系的，是职工付出劳动必须得到的报酬。而职工个人福利则与职工的工作岗位，付出劳动的质量等联系不那么紧密，有些项目用人单位可以支付，也可以不支付。

2. 向职工支付的周期与方式不同

薪酬，用人单位一般须按月直接向职工支付。而职工个人福利则未必按月支付，且可采用报销等方式支付。

3. 向职工支付的形式不同

薪酬只能采用货币形式支付，不得以实物形式支付。而职工个人福利则可采用实物等形式支付。

五、年终奖

年终奖的性质、处理方式和实操建议参见图 6-4。

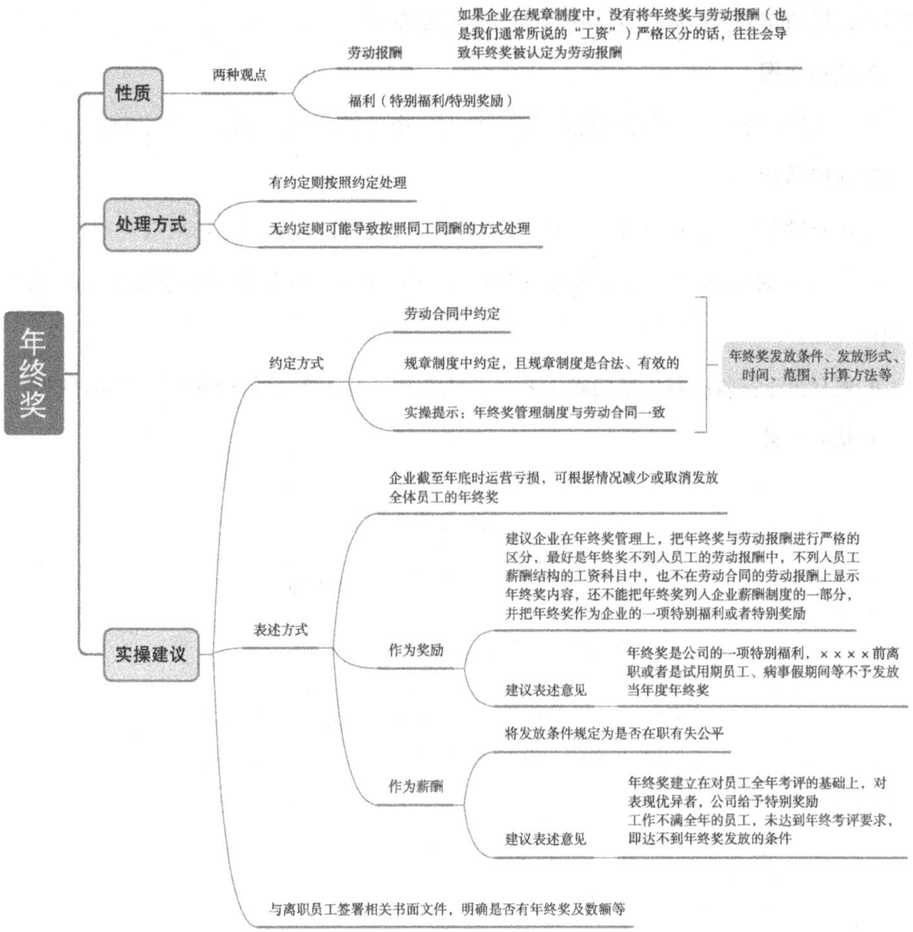

图 6-4　年终奖的性质、处理方式、实操建议

第四节　用工风险防范工具

用人单位认识到用工风险并具备用工风险实操意识后，应当以用工风险防范工具抵御用工风险。为此，我们整理出以下用工风险防范工具，以供大家参考。

工具一：薪资结构确认单

1. 工具说明

薪资结构确认单一旦被员工签收，就说明员工对该确认单所载内容予以认可，能起到固定证据的作用。因此，此表单应为公司的必备表单之一。

2. 适用范围

本表单在公司与员工约定工资或调整工资时，由员工对薪资结构予以签收确认之用。

3. 规避风险

公司通过薪资结构确认单，一般应解决如下问题或规避如下法律风险：

- 由员工对自己的工资结构及各项数额予以确认，避免公司不能证明员工的工资明细；
- 留存员工签收的薪资结构确认单，一旦双方发生争议可以达到固定证据的目的。

4. 核心工具

此表单是用以证明员工工资包括的内容。

具体的薪资包含的项目需要根据企业的薪酬制度更改。

需要根据企业实际情况进行更改。

薪资结构确认单

公司名称：						身份证号：			
计薪方式	□计时制 □计件制 □年薪制								
薪资结构	基本工资	职级津贴	工龄津贴	固定加班工资	浮动加班工资	全勤奖	绩效奖金	提成	年终奖
	防暑降温费	高温津贴	取暖补贴	餐费补贴	通信补贴	交通补贴	出差补贴	其他津贴/补贴	计件单价
说明	基本工资	基本工资是指员工在正常工作时间内，在其所在岗位按照其工作内容提供正常劳动应当享有的劳动报酬。							
	固定加班工资	为公司每月固定向员工支付的加班工资，当实际加班工资超出此数额时，公司另行支付至浮动加班工资。							
	全勤奖	一个考勤周期内出满勤者，获得100%全勤奖；有迟到、早退、旷工情况者，取消全勤奖。							
	绩效奖金	绩效奖金可在原始基数内根据公司经营状况及员工个人表现增加或减少。							
	职级津贴	公司根据员工岗位性质、工作经历、专项技能来确定。							
	工龄津贴	根据员工的工作年限支付给员工的津贴，其享受条件、发放及变更标准依照公司薪酬福利管理制度执行。							

续表

	餐费补贴	为保证员工工资水平不因物价上涨而受到较大的影响，给予员工一定的餐费补贴。
	通信补贴	对员工因工作需要可能使用个人移动电话等通信工具给予的补助。
	交通补贴	对员工因上下班乘坐交通工具而产生的交通费用给予一定的补助。
	出差补贴	对员工出差情形给予一定的补助。
备注		
本人对以上薪资结构及数额均无异议。 员工签字：________　　　　　　　　________年____月____日		

工具二：薪资支付情况确认单

1. 工具说明

经员工签字确认后的薪资支付情况确认单，可以证明公司已经及时足额支付了员工薪酬。因此，此表单是公司薪酬管理中一个重要的工具。

2. 适用范围

本表单可以月、季或年为周期，它可以作为员工工资发放记录的一个证明。

3. 规避风险

公司通过薪资支付情况确认单，一般应解决如下问题或规避如下法律风险：

- 证明公司及时足额发放了员工薪酬；
- 留存薪资支付情况确认单，可以在用人单位和员工发生劳资纠纷时达到固定证据的目的。

4. 核心工具

此工具可以作为证明公司及时足额发放员工薪酬的证据使用。

薪资支付情况确认单

本人______（身份证号：________________）确认：

截至________年____月____日前在______________公司工作期间，本人对公司支付给本人的薪资项目（结构）及各项数额均没有异议，本人在此确认公司已依法按照劳动合同及相关规定履行了用人单位的各项义务。

本人确认如下事项：

本人对公司支付给本人的薪资项目（结构）及各项数额均没有异议；

如果实操中，用人单位未予以发放所述事项，建议删除此段，可以规定为“本人确认用人单位已经及时足额发放了法定工资及福利、约定工资及福利及相关补偿等”。

> 公司已依法及时足额向本人支付了各项劳动报酬及福利待遇（包括但不限于工资、加班费、奖金、补贴等）；
>
> 所有加班均已相应调休或支付加班费，不存在未结加班费事宜；
>
> 年休假已全部休完或已获得了相应的未休年休假工资报酬；
>
> 公司已经依法足额为本人缴纳了社会保险及公积金。
>
> 本人签字：________
>
> ________年____月____日

第五节　知识答疑

1. 劳动合同中能否约定加班费的计算基数为最低工资？

根据《劳动法》的相关规定，工作日安排劳动者延长工作时间的，单位应支付不低于工资的150%的工资报酬；休息日安排劳动者工作又不能补休的，单位应支付不低于工资的200%的工资报酬。法定休假日安排劳动者工作的，支付不低于工资的300%的工资报酬。

对于双方能否约定加班费的计算基数，各个地区在实操中还是有差异的，所以双方约定“按照最低工资为加班费的计算基数”是否合法，需要查看所在地区的相关规定。

2. 对于在发放年终奖时已经离职的员工，单位不给其发放年终奖是否合法？

从公平角度来看，虽然发放年终奖时劳动者已经离职，但实际上劳动者在该年度已经作出贡献，按照劳动者的实际工作时间进行折算年终奖更为合理。但实操中也要看用人单位对年终奖的定性，是按照劳动报酬处理，还是按照特别奖励来处理。

3. 司定福利费是否计入工资总额？

企业为职工提供的交通、住房、通信补助待遇，已经实行货币化改革的，按月标准发放或支付的住房补贴、交通补贴或者车改补贴、通信补贴，应当纳入职工工资总额，不再纳入职工福利费管理；尚未实行货币化改革的，企业发生的相关支出作为职工福利费管理，但根据国家有关企业住房制度改革政策的统一规定，不得再为职工购建住房。

企业给职工发放的节日补助、未统一供餐而按月发放的午餐费补贴，应当纳入工资总额管理。

第六节　地方性法规参考

◆《北京市工资支付规定》

第十条　用人单位应当遵守本市最低工资的规定，支付劳动者工资不得低于最低工资标准。

第十一条　用人单位不得随意扣除劳动者工资。

除法律、法规、规章规定的事项外，用人单位扣除劳动者工资应当符合集体合同、劳动合同的约定或者本单位规章制度的规定。

因劳动者本人原因给用人单位造成经济损失，用人单位按照前款规定扣除劳动者工资的，扣除后的余额不得低于本市最低工资标准。

第十二条　用人单位与劳动者双方依法终止、解除劳动合同的，用人单位应当一次性付清劳动者工资。

◆《上海市企业工资支付办法》

七、企业与劳动者终止或依法解除劳动合同的，企业应当在与劳动者办妥手续时，一次性付清劳动者的工资。对特殊情况双方有约定且不违反法律、法规规定的，从其约定。

九、……加班工资和假期工资的计算基数按以下原则确定：

（一）劳动合同对劳动者月工资有明确约定的，按劳动合同约定的劳动者所在岗位相对应的月工资确定；实际履行与劳动合同约定不一致的，按实际履行的劳动者所在岗位相对应的月工资确定。

（二）劳动合同对劳动者月工资未明确约定，集体合同（工资专项集体合同）对岗位相对应的月工资有约定的，按集体合同（工资专项集体合同）约定的与劳动者岗位相对应的月工资确定。

（三）劳动合同、集体合同（工资专项集体合同）对劳动者月工资均无约定的，按劳动者正常出勤月依照本办法第二条规定的工资（不包括加班工资）的70%确定。

加班工资和假期工资的计算基数不得低于本市规定的最低工资标准。法律、法规另有规定的，从其规定。

◆《深圳市员工工资支付条例》

第十一条 工资支付周期不超过一个月的，约定的工资支付日不得超过支付周期期满后第七日；工资支付周期超过一个月不满一年的，约定的工资支付日不得超过支付周期期满后的一个月；工资支付周期在一年或者一年以上的，约定的工资支付日不得超过支付周期期满后的六个月。

工资支付日遇法定休假节日或者休息日的，应当在之前的工作日支付。

第十二条 用人单位因故不能在约定的工资支付日支付工资的，可以延长五日；因生产经营困难，需延长五日以上的，但是最长不得超过十五日。

第十三条 用人单位与员工的劳动关系依法解除或者终止的，支付周期不超过一个月的工资，用人单位应当自劳动关系解除或者终止之日起三个工作日内一次付清；支付周期超过一个月的工资，可以在约定的支付日期支付。

第三十三条 用人单位依法从员工工资中代扣或者代缴下列费用：

（一）员工本人工资的个人所得税；

（二）员工个人负担的社会保险费；

（三）协助执行法院判决、裁定由员工负担的抚养费、扶养费、赡养费；

（四）法律、法规规定应当由用人单位从员工工资中代扣或者代缴的其他费用。

第三十四条 用人单位可以从员工工资中扣减下列费用：

（一）员工赔偿因本人原因造成用人单位经济损失的费用；

（二）用人单位按照依法制定的规章制度对员工进行的违纪经济处罚；

（三）经员工本人同意的其他费用。

用人单位每月扣减前款第（一）、（二）项费用后的员工工资余额不得低于最低工资。

◆《山东省企业工资支付规定》（该条文 2021 年 2 月 7 日修订）

第十三条 企业因生产经营困难、经济效益下降，确无正常工资支付能力，需要降低工资标准或者按照当地最低工资标准支付劳动者工资的，应当经职工代表大会或者全体职工讨论，提出方案和意见，与工会或者职工代表平等协商确定。

企业与工会或者职工代表应协商确定恢复原有工资标准的条件。企业按照当地最低工资标准支付劳动者工资的，按照原有标准支付工资的义务自适用最低工资标准的法定条件消失之日起自动恢复，当事人另行约定工资回升标准的除外。

第二十条　企业安排劳动者在法定标准工作时间以外工作的，应当按照下列规定支付加班工资：

（一）在日法定标准工作时间以外延长工作时间的，按照不低于小时工资基数的150%支付加班工资；

（二）在休息日安排工作的，应当安排同等时间的补休；不能安排补休的，按照不低于日或者小时工资基数的200%支付加班工资；

（三）在法定节假日安排工作的，应当按照不低于日或者小时工资基数的300%支付加班工资。

企业应当将加班工资在下一个工资发放日或者之前支付给劳动者。

第二十五条　根据本规定第二十条计算加班工资的工资基数和第二十四条第一款计算劳动者休假工资基数，应当按照劳动者上一月份提供正常劳动所得实际工资扣除该月加班工资后的数额确定。劳动者上一月份没有提供正常劳动的，按照向前顺推至其提供正常劳动月份所得实际工资扣除该月加班工资后的数额确定。

第三十二条　企业因生产经营困难、经济效益下降，无法按时支付工资的，应当向劳动者说明情况，经与企业工会或者职工代表协商一致后，可以延期支付工资，但延期时间最长不得超过30日。

第七章 ┃ 工伤管理

第一节　用工场景

所谓工伤，是指劳动者在从事职业活动或者与职业责任有关的活动时所遭受的事故伤害和职业病伤害。

众所周知，在劳动用工领域内，用人单位与劳动者建立劳动关系，应按照法律规定承担劳动关系下的责任和义务，包括职工在职期间受到的职业伤害。由于用人单位所处的行业不同，劳动者的职业种类不同，其职业伤害的发生频率也不尽相同，对于职业伤害风险较高的用人单位来说，职工一旦发生工伤事故，往往承担的经济责任较大，用人单位也因此增加了用工成本。

自 2004 年 1 月 1 日《工伤保险条例》施行以来，该条例对保障因工作遭受事故伤害或者患职业病的劳动者获得医疗救治和经济补偿，促进工伤预防和职业康复，分散用人单位的工伤风险，规范和推进工伤保险工作，发挥了积极作用。随着经济和社会的发展，工伤保险管理又产生了一些新情况、新问题，因此，2010 年 12 月 8 日国务院第 136 次常务会议对《工伤保险条例》进行了修订。此次修订扩大了工伤保险的适用范围，进一步调整了工伤的认定范围，简化了工伤认定、鉴定、争议处理等程序，并提高了部分工伤待遇，也减轻了用人单位的待遇支付项目，使工伤管理制度更健全。

尽管国家制定了完善的工伤管理制度，但仍然有很多用人单位对工伤保险的重要性重视不够，对工伤认定条件及工伤保险待遇的支付尚存疑惑，导致用人单位因未正确适用工伤保险制度而承担法律责任。通常情况下，企业在处理职工工伤问题上，常见的风险及法律后果具体如下。（参见图 7-1）

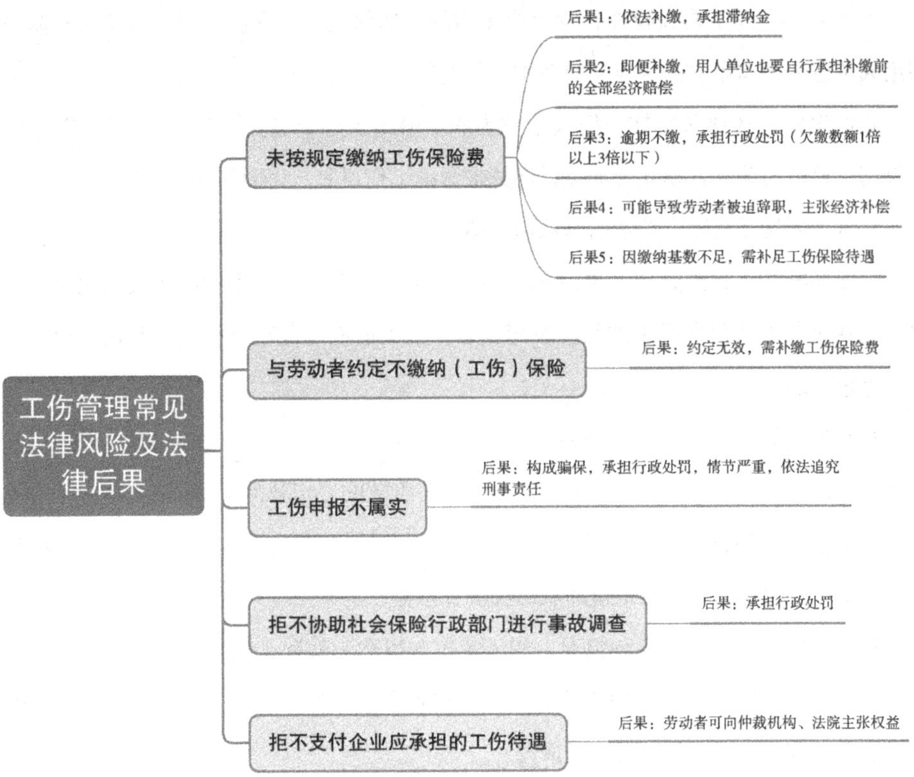

图 7-1　工伤管理常见法律风险及法律后果

第二节　风险提示

用工风险 1：未按规定缴纳工伤保险费。

根据《工伤保险条例》第六十二条规定，用人单位依照本条例规定应当参加工伤保险而未参加的，由社会保险行政部门责令限期参加，补缴应当缴纳的工伤保险费，并自欠缴之日起，按日加收万分之五的滞纳金；逾期仍不缴纳的，处欠缴数额 1 倍以上 3 倍以下的罚款。

依照本条例规定应当参加工伤保险而未参加工伤保险的用人单位职工发生工伤的，由该用人单位按照本条例规定的工伤保险待遇项目和标准支付费用。

用人单位参加工伤保险并补缴应当缴纳的工伤保险费、滞纳金后，由工伤保险基金和用人单位依照本条例的规定支付新发生的费用。

我们根据上述法条得知，用人单位为职工缴纳工伤保险是一种法定的强制性义务。如果用人单位与劳动者建立劳动关系但并未缴纳工伤保险，将面临如下问题。

1. 首先要接受整改，补缴同时承担滞纳金。

2. 即便补缴了保险，用人单位也只能享受补缴之后时段发生的医疗费用报销。实践中，往往工伤事故前期产生的救治费用较多，如果前期不能享受报销，对用人单位来说是一笔很大的损失。

3. 此外，如用人单位拒不补缴保险费用，会按照欠缴本金 1—3 倍的数额进行罚款，与此同时，用人单位需按法定标准承担职工工伤事故的一切救治费用，包括经济补偿。

4. 根据《劳动合同法》第三十八条、四十六条的规定，劳动者还可能以用人单位未依法缴纳社会保险为由主张被迫辞职的经济补偿金。

5. 实践中，还有这样一种情况，用人单位未以职工实际工资作为工伤保险的缴费基数，如后续发生工伤事故，因缴费基数不足导致职工不能足额享受工伤保险待遇，劳动者可能会向有关部门主张补足待遇损失。

用工风险 2：与劳动者约定不缴纳工伤保险。

根据《社会保险法》第五十八条规定，用人单位应当自用工之日起 30 日内为其职工向社会保险经办机构申请办理社会保险登记。未办理社会保险登记的，由社会保险经办机构核定其应当缴纳的社会保险费。

为建立劳动关系的职工办理社会保险（含工伤保险），是用人单位的法定义务。这种义务不因用人单位与劳动者的自由约定而改变。实践中，很多用人单位采取与劳动者以书面形式约定不缴纳社会保险，这种约定是无效的。如果劳动者事后向用人单位主张补缴社会保险，或者用人单位被社会保险行政部门稽查需要补缴的，用人单位不会因双方的约定免除补缴义务。

用工风险 3：工伤申报不属实。

根据《工伤保险条例》第六十条规定，用人单位、工伤职工或者其近亲属骗取工伤保险待遇，医疗机构、辅助器具配置机构骗取工伤保险基金支出的，由社会保险行政部门责令退还，处骗取金额 2 倍以上 5 倍以下的罚款；情节严重，构成犯罪的，依法追究其刑事责任。

我国法律法规对认定工伤的情形通常要符合“三工要素”，即工作地点、工作时间、工作原因。但实践中，不免有用人单位将职工非工伤事故进行工伤认定申报，并提供虚假证明，帮助职工非法获取工伤保险待遇，这些行为属于“骗保”，一旦被发现后，除退还已骗取的工伤保险待遇外，还要承担已骗取本金 2—5 倍的罚款，甚至承担刑事责任。

工伤保险制度是为了保障职工因工作遭受事故伤害或者患职业病而获得医疗救治和经济补偿，并分散用人单位工伤风险而制定的法律制度。如果用人单位以非法手段“骗保”，将受到法律制裁。

用工风险 4：拒不协助社会保险行政部门进行事故调查。

根据《工伤保险条例》第十九条规定，社会保险行政部门受理工伤认定申请后，根据审核需要可以对事故伤害进行调查核实，用人单位、职工、工会组织、医疗机构以及有关部门应当予以协助。职业病诊断和诊断争议的鉴定，依照职业病防治法的有关规定执行。对依法取得职业病诊断证明书或者职业病诊断鉴定书的，社会保险行政部门不再进行调查核实。职工或者其近亲属认为是工伤，用人单位不认为是工伤的，由用人单位承担举证责任。

根据《工伤保险条例》第六十三条规定，用人单位违反本条例第十九条的规定，拒不协助社会保险行政部门对事故进行调查核实的，由社会保险行政部门责令改正，处 2000 元以上 2 万元以下的罚款。

通过上述规定可以看出，社会保险行政部门一旦受理工伤认定申请，无论是职工方还是企业方，都有义务协助行政部门核实工伤事故的事实经过、按照要求提供申报材料。如果用人单位掌握工伤事实认定的证据或申报材料但拒不提供的，可能要受到社会保险行政部门的处罚。

用工风险 5：拒不支付工伤待遇。

职工的工伤申报一旦被有关行政部门认定，用人单位须承担职工工伤治疗期间属于用人单位应承担部分的医疗、康复相关费用及经济补偿等。如果用人单位拒不支付的，劳动者可通过仲裁机构、法院主张自己的权利。

第三节 HR操作建议指引

为避免用人单位对有关工伤保险法律知识的片面理解，给企业用工埋下隐患，下面我们分别从工伤保险、工伤认定、劳动能力鉴定、工伤保险待遇四个方面全面分析工伤管理问题。

一、工伤保险

为劳动者办理工伤保险是用人单位的法定义务，但实操中工伤保险的主体范围多有争议：单位是否应为所有职工缴纳工伤保险，以及特殊用工模式下，工伤保险责任的承担主体如何认定等问题。下面我们进行详细解析。

（一）工伤保险范围

根据《工伤保险条例》第二条规定，中华人民共和国境内的企业、事业单位、社会团体、民办非企业单位、基金会、律师事务所、会计师事务所等组织和有雇工的个体工商户（以下称用人单位）应当依照本条例规定参加工伤保险，为本单位全部职工或者雇工（以下称职工）缴纳工伤保险费。

中华人民共和国境内的企业、事业单位、社会团体、民办非企业单位、基金会、律师事务所、会计师事务所等组织的职工和个体工商户的雇工，均有依照本条例的规定享受工伤保险待遇的权利。

上述法条中提到的“中华人民共和国境内的企业”，包括国有、私营、外资、合资、个体经济组织等，都必须为企业的劳动者办理工伤保险。

上述法条中提到的“职工”，不仅包括已签订劳动合同的劳动者，还包括虽未签订劳动合同但已构成事实劳动关系的劳动者，即只要劳动者能证明自己与用人单位之间有劳动关系，用人单位就应当为其办理工伤保险。此外，根据《社会保险法》规定，工伤保险的保障范围不仅包括全日制劳动关系的劳动者，也包括非全日制劳动关系的劳动者。

实操中，用人单位可根据与劳动者建立的用工类型，向当地社保经办机构咨询工伤保险的具体事宜。

（二）工伤保险责任主体

近年来，随着灵活用工的兴起，用人单位与劳动者之间可能建立多雇主间的灵活就业模式，如双重用工、派遣用工、借调用工、外包用工、挂靠用工等，其工伤保险责任的承担主体在司法实践中也成为有争议的话题。

根据《最高人民法院关于审理工伤保险行政案件若干问题的规定》（法释〔2014〕9号）文件指示，我们归纳如下：

双重用工，两个用人单位都有义务为职工缴纳工伤保险，工伤事故发生时，职工为之工作的单位承担工伤保险责任，即在哪一方出了事故就由哪一方承担。

派遣用工，因劳动者的劳动关系在其派遣单位，因此应由派遣单位承担工伤保险责任。实操中，用工单位也应协助派遣单位提供工伤认定的相关材料等。

借调用工，职工在用人单位工作期间，因工作原因被借调到其他关联公司，但劳动关系并未从借出公司转出，职工发生工伤事故理应由建立劳动关系一方的单位承担工伤保险责任，必要时，借入单位应协助借出单位提供工伤认定的相关材料。

外包用工，承包方派驻到发包方的劳动者，理论上与发包单位无任何法律关系，但如果承包方是自然人或是不具备用工主体资质的组织，劳动者若在工作中受到伤害的，由发包单位承担其工伤保险责任。

挂靠用工，自然人挂靠某单位进行经营，其自然人聘用的职工在工作中遭受伤害的，由具备用工主体资质的被挂靠单位承担工伤保险责任。

综上所述，涉及三方或多方用工时，工伤保险责任的承担主体，原则上是与劳动者建立劳动关系一方的企业，但在外包与挂靠用工关系中，发包单位或被挂靠单位虽未与劳动者签订劳动合同，主观上也无建立劳动关系的意思表示，但因与承包单位、挂靠单位合作时未履行其审核资质的义务，按照司法解释规定，将具备合法用工资质一方的企业也作为责任承担主体，即“工伤保险责任承担主体不一定以存在劳动关系为前提”，这无疑突破了我们原有的认知。

除此之外，实操中，很多用人单位对聘用“实习生”及“达到法定退休年龄人员”

就业期间发生事故伤害的处理有疑问，根据相关规定，实习生及达到法定退休年龄人员与用人单位之间并不构成劳动关系，原则上用人单位无需参照《工伤保险条例》承担工伤保险责任，在用工过程中发生意外事故造成伤亡的，理应按照民事法律规定承担人身损害赔偿责任。但实操中也有一些例外情形：

针对“达到法定退休年龄人员”，如被雇佣人员已经领取养老保险待遇或领取退休金，这类人员无疑是非劳动关系，按照前述说法，用人单位无须承担工伤保险责任。但根据《人力资源与社会保障部关于执行〈工伤保险条例〉若干问题的意见（二）》（人社部发〔2016〕29号文件）规定，用人单位招用已经达到、超过法定退休年龄或已经领取城镇职工基本养老保险待遇的人员，在用工期间因工作原因受到事故伤害或患职业病的，如招用单位已按项目参保等方式为其缴纳工伤保险费的，应适用《工伤保险条例》。

如被雇佣人员已经达到法定退休年龄，但因客观情况不能办理退休手续，不能领取养老保险待遇或退休金的，这类人员在司法实践中的用工关系认定争议较大，一部分地区认定为劳动关系，一部分地区认定为劳务关系。尽管用工关系较为混乱，但人社部发〔2016〕29号文件，对此还是进行了突破性规定，即“达到或超过法定退休年龄，但未办理退休手续或者未依法享受城镇职工基本养老保险待遇，继续在原用人单位工作期间受到事故伤害或患职业病的，用人单位依法承担工伤保险责任”。

从政策上来看，国家有意加大对超龄工作人员的就业保护。随着市场与经济的发展，近年来，个别省市地区也扩大了工伤保险制度的覆盖范围，对实习生及达到法定退休年龄人员就业的，不同程度地纳入了工伤保险的参保范围，如浙江、广东等地，这也意味着该地区用人单位应参照《工伤保险条例》对其承担工伤保险责任。实践中，建议各用人单位在雇用该类人员时可依照当地相关规定执行参保；不能为该类人员办理工伤保险的地区，也建议通过办理商业保险来抵御用工中的事故伤害风险。

（三）工伤保险办理

根据《社会保险法》等相关规定，用人单位应当自用工之日起30日内为其职工向社会保险经办机构申请办理社会保险登记，其中也包括工伤保险的办理。工伤保险费全部由用人单位承担，劳动者个人不缴费。但是不同的用人单位缴纳的工伤保险费是不同的，需按照《国民经济行业分类》（GB/T 4754—2011）对行业的划分，根据不同行业的工伤风险程度，由低到高，依次将行业工伤风险类别划分为一类至八类。不同工伤风险类别的行业执行不同的基准费率。统筹地区社会保险经办机构根据用人单位工伤保险费使用、工伤发生率、职业病危害程度等因素，确定其工伤保险费率。

上文中我们已对工伤保险的重要性，以及不缴纳工伤保险给用人单位带来的损害做了深入分析，各用人单位从主观上应积极对待工伤保险事宜。实操中，也不乏用人单位因劳动者自身原因导致不能及时缴纳工伤保险的，例如，劳动者不能及时提交缴纳社保的资料等，此种情况下，建议用人单位保留相关证据，证明非单位过失所致，这样一来，可在一定程度上降低用人单位未缴纳工伤保险的责任。

二、工伤认定

工伤认定，是劳动行政部门依据法律的授权对职工因事故伤害或职业病是否属于工伤或者视同工伤给予定性的一个行政确认行为。

对于工伤认定的条件，我国《工伤保险条例》并没有对工伤的概念进行定义，而是遵从了民事损害赔偿理论中的“无过错原则”，采用列举的方式，将工伤分为“应当认定工伤的情形”“视同工伤的情形”“不得认定工伤的情形”三种，意思是说除了劳动者主观故意造成伤害外，只要符合法律法规中列举的情形，都可以认定为工伤，用人单位都需要承担赔偿责任。

下面我们根据《工伤保险条例》及《最高人民法院关于审理工伤保险行政案件若干问题的规定》（法释〔2014〕9号）的相关规定，对工伤认定的具体情形及工伤认定流程进行详细解析。

（一）应当认定工伤的情形

根据《工伤保险条例》第十四条规定，职工有下列情形之一的，应当认定为工伤：

（一）在工作时间和工作场所内，因工作原因受到事故伤害的；

（二）工作时间前后在工作场所内，从事与工作有关的预备性或者收尾性工作受到事故伤害的；

（三）在工作时间和工作场所内，因履行工作职责受到暴力等意外伤害的；

（四）患职业病的；

（五）因工外出期间，由于工作原因受到伤害或者发生事故下落不明的；

（六）在上下班途中，受到非本人主要责任的交通事故或者城市轨道交通、客运轮渡、火车事故伤害的；

（七）法律、行政法规规定应当认定为工伤的其他情形。

根据《最高人民法院关于审理工伤保险行政案件若干问题的规定》第四条规定，社会保险行政部门认定下列情形为工伤的，人民法院应予支持：

（一）职工在工作时间和工作场所内受到伤害，用人单位或者社会保险行政部门没有证据证明是非工作原因导致的；

（二）职工参加用人单位组织或者受用人单位指派参加其他单位组织的活动受到伤害的；

（三）在工作时间内，职工来往于多个与其工作职责相关的工作场所之间的合理区域因工受到伤害的；

（四）其他与履行工作职责相关，在工作时间及合理区域内受到伤害的。

第五条　社会保险行政部门认定下列情形为“因工外出期间”的，人民法院应予支持：

（一）职工受用人单位指派或者因工作需要在工作场所以外从事与工作职责有关的活动期间；

（二）职工受用人单位指派外出学习或者开会期间；

（三）职工因工作需要的其他外出活动期间。

……

第六条　对社会保险行政部门认定下列情形为“上下班途中”的，人民法院应予支持：

（一）在合理时间内往返于工作地与住所地、经常居住地、单位宿舍的合理路线的上下班途中；

（二）在合理时间内往返于工作地与配偶、父母、子女居住地的合理路线的上下班途中；

（三）从事属于日常工作生活所需要的活动，且在合理时间和合理路线的上下班途中；

（四）在合理时间内其他合理路线的上下班途中。

从上述法条中，我们可以看出，工伤认定基本围绕“工作时间”“工作场所”“工作原因”三大基本要素，《最高人民法院关于审理工伤保险行政案件若干问题的规定》（法释〔2014〕9号）对《工伤保险条例》中应当认定工伤的情形也进行了扩大化解释，对此，我们总结如下：

1. 法条中提到的“工作时间”，通常包括用人单位规定的正常工作时间、必要的工作休息时间、职工上班前的准备工作时间、下班前的收尾时间以及职工确因工作需要进行的加班加点时间，这些都属于在工伤认定过程中应考虑的“工作时间”。

2. 法条中提到的“工作场所”，通常包括职工工作的生产经营区域，如车间、办公室；职工乘坐用人单位统一提供的交通工具；职工为完成工作任务来往于多个工作场所之间的合理延伸区域，如楼道、电梯间等。此外，对“工作场所”的理解，还应该根据职工的工作职责、工作性质综合判定，如送货司机送货至客户作业区发生伤害，这些都属于在工伤认定过程中应考虑的“工作场所”。

3. 法条中提到的“工作原因”，是指与履行工作相关的一切事宜，包括为了履行工作而解决必要的生理需要，比如上厕所摔倒；受用人单位指派进行的其他工作，比如陪客户饮酒而导致死亡的。这些都属于在工伤认定过程中应考虑的“工作原因”。

4. 法条中提到的“因工外出期间”，除法释〔2014〕9号文件有明确示例外，《人力资源社会保障部关于执行〈工伤保险条例〉若干问题的意见》（人社部发〔2013〕34号）也明确指示：“《工伤保险条例》第十四条第（五）项规定的‘因工外出期间’的认定，应当考虑职工外出是否属于用人单位指派的因工作外出，遭受的事故伤害是否因工作原因所致。”也就是说，职工因工作原因在工作场所以外从事与职务有关的活动期间，应认定为“因工外出期间”，但不包括外出期间自行组织游览、娱乐等非工作原因期间。

5. 法条中提到的“上下班途中”，在司法实践中存在争议，通常包括两方面因素：一是什么时间属于上下班时间？二是什么路径属于上下班途中？

首先，对于上下班时间，不仅包括用人单位规定的具体上下班时间，还包括职工因加班需要的上下班时间。此外，对于职工提前上班或早退现象，是否属于“上下班期间”，目前，从司法审判案例中来看，其主流观点是：职工在合理时间范围之内，且以上班为目的提前出发，是为了用人单位的利益，与其职务有内在联系，属于履行职务的行为，因此提前上班途中受到非本人主要责任的交通事故，一般都被认定为工伤。但如果职工在没有跟公司报备的情况下，擅自早退途中发生非本人主要责任的交通事故，一般不认定为工伤。

其次，对于上下班路径，法释〔2014〕9号文件明确说明，以上下班为目的，往返于工作地与住所地、经常居住地、单位宿舍，或者配偶、父母、子女居住地的合理路线的上下班途中，都属于工伤认定过程中应考虑的上下班路径。

至于合理路线的理解，实践中，不少职工在上下班出发时，可能先绕路处理私事后，再去工作地或居住地，这种情况是否属于合理路线，其判定标准是：如果职工从事日常工作生活所需要的活动，如上下班途中接送孩子、去市场买菜等，都属于合理路线；抑或是因为雨雪封路绕道而行的，因其未改变上下班的目的，其路线属于合理范围之内；但如果上下班出发时不以到工作地或居住地为目的，如下班后去朋友处聚会，然后再回家，则不属于合理路线范围内了。

6. 法条中提到的"交通事故"，根据《道路交通安全法》的相关规定，交通事故是指车辆在道路上因过错或者意外造成的人身伤亡或者财产损失的事件。交通事故包括职工与机动车、机动车与机动车、机动车与非机动车，非机动车与非机动车，或行人之间在道路上发生的事故。

7. 法条中提到的"非本人主要责任"，是指交通事故中承担同等责任或者以下责任的。如果职工负主责或全责，如闯红灯、逆向行驶等，则不在工伤认定范围内。这里需要重点说明的是，交通事故责任的认定，应当以行政机关作出的事故责任认定书、结论性意见和人民法院生效裁判等法律文书为依据。

8. 法条中提到的"职业病"，是指企业、事业单位和个体经济组织等用人单位的劳动者在职业活动中，因接触粉尘、放射性物质和其他有毒、有害因素而引起的疾病。职业病的分类和目录由国务院卫生行政部门、劳动保障行政部门制定、调整并公布。

（二）视同工伤的情形

根据《工伤保险条例》第十五条规定，职工有下列情形之一的，视同工伤：

（一）在工作时间和工作岗位，突发疾病死亡或者在48小时之内经抢救无效死亡的；

（二）在抢险救灾等维护国家利益、公共利益活动中受到伤害的；

（三）职工原在军队服役，因战、因公负伤致残，已取得革命伤残军人证，到用人单位后旧伤复发的。

……

实操中，关于职工突发疾病，48小时内经抢救无效死亡的工伤认定，存在很大的争议，主要表现在以下几方面：

一是“48小时”的计算时间，48小时起止时间如何界定；

二是“疾病”的限定范围，是否包含任何疾病；

三是“死亡”的时间和空间，疾病初期发作表征不明显，职工请假外出就医或回家休息或坚持上班在下班后死亡的。

针对上述问题，《劳动和社会保障部关于实施〈工伤保险条例〉若干问题的意见》中提到：“职工在工作时间和工作岗位，突发疾病死亡或者在48小时之内经抢救无效死亡的，视同工伤。这里‘突发疾病’包括各类疾病。‘48小时’的起算时间，以医疗机构的初次诊断时间作为突发疾病的起算时间。”

《人力资源社会保障部法规司关于如何理解〈工伤保险条例〉第十五条第（一）项的复函》中提到：“建议对条例第十五条第（一）项视同工亡的理解和适用，应当严格按照工作时间、工作岗位、突发疾病、径直送医院抢救等四要件并重，具有同时性、连贯性来掌握，具体情形主要包括：（一）职工在工作时间和工作岗位突发疾病当场死亡；（二）职工在工作时间和工作岗位突发疾病，且情况紧急，直接送医院或医疗机构当场抢救并在48小时内死亡等。至于其他情形，如虽在工作时间、工作岗位发病或者自感不适，但未送医院抢救而是回家休息，48小时内死亡的，不应视同工伤。”

通过上述法规，我们清楚地得到答案，“48小时”从职工送医诊断时间起算，虽然法规中没有明确死亡认定的时间，但通常情况下，以医疗机构出具的《死亡医学证明》记录的死亡时间为唯一标准。除此之外，不宜再做扩大化解释。

（三）不得认定工伤的情形

《工伤保险条例》第十六条　职工符合本条例第十四条、第十五条的规定，但是有下列情形之一的，不得认定为工伤或者视同工伤：

（一）故意犯罪的；

（二）醉酒或者吸毒的；

（三）自残或者自杀的。

由上述法规得知，工伤认定一定不能是劳动者蓄意受伤的行为。此外，这里需要强调的是，“故意犯罪”的认定，应当以司法机关的生效法律文书或者结论性意见为依据。“醉酒或者吸毒”的认定，应当以有关机关出具的法律文书或者人民法院作出的生效裁决为依据。

（四）工伤认定流程

当工伤事故发生时，用人单位应按照《工伤保险条例》的规定，在限定的时间范围内提起工伤认定申请。

根据《工伤保险条例》第十七条规定，职工发生事故伤害或者按照职业病防治法规定被诊断、鉴定为职业病，所在单位应当自事故伤害发生之日或者被诊断、鉴定为职业病之日起30日内，向统筹地区社会保险行政部门提出工伤认定申请。遇有特殊情况，经报社会保险行政部门同意，申请时限可以适当延长。

用人单位未按前款规定提出工伤认定申请的，工伤职工或者其近亲属、工会组织在事故伤害发生之日或者被诊断、鉴定为职业病之日起1年内，可以直接向用人单位所在地统筹地区社会保险行政部门提出工伤认定申请。

按照本条第一款规定应当由省级社会保险行政部门进行工伤认定的事项，根据属地原则由用人单位所在地的设区的市级社会保险行政部门办理。

用人单位未在本条第一款规定的时限内提交工伤认定申请的，在此期间发生符合本条例规定的工伤待遇等有关费用由该用人单位负担。

第二十条　社会保险行政部门应当自受理工伤认定申请之日起60日内作出工伤认定的决定，并书面通知申请工伤认定的职工或者其近亲属和该职工所在单位。

社会保险行政部门对受理的事实清楚、权利义务明确的工伤认定申请，应当在15日内作出工伤认定的决定。

作出工伤认定决定需要以司法机关或者有关行政主管部门的结论为依据的，在司法机关或者有关行政主管部门尚未作出结论期间，作出工伤认定决定的时限中止。

社会保险行政部门工作人员与工伤认定申请人有利害关系的，应当回避。

通过上述法条，我们得知，工伤认定申请的主体既可以是用人单位，也可以是工伤职工本人或其直系亲属、工会组织。无论哪一方提出，都应严格遵守时限规定，否则会严重影响工伤待遇的申领。下面我们通过图7-2呈现工伤认定申请的流程。

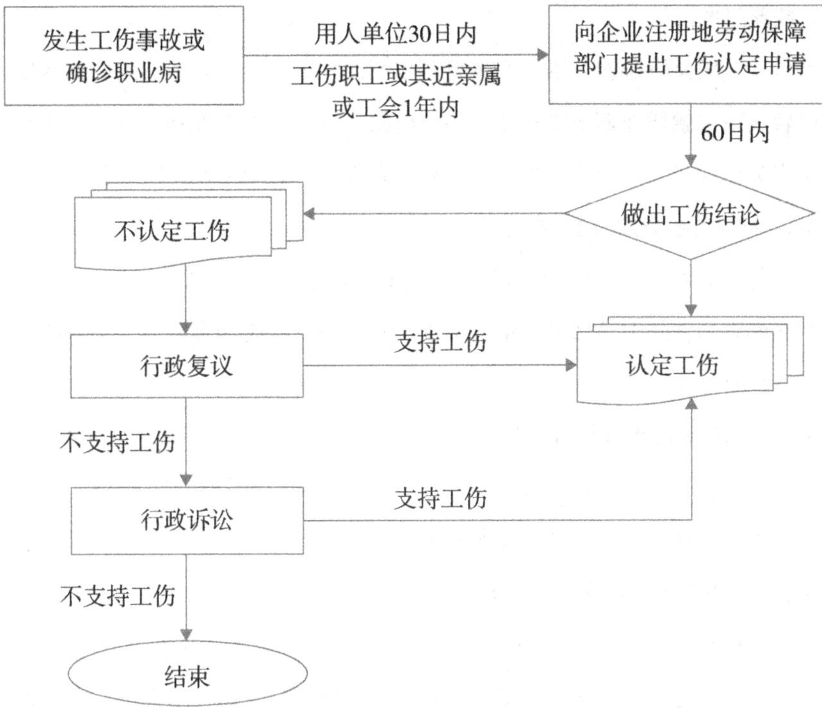

图 7-2　工伤认定申请流程

针对上述流程图，我们对部分环节进行进一步的详细说明：

1. 关于工伤认定的申请时限，根据人社部发〔2016〕29 号文件，有下列情形之一的，被延误的时间不计算在工伤认定申请时限内。包括：

①受不可抗力影响的；

②职工由于被国家机关依法采取强制措施等人身自由受到限制不能申请工伤认定的；

③申请人正式提交了工伤认定申请，但因社会保险机构未登记或者材料遗失等原因造成申请超时限的；

④当事人就确认劳动关系申请劳动仲裁或提起民事诉讼的；

⑤其他符合法律法规规定的情形。

2. 针对《工伤保险条例》第十五条第一款第一项情形，劳动者在工作时间和工作岗位，突发疾病死亡或者 48 小时内经抢救无效死亡的，根据人社部发〔2013〕34 号文件规定，职工所在用人单位原则上应自职工死亡之日起 5 个工作日内向用人单位所在统筹地区社会保险行政部门报告。

3. 针对《工伤保险条例》第十四条第四项情形，劳动者患职业病的，如在用人单位用工期间曾从事接触职业病危害作业，但当时没有发现罹患职业病，离开工作岗位后被诊断或鉴定为职业病的，符合下列条件，可以自诊断、鉴定为职业病之日起一年内申请工伤认定，社会保险行政部门应当受理：

①办理退休手续后，未再从事接触职业病危害作业的退休人员；

②劳动或聘用合同期满后或者本人提出而解除劳动或聘用合同后，未再从事接触职业病危害作业的人员。

4. 关于工伤认定的申请材料，参考《工伤保险条例》第十八条，包括如下：

①工伤认定申请表，包括事故发生的时间、地点、原因以及职工伤害程度等基本情况；

②与用人单位存在劳动关系的证明材料，如与用人单位签订的劳动合同，或其他可证明与用人单位有事实劳动关系的材料；

③医疗诊断证明或者职业病诊断证明书（或者职业病诊断鉴定书）。

5. 在工伤认定过程中，如果职工或者其近亲属认为是工伤，用人单位不认为是工伤的，由用人单位承担举证责任。用人单位拒不举证的，劳动保障行政部门可以根据受伤害职工提供的证据作出工伤认定结论。任何一方对认定结论不服的，可申请行政复议，对行政复议决定不服的，可依法提起行政诉讼。

三、劳动能力鉴定

劳动能力鉴定，是指对被认定工伤或视同工伤的劳动者，经治疗伤情相对稳定后，法定机构通过医学检查，对其存在伤残、影响劳动能力程度进行鉴定，并依据国家有关标准做出等级评定。其鉴定结论是给予受伤害职工保险待遇的基础和前提条件。

（一）劳动能力鉴定分类

根据《工伤保险条例》第二十二条规定，劳动能力鉴定分为“劳动功能障碍程度”和“生活自理障碍程度”两种等级。

劳动功能障碍分为十个伤残等级，最重的为一级，最轻的为十级。其判定依据是《劳动能力鉴定　职工工伤与职业病致残等级》（GB/T 16180—2014）：依据工伤致残者于评定伤残等级技术鉴定时的器官损伤、功能障碍及其对医疗与日常生活护理的依赖程度，适当考虑由于伤残引起的社会心理因素影响，对伤残程度进行综合判定分级。

①一级至四级（完全丧失劳动能力）：器官严重缺损或畸形，严重功能障碍或并发症，存在特殊医疗依赖，或完全或大部分或部分生活不能自理。

②五级至六级（大部分丧失劳动能力）：器官大部分缺损或畸形，中等 / 较重功能障碍或并发症，存在一般医疗依赖，但无生活自理障碍。

③七级至十级（部分丧失劳动能力）：器官缺损，形态异常，轻度功能障碍，存在一般医疗依赖或无依赖，无生活自理障碍。

生活自理障碍分为三个等级：生活完全不能自理、生活大部分不能自理和生活部分不能自理。通常根据工伤职工生活自理范围的五项内容进行判定，分别是：进食、翻身、大小便、穿衣洗漱、自主行动。按照其护理依赖程度分为三级：

①生活完全不能自理：完全生活自理障碍，上述五项均需要护理；

②生活大部分不能自理：大部分生活自理障碍，上述五项中三项或四项需要护理；

③生活部分不能自理：部分生活自理障碍，上述五项中一项或两项需要护理。

（二）劳动能力鉴定流程

根据《工伤保险条例》规定，劳动能力鉴定由用人单位、工伤职工或者其近亲属向设区的市级劳动能力鉴定委员会提出申请，并提供工伤认定决定和职工工伤医疗的有关资料。实操中，大多是工伤职工或其近亲属自己提出，由用人单位协助申请鉴定。

设区的市级劳动能力鉴定委员会应当自收到劳动能力鉴定申请之日起 60 日内作出劳动能力鉴定结论，必要时，作出劳动能力鉴定结论的期限可以延长 30 日。劳动能力鉴定结论应当及时送达申请鉴定的单位和个人。

申请鉴定的单位或者个人对设区的市级劳动能力鉴定委员会作出的鉴定结论不服的，可以在收到该鉴定结论之日起 15 日内向省、自治区、直辖市劳动能力鉴定委员会提出再次鉴定申请。省、自治区、直辖市劳动能力鉴定委员会作出的劳动能力鉴定结论为最终结论。

自劳动能力鉴定结论作出之日起一年后，工伤职工或者其近亲属、所在单位或者经办机构认为伤残情况发生变化的，可以申请劳动能力复查鉴定。

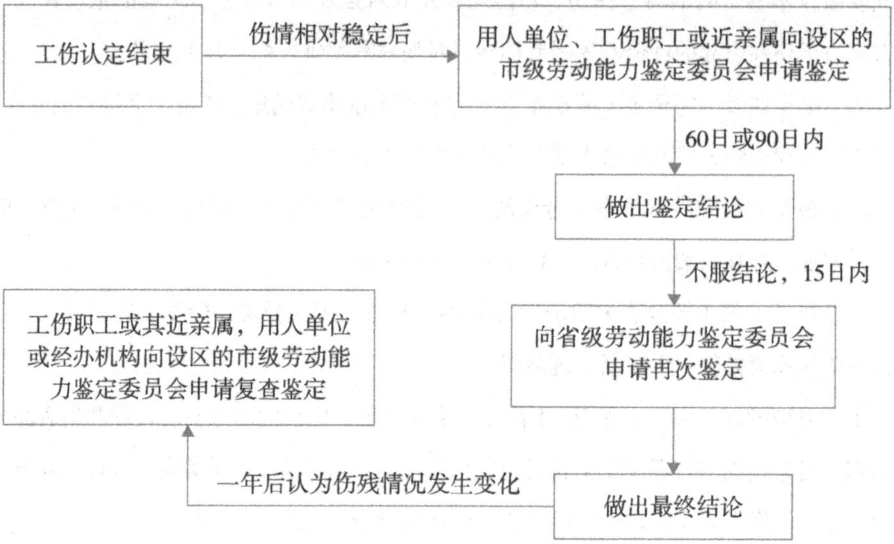

图 7-3　劳动能力鉴定流程

这里需要强调的是，工伤的劳动能力鉴定与人身损害伤残等级鉴定，并非同一概念，也不能相互取代。首先，工伤的劳动能力鉴定，上述文中我们提到，其依据《劳动能力鉴定　职工工伤与职业病致残等级》进行鉴定，鉴定结论主要用于支付相应的工伤赔偿。其次，人身损害的伤残等级鉴定是指伤后的伤残程度鉴定，依据《人体损伤致残程度分级》进行，一般是用于民事侵权案件中，例如，在机动车交通事故纠纷、生命权、健康权、身体权纠纷等案件中，依据不同的伤残等级，主张相应的残疾赔偿金、被扶养人的生活费、医疗费、误工费等。

四、工伤保险待遇

工伤保险待遇，是指工伤职工、工亡职工亲属依法应当享受的赔偿项目，其作用是使伤残者的医疗救治、生活得到保障，使工亡者的遗属获得生活保障。

工伤保险待遇通常包括“工伤医疗待遇”“伤残待遇”“工亡待遇”三个部分。

职工因工作原因受到事故伤害或者患职业病，经工伤认定之后，已参加工伤保险的用人单位，享受工伤保险待遇；未参加工伤保险的，其间待遇由该用人单位按照《工伤保险条例》规定的项目和标准支付。具体待遇支付项目、支付条件、支付标准如下。

（一）工伤医疗待遇

根据《工伤保险条例》规定，职工因工作遭受事故伤害或者患职业病进行治疗，享受工伤医疗待遇。

1. 治疗费用：职工治疗工伤应当在签订服务协议的医疗机构就医，情况紧急时可以先到就近的医疗机构急救。

治疗工伤所需费用符合工伤保险诊疗项目目录、工伤保险药品目录、工伤保险住院服务标准的，从工伤保险基金支付。工伤保险诊疗项目目录、工伤保险药品目录、工伤保险住院服务标准，由国务院社会保险行政部门会同国务院卫生行政部门、食品药品监督管理部门等部门规定。需要特别强调的是，工伤职工治疗非工伤引发的疾病，不享受工伤医疗待遇，按照基本医疗保险办法处理。

可见，工伤职工须在工伤保险承保范围内就医，才可享受工伤医疗待遇。实操中，工伤职工在医治过程中难免会超出目录及服务标准，产生“自费”部分。目前，劳动法律法规并未确定工伤医疗自费项目的承担主体。一部分用人单位出于责任感认为，应该为因工受伤的职工承担费用；另一部分用人单位则认为，法律法规无此规定，而拒绝承担该笔费用。目前司法实践中也多有争议，其主流观点还是不支持用人单位承担，比如浙江省和深圳市法院的观点，“用人单位已为劳动者缴纳工伤保险，劳动者以实际支出的工伤医疗费高于社保部门偿付的医疗费为由要求用人单位补足的，不予支持”。

对此，我们建议：地方性法规中有规定的，参照地方性法规；地方性法规无规定的，建议用人单位在处理工伤事故时，与家属一同及时、主动地与医院主治大夫沟通，避免自费项目随意发生，确有需要做自费项目的，双方协商费用的承担主体。

2. 治疗补助费用：职工住院治疗工伤的伙食补助费，以及经医疗机构出具证明，报经办机构同意，工伤职工到统筹地区以外就医所需的交通、食宿费用从工伤保险基金支付，基金支付的具体标准由统筹地区人民政府规定。

特别提示：实操中，治疗补助费用各地标准不一，例如，北京市，伙食补助费按每人每天 30 元；江苏省，伙食补助费按每人每天 20 元；浙江省，伙食补助费按当地最低工资标准的 35% 确定。

3. 康复性治疗费用：工伤职工到签订服务协议的医疗机构进行工伤康复的费用，符合规定的，从工伤保险基金支付。

4. 伤残辅助工具费用：工伤职工因日常生活或者就业需要，经劳动能力鉴定委员会确认，可以安装假肢、矫形器、假眼、假牙和配置轮椅等辅助器具，所需费用按照国家规定的标准从工伤保险基金支付。

需注意的是，辅助器具一般应当限于辅助日常生活及生产劳动之必需，并采用国内市场的普及型产品。工伤职工选择其他型号产品，费用高出普及型部分，由个人自付。

5. 停工留薪期工资：职工因工作遭受事故伤害或者患职业病需要暂停工作接受工伤医疗的，在停工留薪期内，原工资福利待遇不变，由所在单位按月支付。

停工留薪期一般不超过 12 个月。伤情严重或者情况特殊，经设区的市级劳动能力鉴定委员会确认，可以适当延长，但延长不得超过 12 个月。工伤职工评定伤残等级后，停发原待遇，按规定享受伤残待遇。工伤职工在停工留薪期满后仍需治疗的，继续享受工伤医疗待遇。实操中，需要进一步明确几个问题：

第一，如何确定停工留薪期的期限？根据《工伤保险条例》的规定，停工留薪期一般不超过 12 个月，经延长最多不超过 24 个月，但具体时间如何确定，法规中并未对此详尽说明，尤其是“停工留薪期的截止时间”，各地司法实践存在争议，总结起来大致分为三种观点：

复工截止论：以职工回来上班的时间作为停工留薪期的截止日期。

鉴定结束论：以职工伤残等级鉴定结论作出之日为停工留薪期的截止日期。

医疗结束论：以职工结束治疗之日为停工留薪期的截止日期。

其实上述三种观点各有缺陷，实践中，如工伤职工伤情不稳定，则不宜以复工时间作为节点；如职工治疗结束后需在家静养，如骨折，则不宜以医疗结束时间作为节点；此外，也并非所有工伤职工都需要参加伤残等级鉴定，因此，以鉴定结论作出之日作为停工留薪期的节点也是有瑕疵的。

目前，绝大多数省市地区的做法是，参考医疗机构出具的诊断证明和建议休息证明，结合各地区出台的“停工留薪期分类目录”，来判定各类伤病的停工留薪期限，我们以山东省的地方政策举例说明：

《山东省工伤职工停工留薪期管理办法》

第三条　工伤职工应及时将工伤医疗服务机构出具的诊断证明报送给所在单位，

申请停工留薪。用人单位应当根据协议医疗机构出具的诊断证明，按照《山东省工伤职工停工留薪期分类目录》（附件 1），确定其停工留薪期限，并书面通知工伤职工本人（附件 2）。

第四条　对于多部位或多组织器官受到伤害的，以对应的各停工留薪期中最长的期限作为该工伤职工的停工留薪期。各受损伤部位停工留薪期的时间不得累加。

停工留薪期一般不超过 12 个月，伤情严重或者情况特殊的，经市劳动能力鉴定委员会确认后可以适当延长，但延长期限不得超过 12 个月。

第五条　遭受原发性损伤引起感染及并发症的，根据协议医疗机构的诊断证明，可以在原停工留薪期的基础上增加 2 个月。

第六条　所受伤害部位或组织器官未列入《山东省工伤职工停工留薪期分类目录》的，以临床治愈或者经治疗相对稳定的时间为停工留薪期，一般不超过 6 个月。

第二，如何发放停工留薪期内的工资？根据《工伤保险条例》规定，停工留薪期内，原工资福利待遇不变，由所在单位按月支付。目前，主流观点是按照职工工伤前 12 个月平均工资来确定。但对于前 12 个月平均工资的基数各地有不一致的看法，尤其停工留薪期原工资福利是否包括加班费争议较大，例如，深圳地区的规定包含加班费，而上海地区的规定则不包含加班费，因此，实操中需结合当地规定来确定停工留薪期的计算基数。

第三，停工留薪期满后，如何处理仍不能复工的各种情形？

停工留薪期满后，原则上职工应回单位上班，但因下列原因不能复工的，依法进行处理：

①停工留薪期满后，因伤情严重仍需治疗，或伤情尚未稳定的：根据各地规定，通常情况下，工伤职工应在期满前一段时间内向本单位提出延长停工留薪期的书面申请，双方对延长停工留薪期有异议的，可向市劳动能力鉴定委员会申请延长停工留薪期确认。用人单位、工伤职工或其近亲属没有在规定时间内提出延长停工留薪期申请的，停工留薪期满终止。

此外，在劳动能力鉴定委员会做出“是否延长停工留薪期”确认结论前，工伤职工的期间待遇问题，只有少数省市地区做出了明确规定，例如，山东省规定，“确认结论前继续享受停工留薪期待遇”。

②停工留薪期满后，工伤职工伤情稳定，且存在残疾、影响劳动能力的，应当进行劳动能力鉴定，待伤残等级鉴定结论做出后，从评定伤残等级的次月起，享受伤残待遇。

劳动能力鉴定期间，原则上停发停工留薪期待遇，但鉴定结论做出前，如职工因伤情不能工作，停工期间待遇问题，同样，我们参考山东省“工伤职工因伤情不能工作的，由用人单位发放生活津贴，其标准不得低于因病医疗期内的病假工资”的规定。

除此之外，如工伤职工根据工伤协议医疗机构的证明仍需治疗的，继续享受工伤医疗待遇，但停工期间待遇问题，参考山东省“由用人单位发给生活津贴，其标准不得低于因病医疗期内的病假工资”的规定；参考深圳市“工伤职工在鉴定伤残等级后仍需治疗的，经劳动能力鉴定委员会批准，一级至四级伤残，享受伤残津贴和工伤医疗待遇；五级至十级伤残，享受工伤医疗和停工留薪期待遇”的规定。

再次强调的是，因各省市地区关于停工留薪期的规定差异较大，实践中，用人单位务必参考当地法律法规及司法判例意见执行。

6. 生活护理

①生活不能自理的工伤职工，在停工留薪期需要护理的，由所在单位负责。

实操中，在停工留薪期内，工伤职工因生活不能自理需要护理的形式及标准，法律法规中并无明确规定，司法实践中也无统一意见，多数依据人身损害赔偿标准中的居民服务、修理和其他服务业的年工资标准来计算。仅部分省市地区作出了明确规定，比如《广东省工伤保险条例》规定，“工伤职工在停工留薪期间生活不能自理需要护理的，由所在单位负责。所在单位未派人护理的，应当参照当地护工从事同等级别护理的劳务报酬标准向工伤职工支付护理费”。

②工伤职工已经评定伤残等级并经劳动能力鉴定委员会确认需要生活护理的，从工伤保险基金按月支付生活护理费。

生活护理费按照生活完全不能自理、生活大部分不能自理或者生活部分不能自理三个不同的等级支付，其标准分别为统筹地区上年度职工月平均工资的50%、40%或者30%。

（二）伤残待遇

根据《工伤保险条例》规定，工伤职工经鉴定劳动能力障碍等级的，按照不同的伤残等级，享受不同的伤残待遇：

1. 一级至四级的伤残待遇：职工因工致残被鉴定为一级至四级伤残的，保留劳动关系，退出工作岗位，享受以下待遇：

①一次性伤残补助：从工伤保险基金按伤残等级支付一次性伤残补助金，标准为：一级伤残为27个月的本人工资，二级伤残为25个月的本人工资，三级伤残为23个月的本人工资，四级伤残为21个月的本人工资。

②伤残津贴：从工伤保险基金按月支付伤残津贴，标准为：一级伤残为本人工资的90%，二级伤残为本人工资的85%，三级伤残为本人工资的80%，四级伤残为本人工资的75%。伤残津贴实际金额低于当地最低工资标准的，由工伤保险基金补足差额。

③退休待遇：工伤职工达到退休年龄并办理退休手续后，停发伤残津贴，按照国家规定享受基本养老保险待遇，基本养老保险待遇低于伤残津贴的，由工伤保险基金补足差额。

职工因工致残被鉴定为一级至四级伤残的，由用人单位和职工个人以伤残津贴为基数，缴纳基本医疗保险费。

2. 五级至六级的伤残待遇：职工因工致残被鉴定为五级、六级伤残的，享受以下待遇：

①一次性伤残补助：从工伤保险基金按伤残等级支付一次性伤残补助金，标准为：五级伤残为18个月的本人工资，六级伤残为16个月的本人工资。

②安排适当工作或伤残津贴：保留与用人单位的劳动关系，由用人单位安排适当工作。难以安排工作的，由用人单位按月发给伤残津贴，标准为：五级伤残为本人工资的70%，六级伤残为本人工资的60%，并由用人单位按照规定为其缴纳应缴纳的各项社会保险费。伤残津贴实际金额低于当地最低工资标准的，由用人单位补足差额。

③一次性工伤医疗补助金和一次性伤残就业补助金：经工伤职工本人提出，该职工可以与用人单位解除或者终止劳动关系，由工伤保险基金支付一次性工伤医疗补助金，由用人单位支付一次性伤残就业补助金。一次性工伤医疗补助金和一次性伤残就业补助金的具体标准由省、自治区、直辖市人民政府规定。（详见“离职成本计算”篇章）

3. 七级至十级的伤残待遇：职工因工致残被鉴定为七级至十级伤残的，享受以下待遇：

①一次性伤残补助：从工伤保险基金按伤残等级支付一次性伤残补助金，标准为：七

级伤残为13个月的本人工资，八级伤残为11个月的本人工资，九级伤残为9个月的本人工资，十级伤残为7个月的本人工资。

②一次性工伤医疗补助金和一次性伤残就业补助金：劳动、聘用合同期满终止，或者职工本人提出解除劳动、聘用合同的，由工伤保险基金支付一次性工伤医疗补助金，由用人单位支付一次性伤残就业补助金。一次性工伤医疗补助金和一次性伤残就业补助金的具体标准由省、自治区、直辖市人民政府规定。

一级至十级伤残待遇（劳动关系存续期间）具体如下：

<table>
<tr><th colspan="2">劳动关系</th><th>伤残等级</th><th colspan="2">基金支付一次性伤残补助</th><th colspan="3">按月支付伤残津贴</th><th>退休待遇</th></tr>
<tr><td rowspan="4">一级至四级</td><td rowspan="4">保留劳动关系，退出岗位</td><td>一级</td><td rowspan="10">本人工资</td><td>27个月</td><td rowspan="6">本人工资</td><td>90%</td><td rowspan="4">基金支付，低于当地最低工资标准的，基金补足差额</td><td rowspan="4">办理退休手续，停发伤残津贴，享受养老保险待遇，低于伤残津贴的补足差额</td></tr>
<tr><td>二级</td><td>25个月</td><td>85%</td></tr>
<tr><td>三级</td><td>23个月</td><td>80%</td></tr>
<tr><td>四级</td><td>21个月</td><td>75%</td></tr>
<tr><td rowspan="2">五级至六级</td><td rowspan="2">安排工作，难以安排工作的，退出岗位</td><td>五级</td><td>18个月</td><td>70%</td><td rowspan="2">单位支付，低于当地最低工资标准的，单位补足差额</td><td rowspan="2">—</td></tr>
<tr><td>六级</td><td>16个月</td><td>60%</td></tr>
<tr><td rowspan="4">七级至十级</td><td rowspan="4">劳动合同到期可终止</td><td>七级</td><td>13个月</td><td colspan="4" rowspan="4">名词解释：
本人工资：工伤职工因工作遭受事故伤害或者患职业病前12个月平均缴费工资
①本人工资>统筹地社会平均工资300%的，按社会平均工资300%计算
②本人工资<统筹地社会平均工资60%的，按社会平均工资60%计算</td></tr>
<tr><td>八级</td><td>11个月</td></tr>
<tr><td>九级</td><td>9个月</td></tr>
<tr><td>十级</td><td>7个月</td></tr>
</table>

<table>
<tr><td>生活护理费（停工留薪期内单位支付）</td><td colspan="3">生活护理费（经劳动能力鉴定，基金支付）</td></tr>
<tr><td rowspan="3">参考广东：所在单位未派人护理的，应当参照当地护工从事同等级别护理的劳务报酬标准支付</td><td>生活完全不能自理</td><td rowspan="3">统筹地上年度职工月平均工资</td><td>50%</td></tr>
<tr><td>生活大部分不能自理</td><td>40%</td></tr>
<tr><td>生活部分不能自理</td><td>30%</td></tr>
</table>

（三）工亡待遇

职工因工死亡，其近亲属按照下列规定从工伤保险基金领取丧葬补助金、供养亲属抚恤金和一次性工亡补助金。

丧葬补助金：丧葬补助金为 6 个月的统筹地区上年度职工月平均工资。

供养亲属抚恤金：供养亲属抚恤金按照职工本人工资的一定比例发给由因工死亡职工生前提供主要生活来源、无劳动能力的亲属。标准为：配偶每月 40%，其他亲属每人每月 30%，孤寡老人或者孤儿每人每月在上述标准的基础上增加 10%。核定的各供养亲属的抚恤金之和不应高于因工死亡职工生前的工资。供养亲属的具体范围由国务院社会保险行政部门规定。

关于供养亲属抚恤金的发放范围、发放条件，可参考 2003 年劳动和社会保障部令第 18 号文件，《因工死亡职工供养亲属范围规定》，此处不做具体讲解。

一次性工亡补助金：一次性工亡补助金标准为上年度全国城镇居民人均可支配收入的 20 倍。

项　目	基　数	标　准	限制条件
丧葬补助金	统筹地区上年度职工月平均工资	6 个月	—
供养亲属抚恤金	本人工资	配偶每月 40%； 其他亲属每人每月 30%； 孤寡老人或者孤儿每人每月增加 10%	各供养亲属的抚恤金之和不应高于工亡职工生前的工资
一次性工亡补助金	上年度全国城镇居民人均可支配收入	20 倍	一级至四级伤残职工在停工留薪期满后死亡的，不再享受

这里需要特别说明的是，根据《工伤保险条例》规定，工亡职工在不同的法定期限内死亡，其待遇也有差异：

①伤残职工在停工留薪期内因工伤导致死亡的，其近亲属按照条例规定，享受上述三项工亡待遇，即丧葬补助金、供养亲属抚恤金和一次性工亡补助金。

②一级至四级伤残职工在停工留薪期满后死亡的，其近亲属仅可以享受丧葬补助金、

供养亲属抚恤金，不再享受一次性工亡补助金。

需要额外注意的是，一级至四级工伤职工死亡，其近亲属同时符合领取工伤保险丧葬补助金、供养亲属抚恤金待遇和职工基本养老保险丧葬补助金、抚恤金待遇条件的，由其近亲属选择领取工伤保险或职工基本养老保险其中一种。

（四）特殊情况下的工伤待遇支付

1. 工伤复发的待遇

工伤职工工伤复发，一般分为两种情况：一种是职工工伤复发，另一种是视同工伤的情形，即曾在军队服役，因战、因公负伤致残，已取得革命军人证的劳动者，到用人单位后旧伤复发。经劳动能力鉴定委员会鉴定后，如确认需要治疗的，两者皆可以享受《工伤保险条例》规定的工伤医疗待遇，包括治疗待遇、伤残辅助工具、停工留薪和生活护理等待遇，但不再享受一次性伤残补助。

2. 再次发生工伤的待遇

职工在同一用人单位连续工作期间多次发生工伤的，除享受工伤医疗待遇外，根据规定应当享受伤残津贴的，按照新认定的伤残等级享受伤残津贴待遇；五级至十级工伤职工，与用人单位解除或终止劳动合同时，按照其在同一用人单位发生工伤的最高伤残级别，计发一次性伤残就业补助金和一次性工伤医疗补助金。

3. 因工外出或者抢险救灾中下落不明的待遇

职工因工外出期间发生事故或者在抢险救灾中下落不明的，从事故发生当月起三个月内照发工资，从第四个月起停发工资，由工伤保险基金向其供养亲属按月支付供养亲属抚恤金。生活有困难的，可以预支一次性工亡补助金的50%。职工被人民法院宣告死亡的，按照职工因工死亡的规定处理。

4. 第三人侵权下的工伤待遇

交通事故引起的工伤案件中，在涉及第三人赔付的情形下，社会保险机构及用人单位的偿付义务，实操中有着很大的争议，通常存在两种观点：

第一种观点是“替代赔付”：此观点源于劳动部于1996年出台的《企业职工工伤保险试行办法》（已被2011年施行的《工伤保险条例》替代），其中提到了由于交通事故引起的工伤，除一次性工亡补助金和一次性伤残补助金工伤保险基金支持差额赔付外，其他因交通事故赔偿已经给付的，工伤保险基金不再另行赔付。

目前，部分地区也出台了类似的规定，如浙江省采取部分替代，“如职工获得侵权赔偿，其享受工伤保险待遇的相对应项目中应当扣除第三人支付的下列五项费用：分别是医疗费、残疾辅助器具费、工伤职工在停工留薪期间发生的护理费、交通费以及住院伙食补助费”。

第二种观点是“兼得赔付”：即“双赔”，此观点是根据《最高人民法院关于审理工伤保险行政案件若干问题的规定》：“职工因第三人的原因导致工伤，社会保险经办机构以职工或者其近亲属已经对第三人提起民事诉讼为由，拒绝支付工伤保险待遇的，人民法院不予支持，但第三人已经支付的医疗费用除外。”我们由此得知，受伤害的职工向交通事故侵权人主张人身损害赔偿后，不影响其请求用人单位和社会保险基金承担工伤保险待遇，侵权赔偿和工伤保险待遇存在于两个不同的法律关系之中，人身损害赔偿请求权与工伤保险请求权性质不同，互不排斥，也不存在相互替代。

对此，部分省市也有类似规定，例如，湖北省规定“职工因第三人的原因导致工伤，工伤职工或者其近亲属可以按照有关规定索取民事赔偿。经办机构不得以工伤职工或者其近亲属已经对第三人提起民事诉讼为由，拒绝支付工伤保险待遇，但第三人已经支付的医疗费用除外”。

需要额外说明的是，尽管司法解释中提到“第三人已经支付的医疗费用除外”，但实操中，“人身损害赔偿”是根据交通事故中责任占比来进行赔付的，相对于工伤保险无过错赔付来说，有的时候医疗费用赔付会低于工伤保险的赔付比例，这种情况下，工伤保险基金是需要补足差额的。实操中，建议用人单位参考地方规定及司法判例执行。

5. 职业病危害作业，离岗后确诊的工伤待遇

曾经从事接触职业病危害作业，当时没有发现罹患职业病，退休后未继续从事接触职业病危害作业，但被诊断或鉴定为职业病，如果一年内申请工伤认定，且符合领取一次性伤残补助金条件的，按就高原则以本人退休前 12 个月平均月缴费工资或者确诊职业病前 12 个月的月平均养老金为基数计发。

曾经从事接触职业病危害作业，当时没有发现罹患职业病，与用人单位解除或终止劳动合同后未继续从事接触职业病危害作业，但被诊断或鉴定为职业病，如果一年内申请工伤认定，且被鉴定为一级至十级伤残，按《工伤保险条例》规定应以本人工资作为基数享受相关待遇的，按本人终止或者解除劳动、聘用合同前12个月平均月缴费工资计发。

（五）工伤待遇停止发放的情形

工伤职工有下列情形之一的，停止享受工伤保险待遇：

丧失享受待遇条件的：工伤职工在享受工伤保险待遇期间，其身体情况可能会发生变化，如劳动能力完全恢复、生活已能够完全自理、伤残等级有所变化的，应当停止享受相应的工伤保险待遇。此外，享受抚恤金的工亡职工的子女，在某些情形下，也会丧失享受有关待遇的条件，如达到了一定的年龄或就业的，抑或受供养亲属死亡的，则不能再领取供养亲属抚恤金的待遇。

拒不接受劳动能力鉴定的：如果工伤职工无正当理由，拒不接受劳动能力鉴定，工伤保险待遇则无法确定。鉴于此，社会保险行政部门可停止工伤保险待遇的发放。

拒绝治疗的：如果无正当理由拒绝治疗，有悖于工伤保险促进职业康复的宗旨，理应停发待遇。

特别提示：因上述情形停止支付工伤保险待遇的，在停止支付待遇的情形消失后，自下月起恢复工伤保险待遇，停止支付的工伤保险待遇不予补发。

第四节　用工风险防范工具

工具一：限期提交缴纳社会保险材料通知书

1. 工具说明

实践中，如果用人单位不能在劳动者入职之日起30日内缴纳社会保险，一旦发生工伤事故，用人单位须承担相应的法律责任。但有时是因为劳动者个人原因无法缴纳保险，比如未按时提交社会保险的材料等，用人单位应以书面形式固定证据。该通知书是为了明确未及时缴纳社会保险的原因并非用人单位导致，避免被认定为“用人单位未及时为劳动者缴纳社会保险”的违法行为。如果劳动者不配合，在试用期内用人单位可以依据双方约定或规章制度，以劳动者不符合录用条件为由与其解除劳动合同。

2. 适用范围

该通知书适用于未按时提交社会保险材料的劳动者。

3. 规避风险

- 督促劳动者，自入职日起 30 日内尽快提供缴纳社会保险的材料；
- 如果用人单位将“提供缴纳社会保险材料”作为劳动者试用期的录用条件，那么劳动者在试用期内无法成就条件的，用人单位可以以“不符合录用条件”为由与其解除劳动合同，规避因不能缴纳社会保险带来的风险。

4. 核心工具

限期提交缴纳社会保险材料通知书

________先生 / 女士：

由于您未向公司提供社会保险缴纳所需材料，本单位无法按照法律规定为您办理社会保险手续，现本单位要求您在规定期限内提供下列办理社会保险所需的材料：

1. 身份证原件及复印件
2. 户口本原件及复印件
3. 社会保险经办机构要求提供的其他材料

如果您在收到此通知之日起______日内没有提供以上材料，本单位将视为您不符合录用条件并且可以依据《劳动合同法》第三十九条第一项的规定，以您在试用期内不符合录用条件为由解除与您签订的劳动合同。

特此通知。

如员工入职当日不能提交材料，用人单位应立即下发通知，以尽督促义务。

公司根据实际需要增加明确具体的资料名称。

1. 本通知书需要向员工出具，如贵司当面送达，需要求员工确认签收，可另行制作签收单，或在本通知书上手写“本人已收到本通知书，×××，年月日”等信息，由公司保存。
2. 需邮寄送达时，请确保员工提供有效送达地址并保留邮寄送达相关单据。

工具二：工伤赔偿协议核心条款

1. 工具说明

一般来说，该协议是没有给职工缴纳工伤保险的用人单位为了尽快了结工伤事故，与职工签订的一次性工伤补偿协议。用人单位与职工就工伤赔偿协议内容达成一致后，最好的解决方式是经劳动仲裁机构或法院调解达成调解书。

2. 适用范围

该协议适用于用人单位所有发生工伤的职工，但是主要针对的是没有为其缴纳社会保险且发生工伤的职工。

3. 规避风险

- 用人单位避免因未缴纳社会保险而承担更多的赔偿责任；
- 能够顺利与职工解除劳动关系，以免造成不必要的麻烦；
- 防止职工不合理地要求用人单位承担赔偿责任，如果职工反悔，可以要求职工返还一次性支付的赔偿款。一般来说，如果用人单位按照法律规定的待遇赔偿了相应的数额，即使职工申请仲裁，也很难得到支持。

4. 核心工具

工伤赔偿协议

甲方：____________________ 法定代表人：____________________

住所：____

乙方：____________________ 身份证号：____________________

通信地址：__________________ 联系电话：____________________

紧急联系人：________________ 电话：____________________

乙方于______年___月___日因__________不慎发生伤害事故，经________认定属于工伤。事故发生后甲方将乙方送至________医院进行治疗，并支付了全部治疗费用。截至目前，甲方支付医疗费、复查费等费用总计_______元，乙方未支付任何费用。现乙方提出，要求与甲方一次性解决此伤害事故，并提出与甲方解除劳动关系，甲方考虑到乙方的实际情况，表示同意。甲、乙双方经自愿友好协商，达成如下协议，以资共同遵守。

一、甲、乙双方劳动关系于_______年___月___日解除。

二、经乙方提出，甲方同意于本协议签订之日起___日内一次性支付乙方人民币_____元（大写），该费用包括但不限于一次性伤残补助金、一次性伤残就业补助金、一次性工伤医疗补助金、二次手术和治疗费、康复治疗费、医疗费、住院伙食补助费、营养费、护理费、停工留薪期工资福利待遇、辅助器具费、交通食宿费、伤残津贴、劳动关系存续期间工资、社会保险等以及其他全部因此次伤害事故和劳动关系的履行和解除而依法应支付的费用。

三、乙方承诺，在收到本协议第二条约定的费用后，会妥善分配上述费用的使用，留足后续发生的二次手术费、治疗费、康复费、辅助器具费等费用，以确保身体治愈，否则造成后果均由乙方承担，与甲方无关。

四、在签订本协议前，双方已对乙方的伤情有了充分的了解，也对国家相关法律法规进行了充分的了解，对自身权益有了清楚的认识，因此双方确认本协议第二条所述费用为甲、乙双方所自愿协商之数额，若与法定数额有所出入，乃为一方自愿对其合法权利进行的适当处分，故任何一方不得以对伤情情况、国家法律法规规定等存在重大误解或协商数额显失公平等为由主张撤销本协议或确认本协议无效。

前言强调了该协议是在用人单位与劳动者协商一致的情况下，双方自愿达成的。

注意：劳动者工伤被鉴定为一级至四级的，公司不能与工伤员工解除劳动关系。

1. 该条强调了用人单位支付给劳动者的费用应当涵盖所有的支付项目并且支付的数额要与法律规定的数额差不多，否则可能会出现显失公平而得不到仲裁的支持。
2. 该条主要列举的是工伤造成身体伤害的赔偿项目，如导致工亡的，需要更改赔偿项目。

五、本协议签订后，双方就劳动关系以及乙方的伤害事故再无任何争议。乙方不得以任何方式对甲方进行诋毁、诽谤、恶意中伤以及任何有损甲方形象或利益的行为，也不得再提起任何异议程序（包括但不限于劳动争议仲裁、监察投诉、举报、民事诉讼等）。一经发现，甲方有权将已付款项全部追回，并向乙方进一步追究责任。

该条强调了用人单位在履行了支付义务后，劳动者不能再向用人单位主张任何权利并且不得妨碍用人单位的生产经营活动。

六、本协议上列各条款的内容均系甲、乙双方的真实意思表示，无任何欺诈、胁迫行为，一经签订，各方均不得违约，否则，违约方应向守约方支付违约金________元（大写），并赔偿由此给对方造成的全部经济损失。

七、本协议壹式贰份，甲、乙双方各执壹份，自各方签字之日起生效。

甲方：________　　　　乙方：________

________年____月____日　　　　________年____月____日

第五节　知识答疑

1. 为职工购买商业保险，能否抵消工伤保险责任？

首先，无论是用人单位为职工购买商业保险，还是职工为自己购买商业保险，都不会影响工伤保险的办理，因为工伤保险属于强制性征缴的社会保险，这种法定义务不得通过任何形式予以免除。其次，在司法实践中，商业保险被视为用人单位向职工提供的一种福利待遇，也就是说，商业保险与工伤保险之间可以相互补充，但不能相互取代。因此，商业保险不能抵消用人单位应承担的工伤保险责任，职工仍然有权向用人单位主张工伤保险待遇。

2. 出境人员的工伤保险如何处理？

随着社会和经济的发展，很多企业都在境外开展了业务，如果此时将职工调派到境外工作，假设职工在境外遭受事故伤害，那么职工的工伤保险待遇如何享受，很多用人单位对此表示困惑。根据《工伤保险条例》第四十四条规定，“职工被派遣出境工作，依据前往国家或者地区的法律应当参加当地工伤保险的，参加当地工伤保险，其国内工伤保险关系中止；不能参加当地工伤保险的，其国内工伤保险关系不中止”。因此，职工在境外发生工伤事故的，从工伤保险参保地申领待遇。

3. 职工因违反企业规章制度导致工伤，用人单位能否以严重违规与其解除劳动合同？

实践中，导致职工工伤的原因往往是职工自身违反公司规章制度。根据《劳动合同法》

的规定，企业可根据严重违规与职工解除劳动合同，而这一条款并未特别限制工伤职工；但根据《工伤保险条例》规定，评定伤残等级的职工（七级至十级伤残职工劳动合同到期终止的除外），用人单位不得随意解除劳动合同，因此，司法实践中，就有了关于工伤职工是否可以以“严重违规”解除劳动合同的争议。

一方观点认为，劳动合同关系解除依据的是《劳动合同法》，如企业的规章制度合法，职工严重违规的，即便是工伤职工，企业也可依据规章制度与职工解除劳动关系。但因职工工伤待遇的享受通常在劳动关系存续期间，因此，工伤职工在停工留薪期内或者劳动能力鉴定结论尚未做出前，用人单位不得与其解除或者终止劳动关系。

另一方观点认为，《工伤保险条例》在立法时考虑到职工在残疾后，在岗位、技能等方面的限制，防止用人单位为了单纯追求效益而随意解除与工伤职工的劳动关系。因此，部分地区作出了限制性规定，例如，深圳市，“劳动者工伤后，被鉴定为五级至十级伤残的，劳动合同期限未满，用人单位应安排力所能及的工作。用人单位以劳动者违章致伤，并给其造成严重损失为由解除劳动关系的，不予支持。但劳动者在被安排从事力所能及的工作后，存在《中华人民共和国劳动合同法》第三十九条规定情形的，用人单位依法解除劳动关系的，应当允许”。

4. 签订工伤“私了协议”后，职工能否反悔？

实践中，很多用人单位都抱着侥幸心理，不给职工缴纳工伤保险，在职工出现工伤事故后便与职工协商赔付工伤医疗待遇及伤残待遇，甚至包括解除劳动关系的一揽子对价支付，那么，这类“私了协议”签订后，在法律上是否生效呢？

根据《工伤保险条例》规定，“依照本条例规定应当参加工伤保险而未参加工伤保险的用人单位职工发生工伤的，由该用人单位按照本条例规定的工伤保险待遇项目和标准支付费用”。

又根据《最高人民法院关于审理劳动争议案件适用法律问题的解释（一）》第三十五条规定，“劳动者与用人单位就解除或者终止劳动合同办理相关手续、支付工资报酬、加班费、经济补偿或者赔偿金等达成的协议，不违反法律、行政法规的强制性规定，且不存在欺诈、胁迫或者乘人之危情形的，应当认定有效。前款协议存在重大误解或者显失公平情形，当事人请求撤销的，人民法院应予支持”。由此可见，劳动者与用人单位签订的工伤赔偿协议是否具有可撤销性，关键要看其是否存在“重大误解”或“显失公平”。

那么，如何判定“重大误解”，通常也是审查企业与职工签订协议的过程，例如，签订协议前是否参考相关法律法规，表示对法定赔偿标准知情；或是否通过咨询专业意见，对伤残等级和赔偿标准有基本的判断；此外，如果协议中有能明示“双方签订本协议时已知晓法律法规的规定”之类的字眼，通常不会认定劳动者在订立协议时存在重大误解。

那么，协议是否显失公平，属于法院自由裁量的范围，通常过分低于法定赔偿标准的数额，会被视为显失公平。从众多工伤赔偿案件司法调解的结果来看，一般是在法定赔偿标准的基础上打七八折，不视为显失公平。当然，如果能在协议中明示“低于法定标准部分视为劳动者自动放弃”，协议的效力会更大。

此外，实践中，还建议用人单位与劳动者就工伤赔偿协议内容达成一致后，经劳动仲裁或法院调解达成调解书，调解书一旦生效，劳动者便不能反悔。

第六节 地方性法规参考

◆《上海高级人民法院民一庭调研与参考》(〔2014〕15号)

三、工伤保险

关于停工留薪期内原工资福利是否包括加班费的问题

实践中，有的法院提出一些企业中劳动者加班已成为一种常态，且加班工资在其劳动报酬中占很大比例，故认为停工留薪期内的工资应当包含加班费。倾向认为，停工留薪期工资待遇性质上属于劳动者提供正常劳动所获得的报酬，而加班费是劳动者提供额外劳动获得的收入，不属于正常工作时间工资的范畴，且在停工留薪期内也不可能发生加班的事实，故停工留薪期内原工资不应包含加班工资。如有证据证明用人单位恶意将本应计入正常工作时间工资的项目计入加班工资，以达到减少正常工作时间工资计算标准的，则应将该部分“加班工资”计入正常工作时间工资的计算范围。

◆《广东省工伤保险条例》

第二十五条 职工因工伤需要暂停工作接受工伤医疗的，在停工留薪期内，原工资福利待遇不变，由所在单位按月支付。停工留薪期根据医疗终结期确定，由劳动能力鉴定委员会确认，最长不超过二十四个月。

工伤职工鉴定伤残等级后，停发原待遇，按照本章的有关规定享受伤残待遇。工伤职工在鉴定伤残等级后仍需治疗的，经劳动能力鉴定委员会批准，一级至四级伤残，享受伤残津贴和工伤医疗待遇；五级至十级伤残，享受工伤医疗和停工留薪期待遇。

经劳动能力鉴定委员会确认可以进行康复的，工伤职工在签订服务协议的康复机构发生的符合规定的工伤康复费用，从工伤保险基金支付。

工伤职工在停工留薪期间生活不能自理需要护理的，由所在单位负责。所在单位未派人护理的，应当参照当地护工从事同等级别护理的劳务报酬标准向工伤职工支付护理费。

◆《深圳市中级人民法院关于审理工伤保险待遇案件的裁判指引（2015年）》

十一、劳动者的工伤系第三人侵权所致，劳动者先获得侵权赔偿的，不影响其享受工伤保险待遇，但对于医疗费、丧葬费和辅助器具更换费等不得重复享有。

十四、劳动能力鉴定结论未明确注明工伤职工的停工留薪期的，除少数特别情况（如单侧膝下缺失治疗终结评残后安装假肢需要一定的适用期和个体治疗终结后需要特别的功能锻炼的）外，医疗终结期视同停工留薪期。

停工留薪期原工资福利待遇按劳动者工伤前十二个月的包含加班工资在内的平均工资福利待遇标准确定。

十六、用人单位为劳动者缴纳了工伤保险费，双方劳动关系解除或终止后，工伤职工要求用人单位支付因旧伤复发产生的医疗费、住院期间伙食补助费、经批准产生的交通、食宿费及安装、维修、更换康复器具所需费用的，不予支持。

用人单位为劳动者缴纳了工伤保险费，双方劳动关系解除或终止后，工伤职工旧伤复发，用人单位应当依照《广东省工伤保险条例》第二十六条的规定支付停工留薪期工资和护理费。

用人单位为劳动者缴纳了工伤保险费，双方劳动关系解除或终止后，工伤职工旧伤复发，导致伤残等级加重的，劳动者要求用人单位按照加重后的伤残等级标准支付应由用人单位负担的工伤保险待遇差额的，应予支持。

◆《浙江省高级人民法院、浙江省劳动人事争议仲裁院关于印发〈关于审理劳动争议案件若干问题的解答（二）〉的通知》

十六、用人单位已依法为劳动者缴纳了工伤保险，劳动者工伤医疗费超出社保基金报销目录范围的费用，如何承担？

答：用人单位已依法为劳动者缴纳了工伤保险，劳动者工伤医疗费超出社保基金报销目录范围的费用原则上不应由用人单位承担，但超出目录范围的费用经用人单位同意或者认可的除外。

◆《湖北省工伤保险实施办法》

第三十九条 由于第三人的原因造成工伤，第三人不支付工伤医疗费用或者无法确定第三人的，从工伤保险基金中先行支付。工伤保险基金先行支付后，有权向第三人追偿。

职工因第三人的原因导致工伤，工伤职工或者其近亲属可以按照有关规定索取民事赔偿。经办机构不得以工伤职工或者其近亲属已经对第三人提起民事诉讼为由，拒绝支付工伤保险待遇，但第三人已经支付的医疗费用除外。

◆《四川省人民政府关于贯彻〈工伤保险条例〉的实施意见》

十、职工上下班途中受到交通机动车事故伤害，或者履行工作职责和完成工作任务过程中遭受意外伤害，按《条例》规定认定为工伤和视同工伤的，如第三方责任赔偿的相关待遇已经达到工伤保险相关待遇标准的，用人单位或社会保险经办机构不再支付相关待遇；如第三方责任赔偿低于工伤保险相关待遇，或因其他原因使工伤职工未获得赔偿的，用人单位或社会保险经办机构应按照规定补足工伤保险相关待遇。

4 CHAPTER

第四篇

工时管理与假期管理

HUMAN RESOURCES RISK MANAGEMENT

第八章 | 工作时间加班管理

第一节 用工场景

工作时间，又简称为工时，是指劳动者为履行工作义务，在法定限度内，在用人单位从事工作或者生产的时间。工时管理现在已经是用人单位的一项基础性工作，特别是在加班已经成为用人单位一种常见的工作状态下，因工时加班所引起的劳动争议案件在所有劳动争议案件中也占有很高的比例。

工作时间如何界定？加班如何认定？高管白领的加班如何处理？加班程序如何设计？劳动合同对加班工资是否可以约定？综合计算工时制如何申请使用？不定时工时制人员如何管理？计件工资制如何支付加班工资？值班与加班有何区别？加班工资的基数如何确定？加班工资争议如何举证？

然而实操中用人单位往往对以上问题，风险防控意识不足，处理工时加班争议过程中存在失误，导致在劳动争议仲裁或者诉讼中败诉，最终承担不必要的经济损失。为此，本节从用人单位角度出发，对用人单位对工时加班的操作误区及法律后果总结如下。（参见图 8-1）

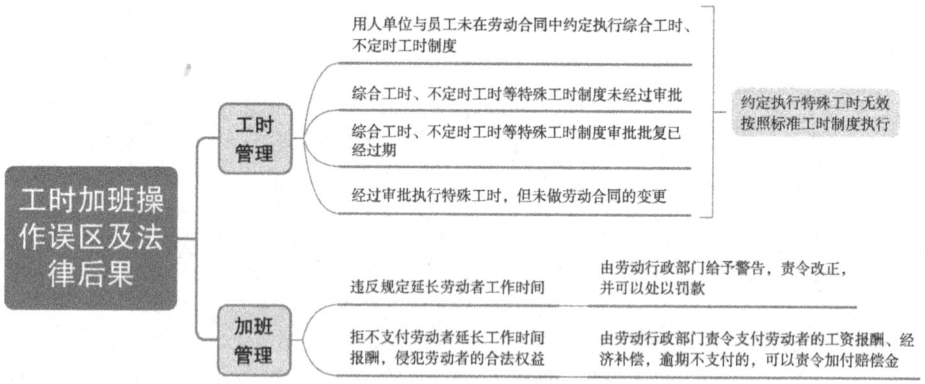

图 8-1 工时加班操作误区及法律后果

第二节　风险提示

用工风险 1：用人单位单方与员工约定执行特殊工时制度。

用人单位实施不定时或综合计算等特殊工时，需要经过劳动部门行政审批。

然而在实践中，不少用人单位未申请过综合计算工时或不定时工时，就擅自实施起来，理由是合同中有相关约定。有的虽然有行政审批但已经过期，还有些用人单位虽然在与劳动者签订的劳动合同中约定实行标准工时，但在签订劳动合同后获得了劳动行政部门的许可，同意其在相关岗位实行不定时工时或综合计算工时制，而用人单位与劳动者并未对劳动合同中约定的工时制度进行变更。

用人单位若要对劳动者的所在岗位实行特殊工时制，需要同时满足两个条件：第一，得到劳动行政部门的行政审批；第二，劳资双方明确约定。也就是说，如果仅有劳资双方在劳动合同中约定实行特殊工时制，但未获得劳动行政部门的行政审批，是不能对劳动者实行特殊工时制的。如果劳动者所在岗位得到劳动行政部门关于特殊工时制的审批，但在劳动合同中约定实行标准工时，我们认为还是应按标准工时执行。

用工风险 2：违反规定，延长劳动者工作时间。

用人单位安排员工加班，应与员工协商一致，且一般每日不得超过 1 个小时。因特殊原因需要延长工作时间的，在保障劳动者身体健康的条件下延长工作时间每日不得超过 3 个小时，且每月不得超过 36 个小时。

用人单位如果随意加班，违反规定延长劳动者的工作时间，参考《劳动法》第九十条“用人单位违反本法规定，延长劳动者工作时间的，由劳动行政部门给予警告，责令改正，并可以处以罚款”的规定；参考《劳动保障监察条例》第二十五条“用人单位违反劳动保障法律、法规或者规章延长劳动者工作时间的，由劳动保障行政部门给予警告，责令限期改正，并可以按照受侵害的劳动者每人 100 元以上 500 元以下的标准计算，处以罚款”的规定。

用工风险 3：拒不支付劳动者加班工资。

用人单位安排员工加班，应按照规定支付加班费。若用人单位未按照规定支付加班费，按照《劳动合同法》第八十五条规定：用人单位有下列情形之一的，由劳动行政部门责令限期支付劳动报酬、加班费或者经济补偿；劳动报酬低于当地最低工资标准的，应当支付其差额部分，逾期不支付的，责令用人单位按应付金额百分之五十以上百分之一百以下的标准向劳动者加付赔偿金：……（三）安排加班不支付加班费的……

第三节　HR操作建议指引

一、工作时间

1. 工作时间类别

劳动者工作时间包括准备时间、作业时间、非劳动消耗时间、结束时间等类别。具体如下：

序号	类　别
1	作业前的准备时间
2	结束前的整理与交接时间
3	作业时间，包括岗位作业时间、安排的岗位外作业时间
4	特殊保护时间，女职工哺乳的往返途中时间、孕期检查时间以及未成年人工作中适当的工间休息时间等
5	非劳动消耗时间，即计入工作时间的间歇时间，包括工间休息时间、人体自然需要时间（如喝水、上厕所等）

2. 工作日

年工作日：365天-104天（休息日）-11天（法定节假日）=250天

季工作日：250天 ÷4季=62.5天/季

月工作日：250天 ÷12月=20.83天/月

工作小时数的计算：以月、季、年的工作日乘以每日的8小时。

3. 午餐休息时间是否计入工作时间？

至于午餐时间是否计入工作时间，需要根据公司的规章制度和实际情况分析。衡量午餐时间是否计入工作时间的标准：一是用人单位是否以规章制度方式明确告知员工；二是用人单位是否任意占用员工休息时间让员工不能自行支配。

对于明确规定将午餐时间计入工作时间的用人单位，员工可以弹性安排此段时间，如果确实因工作需要，员工可以妥善协调好午餐时间和工作时间；而对于明确规定不将午餐时间计入工作时间的用人单位，除了履行以规章制度告知员工的义务外，还需要具备：此段时间员工能够自由支配、自由活动，而不是处于工作待命状态，或是临时安排工作任务等。

二、工时种类

工时种类包括标准工时、综合工时、不定时工时、缩短工时和计件工时等。（参见图 8-2）

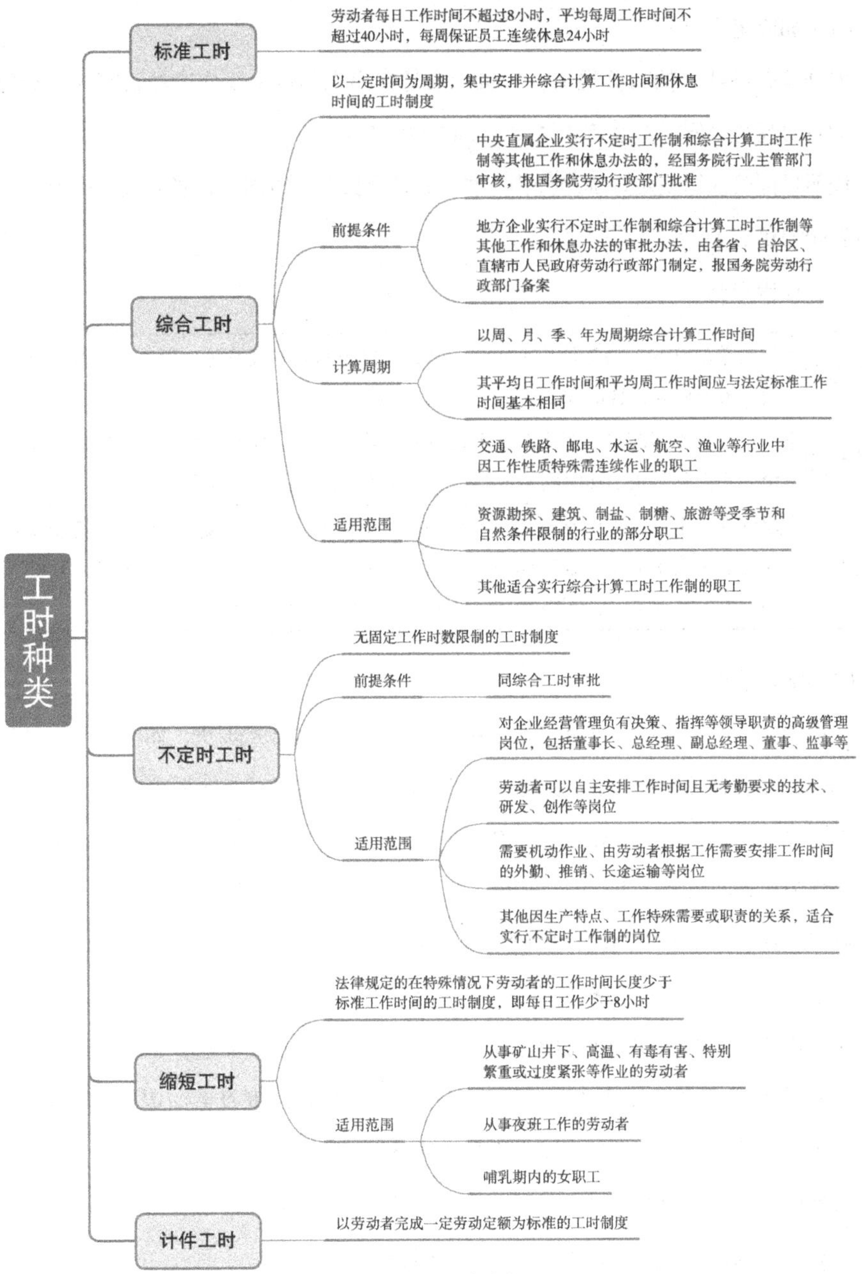

图 8-2　工时种类

三、加班

1. 加班的认定

（1）加班定义

根据《劳动法》的有关规定，加班一般是指用人单位由于生产经营需要，经与工会和劳动者协商后，安排劳动者在法定工作时间以外工作。

按照目前的法律规定，加班分为三种：平时延长工作时间、休息日安排上班和法定节假日安排上班。

（2）加班限制

程序限制	用人单位安排劳动者延长工作时间的，应经过双重协商程序，即与工会和劳动者协商后，方可延长工作时间
时数限制	一般每日不得超过 1 个小时。因特殊原因需要延长工作时间的，在保障劳动者身体健康的条件下延长工作时间每日不得超过 3 个小时，但是每月不得超过 36 个小时
对象限制	对怀孕 7 个月以上的女职工，不得安排其延长工作时间和夜班劳动。不得安排女职工在哺乳未满 1 周岁的婴儿期间从事国家规定的第三级体力劳动强度的劳动和哺乳期禁忌从事的其他劳动，不得安排其延长工作时间和夜班劳动

（3）加班认定

实操中，加班的认定一直是困扰企业的重要问题。什么是加班，如何认定加班等存在诸多问题，比较常见的情形有：自愿加班的问题、双休日出差是否属于加班、外派人员双休日是否属于加班、周六日开会培训是否属于加班、一周工作六天能否计算加班、考勤记录能否作为加班的依据、中层以上管理人员是否可以不计算加班费。

针对上述几个方面的问题，我们要区分对待：

①员工自愿加班是不是属于加班，是否需要支付加班费？

现实中存在一些员工自愿加班的行为，这种行为也成为困扰企业的问题之一。是否属于加班关键要看在何种条件下，结合企业的加班审批制度及劳动定额现状进行确定。加班审批在实践中如何操作呢？我们来具体地看一下。

②加班审批流程操作指引

加班审批流程操作指引具体如下。（参见图 8-3）

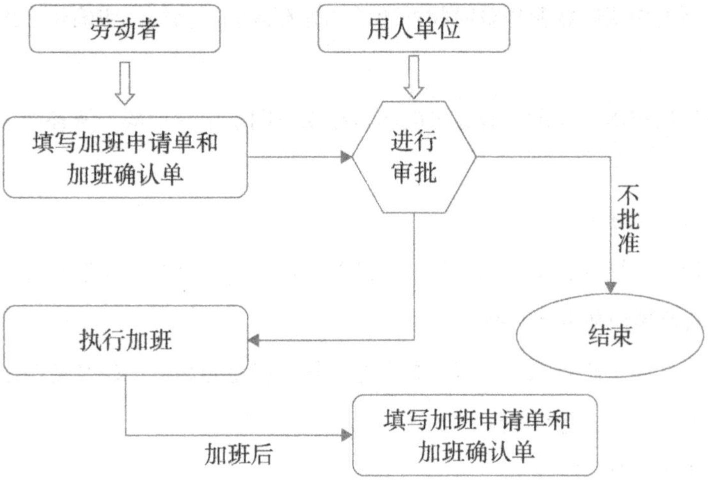

图 8-3 加班审批流程操作指引

操作指引注意事项：

- 用人单位加班应执行加班审批制度，未经加班审批的不认定为加班（特殊情况除外）。员工按照工作实际情况，需要加班的，应提前填写加班申请单和加班确认单，履行相关的加班审批程序后，方可加班。
- 用人单位按照公司规章制度规定进行加班审批。实操中，加班审批尽量按照层级进行，逐步加大加班审批的难度，这对控制加班成本会有一定的作用。
- 员工加班后，应在规定的时间内填写加班申请单和加班确认单中关于实际加班的时间。若实际加班时间与申请的加班时间有出入的，建议由用人部门来确定是否认定为加班，并填写认定加班的理由及需要提供的材料。这一步目前在很多企业的操作中存在争议，所以需要引起关注。

③员工双休日出差、出差在途期间是不是属于加班？

重点在于出差是否提供了劳动，若双休日在工作，算加班；若出差了但没工作，可以在制度中规定不算加班，建议给予一定的出差补助。

关于出差在途时间问题，从用人单位的角度提出几点参考建议：

第一，直接将出差在途时间算为加班，并相应安排调休或者支付加班费。

第二，如不愿意将出差在途时间算为加班，可考虑通过以下措施来降低法律风险：

- 建立加班审批制度，并严格执行。

- 规章制度中明确载明加班时间的统计和计算规则。例如，明确规定出差在途时间不计为加班。
- 向员工提供出差补助，对员工的出差在途时间给予一定的经济补助，增加制度的合理性。

④特殊情形加班的认定

- 针对周六、周日员工培训问题，关键看是不是员工自愿，如果是企业强行组织算加班，员工自愿参加则不算加班。
- 一周工作六天能否认定加班，要看总工作时间是否超标，超过劳动法关于每周工作时间的规定，可以认定为加班。

2. 加班工资计算问题分析

（1）不同工时制度下加班费计算

	描　述	加班（时数）	加班费（N）	备　注
标准工时	8 小时 / 天，40 小时 / 周；保证每周至少休息 1 天	每天不超过 1 个小时，特殊情况不超过 3 个小时，每月不超过 36 个小时	延时：1.5 休息日：2 法定节假日：3	休息日加班未安排调休的，须支付加班费
综合工时	年：250×8=2000（小时） 季：62.5×8=500（小时） 月：20.83×8=166.64（小时）	平均月加班不超过 36 个小时，一个周期超过标准时间属于加班	延时：1.5 休息日：无 法定节假日：按照所在地区政策执行	休息日无须支付加班费
不定时工时	依据劳动量定量计算		延时：无 休息日：无	法定节假日是否支付加班费，按照所在地的规定执行

（2）加班费计算基数

地　区	描　述
(《北京市高级人民法院、北京市劳动人事争议仲裁委员会关于审理劳动争议案件法律适用问题的解答》22.)	劳动者加班费计算基数，应当按照法定工作时间内劳动者提供正常劳动应得工资确定，劳动者每月加班费不计到下月加班费计算基数中。具体情况如下：（1）用人单位与劳动者在劳动合同中约定了加班费计算基数的，以该约定为准；双方同时又约定以本市规定的最低工资标准或低于劳动合同约定的工资标准作为加班费计算基数，劳动者主张以劳动合同约定的工资标准作为加班费计算基数的，应予支持。

续表

地　区	描　述
	（2）劳动者正常提供劳动的情况下，双方实际发放的工资标准高于原约定工资标准的，可以视为双方变更了合同约定的工资标准，以实际发放的工资标准作为计算加班费计算基数。实际发放的工资标准低于合同约定的工资标准，能够认定为双方变更了合同约定的工资标准的，以实际发放的工资标准作为计算加班费的计算基数。 （3）劳动合同没有明确约定工资数额，或者合同约定不明确时，应当以实际发放的工资作为计算基数。用人单位按月直接支付给职工的工资、奖金、津贴、补贴等都属于实际发放的工资，具体包括国家统计局《〈关于工资总额组成的规定〉若干具体范围的解释》中规定“工资总额”的几个组成部分。加班费计算基数应包括“基本工资”、“岗位津贴”等所有工资项目。不能以“基本工资”、“岗位工资”或“职务工资”单独一项作为计算基数。在以实际发放的工资作为加班费计算基数时，加班费（前月）、伙食补助等应当扣除，不能列入计算基数范围。国家相关部门对工资组成规定有调整的，按调整的规定执行。 （4）劳动者的当月奖金具有“劳动者正常工作时间工资报酬”性质的，属于工资组成部分。劳动者的当月工资与当月奖金发放日期不一致的，应将这两部分合计作为加班费计算基数。用人单位不按月、按季发放的奖金，根据实际情况判断可以不作为加班费计算基数。 （5）在确定职工日平均工资和小时平均工资时，应当按照原劳动和社会保障部《关于职工全年月平均工作时间和工资折算问题的通知》规定，以每月工作时间为 21.75 天和 174 小时进行折算。 （6）实行综合计算工时工作制的用人单位，当综合计算周期为季度或年度时，应将综合周期内的月平均工资作为加班费计算基数。
（《上海市企业工资支付办法（2016 年修订）》九、）	加班工资和假期工资的计算基数为劳动者所在岗位相对应的正常出勤月工资，不包括年终奖，上下班交通补贴、工作餐补贴、住房补贴，中夜班津贴、夏季高温津贴、加班工资等特殊情况下支付的工资。 加班工资和假期工资的计算基数按以下原则确定： （一）劳动合同对劳动者月工资有明确约定的，按劳动合同约定的劳动者所在岗位相对应的月工资确定；实际履行与劳动合同约定不一致的，按实际履行的劳动者所在岗位相对应的月工资确定。 （二）劳动合同对劳动者月工资未明确约定，集体合同（工资专项集体合同）对岗位相对应的月工资有约定的，按集体合同（工资专项集体合同）约定的与劳动者岗位相对应的月工资确定。

续表

地　区	描　述
	（三）劳动合同、集体合同（工资专项集体合同）对劳动者月工资均无约定的，按劳动者正常出勤月依照本办法第二条规定的工资（不包括加班工资）的 70% 确定。 加班工资和假期工资的计算基数不得低于本市规定的最低工资标准。法律、法规另有规定的，从其规定。
（《天津市工资支付规定》第十七条）	计算加班工资的基数不得低于劳动者所在岗位应得的工资报酬；若低于本市最低工资标准，则以本市最低工资标准作为基数。 国家机关、事业组织、社会团体的加班工资基数以本人基本工资为基数。
（《江苏省工资支付条例（2010年修订）》第六十四条）	本条例第二十条用于计算劳动者加班加点工资的标准，第二十四条、第二十八条、第二十九条、第三十条用于计算劳动者提供正常劳动支付月工资的标准，第二十六条用于计算不予支付月工资的标准应当按照下列原则确定： （一）用人单位与劳动者双方有约定的，从其约定； （二）双方没有约定的，或者双方的约定标准低于集体合同或者本单位工资支付制度标准的，按照集体合同或者本单位工资支付制度执行； （三）前两项无法确定工资标准的，按照劳动者前十二个月平均工资计算，其中劳动者实际工作时间不满十二个月的按照实际月平均工资计算。
（《浙江省劳动争议仲裁委员会〈关于劳动争议案件处理若干问题的指导意见（试行）〉》38.）	加班工资和依据《劳动合同法》第八十二条规定加付的一倍工资的计算以职工所在的岗位（职位）相对应的标准工资为基数。 前款标准工资难以确定的，按以下方式确定计算基数： （1）劳动合同有约定的，按劳动合同约定的工资为基数； （2）劳动合同没有约定的，实行岗位技能工资制的单位，以职工本人的岗位工资与技能工资之和为基数； （3）岗位、技能工资难以确定的，以上月职工正常工作情况下的工资为基数，同时应扣除绩效、奖金和物价补贴；难以区分工资、奖金、物贴等项目的，以职工上月实得工资的 70% 为基数。 上述计发基数低于当地最低工资标准的，按当地最低工资标准为计发基数。
[《湖北省人力资源和社会保障厅〈关于审理劳动争议案件若干问题处理意见〉》（鄂人社发〔2009〕35 号）七、]	关于加班工资计发标准 （十二）加班工资计发标准以劳动合同中约定的工资标准为计发基数；劳动合同没有约定的，以用人单位规章制度规定的该岗位或工种的工资标准为计发基数；规章制度没有规定的，以提请仲裁前该劳动者 12 个月实际发放（剔除加班工资后）的月平均工资标准为计发基数，实际发放的月平均工资低于当地最低工资标准的，以当地最低工资标准为计发基数。

续表

地　区	描　述
（《山东省企业工资支付规定》第二十五条）	根据本规定第二十条计算加班工资的工资基数和第二十四条第一款计算劳动者休假工资基数，应当按照劳动者上一月份提供正常劳动所得实际工资扣除该月加班工资后的数额确定。劳动者上一月份没有提供正常劳动的，按照向前顺推至其提供正常劳动月份所得实际工资扣除该月加班工资后的数额确定。
（《辽宁省工资支付规定》第二十二条）	计算加班工资的日或者小时工资基数和休假期间的工资，应当按照劳动合同中约定的劳动者本人工资标准确定；劳动合同没有约定的，按照集体合同约定的加班工资基数以及休假期间工资标准确定；劳动合同、集体合同均未约定的，按照劳动者本人正常工作应得的工资确定。 依照前款规定确定的加班工资基数以及假期工资，不得低于当地最低工资标准。
（《安徽省工资支付规定（2014年修订）》第四十四条）	本规定第十六条用于计算劳动者加班工资的标准，第二十三条、第二十四条、第二十五条、第二十六条、第二十七条用于计算劳动者提供正常劳动支付月工资的标准，应当按照下列原则确定： （一）用人单位与劳动者双方有约定的，从其约定； （二）双方没有约定的，或者双方的约定标准低于集体合同或者本单位工资支付制度标准的，按照集体合同或者本单位工资支付制度执行； （三）前两项无法确定工资标准的，按照劳动者前 12 个月的平均工资计算，劳动者实际工作时间不满 12 个月的，按照实际工作时间平均工资计算； （四）劳动者前 12 个月平均工资无法计算的，按用人单位所在地政府公布的上年度职工平均工资计算。

3. 加班工资仲裁诉讼的疑难问题解析

（1）加班工资仲裁时效

劳动争议申请仲裁的时效期间为一年。仲裁时效期间从当事人知道或者应当知道其权利被侵害之日起计算。劳动关系存续期间因拖欠劳动报酬发生争议的，劳动者申请仲裁不受一年仲裁时效期间（一般时效）的限制；但是，劳动关系终止的，应当自劳动关系终止之日起一年内提出。加班工资属于“劳动报酬”，适用特殊仲裁时效，劳动者在职期间不受一年仲裁时效的效制，但劳动关系终止后需在一年内提出加班工资的请求。

（2）举证责任的分配

①《劳动争议调解仲裁法》第六条：发生劳动争议，当事人对自己提出的主张，有责

任提供证据。与争议事项有关的证据属于用人单位掌握管理的，用人单位应当提供；用人单位不提供的，应当承担不利后果。

②《最高人民法院关于审理劳动争议案件适用法律问题的解释（一）》第四十二条：劳动者主张加班费的，应当就加班事实的存在承担举证责任。但劳动者有证据证明用人单位掌握加班事实存在的证据，用人单位不提供的，由用人单位承担不利后果。

实操中用人单位必须书面记录支付劳动者工资的数额、时间、领取者的姓名以及签字，并保存两年以上备查。也就是说，申请仲裁之日起两年内的劳动报酬的举证责任由用人单位承担，两年以外的由劳动者承担，并且以用人单位予以认可为条件。

③微信证据在加班举证中的应用：

- 若用人单位于下班后非常态化地与劳动者就工作问题做沟通、交流等，难以直接认定为安排加班。故用人单位除了建立和完善加班审批制度外，还应注意给劳动者发送微信的时间节点和语气措辞。
- 若微信记录显示，用人单位的负责人或部门主管等，要求劳动者加班的，则视为劳动者完成了初步举证责任。
- 微信记录无法确认发出加班指令者身份的，难以认定加班之事实存在。
- 用人单位通过微信要求劳动者于具体时间段内加班的，直接计入加班时间。
- 微信记录虽无法显示加班的具体时长，但确系单位安排加班的，酌情认定加班时间。
- 微信记录虽能证明存在加班事实，但无法证明加班具体时长的，不支付加班费。

4. 企业规避加班费成本的解决方案

方　　案	具体内容
正确实行综合计算工时制和不定时工时制	对于季节性生产和比较特殊的行业，企业通过实行综合计算工时制，将加班时间平摊至淡季或其他空闲时间里，这样可以有效控制加班费的开支。由于实行不定时工时制的劳动者只有在法定节假日工作才需要支付加班费（除上海、深圳等之外的多数地方，实行不定时工时制的劳动者即使在法定节假日工作也无需支付加班费），其他时间均不存在加班，这样也就无需支付加班费。因此，企业通过实行不定时工时制，也可以有效控制加班费的开支。

续表

方　　案	具体内容
建立加班审批制度	建立加班审批制度，一方面可以控制加班，另一方面也可以控制实际未加班而需要支付加班费的情况的发生。在劳动争议案件中，如果劳动者以考勤记录显示工作时间超过法定工作时间为由，向用人单位主张加班费，如果用人单位已建立加班审批制度，那么单位则可以以未经审批不视作加班为由，有权拒绝支付加班费。
实行复合式工资结构，并在合同中约定加班费计算基数	可将工资拆分为基本工资、奖金、津贴、补贴、提成等项目，在劳动合同中明确约定加班费计算基数，最好与基本工资相一致。这样就可以按照劳动合同约定的工资作为基数来计算加班费，加班费由此得以降低。
优先选择调休	按照法律规定，用人单位在休息日安排劳动者加班的，有权决定是安排劳动者调休还是选择支付加班费。有条件的用人单位应优先选择调休来代替加班费支出，尤其对工资较高的劳动者。
制作规范完备的工资支付凭证	规范完备的工资支付凭证，应当能够明确反映当月的加班工资，并由劳动者签字确认。在劳动争议案件中，如果用人单位安排劳动者加班又未在工资支付凭证中反映加班工资的话，劳动者主张加班费的，单位将处于被动地位。
注意区分非加班的情形	用人单位应在规章制度中明确规定不属于加班的情形，比如未经过加班审批、自行加班、就餐时间等，特别注意区分加班与值班，要明确区分什么情况下是加班，什么情况下是值班，值班期间的管理、值班补贴等事项。
加班与绩效挂钩	实操中，用人单位比较苦恼的问题是，员工加班很多，但是没有什么绩效，导致很难衡量加班的有效性，尤其是有些员工为了获得加班工资磨洋工，出工不出力等。所以，在实操中我们建议将加班与部门、个人绩效挂钩，加班超额部分从部门、个人绩效中扣除，有效地控制加班申请。

第四节　用工风险防范工具

工具一：加班申请单与加班确认单

1. 工具说明

加班管理是员工管理中的基本问题，也是容易令劳资双方产生纠纷的环节。用人单位应制定加班审批制度，要求员工在加班前填写加班申请单，在加班结束后填写加班确认单，以便规范单位的加班管理，降低单位的诉讼风险。

2. 适用范围

本表单在员工因需要加班而向公司提出申请及加班结束后交由员工确认时使用。

3. 规避风险

公司通过本表单，一般可解决如下问题或规避如下法律风险：

- 有效减少加班，避免加班费及行政处罚风险；
- 规避员工自行加班或未经审批加班后依据考勤记录要求支付加班费的风险；
- 有利于在用人单位与员工发生纠纷时固定证据。

4. 核心工具

按照公司的加班管理制度，加班前填写，因此，公司需在《加班管理制度》中明确规定，申请加班须提前申请、审批、走审批流程。

1. 只有休息日的加班可以调休，其他时间的加班是需要支付加班费的；
2. 调休是否有时间的限制，需要按照所在地区的规定执行；
3. 未在规定时间内申请调休的视为放弃权利，是有一定风险的，慎重使用。

确保为员工本人签字，员工签字保证在发生劳动争议时该申请单的证据效力。

实操中需要根据公司的《加班管理制度》的审批流程修改、调整。

加班申请单

姓　　名		部　　门		岗　　位	
加班理由					
加班地点					
工作内容					
拟加班时间	______年__月__日__时至______年__月__日__时			预计耗时	
说　　明	①为保证高效率工作，公司原则上不提倡加班。但若有特殊情况且必须加班时，须提前填写本申请，经公司批准后，方可认定为加班。（申请加班每日不超过3个小时，每月不超过36个小时） ②员工休息日加班原则上以调休方式进行核销，员工对公司作出的调休决定应当服从。无法进行调休的，报人力资源部审核，员工在调休期内未予申报的，视为放弃权利。 ③加班费计算基数以双方约定或公司相关规章制度执行。				
主管确认：______年__月__日			员工确认：______年__月__日		
人力资源部确认：______年__月__日					

加班后×××日内，由员工本人填写，不建议间隔时间太长。

加班确认单

姓　　名		部　　门		岗　　位	
加班地点（员工填写）					

续表

<table>
<tr><td>工作内容
（员工填写）</td><td colspan="5"></td></tr>
<tr><td>加班时间
（员工填写）</td><td colspan="3">______年__月__日__时至______年__月__日__时</td><td>耗　时</td><td></td></tr>
<tr><td>说　　明</td><td colspan="2">以此单据作为确定加班事实的唯一凭证。</td><td colspan="3">员工确认：</td></tr>
<tr><td>完成情况</td><td colspan="5"></td></tr>
<tr><td>加班类型</td><td colspan="5">□延时　　□休息日　　□法定节假日</td></tr>
<tr><td rowspan="2">加班确认</td><td colspan="3">□认可加班</td><td rowspan="2">核销建议</td><td>□计算加班费</td></tr>
<tr><td>□不认可加班</td><td>理由</td><td></td><td>□调休</td></tr>
<tr><td colspan="6">主管确认：______年__月__日</td></tr>
<tr><td colspan="6">人力资源部确认：______年__月__日</td></tr>
</table>

加班时间与考勤时间可能不一致，所以需要明确本表单是确定加班事实的唯一凭证，建议将本规定也写入《加班管理制度》。

员工本人签字确认。

1. 核销建议建议由用人部门填写，由用人部门根据本部门的工作情况进行核销。
2. 用人单位有优先选择调休的权利。

工具二：加班管理制度核心规定

加班管理制度核心规定具体如下。

1. 不认定为加班的情形（建议慎用）：
- 未依本规定提前审批的加班一律视为员工个人自愿行为；
- 申请加班未获批准自行加班的；
- 正常工作时间之外在公司逗留的；
- 因个人原因延时工作的；
- 出差的在途时间，公司可视情况支付出差补贴的；
- 正常工作时间以外参加公司组织的文体娱乐活动的；
- 其他不应当视为加班的情形。

2. 标准工时制：每日工作 8 小时，每周工作 5 日，共计 40 小时的工时制度。因个别岗位工作需要，每日工作 5—7 小时，每周工作 6 天，每周工作时间不超过 40 小时的，也视为适用标准工时制。

标准工时制的具体适用由公司另行确定。

3. 公司可根据生产、业务需要或不可抗力（停电、气候）等外部原因，调整和修改员工的作息时间，一般情况下应提前一天通知员工。紧急情况或特殊需要，可不予提前通知，员工应当遵守服从。

4. 旷工，指员工在工作日无故不到岗的行为。旷工期间扣发员工本人相应的工资，取消全勤奖，且扣发当月绩效奖金。

以下情形视为旷工：

- 员工未履行请假手续且未按时到岗的；
- 迟到或早退超过 1 个小时的；
- 工作时间（包括加班时间），未经领导批准擅自离开工作岗位的，旷工时间按离岗时间计算；
- 事、病、婚、丧、年休等假未按规定办理请假手续的；
- 无正当理由拒绝工作的，旷工时间按拒绝工作时间计算；
- 员工请假期满未申请续假或虽申请续假未获批准而不到岗的；
- 未按规定上下班打卡，且未有任何出勤凭证或部门领导批准的休假证明的，旷工天数按考勤记录缺勤日计算；
- 用不正当手段骗取、涂改、伪造休假证明、病假单等的；
- 公司依法依规、依据双方约定或公司合理要求调整员工岗位，而员工未按照公司的调岗要求报到上岗的；
- 公司其他规章制度规定视为旷工的情形。

5. 值班不属于加班。

下列值班情形不属于加班，值班补贴依据公司相关规定执行：

- 因公司安全、消防、假日等需要担任公司临时安排或制度安排的与员工本职工作无关的值班；
- 公司安排员工从事与其本职工作有关的值班任务，但值班期间可以休息的；
- 其他公司安排的值班情形。

第五节　知识答疑

1. 综合工时制中，法定假及年休假是否计入工时总数？

实践中，对于执行综合计算工时工作制的员工，企业在核算其工时总数时，对于法定节假日及年休假期间，是否应计入工时总数中？

以月为周期计算综合工作时间的情形为例。综合计算工时工作制中，月工时合计应为 166.67 小时，该计算过程为[（365 天 −11 天 −104 天）÷ 12 个月]× 8 小时 =166.67 小时。其中，11 天是法定节假日，104 天是休息日（即周六和周日），8 小时是指每天工作 8 小时，由该公式可知，每个月 166.67 小时中已经包含年休假的工时。因此，如果员工存在休年假的情形，应视为其提供了正常的劳动，该年休假期间应当计入工时总数中。

而法定节假日期间是否计入工时总数？从月综合工时合计数为 166.67 小时的计算过程可见，其中已扣除了法定节假日及休息日的时间，即综合计算工时工作制的工作时间中并未包含法定节假日的时间。因此，在综合计算工时工作制中，如员工存在法定节假日上班的情形，该工作时间不计入每月的总工时中，企业应当按照相关法律规定向员工支付法定节假日加班费。

2. 什么情况下必须服从企业提出的加班要求？

特殊情形下，员工不得拒绝加班。根据（劳部发〔1995〕143 号）《关于〈国务院关于职工工作时间的规定〉的实施办法》第七条：有下列特殊情形和紧急任务之一的，延长工作时间不受本办法第六条规定的限制：（一）发生自然灾害、事故或者因其他原因，使人民的安全健康和国家资财遭到严重威胁，需要紧急处理的；（二）生产设备、交通运输线路、公共设施发生故障，影响生产和公众利益，必须及时抢修的；（三）必须利用法定节日或公休假日的停产期间进行设备检修、保养的；（四）为完成国防紧急任务，或者完成上级在国家计划外安排的其他紧急生产任务，以及商业、供销企业在旺季完成收购、运输、加工农副产品紧急任务的。

3. 拒绝加班，用人单位是否可以按照旷工解除劳动合同？

加班属于非正常工作时间，不是工作时间。除特殊情形外，加班要与员工协商一致，用人单位不能单方强制员工加班，员工拒绝加班不属于旷工行为。用人单位因员工拒绝加班而开除员工，属于违法解除劳动合同。

劳动者可以要求单位继续履行劳动合同，也就是继续回单位上班；或者也可以要求单位支付违法解除劳动合同的赔偿金。

4. 执行每周六天工作制，是否合法？

根据原劳动部《关于职工工作时间有关问题的复函》的有关规定，有条件的企业应当按照《劳动法》和《国务院关于职工工作时间的规定》的有关规定，实行劳动者每日工作 8 小时，每周工作 40 小时这一标准工时制度。但是，有些企业因工作性质和生产特点不能实行标准工时制度的，在保证劳动者每日工作时间不超过 8 小时，平均每周工作时间不超过 40 小时的基础上，实行每周六天工作制。

5. 计件工时，可以提高劳动定额来延长职工的工作时间吗？

根据《劳动法》第三十七条“对实行计件工作的劳动者，用人单位应当根据本法第三十六条规定的工时制度合理确定其劳动定额和计件报酬标准”和上海市劳动局《关于贯彻〈上海市人民政府办公厅关于实施国务院关于职工工作时间规定的通知〉的意见》“对实行计件工作的职工，企业应当根据规定的标准工时制度，合理确定其劳动定额和计件报酬标准”的规定，用人单位以劳动者在每日 8 小时的标准工作时间内能够完成的计件数量为标准，确定劳动者的劳动定额或计件报酬标准，是我国法律允许的合理劳动定额。但是，用人单位如果超过这一合理标准确定的劳动定额，使劳动者在标准时间内无法完成，实际上等于延长了劳动者的工作时间，这是我国法律所禁止的。

6. 工资架构中能否约定包括固定加班费？

劳动者与用人单位在劳动合同约定的工资中注明“已包含加班工资”、实行“月薪”制或虽未书面约定实际支付的工资是否包含加班工资，但用人单位有证据证明已支付的工资包含正常工作时间工资和加班工资的，劳动者主张加班工资的，如果经折算加班工资低于本地区最低工资标准的，约定无效。用人单位应当以本地区最低工资标准作为劳动者正常工作时间工资，并以此作为加班工资基数重新核算加班工资。

7. 如何管理不定时工时制劳动者？

根据《工资支付暂行规定》的规定，实行不定时工时制度的劳动者可以不适用加班的管理规定，即用人单位无需支付加班费。法律之所以做出此种安排，是因为不定时工时制实质上就是劳动者工作时间不固定的变通履行方式，仍然应当受标准工时的时间及劳动定额的要求，用人单位不得因此趁机随意增加劳动者的工作量。

根据原劳动部《关于职工工作时间有关问题的复函》的规定，对于实行不定时工时制的劳动者，企业应当根据标准工时制度合理确定劳动者的劳动定额或其他考核标准，以便安排劳动者休息。其工资由企业按照本单位的工资制度和工资分配办法，根据劳动者的实际工作时间和完成劳动定额情况计发。对于符合带薪年休假条件的劳动者，企业可安排其享受带薪年休假。

第六节　地方性法规参考

◆《北京市劳动和社会保障局、北京市高级人民法院〈关于劳动争议案件法律适用问题研讨会会议纪要〉》

23. 用人单位与劳动者虽然未书面约定实际支付的工资是否包含加班工资，但用人单位有证据证明已支付的工资包含正常工作时间工资和加班工资的，可以认定用人单位已支付的工资包含加班工资。但折算后的正常工作时间工资低于当地最低工资标准的除外。

◆《北京市高级人民法院、北京市劳动争议仲裁委员会〈关于劳动争议案件法律适用问题研讨会会议纪要〉》

20. 经用人单位和劳动者予以确认的考勤记录可以作为认定是否存在加班事实的依据。劳动者仅凭电子打卡记录要求认定存在加班事实的，一般不予支持。

21. 用人单位因工作性质和生产特点不能实行标准工时制度的，应保证劳动者每天工作时间不超过8小时、每周工作时间不超过40小时，每周至少休息一天，职工少休息的一天，不应视为加班。

22. 下列情形中，劳动者要求用人单位支付加班工资的，一般不予支持：（1）用人单位因安全、消防、节假日等需要，安排劳动者从事与本职工作无关的值班任务；（2）用人单位安排劳动者从事与其本职工作有关的值班任务，但值班期间可以休息的。

在上述情况下，劳动者可以要求用人单位按照劳动合同、规章制度、集体合同等支付相应待遇。

23. 用人单位与劳动者虽然未书面约定实际支付的工资是否包含加班工资，但用人单位有证据证明已支付的工资包含正常工作时间工资和加班工资的，可以认定用人单位已支付的工资包含加班工资。但折算后的正常工作时间工资不得低于当地最低工资标准。

◆《上海市高级人民法院关于审理劳动争议案件若干问题的解答》

三、关于单位值班的若干问题

（一）以下情形中，劳动者要求单位支付加班待遇的，劳动争议处理机构不予支持：

1. 因单位安全、消防、假日等需要担任单位临时安排或制度安排的与劳动者本职工作无关的值班；

2. 单位安排劳动者从事与其本职工作有关的值班任务，但值班期间可以休息的；

（二）上述情形中，劳动者可以要求单位按照规章制度、集体合同、单项集体协议、劳动合同或惯例等支付相应待遇。

◆《深圳市中级人民法院关于审理劳动争议案件若干问题的指导意见（试行）》

74. 劳动者与用人单位在签订劳动合同时约定的工资中注明“已包含加班工资”、实行“月薪”制或虽未书面约定实际支付的工资是否包含加班工资，但用人单位有证据证明已支付的工资包含正常工作时间工资和加班工资的，劳动者的时薪为：时薪 = 约定工资 ÷（21.75

天×8小时+约定包含在工资中的平时加班时间小时数×150%+约定包含在工资中的休息日加班时间小时数×200%+约定包含在工资中的法定节假日加班时间小时数×300%)。

如按上述方法计算出的劳动者的时薪低于法定最低工资标准，则该约定为无效。劳动者的工资应以最低工资标准为基本工资，超过法定工作时间为加班时间，加班工资以最低工资标准按法律规定标准计算。

◆《江苏省高级人民法院、江苏省劳动争议仲裁委员会〈关于审理劳动争议案件的指导意见〉》

四、工资争议的处理

第二十四条 ……对于劳动者工作时间长，但劳动强度与工作时间明显不一致的；或者长期处于等待状态且等待期间有休息场所可以休息、完全认定为工作时间明显不合理的，在认定时可以根据用人单位规章制度或者劳动合同的约定，对工作时间进行合理的折算。

第九章 | 休息假期管理

第一节 用工场景

在企业的用工管理中，经常会遇到员工休假这个问题。能否处理好员工休假问题，不但关乎企业日常用工法律风险，还关系企业运行效率、用工成本等问题。

目前，员工享受的假期主要分为两大类：法定假期和公司福利假期。按照规定，员工应享受的法定假期有明确的规定，但是对于假期享受的条件、申请假期的审批、休假的待遇等，需要用人单位自行制定相关制度，而这方面在实操中比较混乱，比如说员工申请婚假，提供的是一年前的结婚证，是否要给予婚假呢？因此，需要企业在假期管理制度中明确规定各种法定假期享受的条件、条件的材料、审批的流程等，并保证员工享受法定假期。对于公司内部的福利假，需要注意与法定假期的冲突问题，比如说很多企业有福利年休假，那么很多员工选择先休福利年休假，但每年年底在统计年休假时，发现法定年休假还没有休完，如何处理？这些问题都值得我们去认真对待。

第二节 风险提示

用工风险 1：未安排员工休法定假期。

用人单位应按照相关法律规定安排员工享受法定的假期，比如说法定节假日、带薪年休假、“三期”假期等法定假期。但目前在实操中，我们发现很多企业未安排员工休法定假期，导致员工该享受的休假权利未享受到。特别是目前劳动争议高发的带薪年休假，其是员工应享受的法定假日，只要符合享受条件，用人单位就需要安排员工休年休假，而目前大部分企业未安排，或者有部分企业及时安排了，也未按照规定安排。因此，用人单位应按照规定安排员工休假，保证员工休假的权利。

用工风险 2：未支付或足额支付假期待遇。

法律法规明确规定了员工休法定假期，用人单位应该按照规定支付假期待遇，比如带薪年休假、婚假、丧假等，都属于带薪假期，用人单位应足额支付劳动报酬，但是在法定假期期间，对于企业的补贴、津贴等是否支付，建议在假期管理制度中明确。

但是对于公司的福利假期，是否支付相关的待遇，这是企业的自主权，按照企业规章制度的规定执行。

用工风险 3：未对员工申请假期的条件、时间、流程、审批、提交材料作规定。

对于员工应享受的法定假期，目前大部分地区虽明确规定了员工享受假期的时间，但是对于用人单位内部的申请条件、提交资料、如何审批等没有明确的规定。比如，有的用人单位明确规定员工请婚假，需要提供结婚证，且需要在领取结婚证半年之内，那么有这样明确的规定，不仅保证了员工享受法定的婚假，而且也体现了用人单位管理自主权，保证员工休假有制度可依。另外，企业需要在制度中明确规定，如何处理员工未休或者未申请的情况。

第三节　HR 操作建议指引

一、假期汇总

假期分类	具体假期
法定假期	法定节假日
	带薪年休假
	探亲假、路程假
	产检假、流产假、产假、哺乳假、陪产假（见女工“三期”管理）
	婚假、丧假

续表

假期分类	具体假期
	工伤假（见工伤管理）
	病假（医疗期内）（见病假医疗期管理）
	社会活动假
公司约定福利假期	事假
	病假（医疗期满）
	公假
	其他奖励假

二、法定节假日、部分公民放假节日及少数民族假期

1. 法定节假日

元旦，放假1天（1月1日）；

春节，放假3天（正月初一、初二、初三）；

清明节，放假1天（农历清明当日）；

劳动节，放假1天（5月1日）；

端午节，放假1天（农历端午当日）；

中秋节，放假1天（农历中秋当日）；

国庆节，放假3天（10月1日、2日、3日）。

2. 部分公民放假节日及少数民族假期

妇女节（3月8日），妇女放假半天；

青年节（5月4日），14周岁以上的青年放假半天；

儿童节（6月1日），不满14周岁的少年儿童放假1天；

中国人民解放军建军纪念日（8月1日），现役军人放假半天。

工资发放：按照国务院《全国年节及纪念日放假办法》中关于妇女节、青年节等部分公民放假的规定，在部分公民放假的节日期间，对参加社会或单位组织庆祝活动和照常工作的职工，单位应支付工资报酬，但不支付加班工资。如果该节日恰逢星期六、星期日，单位安排职工加班工作，则应当依法支付休息日的加班工资。

三、带薪年休假

1. 带薪年休假的享受条件

《企业职工带薪年休假实施办法》第三条　职工连续工作满 12 个月以上的，享受带薪年休假。

（1）如何理解“连续工作满 12 个月”？

按照《关于〈企业职工带薪年休假实施办法〉有关问题的复函》（人社厅函〔2009〕149 号）一、关于带薪年休假的享受条件《企业职工带薪年休假实施办法》第三条中的“职工连续工作满 12 个月以上”，既包括职工在同一用人单位连续工作满 12 个月以上的情形，也包括职工在不同用人单位连续工作满 12 个月以上的情形。《关于印发〈关于审理劳动争议案件若干疑难问题的解答〉的通知》 二、职工在同一单位或者不同单位连续工作满 12 个月以上的，即可享受带薪年休假。

实操中，有的地区，如北京、深圳、重庆对“连续工作满 12 个月”作出了明确的解释，对于未作出明确解释的，建议可参照以上规定，在规章制度中明确。

（2）非全日制员工是否享受年休假?

原则上享受年休假的对象是与用人单位发生劳动关系的全日制员工。非全日制员工在用人单位工作时间较长是否按实际工作时间折算成全日制员工的工作年限享受年休假，到目前为止相关部门没有出台相关的解释。因而在现阶段非全日制员工尚不能享受年休假。

（3）员工未休年休假是否可以视为自动放弃?

根据法律规定，单位根据生产、工作的具体情况，并考虑职工本人意愿，统筹安排职工年休假。主动安排职工休年休假是用人单位的法定义务，单位应积极制订并公示年度职工休假计划，并督促职工休假。除非员工主动提及补休年休假，或者单位因工作需要没法休年假，才能取消掉职工的年休假。但是员工未休年休假不能视为自动放弃。

2. 带薪年休假的计算

累计工作年限（N）	年休假（天）
1≤N<10 年	5
10≤N<20 年	10
N≥20 年	15

备注：

（1）累计工作年限计算

《企业职工带薪年休假实施办法》第四条规定：年休假天数根据职工累计工作时间确定。员工累计工作时间要区别连续工作时间，不是仅指在本单位的工作时间，而是指职工在同一或者不同用人单位工作期间，以及依照法律、行政法规或者国务院规定视同工作期间，应当计为累计工作时间。一般包括以下几部分：一是视同工作期间（可查阅员工档案或者养老保险手册）；二是用人单位缴纳社保时间（社保缴纳凭证）；三是军龄。

特殊情形：对于员工提出在某个单位未签订劳动合同、未缴纳社保的时间，要求计入累计工作时间。针对这种情形，我们建议企业在规章制度中可以明确规定，有特殊情形的员工需要提供相关的证明，方可计入累计工龄。

（2）新入职员工带薪年休假计算

按照《企业职工带薪年休假实施办法》第五条规定，职工新进用人单位且符合本办法第三条规定的，当年度年休假天数，按照在本单位剩余日历天数折算确定，折算后不足1整天的部分不享受年休假。

前款规定的折算方法为：（当年度在本单位剩余日历天数 ÷ 365天）× 职工本人全年应当享受的年休假天数。

（3）跨越临界点带薪年休假计算

实操中，很多员工在本年度内累计工作年限达到了10年或者20年，那么本年度内的带薪年休假如何计算呢？在这里我们把员工累计工作时间达到10年（120个月）或20年（240个月）的那一天称为“临界点”。

当本年度内遇到临界点日期，目前大多数地区是支持采用分段安排年休假的方式计算当年度总的年休假天数，即分别计算临界点前可以享受的年休假和临界点后可以享受的年休假。

但也有部分地区按照申请年休假的时间来判断给予年休假的天数，具体地，可以查询所在地区的相关规定。

（4）离职员工年休假计算

根据《企业职工带薪年休假实施办法》第十二条规定，用人单位与职工解除或者终止劳动合同时，当年度未安排职工休满应休年休假的，应当按照职工当年已工作时间折算应休未休年休假天数并支付未休年休假工资报酬，但折算后不足1整天的部分不支付未休年休假工资报酬。

前款规定的折算方法为：（当年度在本单位已过日历天数 ÷365 天）× 职工本人全年应当享受的年休假天数－当年度已安排年休假天数。

用人单位当年已安排职工年休假的，多于折算应休年休假的天数不再扣回。

3. 未休带薪年休假的法律后果

根据《企业职工带薪年休假实施办法》第十条规定，用人单位经职工同意不安排年休假或者安排职工休假天数少于应休年休假天数的，应当在本年度内对职工应休未休年休假天数，按照其日工资收入的300% 支付未休年休假工资报酬，其中包含用人单位支付职工正常工作期间的工资收入。

用人单位安排职工休年休假，但是职工因本人原因且书面提出不休年休假的，用人单位可以只支付其正常工作期间的工资收入。

4. 未休年休假的诉讼时效

类型	计算方法
观点一	以申请仲裁日为最后一日，往前推算一年内的未休年休假工资请求都未超时效，而一年前的部分都已超过仲裁时效期间。
观点二	劳动者追索当年应休未休年休假工资的仲裁时效应自次年的1月1日起算。
观点三	未休年休假工资的申请劳动仲裁时效期间应从第三个年度的1月1日当天开始计算。当双方劳动合同解除或终止的，应从劳动合同解除或者终止之日起计算。

四、探亲假、路程假

1. 享受条件

凡在国家机关、人民团体和全民所有制企业、事业单位工作满一年的职工，与配偶或父母不住在一起，又不能在公休假日团聚的，可以享受探望配偶或父母的探亲假待遇。

但只要职工与父或母一方能在公休假日团聚的，则不能享受探望父母的探亲假待遇。

2. 假期标准

《国务院关于职工探亲待遇的规定》第三条规定，职工探亲假期：

（一）职工探望配偶的，每年给予一方探亲假一次，假期为 30 天。

（二）未婚职工探望父母，原则上每年给假一次，假期为 20 天。如果因为工作需要，本单位当年不能给予假期，或者职工自愿两年探亲一次的，可以两年给假一次，假期为45天。

（三）已婚职工探望父母的，每四年给假一次，假期为 20 天。

3. 假期待遇

（1）工资待遇

职工在规定的探亲假期和路程假期内，按照本人的标准工资发放。

（2）探亲路费的报销

职工探望配偶和未婚职工探望父母的往返路费，由所在单位负担。已婚职工探望父母的往返路费，在本人月标准工资 30% 以内的，由本人自理，超过部分由所在单位负担。

五、婚假、丧假

《国家劳动总局、财政部关于国营企业职工请婚丧假和路程假问题的通知》规定：一、职工本人结婚或职工的直系亲属（父母、配偶和子女）死亡时，可以根据具体情况，由本单位行政领导批准，酌情给予一至三天的婚丧假……三、在批准的婚丧假和路程假期间，职工的工资照发。途中的车船费等，由职工自理。

上述规定只是规定了丧假、婚假享受的期限，但对于什么条件下享受，没有明确的规定，建议用人单位在企业制度中明确申请婚假、丧假需要提供的资料等。

1. 各个地区婚假一览表

地区	天　数	依　据
北京市	婚假 10 天	《北京市人口与计划生育条例（2016 年修正）》 第十六条　依法办理结婚登记的夫妻，除享受国家规定的婚假外，增加假期七天。
上海市	婚假 10 天	《上海市人口与计划生育条例（2016 年修正）》 第三十一条　符合法律规定结婚的公民，除享受国家规定的婚假外，增加婚假七天。

续表

地区	天　数	依　据
重庆市	婚假 15 天	《重庆市人口与计划生育条例（2016 年修订）》 第二十六条　依法办理结婚登记的夫妻享受婚假十五日。
天津市	婚假 3 天	《天津市人口与计划生育条例（2016 年修正）》取消晚婚假
广东省	婚假 3 天	《广东省人口与计划生育条例（2016 年修正）》取消晚婚假
江苏省	婚假 13 天	《江苏省人口与计划生育条例（2016 年修正）》 第二十七条　依法办理结婚登记的夫妻，在享受国家规定婚假的基础上，延长婚假十天。
浙江省	婚假 3 天	《浙江省人口与计划生育条例（2016 年修正）》取消晚婚假
福建省	婚假 15 天	《福建省人口与计划生育条例（2016 年修正）》 第四十一条　依法办理结婚登记的夫妻享受婚假十五日。
湖北省	婚假 3 天	《湖北省人口与计划生育条例（2016 年修正）》删除晚婚假
湖南省	婚假 3 天	《湖南省人口与计划生育条例（2016 年修正）》删除晚婚假
安徽省	婚假 3 天	《安徽省人口与计划生育条例（2016 年修正）》删除晚婚假
辽宁省	婚假 10 天	《辽宁省人口与计划生育条例（2016 年修正）》 第二十五条　依法办理婚姻登记的夫妻，除享受国家规定的婚假外，增加婚假 7 日。
河北省	婚假 18 天	《河北省人口与计划生育条例（2016 年修正）》 第二十八条　依法办理结婚登记的公民，除享受国家规定的婚假外，延长婚假十五天。
河南省	婚假 21 天，参加婚前医学检查的，婚假 28 天	《河南省人口与计划生育条例》 第二十七条　依法办理婚姻登记的夫妻，除国家规定的婚假外，增加婚假十八日，参加婚前医学检查的，再增加婚假七日。
陕西省	婚假 3 天，在结婚登记前参加婚前医学检查的，婚假 13 天	《陕西省人口与计划生育条例》 第四十八条　依法办理结婚登记的夫妻在结婚登记前参加婚前医学检查的，在国家规定婚假的基础上增加假期十天。
江西省	婚假 3 天	《江西省人口与计划生育条例（2016 年修正）》删除晚婚假
山西省	婚假 30 天	《山西省人口和计划生育条例》 第二十五条　依法办理结婚登记的夫妻可以享受婚假 30 日。
山东省	婚假 3 天	《山东省人口与计划生育条例（2016 年修正）》删除晚婚假

2. 是否包括公休日和法定节假日

员工婚假是否包含法定节假日，各个地区执行是有差别的，需按照所在地区的规定执行，比如广东省在《企业职工假期待遇死亡抚恤待遇暂时规定（1997 年）》中作出如下规定：年休假、婚假、丧假、探亲假、产假、看护假的假期原则上应一次性连续安排，假期内遇公休日的，均不另加假期天数。

六、社会活动假

社会活动假，指劳动者在法定工作时间依法参加社会活动所享受的假期。主要包括：

1. 行使选举权或被选举权；
2. 当选代表，出席政府、党派、工会、青年团、妇女联合会等组织召开的会议；
3. 担任人民法庭的人民陪审员、证明人、辩护人；
4. 出席劳动模范、先进工作者大会；
5.《工会法》规定的不脱产工会基层委员会委员因工会活动占用的生产时间；
6. 其他依法参加的社会活动。

需要注意的是，员工享受社会活动假期间，用人单位应依法支付工资。

七、独生子女护理假

目前，多地立法明确独生子女护理假制度。福建省、湖北省、黑龙江省、广西壮族自治区、海南省、重庆市六个省区市在老年人权益保障法配套法规中规定了独生子女护理假。具体的独生子女护理假整理如下：

省　市	护理假	实施日期
广东省	≤15 天 / 年（独生子女） ≤10 天 / 年（非独生子女）	2018 年 2 月 1 日
重庆市	≤10 天 / 年（独生子女）	2018 年 3 月 1 日
福建省	≤10 天 / 年（独生子女）	2017 年 3 月 1 日
广西壮族自治区	≤15 天 / 年（独生子女）	2017 年 9 月 1 日
湖北省	≥15 天 / 年（独生子女） ≥10 天 / 年（非独生子女）	2017 年 12 月 1 日

续表

省　市	护理假	实施日期
四川省	≤15 天 / 年（独生子女） ≤7 天 / 年（非独生子女）	2018 年 10 月 1 日
山西省	≤15 天 / 年（独生子女）	2018 年 9 月 14 日
河南省	≥20 天 / 年（独生子女）	2019 年 1 月 1 日
黑龙江省	20 天 / 年（独生子女） 10 天 / 年（非独生子女）	2018 年 1 月 1 日

八、事假

事假一般指因私事或者个人原因请假。事假期间，用人单位可以不支付工资。一年内休事假 20 天以内，且公司不扣除工资的，不能享受当年年休假。

第四节　用工风险防范工具

工具一：请假单

1. 工具说明

请（休）假管理是休假管理中的基本问题，也是最容易令劳资双方产生纠纷的一个环节。用人单位应制作请（休）假申请表单，要求员工在请假时填写，以便规范单位请（休）假管理，同时便于单位在发生劳动纠纷时固定证据，降低单位诉讼风险。

2. 适用范围

本表单于公司员工请（休）假时使用。

3. 规避风险

公司通过本通知书，一般应解决如下问题或规避如下法律风险：

- 规范对员工的休假管理；
- 在员工因休假问题引发劳动争议时为企业提供书面证据。

4. 核心工具

员工请假单

姓名		部门		职位	
请（休）假类型	□事假　□病假　□婚假　□丧假　□年休假　□产假 □节育假　□护理假　□调休　□出差　□培训　□其他				
请（休）假时间	自______年__月__日__时至______年__月__日__时，共____天__时				
请（休）假原因	原因： 申请人签字： ______年____月____日				
部门负责人意见	意见： 负责人签字： ______年____月____日				
人力资源部意见	意见： 负责人签字： ______年____月____日				
总经理意见	意见： 总经理签字： ______年____月____日				

备注:（以下规定只作为参考）

1. 员工因故请假须事先填写请假单并办妥请假手续后，方可离开工作岗位。
2. 未经核准而先行离开工作岗位，或假期已满未准续假仍不上班者以旷工论处。
3. 员工请假以小时计，不满一小时按一小时计。
4. 员工谎报请假事由经查实者以旷工论处。
5. 员工请假须依规定提供证明文件，如请假理由不充分或有碍工作的情况，公司可酌情不准假或缩短假期或延期给假。
6. 员工应按照假期届满上班时间准时上班，公司不再另行通知。

根据请假类型在相应的方格内画“√”，不得涂改，其他则填写具体请假种类。

此处由员工写明请（休）假的具体原因，并签字。

员工填好申请表后提报部门主管审批签字。

部门负责人提交人力资源部审批签字。

人力资源部提交总经理审批签字。

工具二：带薪年休假核定确认单

1. 工具说明

带薪年休假管理是员工管理中的基本问题，也是最容易令劳资双方产生纠纷的一个环节。用人单位应制定带薪年休假管理制度，要求公司各部门根据生产、具体工作情况及结合员工本人意愿制订员工年休假安排计划，并予以落实；安排员工在入职时和离职前填写带薪年休假核定确认单，以便规范单位的带薪年休假管理，降低单位的诉讼风险。

2. 适用范围

本表单在员工入职时及离职前确认其带薪年休假情况时使用。

3. 规避风险

公司通过本申请单，一般应解决如下问题或规避如下法律风险：

- 企业不安排或者安排年休假天数少于法定天数的风险；
- 有利于发生纠纷时单位的证据固定。

4. 核心工具

本表单的主要目的是确认员工入职前的累计工作年限以确定其应享受的带薪年休假天数。

职工新进用人单位且符合连续工作满12个月以上的，当年度年休假天数，按照在本单位剩余日历天数折算确定，折算后不足1整天的部分不享受年休假。折算方法为：（当年度在本单位剩余日历天数 ÷365天）× 职工本人全年应当享受的年休假天数。

确保为员工本人签字，保证在发生劳动争议时该申请单的证据效力。

带薪年休假核定确认单（入职）

姓　　名		部　　门	
入职日期		入职前累计工作年限	
本年度应休年假天数			
说　　明	以此单据作为确定年假休假事实的唯一凭证		
员工确认：			________年____月____日

带薪年休假核定确认单（离职）

姓　　名		部　　门	
离职日期		本年度应休年假天数	
带薪年休假（员工填写）	本年度已休年假（____天）		
	本年度未休年假（____天）		

用人单位与职工解除或者终止劳动合同时，当年度未安排职工休满应休年休假的，应当按照职工当年已工作时间折算应休未休年休假天数并支付未休年休假工资报酬，但折算后不足1整天的部分不支付未休年休假工资报酬。

折算方法为：（当年度在本单位已过日历天数 ÷365天）× 职工本人全年应当享受的年休假天数 – 当年度已安排年休假天数。

用人单位当年已安排职工年休假的，多于折算应休年休假的天数不再扣回。

续表

年假未休的原因	□单位已安排休假，本人自愿放弃 □公司规定员工应当申请年休假，但本人尚未申请 □其他
未休年休假的处理	□已经支付正常工作期间的工资，不再另行支付未休年休假工资报酬 □按照基本工资的 200% 支付未休带薪年休假工资报酬 □安排于______年__月__日至______年__月__日期间休完剩余年休假 □无未休带薪年休假，无需处理 □其他
说　　明	以此单据作为确定年假休假事实的唯一凭证
本人认可上述情况及处理结果，员工确认：	______年____月____日

公司选择，要求员工确认。

如采用该种处理方式，本表离职日期需在休完年休假之后。

确保为员工本人签字，保证在发生劳动争议时该申请单的证据效力。

工具三：休假制度核心条款

休假制度核心条款

1. 年休假

员工应当向公司提出年休假申请，但公司对带薪年休假具有最终的审批决定权。一般情况下，带薪年休假连休不得超过 5 日。公司也可根据生产、工作的具体情况，统筹安排职工年休假。单位已安排年休假，职工因个人原因不休年休假的，只享受正常工作期间的工资收入。

员工在休完法定年休假后，方可申请公司福利年休假；若员工离职或者是未提出休福利年休假，公司不予支付未休福利年休假的工资。

2. 婚假、丧假

婚假期间工资按照劳动合同约定或公司薪酬福利制度规定发放，依据员工出勤支付的津贴、补贴进行相应的扣除。

申请丧假须提前申请，经有审批权的主管领导批准（审批权限同婚假），员工销假后将亲属死亡证明或当地派出所证明交人力资源部备案，如无法提供，按照旷工处理，特殊情况特殊处理。

第五节　知识答疑

1. 超出法定年休假天数的福利年休假未休完的，是否需要支付未休假补偿？

用人单位需要按照《职工带薪年休假条例》规定的休假条件、休假天数等安排员工休带薪年休假，由于用人单位原因未安排员工休带薪年休假，需要按照规定支付员工未休年假工资补偿。

实践中，很多企业除了法定的带薪年休假外，额外给予员工一定的公司福利年休假。但由于规定不明确，往往引发劳动争议。根据《企业职工带薪年休假实施办法》第十三条规定："劳动合同、集体合同约定的或者用人单位规章制度规定的年休假天数、未休年休假工资报酬高于法定标准的，用人单位应当按照有关约定或者规定执行。"由此可以得出，企业可以规定多于法定标准的年休假天数，高出法定部分视作员工福利，而对于福利企业享有自主管理权，包括休假安排、应休未休补偿等，因此企业应根据自己的实际情况在规章制度中明确规定。

2. 员工请病假必须先使用年休假，该规定是否合法?

按照《企业职工患病或非因工负伤医疗期规定》，企业职工患病或者非因工负伤时，用人单位应当给予员工治病休息不得解除劳动合同，且需要依法支付病假工资待遇。因此员工患病或者是非因工负伤，有权向用人单位申请休病假，所以规定员工生病请病假的，一律须先使用年休假的规定欠缺一定的合理性。

当然，若职工当年的病假累计达到某种情形时，用人单位可根据《职工带薪年休假条例》第四条和《企业职工带薪年休假实施办法》第八条的规定，确定相关年休假待遇，这几种情形是：累计工作满1年不满10年的职工，请病假累计2个月以上的；累计工作满10年不满20年的职工，请病假累计3个月以上的；累计工作满20年以上的职工，请病假累计4个月以上的。这也从侧面说明了若职工当年休病假未达到上述程度，不能先用年休假折抵病假。

3. 员工请事假须先使用年休假，该规定是否合法?

关于以上规定，目前有两种观点：

第一种观点：关于年休假安排，用人单位是有用工自主权的，其可以根据企业的实际情况统一安排员工休年休假。事假的审批权在于用人单位，因此很多企业规定员工请事假应先冲抵年休假，并不违反法律的相关规定。

第二种观点：以上规定既不合理也不合法。带薪年休假是带薪年休假，事假是事假，不能把法规规定的职工的带薪年休假与事假混同。且员工如果有未休年休假，用人单位是需要支付2倍工资补偿的，但请事假是扣减1倍工资补偿的，因此，规定员工请事假，先休年休假是不合理的。如果公司按照以上规定执行，需要征得员工的同意。

4. 员工未按照规定流程请假，如何处理?

员工的休假管理是用工管理中重要的话题，用人单位为此也制定了相关的假期管理制度，但实操中总有员工不按规定来，该走的流程不走。那么这该如何处理呢？是不是可以按照旷工处理呢?

具体需要考虑公司规章制度是否有相关规定，且规章制度是不是合法有效的。如果公司有相关规定，那么未按照规定流程请假，则可以按照缺勤旷工处理。

第六节　地方性法规参考

◆《北京市高级人民法院、北京市劳动人事争议仲裁委员会关于审理劳动争议案件法律适用问题的解答》

19. 劳动者要求用人单位支付未休带薪年休假工资的，如何处理?

对劳动者应休未休的年休假天数，单位应当按照该职工日工资收入的300%支付年休假工资报酬。劳动者要求用人单位支付其未休带薪年休假工资中法定补偿（200%福利部分）诉请的仲裁时效期间应适用《劳动争议调解仲裁法》第二十七条第一款规定，即劳动争议申请仲裁的时效期间为一年。仲裁时效期间从当事人知道或者应当知道其权利被侵害之日起计算。考虑年休假可以集中、分段和跨年度安排的特点，故劳动者每年未休带薪年休假应获得年休假工资报酬的时间从第二年的12月31日起算。

20. 劳动者因用人单位不支付未休年休假工资，而依据《劳动合同法》第三十八条“未及时足额支付劳动报酬”的规定要求解除劳动合同并支付经济补偿，如何处理?

劳动者未休年休假，根据《职工带薪年休假条例》第5条规定，用人单位按职工日工资收入300%支付年休假工资报酬。支付未休年休假的工资报酬与正常劳动工资报酬、加班工资报酬的性质不同，其中包含用人单位支付职工正常工作期间的工资收入（100%部分）及法定补偿（200%部分）。《职工带薪年休假条例》在于维护劳动者休息休假权利，劳动者以用人单位未支付其未休带薪年休假工资中法定补偿（仅200%部分）而提出解除劳动合同时，不宜认定属于用人单位“未及时足额支付劳动报酬”的情形。

◆《深圳市中级人民法院关于审理劳动争议案件的裁判指引》

一百零九、《企业职工带薪年休假实施办法》第三条所规定的“连续工作满12个月以上”，既包括劳动者在本单位连续工作满12个月以上的情形，也包括劳动者在不同用人单位连续工作满12个月以上的情形；但劳动者在进入新用人单位时存在工作间断的除外。

按照上款规定，劳动者连续工作满12个月后，其当年度的年休假天数应按照连续工作满12个月后的剩余日历天数折算确定。

◆《天津市劳动和社会保障局关于印发〈天津市工资支付规定〉的通知》

第二十三条 劳动者依法享受年休假、探亲假、婚丧假以及女职工生育（产）假、计划生育手术假等假期期间，用人单位应当按劳动合同约定的工资标准支付劳动者工资，约定不明确的，按本人休假前12个月平均实得工资支付劳动者工资。

◆《重庆市劳动和社会保障局关于贯彻〈企业职工带薪年休假实施办法〉有关问题的通知》

一、《企业职工带薪年休假实施办法》（以下简称《办法》）第二条对适用范围的规定中所称的“职工”为实行全日制用工制度的用人单位职工。

二、《办法》第三条中“职工连续工作满12个月以上”可以是在同一单位或者不同单位连续工作的时间，但其中在同一单位或者不同单位间的工作时间不得间断超过一个月以上。超过的，其连续工作时间重新计算……

◆《浙江省高级人民法院民事审判第一庭、浙江省劳动人事争议仲裁院关于印发〈关于审理劳动争议案件若干问题的解答（二）〉的通知》

十九、劳动者与用人单位就未休年休假的工资报酬发生争议的，申请仲裁的时效期间及起算点应如何确定?

答：用人单位未安排劳动者年休假，侵害的是劳动者的休假权利，支付未休年休假工资报酬是因用人单位未安排年休假而应当承担的法律义务，故适用一般的时效规定。劳动者要求用人单位支付未休年休假工资报酬的仲裁时效从次年的1月1日起计算。经劳动者同意跨年度安排年休假的，顺延至下一年度的1月1日起计算；劳动关系解除或者终止的，从解除或者终止之日起计算。

第十章 | 病假医疗期管理

第一节　用工场景

病假医疗期管理，我们首先需要清楚什么是病假、什么是医疗期，二者有着本质的区别。病假是指职工患病或非因工负伤，经医生建议、企业批准停止工作治病休息的期间。医疗期是指企业职工因患病或非因工负伤停止工作治病休息不得解除劳动合同的时限。

病休员工的管理不仅涉及企业的成本控制，更重要的是给企业的管理秩序带来了很大的冲击。大多数企业对真实的病休员工按照规定支付了相关的病假待遇，同时还给予人文关怀和理解。然而在实操中，很多企业出现了虚假病假、小病大养等情形，但企业在处理中缺乏客观衡量的依据和判断标准，使得用人单位在病假管理中非常头疼。

结合用人单位在病假医疗期管理中的实际情况，现对用人单位在病假、医疗期管理等方面的一些操作误区及带来的法律后果做出如下总结：

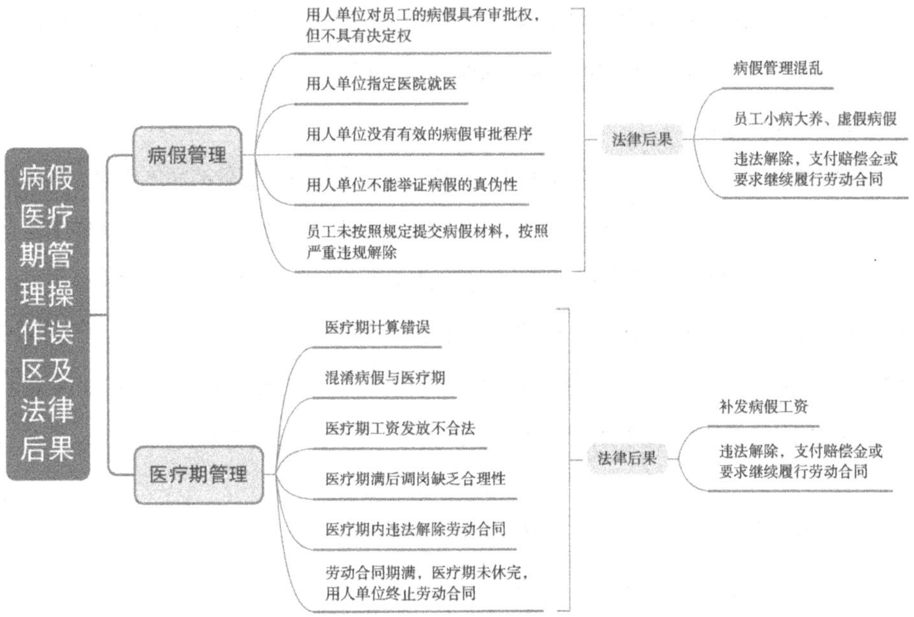

图 10-1　病假医疗期管理操作误区及法律后果

第二节　风险提示

用工风险 1：用人单位对员工病假申请没有决定权。

员工病休需要企业审批吗？如果未经过审批，是否可以按照旷工处理呢？我国《宪法》第四十三条规定了劳动者的休息权，“中华人民共和国劳动者有休息的权利。国家发展劳动者休息和休养的设施，规定职工的工作时间和休假制度”，该规定可以作为员工享有病休的间接权利来源。而病休的直接权利来源即为劳部发〔1994〕479 号文，即《企业职工患病或非因工负伤医疗期规定》，该规定主要确定了医疗期的期限和病休的权利。

通过以上分析可知，用人单位对员工病假申请没有决定权，但是有权审核病休证明的手续是否真实、规范，并以此作为审批休假的依据。

用工风险 2：不具备合法、有效、完善的病假管理制度。

用人单位对员工病假没有决定权，但具有审核病假真伪的权利。因此，需要用人单位制定完善、合法有效的病假管理制度：病假的审批流程、申请休病假需递交的材料、认定虚假病假的情形、怀疑员工申请虚假病假如何取证、虚假病假如何处理，为用人单位的病假管理提供依据。

需要注意的是，对于员工申请病休时应该提交何种手续方为有效的病休申请，法律并没有直接的规定，以至于很多企业单方设定病休手续，导致不合理的现象出现，如要求提交病历、二级以上医院开具的休假证明、指定医院就医等。实操中，如果员工病休没有按照企业的规定提交病假申请材料，是不是可以按照虚假病假处理呢？需要注意的是，在司法实践中，法律认可的病休手续仅满足一个条件即可，即由执业医师开具的病休证明，即员工只要能够证明其病休证明的真实性，提供病休建议书即已被赋予了享有休假的权利。

用工风险 3：混淆病假与医疗期。

一提到“医疗期”，估计很多人会想到病假。那么，医疗期跟病假到底有没有关系呢？“医疗期”究竟是个什么概念？对于超过医疗期的，员工仍继续请病假如何处理呢？实操中，很多企业混淆了病假和医疗期，其实二者是有实质性的区别的，医疗期是员工的保护期，是员工在企业能休的最长的病假时间，过了这个最长的病假时间，用人单位是有解除权的。因此病假是医疗期的前提，但病假是不是要计入医疗期，对于员工和用人单位是各有利弊的。实操中，用人单位需要弄清楚病假与医疗期的区别与联系，对于不该给的医疗期不给，若计入医疗期，按照所在地区的规定准确计算医疗期。

用工风险 4：医疗期解除劳动合同不合法。

医疗期满解除，用人单位可按照《劳动合同法》第四十条规定，有下列情形之一的，用人单位提前 30 日以书面形式通知劳动者本人或者额外支付劳动者一个月工资后，可以解除劳动合同：劳动者患病或者非因工负伤，在规定的医疗期满后不能从事原工作，也不能从事由用人单位另行安排的工作的；按照本条款解除，需要注意医疗期已满、无法从事原工作、调岗之后员工仍不能从事新岗位的，用人单位才能单方行使解除权。

但对于在医疗期内的员工，往往很多企业认为医疗期是对员工的保护期，是不能解除的，这个观点是错误的。如果医疗期的员工出现《劳动合同法》第三十九条规定的情形，用人单位是可以行使解除权的，而且是无需支付经济补偿的。

用工风险 5：医疗期终止劳动合同不合法。

根据《劳动合同法》第四十二条的相关规定，劳动者在规定的医疗期内，用人单位不得依照《劳动合同法》第四十条、第四十一条的规定解除劳动合同；根据《劳动合同法》第四十五条的相关规定，劳动合同期满，劳动者在规定的医疗期内的，劳动合同应当续延至相应的情形消失时终止。因此，若员工的劳动合同期满，但员工的医疗期未满的情况下，需续延劳动合同，不能终止劳动合同。

第三节　HR 操作建议指引

一、医疗期

1. 医疗期概念

医疗期是指企业职工因患病或非因工负伤停止工作治病休息不得解除劳动合同的时限。

病假与医疗期的区别如下：

项　目	病　假	医疗期
性质	生理概念	法律概念
期限	根据病情确定	法定标准
内涵	强调劳动关系的存续	强调劳动关系的解除
联系	病假期限＜医疗期时，不得单方辞退 病假期限＞医疗期时，有权单方辞退 医疗期建立在病假基础上	

2. 医疗期期限

原劳动部《企业职工患病或非因工负伤医疗期规定》第三条规定，企业职工因患病或非因工负伤，需要停止工作进行医疗时，大部分地区（除上海外）根据本人实际参加工作年限和在本单位工作年限，给予 3 个月到 24 个月的医疗期。

累计工作年限	本单位工作年限	医疗期期限	累计计算周期
<10 年	服务期 <5 年	3 个月	6 个月内
	服务期≥5 年	6 个月	12 个月内
≥10 年	服务期 <5 年	6 个月	12 个月内
	10 年＞服务期≥5 年	9 个月	15 个月内
	15 年＞服务期≥10 年	12 个月	18 个月内
	20 年＞服务期≥15 年	18 个月	24 个月内
	服务期≥20 年	24 个月	30 个月内

备注：医疗期，包括公休、假日和法定节假日在内。

上海市《关于本市劳动者在履行劳动合同期间患病或者非因工负伤的医疗期标准的规定》中则规定，医疗期按劳动者在本用人单位的工作年限设置。劳动者在本单位工作第一年，医疗期为 3 个月；以后工作每满 1 年，医疗期增加 1 个月，但不超过 24 个月。

须注意的是，上海地区的医疗期计算不包括休息日和法定节假日。

3. 医疗期何时开始计算，如何计算？

根据原劳动部《关于贯彻〈企业职工患病或非因工负伤医疗期规定〉的通知》（劳部发〔1995〕236 号）中的规定，医疗期应从病休第一天开始累计计算。例如，应享受三个月医疗期的职工，如果从 1995 年 3 月 5 日起第一次病休，那么，该职工的医疗期应在 3 月 5 日至 9 月 5 日确定，在此期间累计病休三个月即视为医疗期满。其他以次类推。

4. 医疗期何时届满？

当累计病休时间等于医疗期时则说明医疗期已经届满，譬如某员工医疗期为三个月，2008 年 3 月 1 日开始休病假，如果连续请病假的话，则 6 月 1 日医疗期届满。

注意，以上是以自然月作为计算单位。如果是断断续续请病假的话，则累计的时间应该以 30 天 / 月来计算，9 月 1 日前累计请病假的时间超过 90 天，就算医疗期已经届满了。

5. 医疗期内员工的权益

序号	享受的权益	法条依据
1	医疗期内，企业不能进行非过失性解除劳动合同	《劳动合同法》第四十二条
2	企业员工在医疗期内，其病假工资、疾病救济费和医疗待遇按照有关规定执行	《企业职工患病或非因工负伤医疗期规定》第五条
3	医疗期满，但病假已经超过医疗期，企业可以按照非过错性解除，但需履行提前 30 天通知的义务或者支付代通知金	《劳动合同法》第四十条
4	劳动合同期满，医疗期未满，合同期限续延到相应情形消失时终止	《劳动合同法》第四十五条

6. 特殊疾病医疗期最少 24 个月吗？

根据原劳动部《关于贯彻〈企业职工患病或非因工负伤医疗期规定〉的通知》（劳部发〔1995〕236 号）规定，根据目前的实际情况，对某些患特殊疾病（如癌症、精神病、瘫痪等）的职工，在 24 个月内尚不能痊愈的，经企业和劳动主管部门批准，可以适当延长医疗期。如何理解“24 个月”？

以下为各个地区关于特殊疾病医疗期的相关规定：

地区	规　定	依　据
北京市	14. 对于某些患特殊疾病，医疗期内不能痊愈的职工，企业可以根据其实际情况适当延长医疗期。	《北京市劳动局关于转发劳动部〈关于贯彻执行《中华人民共和国劳动法》若干问题的意见〉的通知》（京劳法发〔1995〕463 号）

续表

地区	规　　定	依　　据
重庆市	五、对于某些患特殊疾病（如癌症、精神病、瘫痪等）的职工，在原已享受的医疗期内尚不能痊愈的，经企业和所在区县（市）劳动保障行政部门批准，可以适当延长医疗期。延长的医疗期原则上在不超过本人原医疗期内掌握。延长医疗期满后仍不能工作的，按《暂行规定》第八条执行。	《关于贯彻执行〈重庆市企业职工病假待遇暂行规定〉若干问题的意见》（渝劳办发〔2000〕233号）
广东省	二、职工患特殊疾病的医疗期也应按劳部发479号文规定执行，即根据本人实际工作年限、在本单位工作年限计算医疗期，而不能理解为患特殊疾病的最少有24个月的医疗期。	《关于疾病医疗期问题的复函》（粤劳社函〔2004〕250号）
浙江省	十三、《劳动部关于贯彻〈企业职工患病或非因工负伤医疗期规定〉的通知》（劳部发〔1995〕236号）：规定："对某些患特殊疾病（如癌症、精神病、瘫痪等）的职工，在24个月内尚不能痊愈的，经企业和劳动主管部门批准，可以适当延长医疗期"。该规定是否可以理解为患上述特殊疾病的职工无需考虑其工作年限而直接给予24个月医疗期？ 答：该规定指职工根据实际参加工作年限和在本单位工作年限确定医疗期，该医疗期满后尚不能痊愈的情况下，可以申请延长，并不意味着患有上述特殊疾病的职工的医疗期当然为24个月。	《浙江省高级人民法院民事审判第一庭、浙江省劳动人事争议仲裁院关于印发〈关于审理劳动争议案件若干问题的解答（四）〉的通知》（浙高法民一〔2016〕3号）
四川省	48.劳动者患特殊疾病（癌症、精神病、瘫痪），在规定的医疗期内尚不能痊愈的，经企业和当地劳动行政部门批准，可适当延长医疗期。延长医疗期原则上在劳动者应享受规定的医疗期内掌握。延长医疗期满仍不能恢复工作的，按医疗期满的有关规定执行……	《四川省贯彻执行〈中华人民共和国劳动法〉若干问题的实施意见》（川劳办〔1996〕19号）
江苏省	三、原劳动部《关于贯彻（企业职工患病或非因工负伤医疗期规定）的通知》（〔1995〕236号）第二条规定："对某些患特殊疾病（如癌症、精神病、瘫痪等）的职工，在24个月内尚不能痊愈的，经企业和劳动主管部门批准，可以适当延长医疗期"，应如何理解和执行？ 根据原劳动部的规定，对某些患有特殊疾病（如癌症、精神病、瘫痪等）的职工，不论其工作年限长短，均给予不少于24个月的医疗期，医疗期满后能否延长、延长多久，应由用人单位根据劳动者的具体情况自行确定。如果劳动者经劳动能力鉴定委员会鉴定，达到完全丧失劳动能力标准的，可以办理病退手续。如未达到完全丧失劳动能力标准的，医疗期满尚未痊愈的，用人单位可依法提前解除劳动者劳动合同，支付劳动者经济补偿金和医疗补助费。	《江苏省劳动争议仲裁委员会关于印发〈江苏省劳动仲裁疑难问题研讨会纪要〉的通知》（苏劳仲委〔2007〕6号）

二、病假待遇

目前，关于病假工资，各个地区在执行上是有差异的：有的地区按照职工工龄和工资一定比例支付；有的地区按照职工工资一定比例支付；有的地区按照企业制度或者合同约定支付。

全国各个地区病假工资发放标准，具体如下：

地区	发放标准
《北京市工资支付规定》	第二十一条　劳动者患病或者非因工负伤的，在病休期间，用人单位应当根据劳动合同或集体合同的约定支付病假工资。用人单位支付病假工资不得低于本市最低工资标准的80%。
《上海市劳动保障局关于病假工资计算的公告》	职工疾病或非因工负伤连续休假在6个月以内的，企业应按下列标准支付疾病休假工资： 1. 连续工龄不满2年的，按本人工资的60%计发； 2. 连续工龄满2年不满4年的，按本人工资70%计发； 3. 连续工龄满4年不满6年的，按本人工资的80%计发； 4. 连续工龄满6年不满8年的，按本人工资的90%计发； 5. 连续工龄满8年及以上的，按本人工资的100%计发。 …… 职工疾病或非因工负伤待遇高于本市上年度月平均工资的，可按本市上年度月平均工资计发。 职工疾病或非因工负伤休假待遇低于本企业月平均工资40%的，应补足到本企业月平均工资的40%，但不得高于本人原工资水平、不得高于本市上年度职工月平均工资。 企业月平均工资的40%低于当年本市企业职工最低工资标准的80%，应补足到当年本市企业职工最低工资标准的80%。 企业职工疾病休假工资或疾病救济费最低标准不包括应由职工缴交的养老、医疗、失业保险费和住房公积金。
《浙江省劳动厅关于转发劳动部〈企业职工患病或非因工负伤医疗期规定〉的通知》	二、关于病假工资的计发问题 1. 职工因病或非因工负伤，病假在六个月以内的，按其连续工龄的长短发给病假工资。其标准为：连续工龄不满十年的，为本人工资（不包括加班加点工资、奖金、津贴、物价生活补贴，下同）的百分之五十；连续工龄满十年不满二十年的，为本人工资的百分之六十；连续工龄满二十年不满三十年的，为本人工资的百分之七十；连续工龄满三十年以上的，为本人工资的百分之八十。

续表

地区	发放标准
	职工因病或非因工负伤，连续病假在六个月以上的，按其连续工龄的长短改发疾病救济费。其标准为：连续工龄不满十年的，为本人工资的百分之四十；连续工龄满十年不满二十年的，为本人工资的百分之五十；连续工龄满二十年不满三十年的，为本人工资的百分之六十；连续工龄满三十年以上的，为本人工资的百分之七十。 2. 职工因病或非因工负伤病假期间，物价生活补贴计发问题。 职工因病或非因工负伤，在病假期间，物价补贴照发，如发生职工的病假工资与物价生活补贴之和低于当地最低工资标准百分之八十的，按当地最低工资标准的百分之八十发给。疾病救济费与物价生活补贴之和低于当地城镇企业职工基本生活费标准的，按当地城镇企业职工基本生活费标准发给。 …… 四、农民合同制工人因病或非因工负伤的医疗期和病假工资按劳动部劳部发〔1994〕479 号文和本通知的有关规定执行。其他的保险福利待遇仍按国务院第 87 号令、省人民政府第 48 号令执行。 临时工因病或非因工负伤的医疗期以及有关的待遇仍按国务院第 41 号令、省人民政府第 10 号令执行。
《天津市工资支付规定》	第二十五条　劳动者患病或非因工负伤治疗期间，在规定的医疗期内用人单位按有关规定支付其病假工资，用人单位支付劳动者病假工资不得低于本市最低工资标准的 80%……
《江苏省工资支付条例（2010 年修订）》	第二十七条　劳动者患病或者非因工负伤停止劳动，且在国家规定医疗期内的，用人单位应当按照工资分配制度的规定以及劳动合同、集体合同的约定或者国家有关规定，向劳动者支付病假工资或者疾病救济费。 病假工资、疾病救济费不得低于当地最低工资标准的百分之八十。国家另有规定的，从其规定。
《河北省工资支付规定》	第二十二条　劳动者因工负伤或者患职业病停止工作在规定医疗期内的，用人单位应当按照有关规定支付工伤津贴。 劳动者因病或者非因工负伤停止工作在规定医疗期内的，用人单位应当按照国家规定标准支付病假工资或者疾病救济费。病假工资或者疾病救济费不得低于当地最低工资标准的百分之八十。

续表

地区	发放标准
《辽宁省工资支付规定》	第二十八条　劳动者患病或者非因工负伤停止劳动的，在规定的医疗期内，用人单位应当根据劳动合同或者集体合同的约定支付病假工资，但不得低于当地最低工资标准的 80%。
《山东省企业工资支付规定》及山东省劳动厅转发劳动部《关于发布〈企业职工患病或非因工负伤医疗期规定〉的通知》的通知（鲁劳发〔1995〕67 号）	第二十六条　劳动者患病或者非因工负伤，在国家规定的医疗期内的，企业应当按照国家和省有关规定支付病假工资或者疾病救济费，病假工资或者疾病救济费不得低于当地最低工资标准的 80%。 一、企业职工因病或非因工负伤，在医疗期内，停工医疗累计不超过 180 天的，由企业发给本人工资 70% 的病假工资；累计超过 180 天的，发给本人工资 60% 的疾病救济费。医疗期内的医疗待遇仍按现行规定执行。
《吉林省企业工资支付办法》	第十九条　劳动者患病或者非因工负伤停止工作，在规定医疗期内，企业按照不低于当地最低工资标准的 80% 支付其病假工资。
《云南省关于印发〈云南省企业职工保险福利待遇暂行办法〉的通知》	第十条　职工患病或非因工负伤停工医疗期的确定按云劳（1995）4 号文件的规定执行，其医疗期的工资由企业按职工停工医疗前一个月本人实得日平均工资的一定比例发给，具体标准为：医疗期三个月的 60%；医疗期六个月的 65%；医疗期九个月的 70%；医疗期十二个月的 75%；医疗期十八个月的 80%；医疗期二十四个月的 85%，按以上标准计发后不足 100 元的按 100 元发给。 因病或非因工伤残职工，不具备退休条件的由医院证明，经县以上劳动鉴定委员会鉴定为 1—4 级完全丧失劳动能力的，可办理退职手续，享受本人停工医疗前一个月平均工资的 50% 的生活费，按此标准计发后不足 100 元的按 100 元发给。

三、病假医疗期操作指引

1. 病假医疗期实操流程

病假实操处理流程、医疗期实操处理流程具体如下。（参见图 10-2）

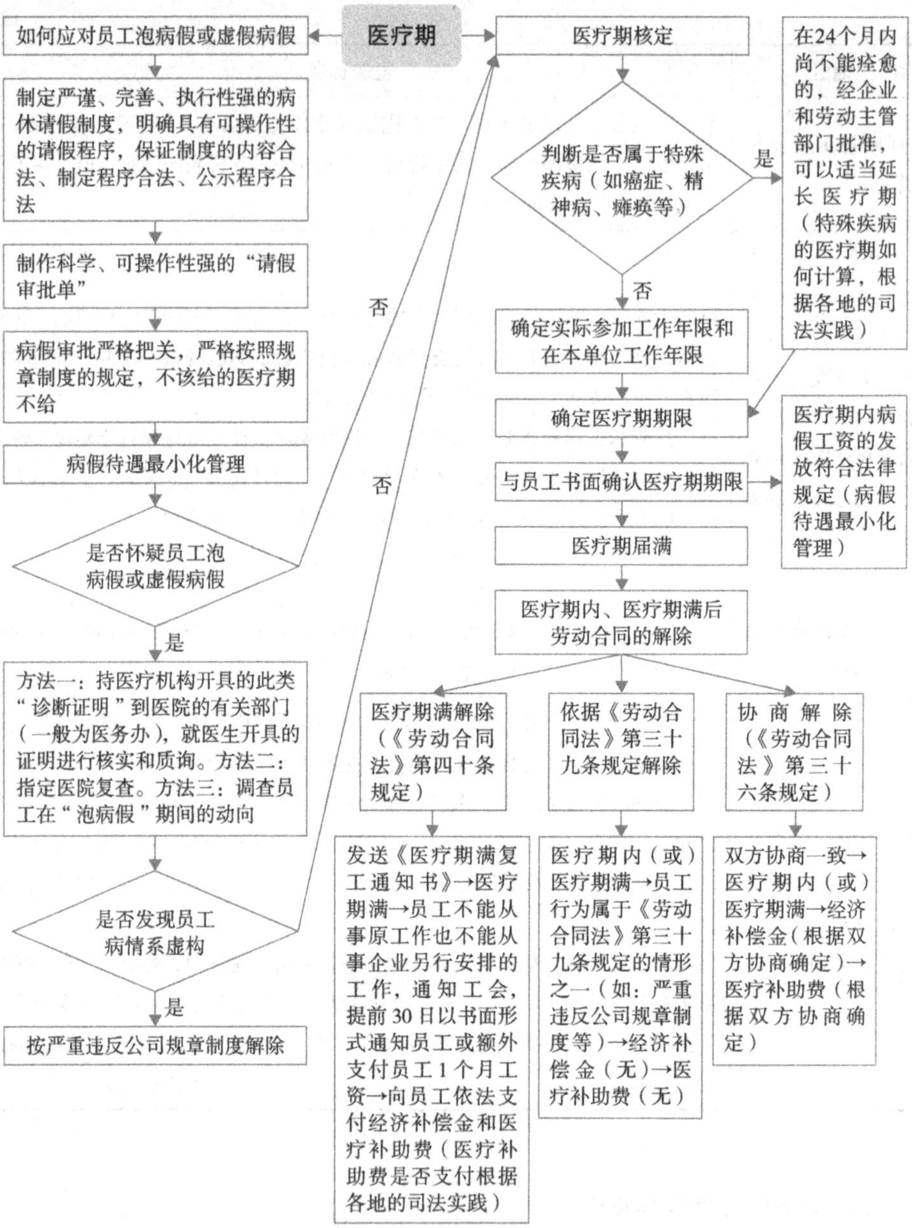

图 10-2　病假、医疗期实操处理流程

2. 病假医疗期管理流程操作指引

（1）员工泡病假或者虚假病假的解决方案

首先企业应制定严谨、完善、执行性强的病假管理制度，明确请假的程序、流程，且在审批流程方面建议逐步加大审批的难度。同时，需要保证病假管理制度的合法性、有效性。

病假管理制度的匹配工具——请假单。

严格把关病假审批，严格按照规章制度的规定，不该给的医疗期不给。

病假期间的待遇按照所在地区的病假工资规定执行，且按照病假待遇最小化管理，以规避员工泡病假的行为。

若怀疑员工泡病假或者是虚假病假，可以按照以下方法，进行取证：

- 将员工提交的病假证明带去医院进行核实和质询；
- 在制度中规定指定医院复查，并且派公司人员陪同就医；
- 在国家卫健委网站上查询医生等相关信息是否符合；
- 调查员工在此期间的动向。

若员工不是泡病假及虚假病假，公司可按照情况考虑是否计入医疗期，如果计入医疗期，转医疗期处理流程。

如经过查证，员工是泡病假或是虚假病假，用人单位可以按照规章制度的规定进行处理。

（2）员工医疗期管理实操流程

员工医疗期管理实操流程具体如下：

- 用人单位应首先核定员工应享受的医疗期期限，具体计算方法详见医疗期计算章节；
- 在核定员工医疗期期限时，需判断是否属于特殊类疾病（如癌症、精神病、瘫痪等），如果是属于特殊类疾病，按照特殊类疾病的医疗期处理；
- 核定完员工的医疗期期限后，应书面告知员工，并与员工书面确认医疗期期限；
- 医疗期期限，需要按照规定发放员工的病假工资，建议病假工资最小化；
- 医疗期内或者医疗期满后，用人单位可以采用以下方式与员工解除劳动合同。

解除方式	解除依据	解除成本
方式 1：医疗期满不能从事原岗，也不能从事新岗的解除	《劳动合同法》第四十条	N（提前一个月通知）或者是 N+1（未提前一个月通知）

续表

解除方式	解除依据	解除成本
方式 2：员工过错性解除	《劳动合同法》第三十九条	无经济补偿金
方式 3：协商一致解除	《劳动合同法》第三十六条	N

注：方式 2 和方式 3 详见离职管理篇。

3. 医疗期满按照《劳动合同法》第四十条规定解除操作流程指引

（1）医疗期满按照《劳动合同法》第四十条规定解除劳动合同流程

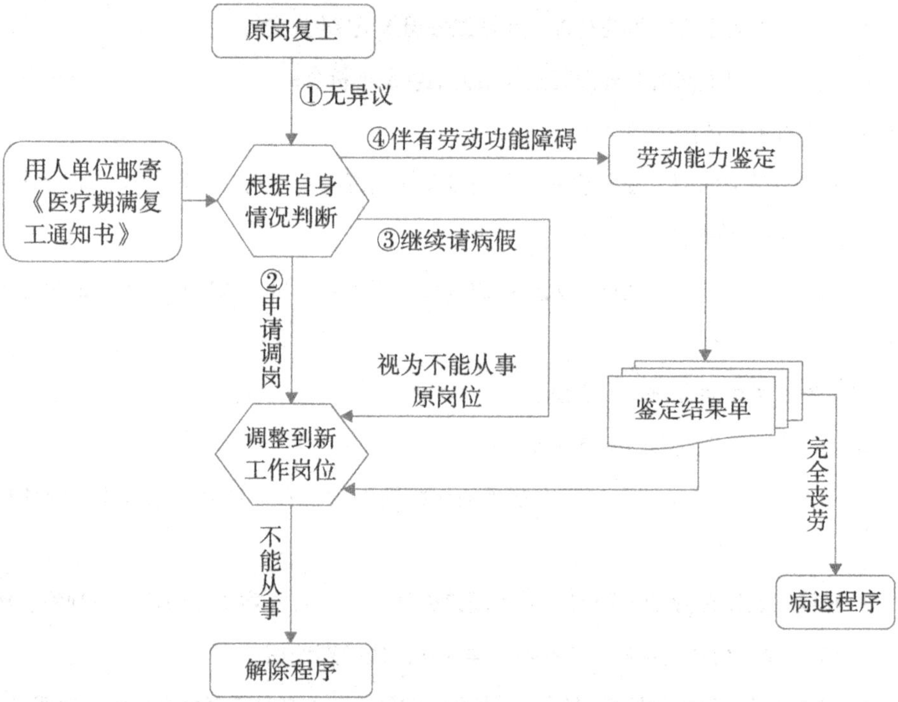

图 10-3　医疗期满按照《劳动合同法》第四十条规定解除劳动合同流程

（2）医疗期满按照《劳动合同法》第四十条规定解除劳动合同流程实操指引

员工医疗期满前 5—10 日，用人单位向员工书面送达《医疗期满复工通知书》，确认员工医疗期已满及后续员工的动向。

员工收到《医疗期满复工通知书》后，根据自身情况进行判断，可能会出现以下情况：

第一种情况：病好了，回原岗复工；

第二种情况：病好了，但提出不能从事原岗，需要进行调岗；

第三种情况：病没好，继续请病假；

第四种情况：员工提出有劳动能力障碍，要求进行劳动能力鉴定。

对于第三种情况，只要员工提供符合条件的病假证明，用人单位就需要批准员工的病假，但是用人单位有解除劳动合同的权利。用人单位可以在规章制度中规定，员工继续请病假的视为不能从事原岗位，然后向员工送达《调岗通知书》，员工仍然继续请病假的，在规章制度中明确规定，此种行为视为不能从事由用人单位另行安排的工作岗位，用人单位可以行使解除权。

对于第四种情况，用人单位应配合员工办理劳动能力鉴定的手续，并根据鉴定结果进行处理。

第四节　用工风险防范工具

工具一：病情复查通知书

1. 工具说明

病假管理是公司休假管理中的重要组成部分，也是最容易令劳资双方产生纠纷的一个环节。对于病休员工提交的病历资料及休假证明，公司在审查发现可能存在不实的情形下，应制作病情复查通知书，通知可疑病假员工进行疾病复查，以规范单位病假管理工作，同时便于单位在发生劳动纠纷时固定证据，降低单位诉讼风险。

2. 适用范围

此通知书于公司通知可疑病假员工到指定医院复查疾病时使用。

3. 规避风险

公司通过本通知书，一般应解决如下问题或规避如下法律风险：

- 及时发现不实病假，降低企业的用工成本；
- 规范公司对病假的管理，发生劳动争议时为公司固定证据。

4. 核心工具

指定医院应考虑合理性，比如是否与员工的病情相符合，距离的远近是否给员工造成了一定的困难等。

规章制度中应明确规定不配合公司到指定医院复查的法律后果。

务必要求员工本人面签。

病情复查通知书

________先生 / 女士：

您自______年____月____日起开始休病假，公司经审查您提交的病假材料，认为需进一步了解您患病的病情严重程度。现根据公司相关规定，通知您于______年____月____日，由公司指派专人陪同您到______________医院复查，请予以配合。

若您拒绝配合公司指定的病情复查，公司将按相关规章制度进行处置。

特此通知！

被通知人：________　　　　公司（盖章）：

________年____月____日　　　　________年____月____日

工具二：医疗期满复工通知书

1. 工具说明

员工医疗期计算是否正确，医疗期满后如何处理，医疗期满复工通知书是员工医疗期满必不可少的一个工具，为员工医疗期满的处理提供了相关的参考意见。

2. 适用范围

本表单作为员工医疗期满处理的必备工具。

3. 规避风险

公司通过本通知书，一般应解决如下问题或规避如下法律风险：

- 规避员工医疗期计算错误的风险；
- 员工医疗期满处理引发劳动争议时为企业提供书面证据。

4. 核心工具

本款是与员工核对医疗期限、医疗期开始时间、医疗期结束时间，是本表单中重要的条款，而医疗期计算是否正确直接决定着解除是不是合法解除，因此，本条款作为必备条款，是不可缺少的。

医疗期满复工通知书

________先生 / 女士（身份证号：________________）：

由于您因病于______年____月____日进入医疗期，根据您的工作年限，以及您在本单位的工作时间，确定您的医疗期为______个月，现在您的医疗期将于______年____月____日结束，届时您的医疗期已满，公司通知您于______年____月____日到公司上班。

如果您无法胜任原岗位，公司可根据您的身体情况另行安排其他岗位。

若您不能上班，且伴有劳动功能障碍，根据《企业职工患病或非因工负伤医疗期规定》，请于______年___月___日到公司人力资源部办理劳动能力鉴定申请手续。公司将到____________劳动能力鉴定委员会为您提出劳动能力鉴定申请。

若您未于________年____月____日到公司上班，也未于________年____月____日到公司人力资源部办理劳动能力鉴定申请手续，公司将于________年____月____日起按照旷工处理，并依据公司规章制度，连续旷工______天予以解除劳动合同。

如您对上述内容有异议，请在3日内以书面形式提出，否则视为无异议。

特此通知！

公司（盖章）：

________年____月____日

注：本通知书壹式贰份，通知方与被通知方各执壹份，具有同等效力。

人力资源部联系电话：________________

联系人：________

如果员工明确不能从事原岗，用人单位是可以进行单方调岗的，医疗期满调岗是企业的单方法定调岗权，但需要注意调岗的合理性问题。

医疗期满的劳动能力鉴定不是医疗期处理的必经程序。如果员工提出有劳动功能障碍，不能回来上班的，用人单位有异议的，可以进行劳动能力鉴定。

用人单位应在规章制度中明确规定这种行为属于旷工，且对旷工的处理等，但需要注意保证规章制度的合法有效性。

工具三：劳动能力（复工）鉴定通知书

1. 工具说明

该工具适用于工伤员工或病假员工管理，工具描述中有工伤相关信息，不影响用人单位对病假员工进行用工处理。

员工医疗期满，公司与员工不能与其到岗复工的劳动能力达成一致，公司有权要求其进行劳动能力（复工）鉴定；职工发生工伤，经治疗，伤情相对稳定后存在残疾、影响劳动能力的，停工留薪期满（含劳动能力鉴定委员会确认的延长期限），职工或用人单位应当及时向设区的市级劳动能力鉴定委员会提出劳动能力鉴定申请；公司应该根据员工的劳动能力（复工）的鉴定结论进行下一步工作。

2. 适用范围

此通知书于公司通知医疗期满 / 停工留薪期满员工进行劳动能力（复工）鉴定时使用。

3. 规避风险

公司通过本通知书，一般应解决如下问题或规避如下法律风险：

- 督促医疗期满 / 停工留薪期满且恢复劳动能力的员工及时到岗复工，降低企业的用此通知是用于医疗期满/停工留薪期满的员工拒不到岗复工，公司要求其配合进行劳动能力鉴定的用工管理表单。

法律对医疗期/停工留薪期的时间有明确规定，用人单位在发此通知书时，应把握复工的时间，确保员工的医疗期/停工留薪期已满。

公司根据所在地区的劳动鉴定部门的要求相应调整需提交的资料。

1. 依照法律规定，工伤员工停工留薪期满，需延长期限的应经市级劳动能力鉴定委员会确认。
2. 天津市对于医疗期满不能上班的员工要求做劳动能力（复工）鉴定，全国其他省市依据地方规定。

医疗期满员工既不到岗上班也不进行劳动能力（复工）鉴定的，用人单位按照旷工处理存在争议。

用人单位签字盖章并确定日期留档作为证据。保障用人单位通知的有效性。

1. 本通知书需要向员工出具，如贵司当面送达，要求员工确认签收，可另行制作签收单，或在本通知书上手写"本人已收到本通知书，×××，年月日"等信息，由公司保存。
2. 需邮寄送达时，请确保员工有效送达地址并保留邮寄送达相关单据。

工成本；

- 当公司与员工发生劳动争议时，该通知书可作为公司固定证据。

4. 核心工具

劳动能力（复工）鉴定通知书

________先生/女士：

鉴于您的医疗期/停工留薪期已于______年____月____日届满，您拒不到岗复工，现公司特通知您于______年____月____日前到公司人力资源部办理劳动能力（复工）鉴定申请手续，并同时向公司人力资源部提供以下资料：就诊病历、确诊时和近期的 CT 或核磁检查报告原件（医院医政科盖章）及复印件；近期诊断证明原件；一寸彩色照片 5 张（具体需要资料参照所在地区规定执行）。

公司将为您申请________市________区人社局社会保障科劳动能力鉴定委员会的劳动能力（复工）鉴定。公司将以鉴定结论为依据处理后续事宜。

若您拒不配合公司进行劳动能力（复工）鉴定，自______年____月____日起对您拒不到岗上班的行为将按旷工处理，并依据公司规章制度，连续旷工______天予以解除劳动合同。

公司盖章：

________年____月____日

备注：如果您对上述内容有异议，请于三日内向人力资源部申诉。

本通知书壹式贰份，通知方与被通知方各执壹份，具有同等效力。

第五节　知识答疑

1. 医疗期已满，员工不能回来上班，继续请病假，工资怎么处理？

员工医疗期期间，用人单位应按照所在地区的规定支付病假工资。但是如果大家注意当地的工资规定的话，会发现各地的工资规定，往往规定的是医疗期内的病假工资。对于医疗期满后的病假工资，很多地区并没有作出规定。所以，在这种情况下，医疗期满后，员工因病无法回来上班，继续请病假的，其要求单位支付其医疗期满后的病假工资，可能就找不到法律上的依据了。

因此，关于医疗期满员工不能回来上班，继续请病假，是不是要发病假工资，具体需要查询所在地区的相关规定。

2. 合同期限内员工是不是只能享受一次医疗期?

员工只能享受一次医疗期是HR和很多法律从业者的一个常见误区。这种情况出现的原因是不明白医疗期到底是什么。医疗期不是员工可休假的天数，而是用人单位不得解除合同的一段周期。按照《企业职工患病或非因工负伤医疗期规定》第四条规定，医疗期3个月的按6个月内累计病休时间计算；6个月的按12个月内累计病休时间计算；9个月的按15个月内累计病休时间计算；12个月的按18个月内累计病休时间计算；18个月的按24个月内累计病休时间计算；24个月的按30个月内累计病休时间计算。

也就是说，如果员工在规定的累计周期内实际停工治疗时间累计达不到规定的医疗期限，则用人单位在该累计周期不得启动解除合同程序。如果以后员工患病或非因工负伤需停工治疗时应在另一个周期内重新累计医疗期。因此，合同期限内员工不是只能享受一次医疗期。

3. 员工劳动合同若在医疗期内到期，用人单位应如何处理?

根据《劳动合同法》第四十五条的规定，劳动合同期满，有本法第四十二条规定情形之一的，劳动合同应当续延至相应的情形消失时终止。也就是说，如果合同期满时劳动者处于医疗期，则劳动合同应当续延至相应的情形消失时终止。

什么是“相应的情形消失”？一般情况下是指医疗期满，但并不一定是指医疗期满。如果在医疗期内医疗终结的，医疗终结之日即可终止劳动合同，无需等到法定医疗期满。虽患病但不需停工休息治疗者，只要合同期满，便可终止劳动合同。

第六节　地方性法规参考

◆《广东省高级人民法院、广东省劳动人事争议仲裁委员会关于印发〈广东省高级人民法院、广东省劳动人事争议仲裁委员会关于劳动人事争议仲裁与诉讼衔接若干意见〉的通知》

十一、劳动者患病、非因工负伤医疗期满后，经劳动能力鉴定委员会鉴定为完全丧失劳动能力或大部分丧失劳动能力，不能从事原工作、也不能从事由用人单位另行安排的工作而解除劳动合同的，用人单位应按规定支付经济补偿并支付不低于六个月工资的医疗补助费。

◆《深圳市中级人民法院关于审理工伤保险待遇案件的裁判指引》

十九、根据《劳动合同法》第五十七条的规定，劳务派遣单位未取得经营劳务派遣业务行政许可的，劳务派遣协议无效。因劳务派遣协议无效给劳动者造成损害的，劳务派遣单位与用工单位承担连带责任，但用工单位能证明其已尽审查义务的除外。

◆《天津市高级人民法院关于印发〈天津法院劳动争议案件审理指南〉的通知》

19.【用人单位单方调整工作岗位的合法性审查】用人单位对劳动者的工作岗位进行调整，应当同时具备以下条件：

（1）符合劳动合同的约定或者用人单位规章制度的规定；

（2）符合用人单位生产经营的客观需要；

（3）调整后的工作岗位的劳动待遇水平与原岗位基本相当，但根据《中华人民共和国劳动合同法》第四十条第一项，第二项，因劳动者患病或者非因公负伤，在规定的医疗期满后不能从事原工作而被调整岗位，或者因劳动者不能胜任工作而调整岗位的除外；

（4）调整工作岗位不具有歧视性、侮辱性；

（5）不违反法律法规的规定。

用人单位因生产经营状况发生较大变化，经济效益出现下滑等客观情况，对内部经营进行调整，属于用人单位经营自主权的范畴，由此导致劳动者岗位变化、待遇水平降低，劳动者主张用人单位违法调整工作岗位、降低待遇水平的，不予支持。

用人单位主张调整劳动者工作岗位合法，应承担举证证明责任。

◆《重庆高级人民法院民事审判长2014年劳动争议专题例会会议综述》

九、产假期内患病，产假与医疗期是否应当分别保障？

与会代表一致认为，产假期与疾病医疗期重合的部分仅能计算一次假期。女职工在生育之前生病持续到生育的，病假终止，产假开始计算；女职工生育之后生病持续到产假期满仍未康复的，从产假期满之日起计算病假。

产假期间和病假期间均是基于劳动者的生理状态而产生，生育津贴及病假工资的两种待遇均是基于健康权而产生的请求权，应当构成权利竞合。人的生理机能决定了针对身体而产生的健康恢复是同步进行的。病情的恢复不可能待产假期满后才启动。

病休之日，不能机械的认定为请病假之日，应认定为停止工作治疗疾病之日。

十、同一疾病不同医疗期周期内的病休时间可否合并计算?

与会代表一致认为，不同的医疗期周期应分别计算病休时间。医疗期和医疗期周期属不同概念。医疗期，是指企业职工因患病或非因公负伤停止工作治病休息不得解除劳动合同的时限。

医疗期周期是指医疗期的计算周期，即劳动者间断病休时可累计计算医疗期的期间段，如医疗期三个月的，按六个月内累计病休时间计算，其医疗期为三个月，医疗期计算周期为六个月。如果将不同医疗期周期内的病休时间合并计算，则医疗期计算周期的规定毫无实际意义。

同时，医疗期是根据劳动者有停止工作治病休息的客观事实而产生，因此在不同的医疗期计算周期内，劳动者应享受的医疗期应“归零”后从其再次病休之日起重新计算。

◆《浙江省劳动厅关于转发劳动部〈企业职工患病或非因工负伤医疗期规定〉的通知》

一、关于本单位工作年限的确定问题。

1. 因组织委派的，以及复员退伍军人，军转干部首次与单位建立劳动关系的，对确定医疗期时，按国家规定计算的连续工龄应视作本单位工作年限。

2. 因企业合资、合并、兼并或者分立，与职工解除劳动合同并随即与新单位签订劳动合同的，在确定医疗期时，职工在原单位的工龄应视作本单位工作年限。

第十一章 “三期”女工管理

第一节 用工场景

女职工“三期”是指女职工的孕期、产期和哺乳期。国家法律法规对处于“三期”的女职工实行特殊劳动保护和待遇。由于“三期”的女职工具有诸多特殊情况，因此有些企业管理者对此认识上存在偏见，例如在女职工怀孕后借故辞退，以合同到期为由终止双方劳动关系，找借口调岗又降薪，等等。这些行为不仅侵害了女职工的劳动权和生育权，也给企业自身带来不必要的不良影响。2012 年 4 月 28 日，国务院颁发的《女职工劳动保护特别规定》，明确了“三期”女工的劳动保护、假期及福利待遇。结合各省市出台的地方政策，我们把女职工“三期”内可享受的假期类别汇总如下：

孕期	产期	哺乳期
• 产检假 • 保胎假 • 工间休息	• 产前假 • 产假（分娩、难产、多胞胎、终止妊娠）	• 哺乳时间 • 哺乳假

目前，女员工的“三期”管理也成为用人单位头疼的问题。有些女员工怀孕后就开始请保胎假，甚至是以怀孕之名休假。很多企业出现了女员工泡病假的现象，但也束手无策。用人单位如何处理这种情况呢？女员工“三期”是保护期，但并不意味着是无限期的保护，如果怀孕女员工出现《劳动合同法》第三十九条的情形，用人单位也可以与“三期”女员工解除劳动合同，且是无成本地解除。但实操中，用人单位需要按照法律规定处理好“三期”女员工的问题，不能滥用权力。目前用人单位对于女员工的“三期”管理，存在以下问题：

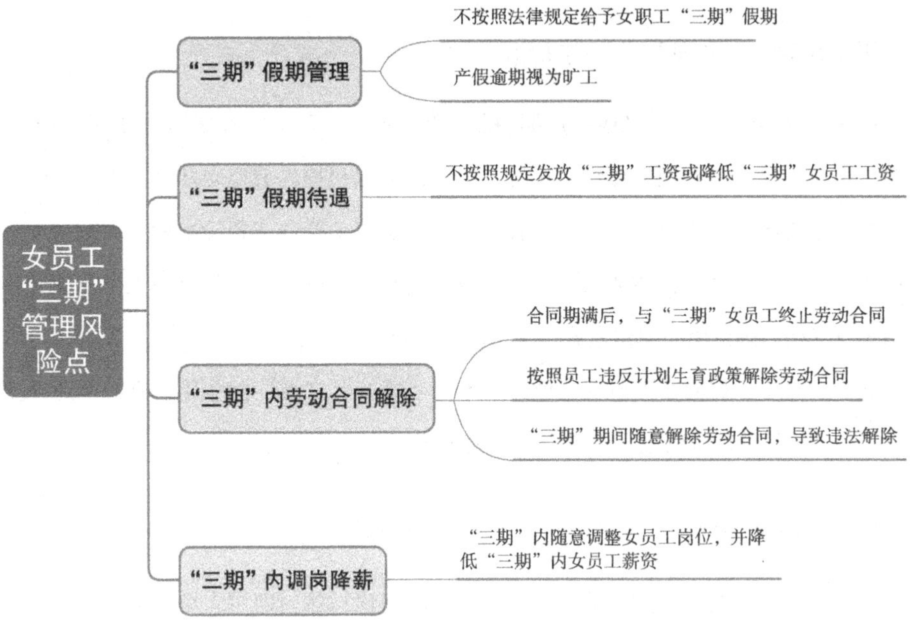

图 11-1　女员工“三期”管理风险点

第二节　风险提示

用工风险 1：“三期”女员工假期。

2012 年 4 月 28 日国务院出台的《女职工劳动保护特别规定》，全面明确和提升了对“三期”女职工的劳动保护和福利待遇。对于“三期”女职工享有的各种假期，HR 务必熟知。

对于法定的女职工必须享受的假期（包括产前休息时间、产前检查假、保胎假、流产假、产假和哺乳时间等），只要女职工提前告知（保胎假除外），就可以依法享受，用人单位不得有任何限制；对于需要单位批准才能休的假，（包括产前假和哺乳假），用人单位可以要求在工作安排允许的情况下，经本人申请，单位批准后，女职工方能享受。

用工风险 2：“三期”女员工待遇。

用人单位不得在女员工孕期、产期、哺乳期降低其工资水平。特别是女员工产假期间，照发工资，如果是按照规定缴纳了生育保险，由社保机构发放生育津贴。生育津贴的计算标准各个地区都有执行细则，若生育津贴低于员工生产前工资标准的，大部分地区要求用人单位补足差额，具体的实施细则可查询所在地区的规定。如果用人单位没有依法缴纳生育保险，则由用人单位发放产假期间的工资。

然而实操中，有的企业没有按照规定发放女员工“三期”的工资，有的企业甚至在女员工“三期”期间降低其“三期”的工资水平。

用工风险 3：解除“三期”女员工的劳动合同。

法律对于“三期”女员工给予了特殊的劳动解雇保护。即用人单位不得依照《劳动合同法》第四十条（非过错辞退）和第四十一条（经济性裁员）的规定与在孕期、产期、哺乳期的女员工解除劳动合同。

但法律对“三期”女员工的保护并不是无限的，如果女员工存在《劳动合同法》第三十九条规定的以下情形，用人单位是可以与其解除劳动合同的。

（一）在试用期间被证明不符合录用条件的；

（二）严重违反用人单位的规章制度的；

（三）严重失职，营私舞弊，给用人单位造成重大损害的；

（四）劳动者同时与其他用人单位建立劳动关系，对完成本单位的工作任务造成严重影响，或者经用人单位提出，拒不改正的；

（五）因采用欺诈、胁迫等手段或者乘人之危，使用人单位在违背真实意思的情况下订立或者变更劳动合同，致使劳动合同无效的；

（六）被依法追究刑事责任的。

用工风险 4：“三期”女员工终止劳动合同。

劳动合同期满，女职工仍在孕期、产期、哺乳期的，如果此时用人单位仍与其终止劳动合同，将被认定违法终止，并承担严重的法律后果。

1. 用人单位与“三期”女员工终止到期劳动合同，应严格依照相应的规定，将劳动合同顺延至相应的情形消失时终止。

2.《劳动合同法》第四十四条规定的劳动合同终止情形，除劳动合同期满外，其他终止情形下用人单位与“三期”女职工的劳动合同应无一例外地正常终止。至于是否需要额外补偿，用人单位可以根据当地的相关法规予以确定。

用工风险 5:“三期”女员工调岗降薪。

实践中，用人单位通过调整“三期”女员工的工作岗位，以变相达到降薪目的或借此逼迫女职工主动辞职，这些做法很可能导致不利的法律后果。

用人单位在女员工“三期”期间调整其工作岗位，以达到降薪的目的。实际上，调岗降薪对原劳动合同是一种变更的行为。《劳动法》《劳动合同法》规定订立和变更劳动合同，应当遵循平等自愿、协商一致的原则。用人单位和劳动者应当按照劳动合同的约定全面履行各自的义务。

因此，在没有协商一致的情况下，企业单方调岗降薪的行为是违法的，女职工有权要求恢复原岗位、原待遇。但是，有的企业往往会在劳动合同上附明，企业可根据经营需要、个人绩效等变更工作岗位。企业有调岗的权利，但实践中企业需要证明调整其工作岗位的合理性：是因为“三期”女员工的特殊性调岗还是因为“三期”女员工不能胜任工作调岗。总的来说，无论“三期”女员工的岗位如何变化，工资待遇都不得降低。

第三节　HR 操作建议指引

一、“三期”女员工劳动保护

关于“三期”女员工的禁忌劳动和工时特权具体如下。（参见图 11-2）

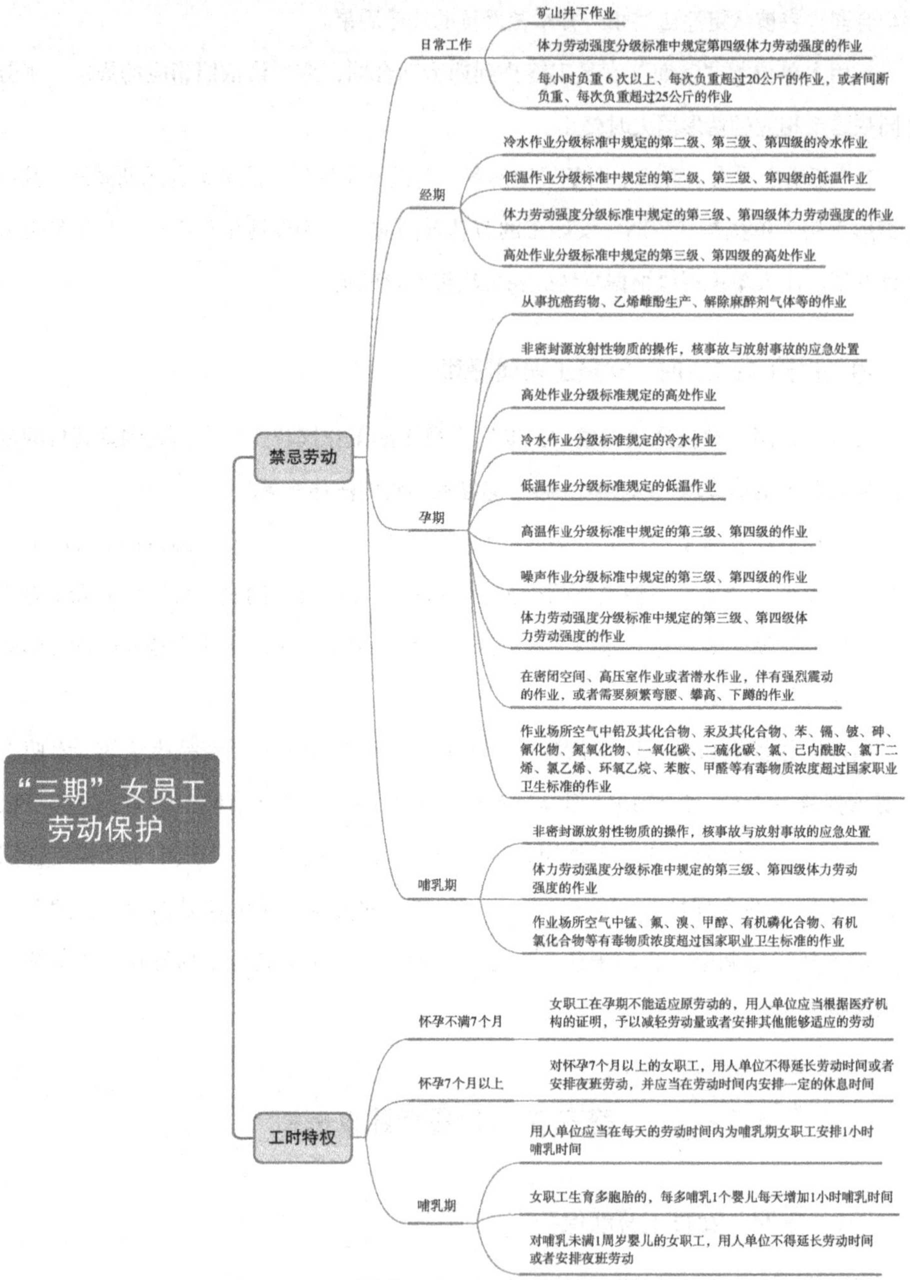

图 11-2 “三期”女员工劳动保护

二、“三期”女员工待遇

“三期”女员工待遇具体如下。（参见图 11-3）

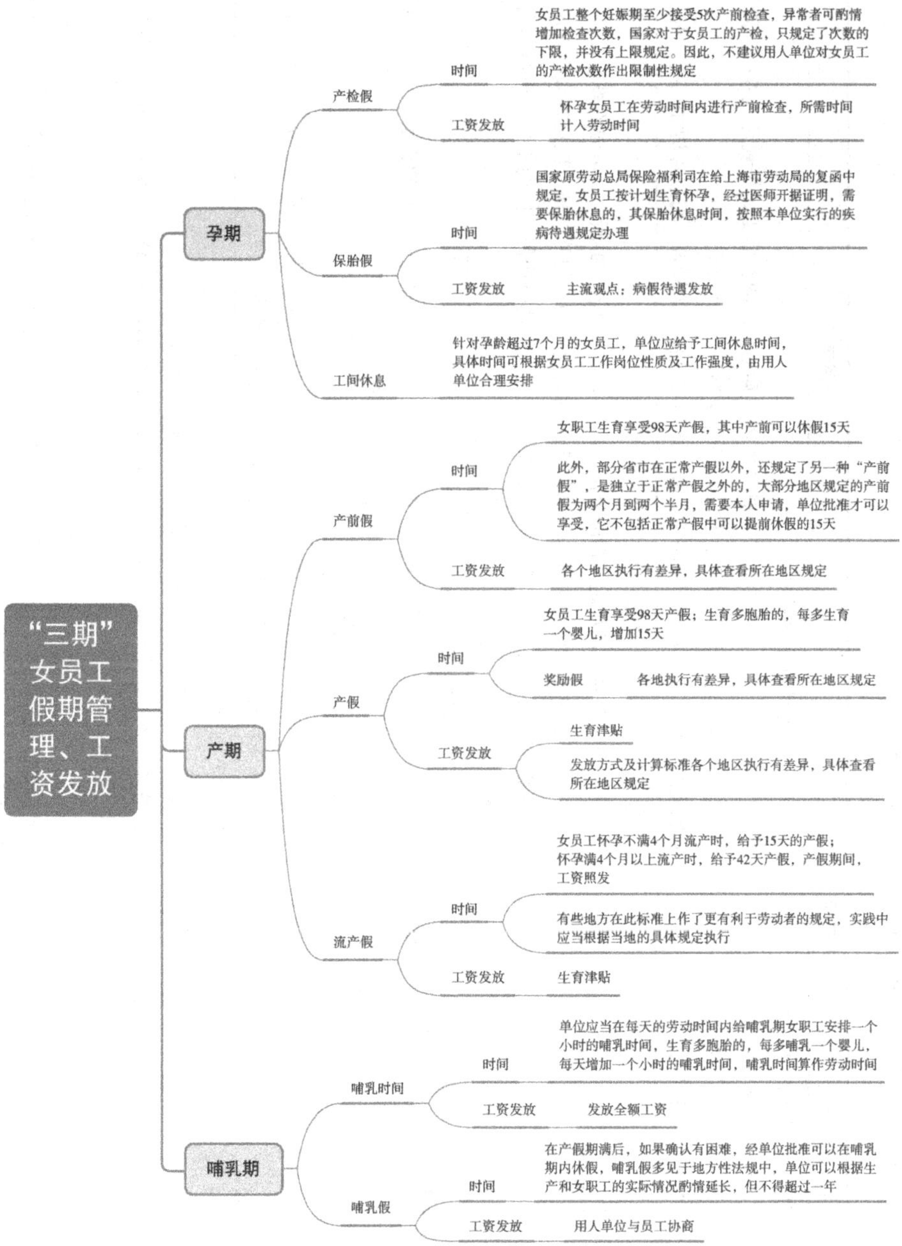

图 11-3　“三期”女员工假期管理、工资发放

三、部分省市产假、护理假天数总结一览表

地区	产假	护理假	法律依据
北京市	98+30（延长产假）=128 天，经单位批准，可再增加假期 1 个月至 3 个月	15 天	《北京市人口与计划生育条例》 第十八条　机关、企业事业单位、社会团体和其他组织的女职工，按规定生育的，除享受国家规定的产假外，享受生育奖励假三十天，其配偶享受陪产假十五天…… 女职工经所在机关、企业事业单位、社会团体和其他组织同意，可以再增加假期一至三个月。
上海市	98+30（延长产假）=128 天	10 天	《上海市人口与计划生育条例》 第三十一条　符合法律规定结婚的公民，除享受国家规定的婚假外，增加婚假七天。 符合法律法规规定生育的夫妻，女方除享受国家规定的产假外，还可以再享受生育假三十天，男方享受配偶陪产假十天。生育假享受产假同等待遇，配偶陪产假期间的工资，按照本人正常出勤应得的工资发给。
广东省	98+80（延长产假）=178 天	15 天	《广东省人口与计划生育条例》 第三十条　符合法律、法规规定生育子女的夫妻，女方享受八十日的奖励假，男方享受十五日的陪产假。在规定假期内照发工资，不影响福利待遇和全勤评奖。
深圳市	98+80（延长产假）=178 天	15 天	《广东省人口与计划生育条例》 第三十条　符合法律、法规规定生育子女的夫妻，女方享受八十日的奖励假，男方享受十五日的陪产假。在规定假期内照发工资，不影响福利待遇和全勤评奖。
重庆市	98+30（延长产假）=128 天	15 天	《重庆市人口与计划生育条例》 第二十六条　依法办理结婚登记的夫妻享受婚假十五日。 符合法律法规规定生育的女职工，在国家规定产假的基础上增加产假三十日。产假期间享受在岗职工同等待遇。 …… 符合法律法规规定生育的女职工产假期间，男方所在单位应当给予护理假十五日，护理假期间享受在岗职工同等待遇。

续表

地区	产假	护理假	法律依据
天津市	98+30（延长产假）=128 天	7 天	《天津市人口与计划生育条例》 第二十二条　符合法律、法规规定生育子女的，男方所在单位给予七日护理假，女方所在单位增加生育假（产假）三十日；不能增加生育假（产假）的，给予一个月基本工资或者实得工资的奖励。参加生育保险的，按照生育保险的规定执行……
江苏省	98+30（延长产假）=128 天	15 天	《江苏省人口与计划生育条例》 第二十七条　依法办理结婚登记的夫妻，在享受国家规定婚假的基础上，延长婚假十天。 自 2016 年 1 月 1 日起，符合本条例规定生育子女的夫妻，女方在享受国家规定产假的基础上，延长产假三十天，男方享受护理假十五天……
江西省	98+60（延长产假）=158 天	15 天	《江西省人口与计划生育条例》 第四十三条　符合法律、行政法规和本条例规定生育的夫妻，除享受国家规定的假期外，增加产假六十日，并给予男方护理假十五日……
福建省	158—180 天（含 98 天）	15 天	《福建省人口与计划生育条例》 第四十一条　依法办理结婚登记的夫妻享受婚假十五日；符合本条例生育子女的夫妻，女方产假延长为一百五十八日至一百八十日，男方照顾假为十五日。婚假、产假、照顾假期间，工资照发，不影响晋升……
湖北省	98+30（延长产假）=128 天	15 天	《湖北省人口与计划生育条例》 第三十三条　对符合法律法规规定生育的妇女，除享受国家规定的产假外，增加产假 30 天，其配偶享受 15 天护理假；产假和护理假视同出勤，工资、奖金照发……
湖南省	98+60（延长产假）=158 天	20 天	《湖南省人口与计划生育条例》 第二十一条　符合法定生育条件的夫妻，女方除享受国家规定的产假外增加产假六十天，男方享受护理假二十天。增加的产假、护理假视为出勤。
山西省	98+60（延长产假）=158 天	15 天	《山西省人口与计划生育条例》 第二十五条　依法办理结婚登记的夫妻可以享受婚假 30 日；符合本条例规定生育子女的，女方在享受国家和本省规定产假的基础上，奖励延长产假 60 日，男方享受护理假 15 日。婚假、产假、护理假期间，享受与在岗人员同等的待遇……

续表

地区	产假	护理假	法律依据
山东省	98+60（延长产假）=158 天	7 天	《山东省人口与计划生育条例》 第二十五条　符合法律和本条例规定生育子女的夫妻，除国家规定的产假外，增加产假六十日，并给予男方护理假七日。增加的产假、护理假，视为出勤，工资照发，福利待遇不变。
宁夏回族自治区	98+60（延长产假）=158 天	25 天	《宁夏回族自治区人口与计划生育条例》 第三十七条　对符合法律、法规规定生育的产妇，除享受国家规定的产假外，增加产假 60 天，并给予其配偶 25 天护理假；产假和护理假视同出勤，工资、奖金照发。
四川省	98+60（延长产假）=158 天	20 天	《四川省人口与计划生育条例》 第二十六条　符合本条例规定生育子女的夫妻，除法律、法规规定外，延长女方生育假 60 天，给予男方护理假 20 天。生育假、护理假视为出勤，工资福利待遇不变。
辽宁省	98+60（延长产假）=158 天	15 天	《辽宁省人口与计划生育条例》 第二十五条　依法办理婚姻登记的夫妻，除享受国家规定的婚假外，增加婚假 7 日；符合本条例规定生育的夫妻，除享受国家规定的产假外，增加产假 60 日，配偶享有护理假 15 日。休假期间工资照发，福利待遇不变。
河北省	98+60（延长产假）=158 天	15 天	《河北省人口与计划生育条例》 第二十八条　依法办理结婚登记的公民，除享受国家规定的婚假外，延长婚假十五天；符合法律法规规定生育子女的夫妻，除享受国家规定的产假外，延长产假六十天，并给予配偶护理假十五天。延长婚、产假期间，享受正常婚、产假待遇。
云南省	98+60（延长产假）=158 天	30 天	《云南省人口与计划生育条例》 第二十二条　机关、企业事业单位、社会团体和其他组织的工作人员登记结婚的，在国家规定的婚假外增加婚假 15 天；符合法律、法规规定生育子女的，除按照国务院《女职工劳动保护特别规定》休假外，女方延长生育假 60 天，男方给予护理假 30 天。

续表

地区	产假	护理假	法律依据
黑龙江省	180天（含98天）	15天　特殊情况可参照医疗单位意见适当延长	《黑龙江省人口与计划生育条例（2016年修正）》 第三十九条　依法办理结婚登记的夫妻享受婚假十五日，参加婚前医学检查的，增加婚假十日，假期工资照发。符合本条例规定生育子女的，女方享受产假一百八十日，假期工资照发，不影响聘任、工资调整、职级晋升；男方享受护理假十五日，特殊情况可以参照医疗单位意见适当延长，护理假期间工资照发。
陕西省	98+60（延长产假）+10（孕前检查）=168天	15天（异地居住20天）	《陕西省人口与计划生育条例（2016年修订）》 第四十八条　依法办理结婚登记的夫妻在结婚登记前参加婚前医学检查的，在国家规定婚假的基础上增加假期十天。 职工合法生育子女的，在法定产假的基础上增加产假六十天，同时给予男方护理假十五天，夫妻异地居住的给予男方护理假二十天。女职工参加孕前检查的，在法定产假的基础上增加产假十天……
吉林省	98+60（延长产假）=158天　经本人申请，单位同意，可延长至一年	15天	《吉林省人口与计划生育条例》 第四十一条　符合法律、法规规定结婚、生育的夫妻，按照下列规定给予奖励或者福利待遇： （一）依法办理结婚登记的职工，享受婚假十五天； （二）女职工凭生育情况证明增加产假六十天，同时给予男方护理假十五天； （三）子女十六周岁以前入托（园）、入学、就医等，其费用由父母所在单位根据情况给予适当补助； （四）职工在享受婚假、产假、护理假期间，按其正常工作对待，工资、奖金照发，其他福利待遇不变。 女职工经本人申请，单位同意，可延长产假至一年，产假延长期间工资按原额的百分之七十五发放，不影响调整工资、晋升级别、计算工龄。”

四、关于“三期”女员工调岗、调薪的风险点

实践中，用人单位通过调整“三期”女员工的工作岗位，以变相地达到降薪目的或借此逼迫女员工主动辞职。这些做法可能导致不利的法律后果。

1. 无论是否调整工作岗位，对“三期”女员工予以降薪是绝对违法的。

2. 对于“三期”女员工调岗的问题，用人单位应尽量与女员工协商一致解决。

3. 如与员工协商不成，用人单位单方调岗权的行使必须符合法律规定，且前后岗位具有关联性、合理性，才能避免违法的不利后果。

4. 用人单位出于对孕期女员工关心单方作出的对女职工有利的调岗，是完全可以且无需征得当事人同意的，但绝对不能降薪。

5. 对于不适合“三期”女员工从事的工作岗位，可在订立劳动合同时，对其怀孕后工作岗位的调整作出相关的约定。用人单位在该约定的基础上作出的调岗决定是合法有效的。

五、“三期”女员工劳动合同到期处理

1.“三期”女员工劳动合同到期处理流程

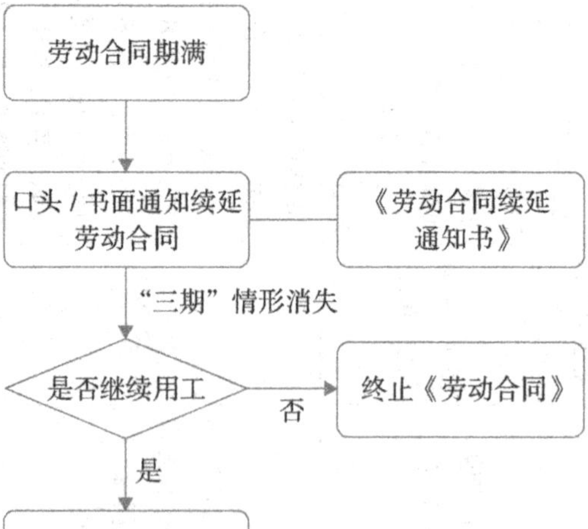

图 11-4 “三期”女员工劳动合同到期处理流程

根据《劳动合同法》第四十二条和四十五条规定，劳动合同期满，女职工在孕期、

产期、哺乳期的，劳动合同应当续延至相应的情形消失时终止。因此，当女职工进入孕期后，即使劳动合同期满也应当续延至哺乳期结束之后才能终止，用人单位必须做的是“续延”而非“续签”。

2. 用工流程操作指引注意事项

（1）女员工在“三期”期间劳动合同到期，符合《劳动合同法》法定续延的情形，不能按照劳动合同终止处理。

（2）“三期”女员工劳动合同续延，可以采用口头形式，也可以采用书面形式。我们建议用人单位在实操中采用书面形式。须注意的是，“三期”女员工合同到期，用人单位一定不要与“三期”女员工签订新的劳动合同，这样会计入劳动合同次数。

（3）采用书面形式续延劳动合同，可以与员工签订《劳动合同续延通知书》。

（4）“三期”情形消失，用人单位应根据企业的实际情况，决定是否继续用工。

（5）用人单位在女员工“三期”结束后，不准备继续用工，需要在“三期”情形消失时，确认能合法终止劳动合同后，再与员工办理终止劳动合同手续。

（6）用人单位在女员工“三期”结束后，准备继续用工，需要在“三期”情形消失时，签订《劳动合同》，否则可能会产生未签订劳动合同的二倍工资。

第四节　用工风险防范工具

工具一：“三期”假期确认单

1. 工具说明

为明确女员工“三期”的具体时间，是否已经休完“三期”及明确“三期”的期限等制作本表单。

2. 适用范围

适用于“三期”女员工。

3. 规避风险

公司通过本表单，一般可解决如下问题或规避如下法律风险：

- 证明女员工已经享受“三期”待遇；
- 证明女员工享受“三期”的时间。

4. 核心工具

“三期”假期确认单

姓　名		部　门		职　位	
“三期”时间	孕期：______年___月___日至______年___月___日 生产日期：______年___月___日 哺乳期：______年___月___日至______年___月___日				
请（休）假类型	□产检假　□保胎假　□产假　□哺乳假　□流产假　□节育假 □其他				
休假时间及证明	自______年___月___日至______年___月___日，共___天 证明材料： 员工签字： ______年___月___日				
部门负责人意见	意见： 负责人签字： ______年___月___日				
人力资源部意见	意见： 负责人签字： ______年___月___日				
主管领导意见	意见： 领导签字： ______年___月___日				
备注： 1.“三期”女工因故请假须事先填写请假单并办妥请假手续后，方可离开工作岗位。如遇特殊情况不能亲自办理请假手续者，须于当日内委托同事、亲属或以电话报告部门主管获得批准并于假期届满后上班的第一天办理补假手续。 2. 未经核准而先行离开工作岗位，或假期已满未准续假仍不上班者以旷工论处。 3. 谎报请假事由经查实者以旷工论处。 4. 请假须依规定提供相关病历资料及证明文件。 5. 员工应于假期届满之次日起准时上班，公司不再另行通知。					

作为员工休产检假的依据。

员工一般是在生产日期前15天可以开始休产假。

作为员工休哺乳期的依据。

女员工三期期间的假期期限已经明确规定，但是对于休假的条件没有明确规定，因此，用人单位应在规章制度中明确规定休假应提交的材料等，比如休产检假，可以要求员工提交医院的证明。

审批流程，按照公司的规章制度执行，建议根据请假的次数、时间长短等逐步加大审批的难度。

具体的规定应结合公司的规章制度进行修改、调整。

工具二：女工“三期”制度核心规定

女工“三期”制度核心规定

1. 产前检查及保胎：女员工参加产前检查的应提前请假，以医院出具的医疗证明为准，产检时间不扣发任何工资和福利待遇，不需检查的情况下应正常出勤。特殊情况下，因流产先兆、早产先兆请休保胎假的，需提供三甲医院的相关证明，视同病假处理。 2. 产前假：员工可在预产期前 15 天开始休产假（以医院医疗证明为准），休产假前需提前请假并妥善安排工作；产假休假申请需逐级签批至总经理。 3. 产假津贴：员工须于分娩后提供《子女出生医学证明》原件及复印件；产假津贴按当地社会保险规定执行；产假期间不享受公司任何形式的补助和福利；未做妊娠登记，且终止妊娠的按病假处理。 4. 违法产假：员工违反《婚姻法》及计划生育规定等国家法律法规，不享受产假期间的相关待遇。

第五节　知识答疑

1. 生育津贴和工资可以同时享受吗？

根据《社会保险法》的规定，用人单位已经缴纳生育保险费的，其职工享受生育保险待遇；所需资金从生育保险基金中支付。但生育津贴的计算标准，大多是按照职工所在用人单位上年度职工月平均工资来计发的，这就出现了生育津贴和产前工资不一致的问题。因此，实操中，当生育津贴低于本人工资标准的，用人单位应当补足相应差额。对于这种操作方式，部分省市地区也有明文规定（如浙江省、湖南省）。

此外，由于各地区对于生育津贴的发放渠道不同，如果津贴直接发向用人单位，用人单位应在女职工产假期间先行垫付生育津贴，待产假休满后再向社会保险机构申请报销，对此，部分地区也有明文要求，如广东、深圳；如果津贴直接发给女员工本人，则单位无需垫付。

2. 如果是违法生育，可以享受产假及产假待遇吗？

国家仅规定，劳动者违反计划生育政策生育，不能享受产假工资待遇，同时，妊娠、分娩期间的一切医药费用均由本人承担。但是基于女员工生育这一事实，用人单位应当给予女员工产假。

3. 哺乳时间是否可以折算成周 / 月来休？

现实中，部分女职工因单位离家较远，如：女职工在市区居住，却在郊区工作，上下班需乘坐班车的情况，女职工哺乳期无法享受哺乳时间，因此用人单位提出将哺乳时间进行折算，集中休息，这种情况需要征得女员工的同意，建议双方以书面形式进行约定，避免日后发生争议。

4. 入职隐瞒婚育信息，可以欺诈为由解除劳动合同吗？

劳动合同签订中的虚假陈述构成欺诈是用人单位行使解雇权的依据。所谓欺诈，是一方当事人故意告诉对方虚假情况，或者故意隐瞒真实情况，诱使对方当事人作出错误意思表示的行为。

若劳动者隐瞒的事项，并非其从事该职位的实质要件或基本技能条件，其已婚与否并不影响其与用人单位之间劳动合同的效力和履行以及合同目的的实现，且该事项涉及劳动者个人隐私的，用人单位便不得以劳动者构成欺诈为由，据此解除劳动合同。

5. 若女员工产假逾期，可按旷工处理吗？

女职工的98天产假，包括产前的15天及产后的83天。然而预产期只是一种预测，实践中很难保证产前恰好休15天，产后恰好休83天。因此，对于错后生育的员工，很多用人单位错误地认为，产假只要休满98天，即便产后未休满83天，也应当上班。并将未如期上班的女员工，视为旷工。因此用人单位很可能会被认定为违法解除劳动合同。

对于休产假的女员工，若提前生育，可将不足的天数和产后假合并使用；若推迟生育，超出的天数可按病假处理。

第六节　地方性法规参考

◆《上海市女职工劳动保护办法》

第十六条　女职工生育后，若有困难且工作许可，由本人提出申请，经单位批准，可请哺乳假六个半月。

第十八条　女职工在产假期间的工资照发。按本规定享受的产前假和哺乳假的工资按本人原工资的百分之八十发给。单位增加工资时，女职工按规定享受的产前假、产假、哺乳假、应作出勤对待。

◆《广东省人口与计划生育条例》

第三十条　符合法律、法规规定生育子女的夫妻，女方享受八十日的奖励假，男方享受十五日的陪产假。在规定假期内照发工资，不影响福利待遇和全勤评奖。

第三十一条 职工接受节育手术的，享受国家规定的假期。同时施行两种节育手术的，合并计算假期。在规定假期内照发工资，不影响福利待遇和全勤评奖。

◆《深圳市中级人民法院关于审理劳动争议案件的裁判指引》

一百〇一 用人单位违法解除与“三期”内女职工的劳动合同，女职工要求继续履行劳动合同的，应撤销用人单位解除劳动合同的决定，双方继续履行劳动合同；造成该女职工工资收入损失的，用人单位还应支付违法解除劳动合同期间的工资。在案件处理过程中劳动合同期限届满的，应在撤销用人单位解除劳动合同决定的同时，认定双方劳动合同终止，判令用人单位支付女职工工资和福利待遇至劳动合同终止之日以及终止劳动合同的经济补偿。

女职工未要求继续履行劳动合同或劳动合同已经不能继续履行的，应认定双方劳动合同解除，并依据《劳动合同法》第四十八条和第八十七条的规定，由用人单位支付违法解除劳动合同赔偿金。

◆《天津市工资支付规定》

第二十三条 劳动者依法享受年休假、探亲假、婚丧假以及女职工生育（产）假、计划生育手术假等假期期间，用人单位应当按劳动合同约定的工资标准支付劳动者工资，约定不明确的，按本人休假前12个月平均实得工资支付劳动者工资。

◆《浙江省女职工劳动保护办法》

第十六条 女职工参加生育保险的，按照本办法规定的产假天数享受产假期间的生育津贴。生育津贴按照用人单位上年度职工月平均工资的标准由生育保险基金支付，用人单位不再支付产假期间工资。生育津贴计发标准高于女职工产假前工资标准的，用人单位不得克扣差额部分；低于女职工产假前工资标准的，有条件的用人单位可以对差额部分予以补足。

女职工未参加生育保险的，由用人单位按照女职工产假前工资标准支付其产假期间的工资。

◆《江西省女职工劳动保护特别规定》

第十三条 女职工产假期间的生育津贴，对已参加生育保险的，按照用人单位上年度职工月平均工资的标准由生育保险基金支付；对未参加生育保险的，按照女职工产假前十二个月平均工资的标准由用人单位支付……

5

CHAPTER

第五篇

培训服务、竞业限制、保密期

HUMAN RESOURCES RISK MANAGEMENT

第十二章 ┃ 培训服务期管理

第一节　用工场景

劳动关系中的服务期，是指劳动者因接受用人单位提供的专业技术培训而向用人单位承诺自己必须为用人单位服务的最短期限。在实际用工过程中，有些企业为了留住核心员工，通常会向员工提供住房、汽车、户口等特殊福利待遇，然后与员工约定服务期，然而这样的服务期约定就真的符合法律规定吗？

另外，用人单位出资对员工进行专项技术培训后，员工的市场价值往往会相应地提高。如果用人单位的薪资水平、职业平台不再符合其职业发展需求时，员工可能以支付违约金为代价换取更好的工作环境与发展机遇。那用人单位是否真的有必要约定服务期呢？

同时，按照相关法律规定，如果用人单位出现《劳动合同法》第三十八条规定的情形，对履行服务期义务的员工可以单方解除劳动合同，不属于违反服务期条款约定，这样用人单位将丧失要求其承担违约金责任的权利。那用人单位是否真的能保证自身合规建设，对于违反服务期约定的员工行使相应的追究权利呢？

因此，法律上的服务期，在保护用人单位利益的同时，也在方方面面约束着用人单位的权利。所以，用人单位有必要了解培训与服务期管理的用工风险，进行合规化管理。

第二节　风险提示

用工风险1：未书面约定服务期。

劳动关系中的服务期是指劳动者因接受用人单位提供的专业技术培训而向用人单位承诺自己必须为用人单位服务的最短期限。它是用人单位与劳动者的约定义务，如果用人单位为了提升自身行业竞争力，给劳动者提供专项培训以期劳动者能够给其带来更大的经济利益时，就需要与员工签订培训协议约定员工服务期限。

《劳动合同法》第二十二条规定，“用人单位为劳动者提供专项培训费用，对其进行专业技术培训的，可以与该劳动者订立协议，约定服务期”。如果用人单位未与劳动者就专项培训订立书面形式的服务期条款或协议，那么以后一旦发生纠纷，用人单位就丧失要求员工履行服务期的权利。

用工风险 2：用工单位对派遣工约定服务期。

劳务派遣制度实行以后，一些企业出于管理或者经济效益等原因的考虑，大量采用了这种招人与用人制度分离的新型用工制度。在一些劳务派遣用工企业中，出现了为劳务派遣工提供专项技术培训的情形。由于培训服务期制度的基础为劳动关系，所以一旦劳务派遣工培训归来后不履行服务期协议，劳务派遣用工单位因与其不存在劳动关系，维权将陷入尴尬的境地。

用工风险 3：对入职培训、免费培训等义务性培训设定服务期。

《劳动合同法》第二十二条明确规定了用人单位可以与劳动者约定服务期的条件为：（1）由用人单位承担培训费用;（2）不属于用人单位基于履行法定义务而对劳动者进行的培训。用人单位为员工提供的免费培训不符合上述第（1）点的要求，而入职培训则是用人单位对员工应当履行的义务，用人单位不能以上述两种性质的培训要求员工承诺服务期。否则，即使双方签订了培训协议，约定了服务期，其服务期约定对员工都将不产生法律约束力。

用工风险 4：对劳务输出性质的海外工作设定服务期。

在很多外资企业中，用人单位为劳动者提供“海外研修”的机会，在出国之前与劳动者签订《培训服务期协议》，约定一定年限的服务期。然而，劳动者到海外后发现所谓的研修其实跟出国前从事的工作相同，没有任何专业技术上的培训和提升。那用人单位以这种名为培训实为劳务输出性质的海外工作与员工约定服务期，因其性质不符合专项技术培训的要件，其培训服务期协议对劳动者不产生法律约束力。

用工风险 5：培训费用范围违反法律规定。

《劳动合同法实施条例》第十六条明确界定了用人单位为劳动者支付的专项培训费用

具体包括以下几项：1. 有支付凭证的培训费用；2. 培训期间的差旅费用；3. 因培训产生的用于该劳动者的其他直接费用。可见法律要求可以列为培训费用的都是基于培训而由用人单位支付的费用。实务中存在一些用人单位将培训期间基于与劳动者劳动关系而支付的工资及各项社保福利等费用也列入培训费用的范畴，而这些费用因不符合法定的培训费用要件，在劳动仲裁与诉讼中不能得到支持。

用工风险 6：劳动合同期满但服务期尚未到期，劳动合同期限自动顺延。

在实务中，服务期的期限不受劳动合同期限的限制，可能会长于或等于劳动合同期限，又可能会短于劳动合同期限。《劳动合同法实施条例》第十七条规定，“劳动合同期满，但是用人单位与劳动者依照《劳动合同法》第二十二条的规定约定的服务期尚未到期的，劳动合同应当续延至服务期满；双方另有约定的，从其约定”。用人单位需要明确的是当劳动合同期限届满，服务期尚未届满时，如果双方没有特别约定，劳动者和用人单位任何一方都不得随意终止合同，否则就得承担相应的法律责任。在此基础上，当劳动者培训归来不符合用人单位用工需求时，用人单位放弃服务期约定的权利将受到限制。

用工风险 7：用人单位为员工提供特殊福利待遇时约定服务期。

在实际用工过程中，有些企业为了留住核心员工，通常会向员工提供住房、汽车、户口等特殊福利待遇，然后与员工约定服务期。《劳动合同法》颁布后，此种情况下的服务期约定已经不再允许，所以企业应当适时调整观念，通过其他方式对员工进行约束。否则，一旦产生纠纷，用人单位将很难维护自己的合法权益。

用工风险 8：违约金高于专项技术培训费用。

《劳动合同法》中服务期协议的违约金与《民法典》中违约金的法律性质并不一致，其是填平性质的补偿不带有惩罚性，仅是为了弥补劳动者提前离职给用人单位带来的预期利益落空的损失，故如果在员工未履行服务期协议的情况下，其数额不得超过用人单位为劳动者支付的培训费用，如果约定的违约金数额超过用人单位实际支付的培训费用，便无法得到劳动仲裁或人民法院的支持。

用工风险 9：员工主动辞职，以违约金为代价放弃履行服务期。

用人单位出资对员工进行专项技术培训后，员工的市场价值往往会相应地提高，如果用人单位的薪资水平、职业平台不再符合其职业发展需求时，员工可能以支付违约金为代价换取更好的工作环境与发展机遇。再加上，行业不正当竞争的存在，有些用人单位对于一些急需的高科技人才，往往愿意为其支付此笔违约金，使得服务期员工是否诚实遵守服务期约定更加具有不稳定性。

第三节　HR 操作建议指引

培训与服务期流程具体如下。（参见图 12-1）

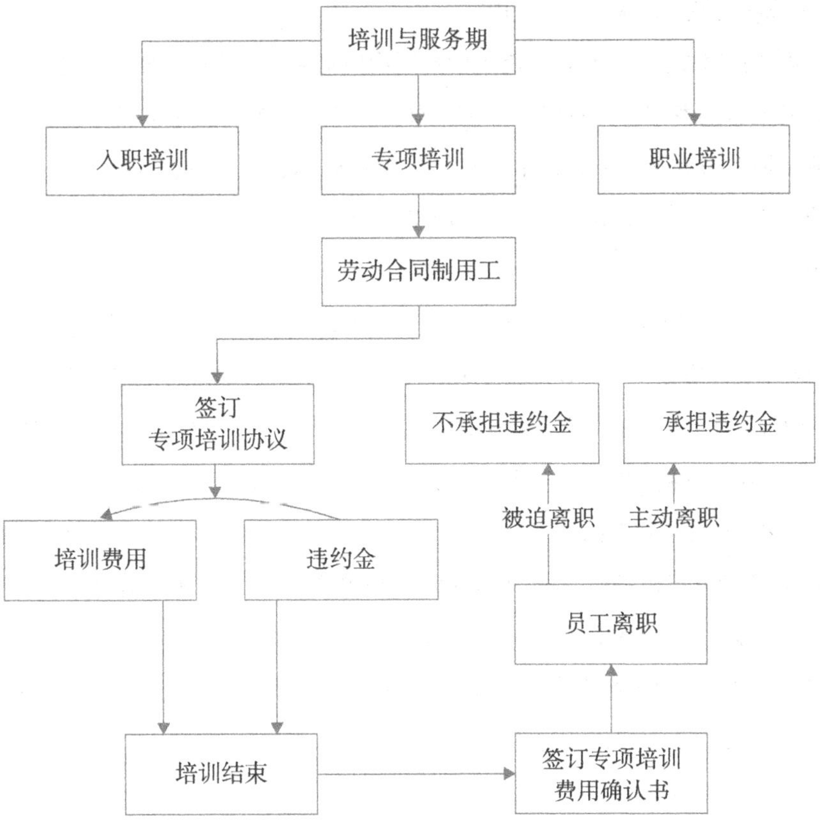

图 12-1　培训与服务期流程

1. 区分培训的性质：企业培训按性质划分可以分为入职培训、职业培训和专项培训。用人单位为劳动者提供专项培训费用且对其进行专业技术培训的，才可以与该劳动者订立协议，约定服务期。因此，细化企业专项培训制度，明确界定可以约定服务期的培训性质。用人单位应对企业入职培训等义务性培训与专项技术培训进行严格区分。

2. 区别劳动用工还是其他劳务用工：细化企业专项技术培训的适用对象，禁止对劳务派遣用工进行专项技术培训。用工单位如果确实需要对劳务派遣员工进行专项技术培训，可以采取以下方式：第一，与劳务派遣单位进行协商，由劳务派遣单位对员工进行培训，签订培训服务期协议，用工单位对相关费用进行报销；第二，员工直接与用工单位建立劳动关系。

3. 要求书面形式的条款或协议：结合企业自身特点及培训费用等相关信息，制定明确的培训协议，约定服务期的计算起点、服务期限的长短、培训费用、违约金条款、劳动合同期限和服务期期限关系处理等内容。

4. 培训费用要合法：在培训制度中要明确约定培训费用的范围，将基于劳动关系向劳动者支付的费用剔除在培训费用之外。用人单位在与劳动者的培训协议中，明确列明培训费用范围，将培训补贴等直接费用纳入其中。明确界定培训费用的范围、构成及计算方式。对于事先不能确定的费用，可以要求员工事先垫付，培训后凭发票报销。

5. 违约金设计要合规：根据企业实际支付的培训费用的数额，在培训协议中明确约定当劳动者未履行服务期协议时，需要向用人单位支付的违约金为其培训费用总额。在培训协议的违约金条款中明确列明违约金计算方式：违约金＝培训费用 ÷ 总服务期限 ×（服务期限－已履行服务期限），其中剩余期限不足一个月按照一个月计算。

6. 落实培训费用数额：在培训结束时，用人单位要让员工签订专项培训费用确认书，对员工的培训费用及时进行整理，保留相关培训费用的支付凭证和报销材料。

7. 员工辞职进行追偿违约金：规范企业用工制度，防止用人单位在用工过程中出现《劳动合同法》第三十八条所规定的情形。加强对服务期员工的跟踪管理工作，积极与服务期员工沟通，了解其思想动向。

第四节 用工风险防范工具

工具一：专项培训管理制度

1. 工具说明

该管理制度是针对公司为员工出资提供专项技术培训进行有效管理的制度。具体而言，公司出资对员工进行专业知识和技能的培训时，公司就享有与员工签订专项培训协议约定服务期的权利。从制订专项培训计划到培训结束，公司都要对员工进行合理的安排和管理。在培训期间，要明确公司和员工的义务，以便区分责任，当一方违反自己的义务时就要承担相应的法律责任。因此，该制度应为公司的必备制度之一。

2. 适用范围

本制度用于规范公司的专项培训管理工作，适用于与公司建立劳动关系的全体员工，尤其是公司现有的专业技术人员与中高层管理人员。在公司为员工出资提供专业技术培训时，公司将依据该制度对员工进行管理。

3. 规避风险

公司通过专项培训管理制度，一般可解决如下问题或规避如下法律风险：

- 只有公司出资的培训能够提高员工的专业知识和技能，公司才可以与员工签订专项培训协议约定服务期；
- 专项培训计划如何制订；
- 专项培训协议如何签订；
- 服务期期限如何确定；
- 在培训期间，公司如何对员工进行管理，员工应承担的义务有哪些；
- 在培训期间，员工的工资待遇如何发放；
- 培训费用如何确认；
- 违约金数额如何确定；
- 员工在服务期离职应承担哪些法律责任。

4. 核心工具

专项培训管理制度是对针对公司出资进行专业知识和技能培训的员工进行有效管理。

与公司建立劳动关系的每一个员工都有可能成为被培训的主体。尤其是公司的专业技术人员和中高层管理人员更有可能成为被培训的主体。

该条指出了培训的性质只能是专业知识和技能的培训，其他的一般培训不属于本制度的管理范围。

该条指出了进行专项技术培训时公司应该遵守的原则。

该条指出了专项培训的需求是由谁提出，然后由谁负责汇总专项培训的需求。

该条指出了公司制订培训计划的步骤。首先，要确定培训计划的制订和实施部门；然后，各部门要配合人力资源部的工作。其次，人力资源部要确定培训的时间、地点、内容、培训方式和培训形式。再次，确定培训人员名单。最后，确定培训的费用，形成一个完整的培训计划。

在公司确定培训人员之后，要与员工签订专项培训协议，以便公司能够与员工约定服务期，在员工违约的时候让员工承担相应的违约金责任。

该条指出了公司组织的培训，公司与员工签订专项培训协议的时机。

专项培训管理制度

1. 目的

为了满足公司对具有专业知识和技能员工的需求，公司需要对员工的专项技术培训进行有效的管理，特制定本制度指导公司的专项技术培训活动。

2. 适用范围

本制度适用于公司全体劳动合同制员工。

3. 培训性质

本制度只针对公司对员工所进行的专项技术培训管理。本制度中的专项技术培训是指需要公司出资并且能够提高员工专业知识和专业技能的培训。在培训期间，公司可以与员工签订培训协议，约定服务期。

4. 培训原则

公司在对员工进行专项技术培训时，应该有计划、分批、分阶段地实行。按照公司对人员的需求，确定合适的人员参加专业技术培训。

5. 专项培训的提出

- 公司根据自身的发展情况提出对员工进行培训的要求；
- 各部门根据本部门对专业知识和技能员工的需求，提出培训的需求；
- 员工需要提高专业知识和技能向部门主管提出培训的需求；
- 人力资源部汇总公司与各部门对员工进行培训的需求，制订培训计划。

6. 培训计划的制订

人力资源部是员工培训工作的管理部门，其负责以下工作：

- 负责公司员工培训计划的编制和实施工作；
- 负责与员工签订专项培训协议；
- 负责监督培训协议的落实情况。

确定培训的具体时间、地点、内容、培训方法和培训形式。

各部门要配合人力资源部的工作，把自己部门需要培训的情况告知人力资源部，由人力资源部统筹和安排。

7. 确定培训费用

（1）培训费用具体项目

根据培训内容以及培训人员的数量来大致确定培训费用的金额。培训费用具体包括以下几项：有支付凭证的培训费用；培训期间的差旅费用；因培训产生的用于员工的其他直接费用。

（2）专项培训协议的签订

在人力资源部制订培训计划且确定人员名单后，公司应当与接受培训的员工签订专项培训协议。具体如下：

①公司组织的培训

公司制订培训计划、确定培训人员之后，人力资源部应当与培训人员签订专项培训协议，与员工约定服务期和违反服务期应承担的违约责任，并明确其他相关的权利和义务。

②员工自己参加的培训

员工自己参加培训时，如公司提前同意支付培训费用，公司在培训之前与员工签订专项培训协议。

如果公司事后同意报销员工的培训费用，公司可以在员工要求报销培训费用时与员工签订专项培训协议。

8. 服务期期限的确定

服务期是公司与员工约定的，在员工进行专项培训后，为公司服务的最低年限。公司需要根据公司对员工的需求以及为员工出资的培训费用来确定服务期期限。

根据不同的培训形式，服务期的起算点分为以下几种情况：

- 脱产培训：员工脱产培训的，服务期的起算点为员工培训结束后到公司上班的第一天。
- 半脱产培训：员工半脱产培训的，服务期的起算点为员工向公司提交经培训取得的合格证书之日。
- 不脱产培训：员工不脱产培训的，服务期的起算点为员工向公司提交经培训取得的合格证书之日。

9. 服务期与劳动合同期限发生冲突的处理

服务期长于劳动合同期限时，劳动合同期限自动延长至服务期期限届满。但是公司有权选择放弃服务期利益，可以在劳动合同到期时与员工终止劳动合同。

10. 对员工培训期间的管理

员工须在培训期限内参加完全部培训课程，认真学习并掌握相应的技术和相关专项知识，准时通过有关的培训考试或取得相关证书。

员工在培训期间所获悉的商业秘密归属公司，应严格按照公司保密制度及保密协议的要求遵守保密义务。

培训结束后一周内，员工须给人力资源部提交培训费用发票凭证原件及复印件、培训课件资料、培训证书原件及复印件和培训总结，人力资源部核查属实后即可将复印件存档。如果员工培训结束后不能通过考核，员工需要返还公司支付的培训费用。

员工在专业技术培训期间，应当每月以书面形式向公司报告培训情况，并附培训机构对员工的培训成绩、培训评定等相关考核的记录。

员工培训结束后，应当及时回到公司报到。

11. 培训期间的工资待遇

员工在培训期间，工资待遇正常发放。具体发放办法依据公司薪酬福利管理制度或双方约定执行。

12. 违约金数额的确定

根据相关法律法规，员工违反服务期约定的，违约金的数额不得超过公司提供的培训费用。公司应当按照支付的培训费用与员工约定违约金数额。

13. 对服务期内员工的管理

对在服务期内的员工，公司应当按照正常工资调整机制调整员工的劳动报酬。

该条指出了员工自己参加的培训，公司与员工签订专项培训协议的时机。

公司与员工约定的服务期期限不宜太长，也不宜太短，太长的服务期可能导致服务期到期公司需要与员工签订无固定期限劳动合同；太短的服务期对员工的约束力低，达不到公司的用人需求。

该条指出了服务期期限与劳动合同期限不同时的处理方式，尤其是在服务期长于劳动合同期限时的处理。以避免员工以劳动合同到期为由，不再履行未到期的服务期期限，使公司遭受不必要的损失。

该条指出了员工在培训期间，需要完成的培训任务。

该条指出了员工在培训期间的保密义务，如果员工不保守秘密，将要承当相应的法律责任。

该条指出员工培训结束后，要及时到人力资源部报到，并且要提交相应的票据、培训资料和培训证书等给人力资源部查证，以确定员工培训的费用、员工培训合格的情况。

该条指出了员工在培训期间需要每月向公司报告培训的情况，以便公司了解员工培训的状况，为以后评判员工培训是否合格的依据。

培训期间，公司与员工的劳动关系是存续的，公司应该正常发放工资待遇。如果公司想较少地支付工资，只能考虑调整工资结构。

违约金的数额与培训费用的数额息息相关，违约金的数额不能超过培训费用的数额。

根据劳动合同法的规定，在服务期内，公司也需要根据规定提高员工的劳动报酬，并且公司不能出现造成员工被动辞职的情况，否则当员工据此辞职时，不能向其主张违约金责任。

1. 该条指出了员工服务期内离职的法律风险：员工无故离职或者故意违反公司规章制度，公司解除劳动合同时，员工仍然要承担违约金责任。
2. 指出了违约金的计算方式。

14. 员工在服务期内离职需要承担的法律责任

如果员工违反服务期约定，在服务期内离职，员工将承担支付违约金的法律责任。违约金的数额根据员工未履行的服务期的年限折算。

如果员工出现《劳动合同法》第三十九条规定的情形，公司可解除与员工签订的劳动合同，而服务期未满，员工也要承担未履行完的服务期所应分摊的培训费用。

上述违约金的计算方式为：培训费用 ×（未履行服务期限 ÷ 服务期限）×100%。

15. 附则

工具二：专项培训协议核心条款

1. 工具说明

专项培训协议是针对公司对员工进行专业技术培训的情况下，公司才可以与员工签订并且约定服务期。如果员工违反该协议，需要根据该协议承担相应的违约责任。

2. 适用范围

本协议适用于公司为员工出资进行专业知识和专业技能的培训，而应当签订的合同。主要针对的是公司现有专业技术人员与中高层管理人员。

3. 规避风险

公司通过本协议，一般可解决如下问题或规避如下法律风险：

- 签订专项技术培训协议的主体问题；
- 确定培训费用，进而确定违反服务期约定的违约金数额；
- 服务期限的年限，从而确定每年应分摊的培训费用；
- 员工在培训期间的义务，员工违约应当承担的违约责任。

4. 核心工具

专项培训协议

甲方：________________ 法定代表人：________________
联系电话：________________ 地址：________________
乙方：________________ 身份证号码：________________
联系电话：________________ 地址：________________

鉴于甲方与乙方签订专项培训协议是为适应甲方经营发展，提升乙方的专业知识和技能，根据《劳动法》、《劳动合同法》、双方的《劳动合同》以及其他相关法律法规的规定，甲乙双方本着自愿、平等的原则，经协商一致，同意签订本专项培训协议，以资共同遵守。

1. 培训时间

乙方参加本次培训的时间从________年____月____日起至________年____月____日止。

2. 培训地点

乙方到____________________________（地点）参加专业技术培训。

3. 培训内容

根据甲方对乙方专业知识和技能的需求以及乙方本身的工作能力，甲方会给乙方安排不同的培训内容。本次安排的培训内容：____________

4. 培训形式

根据本次培训内容，采用（□脱产 □半脱产 □不脱产）培训形式。

5. 培训费用______元

6. 甲方在培训期间的义务

甲方承担乙方专项技术培训的培训费用。

采用脱产或半脱产形式培训的，甲方对乙方接受专业技术培训的时间，应计入工作时间之内，按连续工龄累计。

乙方在专业技术培训期间，甲方应该正常发放工资待遇。

7. 乙方在培训期间的义务

乙方在培训期间应当遵守培训纪律，准时参加培训，不得缺席，否则按照旷工处理。

由于乙方个人原因终止培训，甲方将不承担乙方的培训费用，甲方已经支付的培训费用可以要求乙方返还。

乙方须在培训期限内参加完全部培训课程，认真学习掌握相应的技术和相关专项知识，准时通过有关的培训考试或取得相关证书。

乙方在培训期间所获悉的商业秘密归属甲方，乙方应严格按照甲方保密制度及保密协议的要求遵守保密义务。

8. 服务期期限

（1）经甲乙双方协商一致，乙方的服务期为______个月。

（2）乙方服务期起算点按照下述第____项确定：

- 乙方脱产培训的，服务期的起算点为乙方培训结束后到甲方上班的第一天。
- 乙方半脱产培训的，服务期的起算点为乙方向甲方提交经培训取得的合格证书之日。
- 乙方不脱产培训的，服务期的起算点为乙方向甲方提交经培训取得的合格证书之日。

服务期限短于劳动合同期限的，以约定的服务期限为准；服务期限长于劳动合同期限的，劳动合同期限顺延至服务期满。但是如果甲方自愿放弃服务期利益，以劳动合同到期终止劳动关系的，乙方无须再履行剩下的服务期，双方劳动关系终止，乙方无须承担违约责任。如因顺延至服务期满导致出现应签订无固定期限劳动合同情形（如连续工作10年以上等）的，待服务期满后，劳动合同依法终止，甲乙双方不因该情形而签订无固定期限劳动合同。

此为协议的前言部分，一般包括如下内容：1. 订立协议双方的主体资格问题；2. 订立协议的目的；3. 订立协议所依据的法律法规；4. 订立协议所依据的原则；5. 订立协议时双方的意思表示。

1. 协议的必备条款；2. 期限一般具体到年月日，在不能精确到日的时候，可以到年或者月。

1. 协议的必备条款；2. 甲方可以跟乙方协商确定，应当是具体到点。

1. 协议的必备条款；2. 甲方需要让乙方知道培训的具体内容，乙方有选择参加或者不参加的权利。

1. 协议的必备条款；2. 该条是为了约定培训形式，不同的培训形式，甲方与乙方的义务是不同的。

1. 协议的必备条款；2. 该条款约定了甲方在培训期间应当承担的义务，甲方必须遵照执行，如果违反，甲方将承担相应的责任；3. 甲方主要的义务是支付培训费用和发放乙方工资。

1. 协议的必备条款；2. 该条款是很重要的条款，约定了乙方在培训期间应当履行的义务，以及违反义务要承担的责任。

1. 协议的核心条款，服务期的约定可以确保培训结束后乙方来甲方上班的服务期限。2. 服务期的年限不宜过长，由双方协商一致确定。

1. 协议的必备条款；2. 不同的培训形式，甲方确定服务期起算点的方式也不同。

1. 协议的必备条款；
2. 当服务期期限与劳动合同期限发生冲突时的处理方式。

该约定有无效的风险。

1. 协议的必备条款。
2. 如果乙方违反服务期约定，应承担相应的违约金责任。
3. 指出了违约金的计算方式；违约金的数额与培训费用的数额以及已经履行完的服务期期限息息相关。

9. 违约责任

…………

1. 协议的必备条款；
2. 培训费用的确认主要是为了固定书面证据；
3. 违约金的数额不能超过培训费用的数额，因此确认培训费用，也是为确定违约金数额做准备。

10. 培训费用的确认

乙方在此确认，本次培训费用为人民币________元，甲方已经全部承担。

11. 其他约定

…………

12. 协议生效

本协议自双方签字（盖章）之日起生效。

合同壹式贰份，甲乙双方各持壹份，具有同等法律效力。

（此后无正文）

甲方：________　　　　乙方：________

________年____月____日　　　　________年____月____日

第五节　知识答疑

1. 违反服务期约定，用人单位除主张违约金外还能否主张返还培训费用？

（2014）邯市民二终字第114号判决书的裁判观点认为，培训协议约定，劳动者在服务期内提出辞职属于违约，除应返还用人单位为其支付的培训费用外，还应支付违约金并承担因其单方辞职给用人单位造成的损失。

服务期内，劳动者提出辞职，用人单位要求劳动者退还培训费、支付违约金的，理应获得法律的支持。培训费以未履行服务期对应的培训费用为标准予以返还，违约金不得超过服务期尚未履行部分所应分摊的培训费用。

2. 以住房补贴约定服务期，劳动者若违约，用人单位能否主张返还住房补贴？

（2016）0209民初2201号判决书的裁判观点认为，以享受住房补贴为前提条件在用人单位工作的，视为服务期条款。劳动者未满工作年限而辞职的，应当返还已经领取的住房补贴。

3. 服务期要求的专项技术培训如何认定？

一般职业培训不能约定服务期和违约金。用人单位只有为劳动者提供了专业技术培训才能与劳动者约定服务期和违约金。如果用人单位仅对劳动者进行一般的职业培训则不能与劳动者约定服务期和违约金。

在司法实践中应当仔细审查用人单位提供的培训是否属于专业技术培训，然后确认是否应当适用专项培训违约金。是否属于专业技术培训可以从以下四个方面进行界定：是否签订专业技术培训协议；是否针对少数人进行专业技术培训；是否进行脱产培训学习；是否需要用人单位支付高昂的培训费用。

第六节　地方性法规参考

◆《北京市高级人民法院、北京市劳动争议仲裁委员会关于劳动争议案件法律适用问题研讨会会议纪要》

33. 用人单位为其招用的劳动者办理了本市户口，双方据此约定了服务期和违约金……用人单位以双方约定为依据要求劳动者支付违约金的，不应予以支持。如确因劳动者违反了诚实信用原则，给用人单位造成损失的，劳动者应当予以赔偿。

◆《上海市高级人民法院关于适用〈劳动合同法〉若干问题的意见》

六、劳动合同期满而约定的服务期未到期的处理

服务期是用人单位以给付一定培训费用为代价，要求接受对价的劳动者为用人单位相应提供服务的约定。用人单位依约支付相应对价后，即已完全履行自己的合同义务，是否要求劳动者履行提供服务则成为用人单位的权利。基于民事权利都可以放弃的原则，在劳动合同期满后，用人单位放弃对剩余服务期要求的，应当准许。此时，劳动合同可以终止，但用人单位不得向劳动者追索服务期的赔偿责任；用人单位继续提供工作岗位并要求劳动者履行服务期约定的，双方当事人应当继续履行。继续履行合同期间，用人单位不提供工作岗位的，视为其放弃对剩余服务期的要求，劳动合同终止。

◆《中山市中级人民法院关于审理劳动争议案件若干问题的参考意见》

6.4【服务期违约金】依据《劳动合同法》第二十二条的规定，劳动者违反劳动合同中有关服务期约定的，应当按照约定支付违约金，但属于《劳动合同法》第三十八条、第四十一条规定情形的除外。约定违约金过高的，应当依据《劳动合同法》第二十二条第二款的规定予以调整。

《劳动合同法》第二十二条中规定的“培训费用”，不包括劳动者接受专项培训期间的基本工资；“专业技术培训”是指为提高劳动者特定技能而提供的培训，不包括上岗前的培训和日常业务培训。

用人单位以劳动者违反劳动合同中有关服务期的约定为由，请求劳动者支付违约金的，应对其已为劳动者提供专项培训及具体费用等相关事实负举证责任。

◆《天津市高级人民法院关于印发〈关于审理劳动争议案件有关问题的通知〉的通知》

9. 劳动者参加用人单位出资培训所取得的各类资格证书，在劳动合同终止或劳动合同解除时，用人单位不得扣留。对用人单位已支付的培训费，按照以下原则处理：

（1）双方对培训费问题有约定的按约定处理；

（2）双方对培训费问题没有约定但有约不定期的服务期限，劳动者在约定的期限届满前提出解除合同的，应承担相应培训费用。计算方法，按照约定服务期限与已经履行的服务期间核算劳动者应承担的培训费用；

（3）双方对培训费问题没有约定，又没有约定服务期限，劳动者在劳动合同履行期限届满前提出解除劳动合同的，按照劳动合同约定的履行期限与已经履行的劳动合同期间核算劳动者应承担的培训费用；

（4）双方对服务期限或劳动合同履行期间均无约定的，酌定按5年服务期限核算。

劳动合同期满后双方终止劳动关系的，劳动者不承担培训费用。

◆《浙江省高级人民法院民事审判第一庭、浙江省劳动人事争议仲裁院关于印发〈关于审理劳动争议案件若干问题的解答（二）〉的通知》

十七、劳务派遣用工关系中，用工单位与劳动者约定服务期的效力如何认定？

答：劳务派遣单位对服务期约定予以认可的，该约定有效，服务期超过劳动合同期限的，劳动合同应当顺延至服务期满。劳务派遣单位对服务期约定不予认可的，该服务期约定无效。

◆《佛山市关于审理劳动争议案件若干问题的指导意见》

第五十一条 用人单位与劳动者约定了服务期，劳动者依据《劳动合同法》第三十八条的规定行使单方解除权或用人单位违法解除劳动合同法，用人单位不得要求劳动者支付违约金。

第五十二条 用人单位以劳动者违反服务期约定为由请求劳动者支付违约金的，应对用人单位是否为劳动者提供专项培训费用、对其进行专业技术培训的情形进行审查。

用人单位对劳动者进行的上岗前培训和日常业务培训，不应认定为专业技术培训。

劳动者接受专项培训期间的基本工资，不应认定为专项培训费用。

第十三章 | 竞业限制管理

第一节　用工场景

实践中，离职员工跳槽到竞争单位从事竞争业务或者自行开业从事竞争业务，撬走原用人单位的客户资源，泄露原用人单位的客户名单、定价方案等侵犯原单位商业秘密的纠纷屡见不鲜。用人单位出于保护自身商业秘密或者知识产权，避免由于劳动者原因导致泄露商业秘密或者侵犯知识产权的考虑，往往会约定保密义务或者竞业限制义务。《劳动合同法》第二十三条规定："……劳动者违反竞业限制约定的，应当按照约定向用人单位支付违约金。"

法律赋予了用人单位追究离职员工侵犯商业秘密的权利，可以约定竞业限制。竞业限制，顾名思义，是指用人单位与劳动者约定在解除或者终止劳动合同后一定期限内，劳动者不得到与本单位生产或者经营同类产品、从事同类业务的有竞争关系的其他用人单位任职，或者自己开业生产或者经营同类产品、从事同类业务。竞业限制对于员工的身份有特殊要求，《劳动合同法》规定履行竞业限制义务的主体范围为高级管理人员、高级技术人员和其他负有保密义务的人员，除此之外的人员不得约定劳动法意义上的竞业限制义务。除此之外，劳动法律考虑到竞业限制极大约束了劳动者的自由择业权，进行了诸多强制性规定，约束了用人单位的自由约定，用人单位稍不注意就会触碰到法律的雷区，引发劳动争议。

第二节　风险提示

用工风险 1：未及时签订竞业限制协议。

法律上的竞业限制协议签订的时间没有明确的规定。实务中，用人单位往往认为竞业限制义务在劳动合同终结时方开始，因此，在离职交接过程中要求员工签署竞业限制协议。但是竞业限制义务属于约定义务，如果双方未达成书面的竞业限制条款或协议，那么用人单位遇到员工拒不签署的情况也无有效的管控措施。

用工风险 2：竞业限制主体范围过宽。

根据《劳动合同法》的相关规定，对负有保密义务的劳动者，用人单位可以在劳动合同或者保密协议中与劳动者约定竞业限制条款，并约定在解除或者终止劳动合同后，在竞业限制期限内按月给予劳动者经济补偿。因此，劳动者履行竞业限制义务的，用人单位需要按月支付经济补偿。如果全体员工都签订竞业限制协议，无疑会增加企业的成本。

用工风险 3：竞业限制协议未约定经济补偿。

根据《最高人民法院关于审理劳动争议案件适用法律问题的解释（一）》第三十六条规定，当事人在劳动合同或者保密协议中约定了竞业限制，但未约定解除或者终止劳动合同后给予劳动者经济补偿，劳动者履行了竞业限制义务，要求用人单位按照劳动者在劳动合同解除或者终止前 12 个月平均工资的 30% 按月支付经济补偿的，人民法院应予支持。前款规定的月平均工资的 30% 低于劳动合同履行地最低工资标准的，按照劳动合同履行地最低工资标准支付。

因此，如果用人单位未在竞业限制协议中约定经济补偿，将直接按照法定标准支付员工相应的经济补偿。

用工风险 4：竞业限制期限超过二年。

根据《劳动合同法》第二十四条规定，在解除或者终止劳动合同后，前款规定的人员到与本单位生产或者经营同类产品、从事同类业务的有竞争关系的其他用人单位工作，或者自己开业生产或者经营同类产品、从事同类业务的竞业限制期限，不得超过二年。如果双方约定竞业限制期限为三年，已超出法律关于竞业限制期限不得超过二年的规定，故双方签订的竞业限制协议中超出法律强制性的第三年期间无效，劳动者在此期间无须遵守竞业限制义务。

用工风险 5：提前解除竞业限制协议。

根据《最高人民法院关于审理劳动争议案件适用法律问题的解释（一）》第三十九条规定，在竞业限制期限内，用人单位请求解除竞业限制协议的，人民法院应予支持。在解除竞业限制协议时，劳动者请求用人单位额外支付劳动者三个月的竞业限制经济补偿的，人民法院应予支持。

虽然法律赋予用人单位可以解除竞业限制协议的权利，但需要承担解除成本即额外再支付三个月的竞业限制经济补偿金。

第三节　HR 操作建议指引

竞业限制用工流程具体如下。（参见图 13-1）

竞业限制目的：约定竞业限制的目的是保护用人单位的竞争利益及商业秘密，因此用人单位在选择员工时不仅要符合《劳动合同法》的规定，即竞业限制义务的主体范围为高级管理人员、高级技术人员和其他负有保密义务的人员，还要从自身实际出发考虑人选。

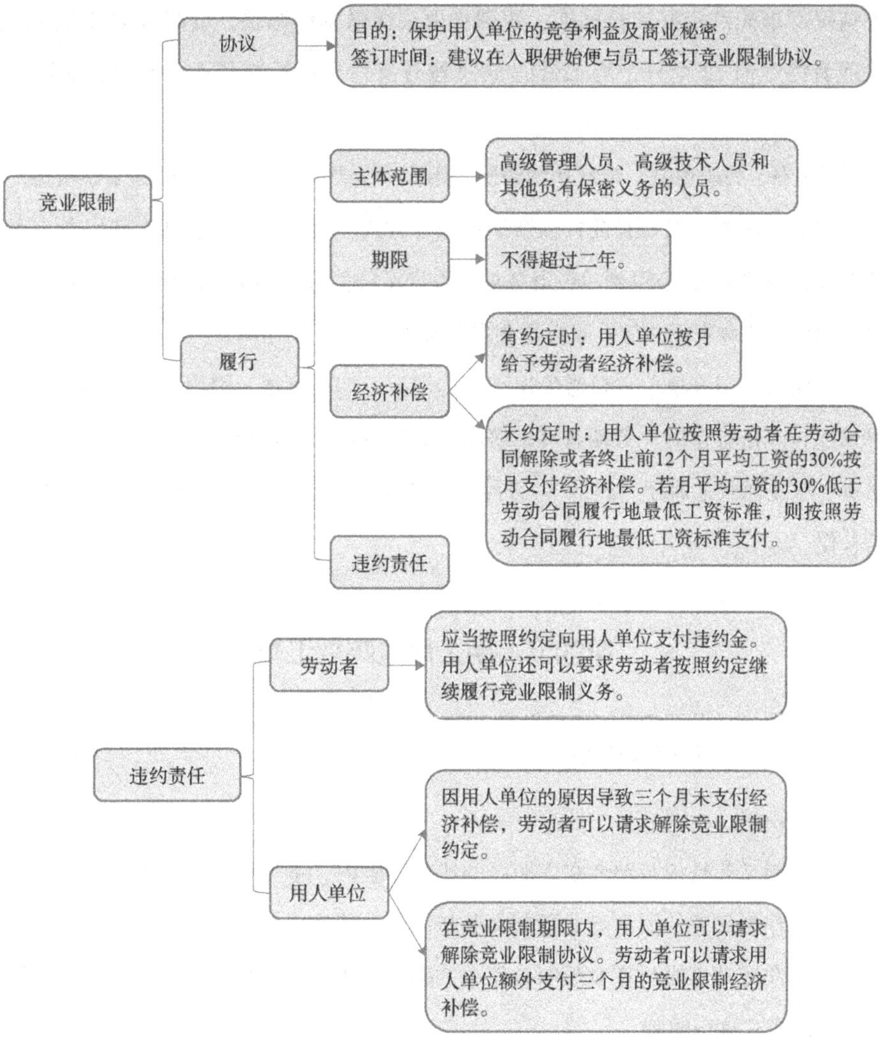

图 13-1　竞业限制用工流程

签订时间：竞业限制约定在一定程度上限制了员工的自由择业权，在离职一段时间内员工无法再从事原先熟悉适应的工作，如果选择在员工在职期间或离职后与员工签署竞业限制协议往往会遭到拒绝。因此在招聘入职环节，用人单位有一定的签约优势，可以选择在此时间把握签约时机，以满足用人单位保护商业秘密的需要。

履行：竞业限制义务的履行发生在解除或者终止劳动合同后，此时用人单位要按月支付经济补偿金，否则一旦因用人单位的原因导致三个月未支付经济补偿的，劳动者可以解除竞业限制约定。对于经济补偿金数额，用人单位尽可能按照员工的岗位特点、业务情况等事先约定好支付标准，否则将由法律强制性调整，按照劳动者在劳动合同解除或者终止前 12 个月平均工资的 30% 按月支付经济补偿且不得低于当地最低工资标准。

违约责任：为避免员工出现违约情况，用人单位要关注员工离职后的工作状况，可以提前约定员工需要提供每月的社保缴纳证明等方式（判断其是否有新工作以及是否与本单位存在竞争关系），方可到单位财务处领取经济补偿金。如员工出现违约情况，可以要求员工承担违约金责任并继续履行竞业限制义务。

与此同时，用人单位也要避免出现违约情况，如前所述，因用人单位的原因导致三个月未支付经济补偿的，劳动者可以解除竞业限制约定。如用人单位想提起解除竞业限制义务，一定意义上属于“违约”，按照法律规定需要额外支付劳动者三个月的竞业限制经济补偿。

第四节　用工风险防范工具

工具：竞业限制协议核心条款

1. 工具说明

竞业限制义务是指劳动者在离职后的约定期限内，不从事与原用人单位存在竞争关系行业的不作为义务。因为竞业限制义务是以牺牲劳动者的就业权利为代价的，所以用人单位需要向劳动者支付竞业限制补偿金。同时，竞业限制义务为约定义务，必须以签订协议书的形式进行明确。

2. 适用范围

本协议适用于高级管理人员、高级技术人员和其他负有保密义务的人员。而且仅限于劳动用工，其他用工模式下的雇员，不具有操作空间。

3. 规避风险

公司通过该协议，一般应解决如下问题或规避如下法律风险：

- 明确竞业限制的相关概念，避免操作误区；
- 针对法律规定的盲区进行有针对性的约定，增强用人单位事后救济的可操作性和执行性。

4. 核心工具

竞业限制协议

甲方：________

乙方：________

甲方系按照《公司法》等相关法律法规在中华人民共和国境内依法登记注册的企业法人。乙方在甲方工作岗位上能够接触甲方及其集团企业或关联企业的商业秘密。且乙方认识到对甲方任何商业秘密任何形式的披露将使甲方遭受严重的经济利益损失或使甲方处于严重不利的竞争地位。

1. 释义

> 将频繁使用的概念进行提前解释，避免歧义和协议内容冗长。

1.1 竞业限制义务：甲乙双方劳动关系终结后，乙方在约定期限内不得进行对甲方业务构成竞争影响的作为或不作为义务。

……

1.6.1 甲乙双方终结劳动关系后 2 年内仍与甲方存在业务往来的交易主体。

1.6.2 甲乙双方终结劳动关系之时正处于评估、谈判、接触、准备发展的潜在交易主体。

……

1.8 劳动关系终结：无论何种原因导致的劳动关系的解除或终止。

1.9 近亲属以现行法律确定的范围为准，包括姻亲。

2. 竞业限制义务

> 本协议的核心内容，主要为竞业限制员工的不作为义务，在此应当尽量细化明确。

2.1 乙方不得在以下单位工作任职：

- 与甲方业务有竞争关系的单位；
- 前款单位在中华人民共和国境内或该单位关联企业所在的其他任何地方直接或间接地设立、参股、控股、实际控制的公司、企业、研发机构、咨询调查机构等经济组织；

……

2.7 乙方不得直接或间接劝说、威逼、利诱、怂恿、鼓励或以其他方式促使甲方客户、供应商、许可人、被许可人或与甲方存在潜在业务关系的意向主体终止或变更与甲方的合作模式。

2.8 乙方不得委托、授意、默许其近亲属从事上述条款禁止的行为。

3. 竞业限制期限

3.1 乙方竞业限制期限为劳动关系存续期间及甲乙双方终止或解除劳动关系之日起2年内。劳动关系存续期间，甲方不支付竞业限制补偿金，乙方承诺不以劳动关系存续期间无竞业限制补偿金抗辩竞业限制义务的履行。

> 避免劳资双方因解除或终止劳动合同发生争议而影响竞业限制协议的履行，在此就竞业限制期限予以明确。

3.2 劳动关系存续期间包括乙方待岗、停薪留职、劳动关系期限顺延等特殊时间。

3.3 甲乙双方对劳动关系终止或解除存在争议的，以生效法律文书确定的终止或解除日期为准。在此之前，均视为竞业限制期间。

4. 竞业限制补偿金

> 双方可以自行约定竞业限制补偿金具体数额。

> 竞业限制补偿金的支付周期及形式。

4.1 甲方按照乙方劳动合同解除或者终止前12个月平均工资的30%向乙方支付竞业限制补偿金，若规定的月平均工资的30%低于劳动合同履行地最低工资标准的，按照劳动合同履行地最低工资标准支付。并由甲方代扣代缴个人所得税。每月支付一次，支付时间为当月____日之前，如遇节假日向后顺延。

> 实务中由于对离职员工无法有效管控，造成公司支付竞业限制补偿金但无法达到竞业限制目的的情形大量存在，在此，就支付设定合理的审核条件，有助于公司对离职员工的管控。

4.2 乙方于每次竞业限制补偿金支付期限的前____日向甲方提供（□就失业证　□社保缴费凭证　□劳动关系证明　□其他____）等资料的复印件，以证明其符合竞业限制补偿金支付的状态，如无法按照甲方要求提供，甲方有权拒付竞业限制补偿金。

> 避免离职员工恶意拒不受领竞业限制补偿金，并以此解除竞业限制协议以逃避履行竞业限制义务的情形。

4.3 竞业限制补偿金以（□转账　□现金　□其他）方式支付，如乙方收款信息变更，应及时向甲方通报，不得无故拒不受领竞业限制补偿，如因乙方原因导致甲方无法支付竞业限制补偿金的，甲方有权进行提存，提存费用可从竞业限制补偿金中予以扣除。

4.4 乙方拒绝接受、自行放弃、不领取竞业限制补偿金，或因乙方原因导致甲方无法正常发放竞业限制补偿金的，因此造成的损失由乙方自行承担，且不免除乙方的竞业限制义务。

5. 协议解除

5.1 甲乙双方经协商一致，可以解除本协议。

> 强调用人单位单方解除竞业限制协议的权利。

5.2 甲方有权根据乙方违反竞业限制义务的严重程度，决定是否解除本协议，本协议自书面通知乙方解除之日起即行解除。协议解除后不影响甲方向乙方追究违约责任的权利。

> 公司对竞业限制义务具有单方的解除权，如约定的竞业限制期限尚未开始，则解除无须赔偿，如在约定的竞业限制期限内，则须支付3个月的竞业限制补偿金作为对价。

5.3 甲方根据其自身的生产经营需要，可以单方解除竞业限制协议，本协议自书面通知乙方解除之日起即行解除。如在劳动关系终结之前解除，则甲方无须承担任何经济补偿。如在劳动关系终结之后的竞业限制期限内解除，则甲方除担负解除日前的竞业限制补偿金外，仍须额外支付三个月的竞业限制补偿金作为乙方就业的补偿。

> 主要针对违反竞业限制约定离职员工的违约处理和索赔。

6. 违约责任

6.1 乙方违反竞业限制义务应向甲方支付乙方离职前年收入二倍的违约金。

6.2 如前述违约责任仍无法弥补甲方损失的，甲方有权以实际损失向乙方主张赔偿责任。

6.3 乙方支付违约金后，如本协议尚未解除，其仍应当按照协议约定履行竞业限制义务。

7. 争议解决

…………

8. 信息送达

…………

9. 特别约定

9.1 不论乙方因何种原因离职，其均应在进入新用人单位就职前向甲方书面说明新的用人单位的名称、性质和主营业务。

9.2 本协议项下义务不受甲乙双方劳动争议影响，劳动争议期间（包括但不限于调解、仲裁、诉讼、执行等），双方应共同遵守竞业限制及补偿金支付义务。双方因竞业限制发生争议的除外。

10. 协议生效

…………

甲方：________　　　　　　　　　　　　乙方：________

________年____月____日　　　　　　　　________年____月____日

竞业限制争议应当进行劳动争议前置程序，但如涉及侵犯商业秘密的，为保证维权效力，可以直接进行法院诉讼程序。

进一步明确竞业限制义务与劳动合同解除或终止的原因无直接关系。

竞业限制协议签订的时间法律上没有明确的规定，实务中，用人单位往往认为竞业限制义务在劳动合同终结时方开始，因此，在离职过程中要求员工签署竞业限制协议，此时，如员工拒不签署，则用人单位并无有效的管控措施，因此，建议在入职伊始便与员工签订竞业限制协议。

第五节　知识答疑

1. 如何约定竞业限制违约金？

实务中，以员工离职前一年收入总额的3—5倍为宜，公司亦可根据员工及公司实际情况酌情调整。劳动合同当事人约定违约金的，违约金数额、承担责任和支付办法应由双方当事人按照公平、合理的原则在劳动合同中约定。双方当事人约定的违约金数额高于因劳动者违约给用人单位造成实际损失的，劳动者应当按双方约定承担违约金；约定的违约金数额低于实际损失，用人单位请求赔偿的，劳动者应按实际损失赔偿。约定的违约金数额畸高的，当事人可以要求适当减少。

2. 员工在职期间违反竞业限制义务，是否需要支付竞业限制违约金？

有些用人单位与劳动者会约定劳动者在职期间禁止开展同本单位相互竞争的业务或者从事相互竞争的工作，这样的约定是否有效？如果员工违反该约定是否需要承担违约金责任？目前仍存在争议。

有观点认为，《劳动合同法》仅规定用人单位与劳动者可以就劳动者离职后违反竞业限制义务承担约定违约金，但不得就劳动者在职期间违反竞业限制义务约定违约金。

在职期间，如果劳动者违反竞业限制义务的，用人单位只能通过损害赔偿的途径寻求救济。也有不同的观点认为，在职期间员工违反竞业限制约定的，也需要向用人单位支付违约金，上海法院（2017）沪02民终2695号的裁判观点在一定程度上支持了第二种观点。

第六节　地方性法规参考

◆《北京市高级人民法院、北京市劳动争议仲裁委员会关于劳动争议案件法律适用问题研讨会会议纪要（一）》

38. 用人单位与劳动者在劳动合同或保密协议中商定了竞业限制条款，但未就补偿费的给付或具体给付标准进行商定，不应据此认定竞业限制条款无效，双方在劳动关系存续期间或在解除、终止劳动合同时，可以经过协商予以补救，经协商不能达成分歧的，可按照双方劳动关系终止前最后一个年度劳动者工资的20%—60%肯定补偿费数额。用人单位明确表示不支付补偿费的，竞业限制条款对劳动者不具有约束力。

劳动者与用人单位未商定竞业限制期限的，应由双方协商肯定，经协商不能达成分歧的，限制期最长不得超过两年。

◆《上海市高级人民法院关于适用〈劳动合同法〉若干问题的意见》

十三、当事人对竞业限制条款约定不清的处理

劳动合同当事人仅约定劳动者应当履行竞业限制义务，但未约定是否向劳动者支付补偿金，或者虽约定向劳动者支付补偿金但未明确约定具体支付标准的，基于当事人就竞业限制有一致的意思表示，可以认为竞业限制条款对双方仍有约束力。补偿金数额不明的，双方可以继续就补偿金的标准进行协商；协商不能达成一致的，用人单位应当按照劳动者此前正常工资的20—50%支付。协商不能达成一致的，限制期最长不得超过两年。

◆《天津市贯彻落实〈劳动合同法〉若干问题实施细则》

第九条　用人单位在劳动合同或者保密协议中与劳动者约定竞业限制条款的，在约定违约金和经济补偿时应遵循公平、公正、适量、对等的原则。用人单位向劳动者支付竞业限制经济补偿的，应当在劳动合同解除或者终止后支付。

◆《江苏省劳动合同条例》

第二十八条　用人单位对处于竞业限制期限内的离职劳动者应当按月给予经济补偿，月经济补偿额不得低于该劳动者离开用人单位前十二个月的月平均工资的三分之一。

用人单位未按照约定给予劳动者经济补偿的，劳动者可以不履行竞业限制义务，但劳动者已经履行的，有权要求用人单位给予经济补偿。

竞业限制约定中的同类产品、同类业务仅限于劳动者离职前用人单位实际生产或者经营的相关产品和业务。竞业限制的期限由当事人约定，最长不得超过二年。

第十四章 | 保密管理

第一节 用工场景

保密管理是用人单位在日常的生产经营活动中必不可少的管理环节。但在实务中，由于用人单位保密意识不强、相关概念不清、保密制度浮于形式等原因，往往导致用人单位不能切实有效地进行保密管理工作，造成不必要的经济损失。因此，用人单位必须加强保密管理，加强员工保密意识。保密管理适用于接触到用人单位商业秘密和与知识产权相关的保密事项的全部用工人员。

第二节 风险提示

用工风险 1：支付保密费用。

保密协议适用于用人单位的商业秘密和与知识产权相关的保密事项。目前法律尚未强制性规定用人单位需要支付保密费用，员工才有遵守保密义务的规定。因此，用人单位与员工约定保密义务，可以不用支付保密费用。如果用人单位向全体员工支付保密费用，无疑增加了用人单位的成本。

用工风险 2：商业秘密的范围界定不清。

保护商业秘密是用人单位的核心目的，但是如何界定商业秘密的范围是实务中的难点。因此，用人单位需要结合自身情况和员工岗位特点，约定具体的商业秘密范围，防止员工出现泄密行为后，用人单位无法举证双方已就该商业秘密内容达成保密约定，导致无法追责的尴尬境地。

用工风险 3：未确定商业秘密损失的计算方法。

由于保密义务并未与竞业限制规定一样可以自由约定违约金条款，故用人单位对于员工泄密行为只能通过事后追偿的方式弥补损失。因此，用人单位需要根据不同的商业秘密的类型、级别，提前与员工协商约定具体的损失计算办法，方能在出现泄密行为后依据保密协议主张损失并获得法院一定的认可。

第三节　HR 操作建议指引

保密管理流程具体如下。（参见图 14-1）

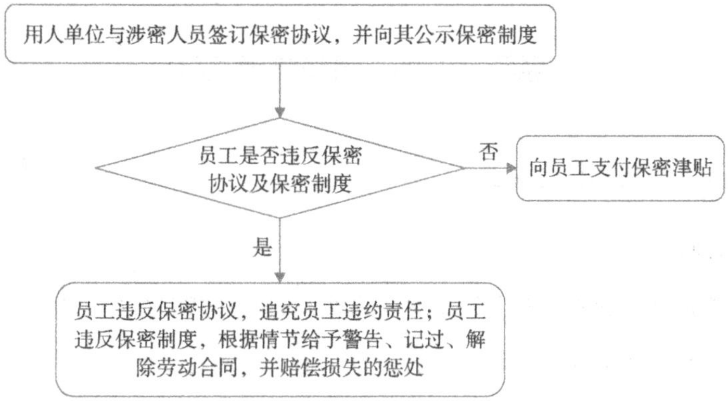

图 14-1　保密管理流程

签订保密协议：保密义务本属于劳动者应当遵守的法定义务，用人单位可以通过约定的方式将保密事宜通过签署保密协议的方式予以书面落实，切实让劳动者感受到自身需要履行的保密职责，在一定程度上可以作为保密措施，警示员工遵守保密义务，防止出现泄密行为。

公示保密制度：保密制度是可以证明用人单位采取了保密措施，同时也可以作为管理员工遵守保密义务的制度依据。对于员工违反保密义务的行为加以教育、纠正或处罚，影响员工的绩效考核、工资待遇甚至解除劳动合同，在保密协议之外通过制度管理措施保护商业秘密也是有效的管理办法。因此，用人单位可以制定保密制度，同时要做好公示程序。

支付保密津贴：虽然法律并未要求用人单位需要向负有保密义务的员工支付保密

津贴，但从预防泄密以及事后追偿方面可以起到不错的效果。用人单位可以约定支付保密津贴的性质系附条件的奖励，即员工在保密期限内未出现泄密行为的，可以领取保密津贴。一旦员工出现违反保密义务的行为，单位可以要求员工返还之前的保密津贴费用。

追究违约责任：由于法律规定用人单位不得就保密义务提前约定违约金条款，用人单位在员工出现违反保密义务的行为后，除了应当约定好具体的损失追偿办法，还可以通过保密制度规定予以处理。

第四节　用工风险防范工具

工具：保密协议的核心条款

1. 工具说明

用人单位在日常的生产经营活动中必然涉及商业秘密，商业秘密认定的前提条件之一就是用人单位针对相应的秘密信息采取了保密措施。另外，相关数据显示，商业秘密泄露的主要途径为员工泄密。因此，用人单位应当与涉密岗位的员工签订保密协议，用以明确商业秘密的范围以及涉密员工的权利义务，为日后发生商业秘密争议固定证据。

2. 适用范围

本协议适用于接触到用人单位商业秘密的全部用工人员，包括劳动合同工、劳务派遣工、业务外包工、劳务雇佣工、借调用工、承揽用工等。

3. 规避风险

公司通过该协议，一般应解决如下问题或规避如下风险：

- 初步确定商业秘密范围；
- 保密措施的证据之一；
- 为保密奖惩提供依据；
- 确定商业秘密损失的计算方法。

4. 核心工具

保密协议

协议名称为保密协议，而非保守商业秘密协议，对涉密信息的范围进行最大限度的延伸。

甲方：________

乙方：________

甲方系按照《公司法》等相关法律法规在中华人民共和国境内依法登记注册的企业法人。

甲方为本协议项下涉密信息的合法权利人，且甲方对前述涉密信息的取得均进行了大量的成本投入。

乙方系为甲方提供有偿服务并与之建立用工关系的自然人。

甲乙双方用工关系为：□劳动 □劳务 □劳务派遣 □借调 □代理 □外包 □承揽 □承包 □其他

现经甲乙双方友好协商，就保密事宜签订如下协议，以资共同遵守。

1. 制定依据

目前并无明确的法律专项调整保密问题，均散见于各法律之中，因此，将涉及的法律进行整理，为本协议提供全面、充实的法律依据。

1.1《民法典》

1.2《反不正当竞争法》

1.3《劳动法》

1.4《劳动合同法》

1.5《刑法》

2. 释义

将频繁使用的概念进行提前解释，避免歧义和协议内容冗长。

2.1 涉密信息：包括商业秘密信息和其他保密信息两类。

2.1.1 商业秘密信息指不为公众所知悉，经甲方采取保密措施，具有实用性且能为甲方带来经济利益的全部信息资料。

2.1.2 其他保密信息指虽然不具有实用性或不能为甲方带来经济利益，但甲方必须限制知悉范围的其他非商业秘密的信息资料。

2.2 无意获取：乙方非主动地、无目的地、不经意地在日常生活或工作中接触、了解、知悉、掌握甲方的涉密信息。

2.3 有意获取：乙方主动向甲方范围内外的所有单位或个人询问、打探、刺探、收集、窃取甲方的涉密信息。

2.4 泄露：乙方有意或无意地因任何目的、以任何行为（包括但不限于书面、口头、计算机媒介、网络传播等）可以使任何单位或个人接触、了解、知晓、掌握甲方涉密信息的情形。

3. 涉密信息范围

用人单位在日常管理中常常存在不具有商业秘密特性的其他信息，但此类信息往往也需要进行保密管理，因此，本协议为保密协议，而非保守商业秘密协议，此处的涉密信息约定应做广义解释，包括非商业秘密的涉密信息。

3.1 技术信息类：

3.1.1 软件源代码、数据库、技术指标报告、图纸、检测报告、实验数据等。

3.1.2 设计方案、工艺流程、秘方配方、制作方法、操作手册、培训教案等。

3.1.3 样品样机、模具模型等实物。

3.2 经营信息类：

3.2.1 经营的产品的技术、配方、原材料、工艺、流程和与之相关的计划、方案、情况、信息和资料、公司所属技术人员的个人情况。

3.2.2 从事商务谈判及市场活动的有关信息与资料（客户名单、谈判内容、各种费率标准、项目报价、项目实施方案等）。

3.2.3 内部掌握的各类合同履行情况、报价、协议、意向书及可行性报告、各种公司文件、公司内部限定人员和范围的会议内容和记录。

3.3 其他保密信息类：

3.3.1 办公会议的内容、决议、记录及工作指令等。

3.3.2 甲方掌握的尚未进入市场或尚未公开的各类信息。

4. 涉密信息的获得

类型：

4.1 甲方根据乙方的工作需要，授予乙方知悉、掌握甲方涉密信息。

4.2 乙方在完成甲方交给的工作过程中，自行开发获得的涉密信息。

4.3 乙方在甲方工作期间，无意获取的甲方涉密信息。

5. 涉密信息载体

甲方涉密信息以文字、数据、符号、图形、图像、声音等方式依附存在的各种纸介质、磁介质（计算机硬盘、软盘和录音带、录像带等）、光盘、U 盘、胶片等各类物品即为涉密信息载体。

6. 保密期限

乙方保密义务不因双方用工关系的解除或终止以及本协议的终止而终结，保密义务期限与涉密信息存续期限相同，即直至涉密信息公开为止。

7. 保密津贴

甲方为乙方设定保密津贴________元 / 月，保密津贴与保密义务无关，即使乙方放弃享受保密津贴或甲方部分（全部）扣除保密津贴，均不影响乙方本合同项下保密义务的履行。

8. 乙方保密义务

8.1 掌握本岗位的保密范围，明确所负责工作的保密责任。

8.2 严格按照甲方规章制度执行保密工作，遵守保密义务。

8.3 不得无故拒不履行甲方关于保密的规章制度、会议纪要、签呈、通知、公示等文件。

8.4 一旦发现涉密信息被泄露，应当及时告知甲方，并立即主动采取有效措施防止泄密范围进一步扩大。

9. 职务工作成果归属

甲乙双方共同确认，乙方在下列情形中完成的工作成果，其财产权益均归属甲方所有：

9.1 在乙方本职工作中取得；

9.2 在甲方交付的研发任务中取得；

9.3 乙方承包甲方部门或项目期间取得的工作成果；

罗列涉密信息的取得途径，进一步明确违法获取涉密信息的违法性。

涉密载体是承载涉密信息的各种介质的总称，日常涉密的管理工作，实际上就是对涉密载体的管理。因此，本条单独就涉密载体的概念及管理原则进行明确。商业秘密多为无形信息，其必须依附于有形载体，如不确定载体，日常商业秘密的保护则不具有可操作性，事后的维权取证也将存在困难。

保密期限容易和用工期限或竞业限制期限混淆，因此，本条对保密期限进行明确，减少误区，统一认识。

保密津贴并非法定的必须支付项目，保密义务与保密津贴没有必要的联系。用人单位可以自行决定该条的去留。但为了更好地配合保密惩戒工作，将保密津贴设定为福利，与员工日常的保密行为准则相联系，有利于对涉密员工的日常管理。

本条为保密协议的核心条款，多为禁止性的不作为义务，与保密管理规定形成呼应，最大限度地锁定保密义务的范围。

员工在公司工作期间，有可能在本职工作基础上自行完成相关信息或成果，而前述信息或成果往往属于公司保密的范畴，如不事前界定归属，一旦员工离职，将面临泄密风险。因此，本条主要将应当归属于公司的各种商业秘密信息进行罗列，以防止事后因权属争议，造成商业秘密维权困难。

9.4 其他应归属甲方享有的商业秘密的情形。

10. 职务工作成果收益

乙方对前款取得的工作成果享有署名、个人使用及获得物质报酬权（奖励）的权利，具体如下：

10.1 个人使用限于乙方因个人生活需要使用，不得以此获得经济利益；

10.2 物质报酬（奖励）提取方式可以按照下列第________项执行；

10.3 第 10.2 款三种方式不得同时使用。

11. 离职管理

11.1 乙方因职务需要所持有或保管的一切承载甲方涉密信息的文件、资料、图表、笔记、报告、信件、传真、磁带、磁盘、仪器以及其他任何形式的载体，均归甲方所有，无论涉密信息有无价值。乙方应当于离职时，或者于甲方提出要求时，返还全部载体。

11.2 脱密期

11.2.1 甲乙双方共同确认：根据乙方的工作岗位性质设立乙方离职脱密期，脱密期限为 30 日，此期限与离职交接期限不重合。乙方提出辞职应当提前 30 日通知甲方，甲方有权调整乙方工作岗位。

11.2.2 脱密期间乙方工资（□按照原岗工资支付 □按照原岗工资的____% 支付），但乙方出现不能胜任工作岗位等降薪情形除外。

11.2.3 甲方以员工过失性理由辞退乙方，不受前款脱密期限限制。

12. 损失赔偿

甲乙任何一方违反本协议约定，应向对方承担实际损失。具体实际损失的计算方法，按照下列约定依次执行：

12.1 甲方因乙方违约行为受到经济损失的，损失计算方法为：乙方违约行为导致甲方产品销量下降，销量减少数额与单位产品利润之积；

12.2 甲方因乙方违约或侵权行为产生的相关费用（包括但不限于公证费、诉讼费、鉴定费、审计评估费、律师代理费、诉讼辅助人费用、差旅费等）计入实际损失一并赔偿。

13. 争议解决

甲乙双方因本协议发生争议，应友好协商解决，协商不成的，提交甲方住所地有管辖权的人民法院诉讼解决。

14. 信息送达

15. 协议生效

本协议自甲乙双方签章（捺印）之日起生效，合同壹式贰份，甲乙双方各持壹份，具有同等法律效力。

甲方：________ 乙方：________

________年____月____日 ________年____月____日

参照《民法典》关于职务发明创造的规定，员工在职期间完成的信息或成果，对应也应获得相应物质奖励，此条约定以彰显公平，意在保证条款不因显失公平而出现效力瑕疵。具体操作中，公司可视具体情形决定是否保留。

泄密的主要途径为员工泄密，而员工泄密绝大多数又来源于离职后泄密。因此，在协议中就涉密岗位员工的离职管理进行单独约定。

载体的强制性返还，属于防泄密的最基本的常规措施之一。

目前针对脱密期与劳动合同法规定的员工辞职预告期（30 日）是否冲突存在争议，因此建议约定为 30 日以下。考虑到脱密期的重要作用，本协议仍将脱密期作为核心条款予以体现。脱密期不仅仅是脱密期限，而且还应约定脱密期间的岗位、工资等员工待遇问题。另外，脱密期工资一般不得低于原工资水平。

商业秘密的定损属于目前诉讼争议中的难点，遭受商业秘密泄露损失的公司往往无法得到有效的赔偿。因此，事前约定损失的计算方法十分必要，本条参照专利相关法规解释的定损方法，进行了递减式罗列，最终设定兜底条款。

第五节　知识答疑

劳动者违反保密义务，用人单位如何追究损失？

在劳动者违反保密义务的情况下，用人单位可以选择通过违约之诉或者侵权之诉主张劳动者赔偿损失。

违约之诉。《劳动合同法》第九十条规定："劳动者违反本法规定解除劳动合同，或者违反劳动合同中约定的保密义务或者竞业限制，给用人单位造成损失的，应当承担赔偿责任。"据此，在劳动者违反保密义务时，用人单位可以通过证明损失向劳动者主张违约损害赔偿。

侵权之诉。根据《违反〈劳动法〉有关劳动合同规定的赔偿办法》（劳部发〔1995〕223号）第五条规定，劳动者违反劳动合同中约定的保密事项，对用人单位造成经济损失的，按《反不正当竞争法》第二十条的规定支付用人单位赔偿费用。鉴于2018年1月1日起实施新《反不正当竞争法》，用人单位在证明因劳动者违反保密义务遭受的损失时，可以参照新《反不正当竞争法》第十七条的规定予以确定。据此，实践中较为常见的做法是，用人单位对违反保密义务的劳动者以及获知和使用商业秘密的其他经营者一并提起侵害商业秘密之诉，对于损失数额的主张按照新《反不正当竞争法》第十七条的规定予以确定。

第六节　地方性法规参考

◆《上海市劳动合同条例》

第十五条　劳动合同当事人可以在劳动合同中约定保密条款或者单独签订保密协议。商业秘密进入公知状态后，保密条款、保密协议约定的内容自行失效。

对负有保守用人单位商业秘密义务的劳动者，劳动合同当事人可以就劳动者要求解除劳动合同的提前通知期在劳动合同或者保密协议中作出约定，但提前通知期不得超过六个月。在此期间，用人单位可以采取相应的脱密措施。

◆《深圳经济特区企业技术秘密保护条例》

第二十八条　企业依法合并、分立或者终止时，保密协议、竞业限制协议由变更后的当事人承担或者分别承担履行协议义务和享受应有的权利。

第三十五条 负有竞业限制义务的员工违反竞业限制约定的，应当按照约定向用人单位支付违约金。

负有竞业限制义务的员工违反竞业限制协议，同时违反保密义务给企业造成损害的，受损害的企业有权要求支付违约金，并可以按照本条例第三十条的规定提出赔偿损失请求。

具有业务竞争关系的相关企业知道或者应当知道该员工负有竞业限制义务，仍然招用该员工的，应当承担连带责任。

◆《安徽省劳动合同条例》

第十三条 劳动者应当保守用人单位商业秘密。用人单位可以在劳动合同或者保密协议中与涉密的劳动者就解除劳动合同的提前通知期作出约定，提前通知期不得少于30日。

◆《拉萨市劳动合同管理办法》

第十六条 劳动合同当事人可以在劳动合同中约定保密条款或者单独签订保密协议。商业秘密进入公知状态后，保密条款、保密协议约定的内容自行失效。

6 CHAPTER

第六篇

离职管理

HUMAN RESOURCES RISK MANAGEMENT

第十五章 | 协商解除管理

第一节 用工场景

根据《劳动合同法》第三十六条规定，用人单位与劳动者协商一致，可以解除劳动合同。相较其他用人单位单方面解除的方式，协商解除风险相对较小，是解除劳动关系中首选的解除方式，但值得注意的是，这并不意味着协商解除就完全没有风险。用人单位与劳动者协商解除劳动合同后，劳动者依旧享有申请仲裁的权利。

这就要求用人单位规范与劳动者协商解除劳动合同的操作流程，确保签订解除协议的内容、形式及程序合法，最大限度地规避协商解除过程中可能发生的法律风险。

解除劳动合同的方式具体如下。（参见图 15-1）

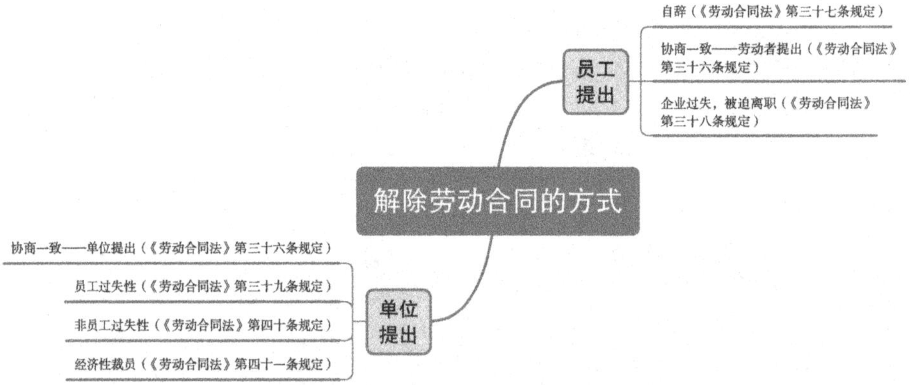

图 15-1 解除劳动合同的方式

第二节 风险提示

用工风险 1：协商解除的提出主体。

协商解除分用人单位提出和劳动者提出两种情况。

如果用人单位提出协商解除劳动合同，劳动者同意解除的，用人单位应向劳动者支付经济补偿金，若劳动者失业保险缴费满一年，已进行失业登记的可申领失业保险金。若劳动者不同意解除，用人单位可视实际情况采取如下操作：

- 用人单位在证据确实充分的情况下可以依据《劳动合同法》第三十九条规定和第四十条规定行使单方解除权。
- 经双方协商进行调岗。
- 经考核降低工资待遇。
- 经双方协商中止劳动关系。

如果劳动者提出协商解除劳动合同，用人单位同意解除，则无需支付劳动者经济补偿金，劳动者也不能申领失业保险金。所以，在协商解除协议书中应明示提出解除的主体。对于提出解除主体不明确的情况，目前广东省、四川省等地区有明确的规定，若劳动者与用人单位均无法证明劳动者的离职原因，可视为用人单位提出且经双方协商一致解除劳动合同，用人单位应向劳动者支付经济补偿金。若用人单位不同意解除，劳动者可通过以下方法解除：

- 劳动者自辞。
- 劳动者因《劳动合同法》第三十八条规定被动辞职，此种情况用人单位应当支付经济补偿金。

用工风险 2：协商解除未签订书面协议。

协商解除，是需要双方协商达成一致后形成书面协议，双方均签字盖章确认，以此明确双方的有关权利义务，防止发生劳动争议时出现难以举证的情形。如果协商解除最终没有达成书面协议，那么用人单位将会承担巨大的法律风险。实践中，很多用人单位与劳动者协商一致后并未签订书面协议，只是给劳动者发出一封协商解除通知，以为该通知就可以作为证据证明双方协商解除劳动关系，殊不知这种做法恰恰给公司带来了很大的风险。这里需要明确，通知书不等于协议书，因此协商解除通知书也不等同于协商解除协议，所以协商解除的通知书并不能作为证据，为用人单位规避相应的法律风险。

用工风险 3：协商解除未约定经济补偿金。

一般情况用人单位提出协商解除劳动合同的应当向劳动者支付经济补偿金，如劳动者提出协商解除的，用人单位没有支付经济补偿金的法定义务。但福建省规定用人单位以暴力、威胁、监禁或其他妨害人身自由的手段强迫劳动者或用人单位以欺诈及其他违法行为使劳动者被迫提出解除劳动合同的，用人单位应当支付经济补偿金。

经济补偿金的支付标准按照《劳动合同法》第四十七条确定，“经济补偿按劳动者在本单位工作的年限，每满一年支付一个月工资的标准向劳动者支付。六个月以上不满一年的，按一年计算；不满六个月的，向劳动者支付半个月工资的经济补偿。劳动者月工资高于用人单位所在直辖市、设区的市级人民政府公布的本地区上年度职工月平均工资三倍的，向其支付经济补偿的标准按职工月平均工资三倍的数额支付，向其支付经济补偿的年限最高不超过十二年。本条所称月工资是指劳动者在劳动合同解除或者终止前十二个月的平均工资”。

在与劳动者协商签订解除劳动合同协议书时面临对《劳动合同》履行期间全部费用的结算问题，如果用人单位在此项费用结算中出现纰漏或因协议内容不严谨间接促使劳动者对解除时的费用结算产生过度请求，就会增加用人单位的解除成本。建议用人单位在解除劳动合同协议书中对已协商确定的包括经济补偿金在内的全部工资及福利进行概括性表述，以支付一次性对价补偿金方式进行约定，并在协议中明确该费用包括法定工资及福利和约定工资及福利。

用工风险 4：协商解除协议书存在效力瑕疵。

在签订协商解除协议书之前用人单位应与劳动者充分沟通，以确保协议内容合法、有效。根据《最高人民法院关于审理劳动争议案件适用法律问题的解释（一）》第三十五条规定：“劳动者与用人单位就解除或者终止劳动合同办理相关手续、支付工资报酬、加班费、经济补偿或者赔偿金等达成的协议，不违反法律、行政法规的强制性规定，且不存在欺诈、胁迫或者乘人之危情形的，应当认定有效。前款协议存在重大误解或者显失公平情形，当事人请求撤销的，人民法院应予支持。”如果协议内容和签订存在违法违规事由，用人单位可能会存在违规解除或者协议无效被撤销的风险。

对于有毒有害等存在职业病危害的岗位，在协商解除前用人单位应安排劳动者进行健康体检，《职业病防治法（2018 年）》第三十五条第二款明确规定：“……对未进行离岗前职业健康检查的劳动者不得解除或者终止与其订立的劳动合同。”该项规定属于法律的强制性规定，用人单位必须遵守。否则协商解除协议将有可能被认定为无效。

用工风险 5：未履行解除后的附随义务。

办理退工退档手续。根据《劳动合同法》第五十条规定，用人单位应当在解除或者终止劳动合同时出具解除或者终止劳动合同的证明，并在 15 日内为劳动者办理档案和社会保险关系转移手续。为防止因劳动者不配合导致用人单位在 15 日内无法办理相关手续，在解除协议中应注明如果因劳动者个人原因无法办理，单位不承担相应的责任，且因此造成单位损失，有权向劳动者追偿。

用工风险 6：无法协商解除的程序处理。

在协商解除过程中，如果员工在协商解除中涉及重大利益问题并且与用人单位存在分歧，或在协商过程中提出过分条件、情绪不稳定、存在极端行为等情况的，建议用人单位与劳动者通过劳动仲裁达成协商解除，由仲裁委出具调解书，该调解书的法律效力高于协商解除协议。

第三节　HR 操作建议指引

针对上述用工风险，单位与员工进行协商解除操作时可参考该操作指引，确定提出主体，根据双方协商情况，推导至单位劝导、员工自辞、员工被迫辞职、单位激励措施、协商解除的操作方式。协商解除是劳动关系解除中风险相对较小的解除方式，但在实践中用人单位依然不能掉以轻心，务必做好解除过程和协商结果以及履行情况的证据留存。如有必要建议留存与员工协商过程的录音及录像，并保存好视听证据原件。

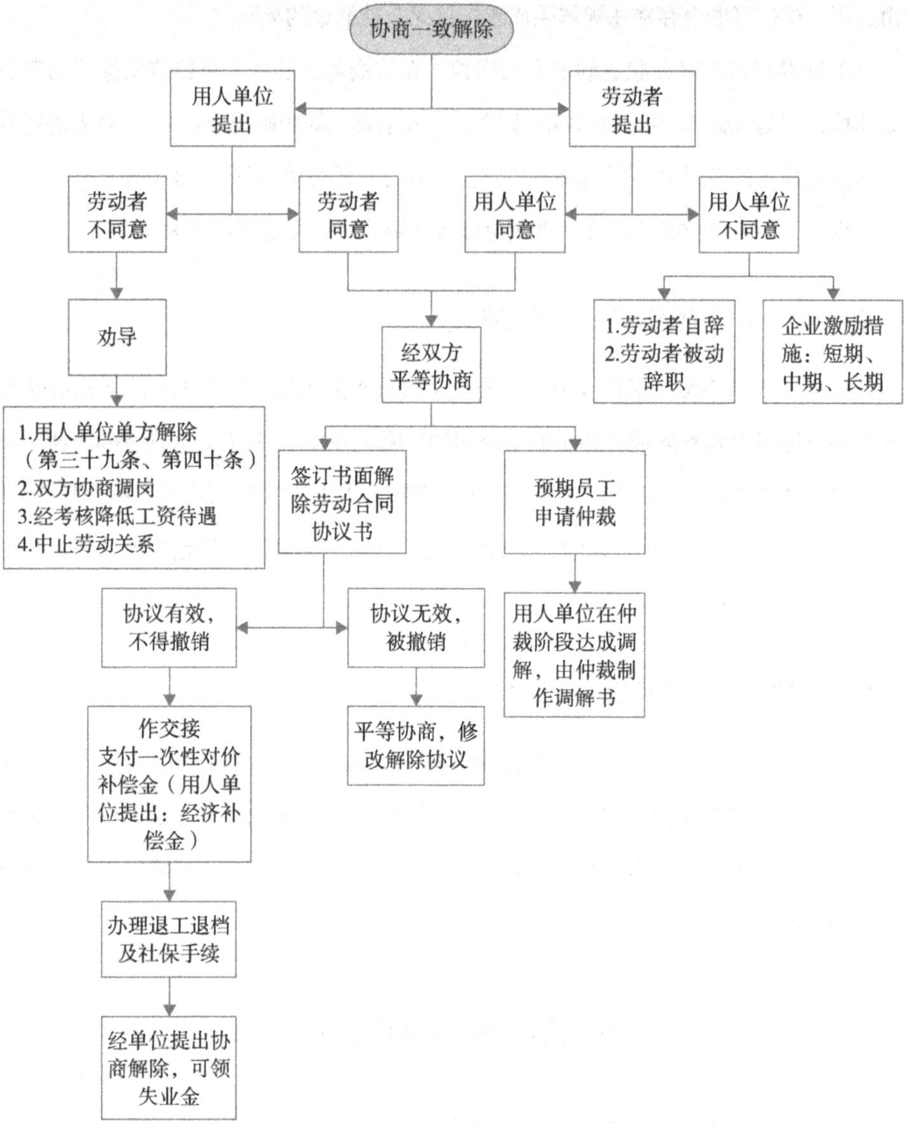

图 15-2 协商解除流程图

对于预期仲裁的员工，建议用人单位通过仲裁调解的方式解决，防止因协商后劳动者反悔，或者以其他争议问题继续申请劳动仲裁，导致协商内容落空。

在签订解除劳动合同协议书时应保证协议条款的有效性，并按照“用工风险工具”的协议核心条款定制协议书，如果存在经济补偿的情况，在员工完成工作交接时，企业向其一次性支付完毕。

第四节　用工风险防范工具

工具：解除劳动合同协议书核心条款

1. 工具说明

用人单位在与员工协商解除劳动关系时，为明确提出主体及双方权利义务，需要用人单位以书面方式对协商解除的事项进行约定。

2. 适用范围

在双方协商一致解除劳动合同的基础上，签订书面解除劳动合同协议书。

3. 规避风险

- 明确协商解除提出主体；
- 规避补偿费用的支付风险；
- 明确离岗时间。

4. 核心工具

解除劳动合同协议书

甲方（用人单位）:____

乙方（劳动者）:____

一、经_________提出，甲乙双方协商一致，双方劳动合同于________年____月____日解除，劳动权利义务关系即行终结。

二、甲方于______年____月____日前向乙方一次性支付人民币______元（¥______）。该费用为甲乙双方解除劳动合同的一次性对价补偿，包括但不限于未结算工资、未休带薪年休假工资报酬、加班费、值班费、防暑降温费、冬季取暖补贴费、经济补偿金、赔偿金、罚金、津贴、社会保险费用等。

三、…………

四、…………

五、乙方的离岗日期为________年____月____日，乙方应当按照甲方离职管理规定的交接流程进行工作交接。如乙方交接不清，导致甲方损失，其应向甲方承担赔偿责任。

六、甲方按照当地人力资源和社会保障局的规定为乙方办理退工退档及社会保险减除手续，乙方应当予以配合，因乙方原因导致甲方无法正常办理上述手续的，甲方不承担责任，如果造成甲方损失，甲方有权向乙方追偿。

该条款主要涉及对于协商解除时提出主体的明确，如果是员工提出协商解除，单位没有支付经济补偿的法定义务，如果是用人单位提出协商解除，根据劳动合同法的规定应当支付经济补偿。所以在与员工签订协商解除协议时需要通过书面明确提出主体。

对于协商解除的补偿费用的约定，不要仅对经济补偿进行约定，对于在职期间已有及或有的各项费用拖欠情况，应在协商解除时一并提出，并书面确认，所以通过一次性封闭式对价补偿，穷尽一切赔偿项目，规避协商解除后二次赔付的情况。如果对于对价补偿包括项目的约定内容较为敏感，还可以通过“法定工资及福利和约定工资及福利”的表述方式予以代替，总之，约定内容尽可能穷尽所有有可能需要支付给员工的全部费用。

在协议书中可以明确离岗日期，该日期与解除日可不一致，例如在劳动关系解除前可安排员工休完当年度年休假，提前离岗，避免支付未休年休假工资。

对于员工离职后退工退档手续的办理，劳动合同法有明确的规定，用人单位需要在解除或终止劳动合同15日内为劳动者办理档案和社会保险关系转移手续。但在实践操作中如果因为员工的原因无法正常办理上述手续，单位需要在协议中设置免责条款。

该条款主要针对在关联企业之间交叉混同用工的情况，如果在用工期间没有明确用工主体，协商解除后，企业将面临多重劳动关系的认定风险，从而承担不必要的费用支出。通过该条款，规避员工离职后再对关联企业主张相关费用的风险。

七、…………

八、…………

九、乙方在此确认，本协议第二条约定的一次性对价补偿包括对乙方在甲方的关联企业（包括但不限于集团公司、母公司、子公司、分公司等）期间基于借调关系、劳动关系等可能获得的全部补偿，乙方与甲方的关联企业再无任何争议。

甲方（盖章）：　　　　　　　　　　　　乙方（签字）：

　　　　　　　　　　　　　　　　　　　身份证号：____________

______年___月___日　　　　　　　　　______年___月___日

第五节　知识答疑

1. 协商解除劳动合同与辞职、辞退有什么区别？

协商解除属于双方法律行为，而辞职和辞退属于单方法律行为，所以在协商解除劳动合同时，需要用人单位与员工达成一致。建议用人单位将协商一致的内容以文字形式确定下来，便于后期举证。

2. 协商解除劳动合同是否必须支付经济补偿？

协商解除劳动合同并非必须支付经济补偿，如果是劳动者主动提出协商解除，用人单位没有支付经济补偿的法定义务，如果是用人单位提出的协商解除，用人单位应当支付经济补偿。

3. 协商解除后员工能否申请劳动仲裁？

协商解除是解除劳动关系的一种形式，如果对于未协商一致的部分仍有争议，或者对于解除协议书中约定的内容存在无效或可撤销的情形，员工有权继续申请仲裁。

第六节　地方性法规参考

◆《广东省高级人民法院、广东省劳动人事争议仲裁委员会关于审理劳动人事争议案件若干问题的座谈会纪要（2012）》（粤高法〔2012〕284 号，此文件已失效，但在司法实践中仍有参考价值）

29. 劳动者与用人单位均无法证明劳动者的离职原因，可视为用人单位提出且经双方

协商一致解除劳动合同，用人单位应向劳动者支付经济补偿。

◆**《山东省失业保险规定》**

第十五条　参保单位与职工解除或者终止劳动关系的，应当书面告知职工有按规定享受失业保险待遇的权利，为其出具解除或者终止劳动关系的证明，并自解除或者终止劳动关系之日起7日内将失业人员名单、缴费记录、解除或者终止劳动关系证明报当地社会保险经办机构备案。失业人员应当自解除或者终止劳动关系之日起60日内，持原单位为其出具的解除或者终止劳动关系的证明和身份证明，到当地社会保险经办机构办理失业登记和失业保险金申领手续。

……

◆**《四川省高级人民法院民事审判第一庭关于印发〈关于审理劳动争议案件若干疑难问题的解答〉的通知》**

26.……劳动者与用人单位均无法证明劳动者的离职原因，可视为用人单位提出且经双方协商一致解除劳动合同，用人单位应依照《劳动合同法》第四十七条之规定向劳动者支付经济补偿。

第十六章 | 员工辞职管理

第一节 用工场景

在日常用工中，员工的辞职往往让企业措手不及。由于《劳动合同法》对员工辞职的限制性条件比较少，因此企业在面对员工辞职时必须认真做好辞职管理工作，尽可能地避免因为人员流失给企业的经营造成不良影响。员工辞职分为自愿辞职和被迫辞职两种情形：自愿辞职即员工因为自身原因（如主动跳槽、工作压力大、回家照看家人等）主动向企业提出离职，而并非因企业原因离职。如果是员工自愿辞职，企业无需向员工支付经济补偿；被迫辞职即因为企业存在过错，员工在自身权益受到损害的情况下，提出的离职。因为单位存在过错行为，所以员工被迫辞职时，企业需要支付经济补偿。企业在面临员工辞职时要进行有效区分，对于被迫辞职的情形，梳理好抗辩理由，维护企业的合法权益。

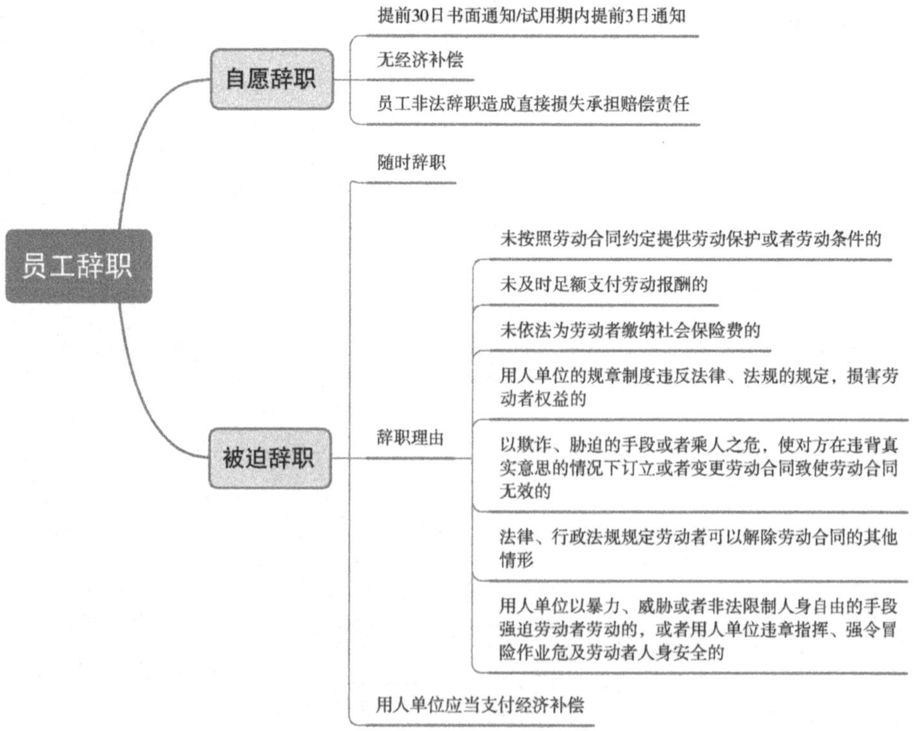

图 16-1 员工辞职

第二节　风险提示

用工风险 1：自愿辞职与被迫辞职。

自愿辞职：根据《劳动合同法》规定，劳动者提前 30 日以书面形式通知用人单位的，可以解除劳动合同。劳动者在试用期内提前 3 日通知用人单位，可以解除劳动合同。对于员工自愿辞职，法律没有赋予劳动者任何实质条件，满足提前通知的义务即可离职。

被迫辞职：根据《劳动合同法》和《劳动合同法实施条例》规定，企业有下列情形之一，劳动者可以提出被迫辞职，单方解除劳动合同：（1）用人单位未按照劳动合同约定提供劳动保护或者劳动条件的；（2）用人单位未及时足额支付劳动报酬的；（3）用人单位未依法为劳动者缴纳社会保险费的；（4）用人单位的规章制度违反法律、法规的规定，损害劳动者权益的；（5）用人单位以欺诈、胁迫的手段或者乘人之危，使劳动者在违背真实意思的情况下订立或者变更劳动合同致使劳动合同无效的；（6）用人单位在劳动合同中免除自己的法定责任、排除劳动者权利的；（7）用人单位违反法律、行政法规强制性规定的；（8）用人单位以暴力、威胁或者非法限制人身自由的手段强迫劳动者劳动的；（9）用人单位违章指挥、强令冒险作业危及劳动者人身安全的；（10）法律、行政法规规定劳动者可以解除劳动合同的其他情形。

因单位过错员工被迫辞职，无须提前告知用人单位，解除通知已有效告知送达单位，即完成单方解除劳动合同。

用工风险 2：员工非法辞职。

劳动者提前解除劳动合同，无论自愿辞职还是被迫辞职均属行使辞职权，无需用人单位批准，除了有服务期或竞业限制约定的情形外，用人单位不得向劳动者主张违约金。但同时要注意协调劳动者辞职权与用人单位经营权之间的关系，如果劳动者明显违背诚信原则，单方解除劳动合同，给用人单位造成重大损失的，可以适用《劳动合同法》第九十条的规定，令其承担赔偿责任。

用工风险3：限制性辞职。

根据《劳动合同法》规定，用人单位为劳动者提供专项培训费用，对其进行专业技术培训的，可以与该劳动者订立协议，约定服务期。劳动者违反服务期约定的，应当按照约定向用人单位支付违约金。违约金的数额不得超过用人单位提供的培训费用。用人单位要求劳动者支付的违约金不得超过服务期尚未履行部分所应分摊的培训费用。

用人单位与劳动者可以在劳动合同中约定保守用人单位的商业秘密和与知识产权相关的保密事项。对负有保密义务的劳动者，用人单位可以在劳动合同或者保密协议中与劳动者约定竞业限制条款，并约定在解除或者终止劳动合同后，在竞业限制期限内按月给予劳动者经济补偿。劳动者违反竞业限制约定的，应当按照约定向用人单位支付违约金。

第三节　HR操作建议指引

一、员工被迫辞职的制度条款规定

1. 条款说明

根据员工被迫辞职的流程图，员工因企业过失向仲裁机构主张被迫辞职的补偿金，在一些特殊情形下，仲裁机构是不支持该经济补偿的，因此，针对司法实践过程中的裁判指引，用人单位可以预先设定被迫解除的限制性条款，或者给劳动者被迫解除设置一定的程序性障碍，一方面避免不必要的争议发生，另一方面降低企业支付经济补偿的概率。

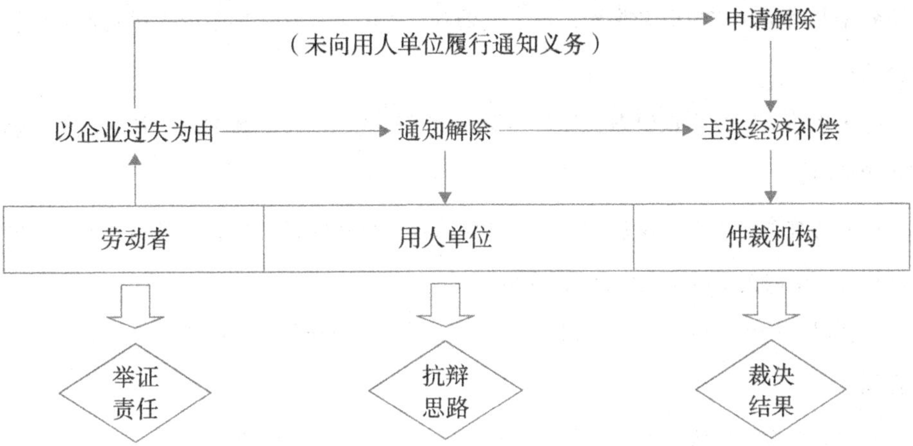

举证责任

①证明劳动关系；

②证明用人单位过失事实；

③证明解除劳动合同通知书（通知书中表明解除的依据是《劳动合同法》第三十八条中的相对应的情形）已经送达用人单位。

备注：部分地区不支持劳动者在未向用人单位履行“通知义务”的情形下，直接向仲裁申请解除、主张经济补偿，如浙江省、江苏省、深圳市。

抗辩思路

①抗辩非劳动关系（或）；

②抗辩未有过失，特别针对：

A 未按劳动合同约定提供劳动条件

- 未有合同约定或实际履行不符
- 劳动条件未变更或临时变更
- 劳动条件已构成默示变更

B 未及时足额支付劳动报酬

- 计算标准有差异、计算失误
- 非劳动报酬（如：未休年休假工资、高温津贴等）

C 未依法为劳动者缴纳社会保险

- 未足额、未全部、未及时缴纳，劳动者主动放弃社保，部分地区不支持经济补偿

D 用人单位的规章制度违反法律、法规的规定，损害劳动者权益的

E 因《劳动合同法》第二十六条第款规定的情形致使劳动合同无效的

F 法律、行政法规规定劳动者可以解除劳动合同的其他情形

裁决结果

①用人单位过失事实成立，支持经济补偿；

②用人单位过失事实不成立，解除生效，但不支持经济补偿；

③如双方均不能证明解除理由，部分地区视为协商一致解除——企业提出，支持经济补偿。

图 16-2 员工被迫辞职操作流程

2. 被迫解除限制条款

甲方具有《劳动合同法》第三十八条规定的情形且符合以下条件的，乙方可以依据该条解除劳动合同：

- 未及时足额支付劳动报酬，经乙方催告，甲方未在指定期限内支付或者做出合理解释的；
- 未依法缴纳社会保险费，经社会保险管理机构责令限期缴纳或者补足，甲方仍未依法缴纳的；
- 甲方规章制度因违反法律、法规的规定而实际损害乙方权益，经乙方催告，甲方未在指定期限内更正或者做出合理解释的。

存在以下情形之一，乙方不得以此为由依据《劳动合同法》第三十八条提出解除劳动合同：

- 甲方非因故意或者重大过失导致未及时足额支付劳动报酬的；
- 甲方因不可抗力、自然灾害、经营困难、停产歇业、资金周转受到影响等原因而无法及时足额支付劳动报酬的；
- 甲乙双方因对计算劳动报酬的基数、方法理解不一致等客观原因而最终导致未足额支付劳动报酬的；
- 因计算和处理中的失误造成所发劳动报酬数额与员工应得数额存在差异，甲方或其人力资源部认可并允许在下月工资中予以补正的。

二、非诉阶段实操总结

1. 情形一

部分员工在发生被迫辞职的情形时，并非第一时间告诉企业真实离职原因，而是先以个人原因辞职，而后向仲裁机构申请被迫辞职的经济补偿，这种情况在法律上是不予支持的。当劳动者一方通知企业解除劳动合同时，该解除行为具有形成权，解除通知一旦送达企业，非特殊原因不得撤回和撤销，亦不得更改解除的理由。

因此，当员工以个人原因向企业提出离职时，请人力资源部负责人第一时间保留该员工的书面辞职通知，并审核辞职原因是否为个人原因，这样一来，即便员工日后改变辞职的理由，在仲裁或诉讼阶段，企业也可以证明员工解除劳动合同的第一原因，以此抗辩经济补偿的支付。

2. 情形二

部分员工在被迫辞职时，可能会采用不辞而别的形式来离职，过段时间到仲裁机构请求解除与原单位的劳动合同，并主张经济补偿。对此，很多企业的规章制度里都有明确表示“员工不辞而别的，视为自动离职”，然而，法律上并没有自动离职这么一说，如果双方不按照法定形式解除劳动合同，不辞而别在很大程度上会被视为“劳动合同的中止”。因此，当员工向仲裁机构申诉被迫辞职时，除部分地区不支持外，如浙江省、江苏省、深圳市等地区还是支持该解除理由的。

因此，这就要求用人单位在员工不辞而别的第一时间内，尽快以法定形式处理员工的离职手续，比如，可以按照劳动者严重违规（旷工）来解除劳动合同，以抢占“解除理由”的先机。

三、诉讼阶段抗辩指引

1. 程序性抗辩

（1）部分员工在被迫辞职时，并未按照《劳动合同法》第三十八条的要求，履行通知企业解除劳动合同的义务，而是直接向仲裁机构申请解除与原单位的劳动合同，同时主张经济补偿。这种操作方式实际上已经违反了法律的程序性原则，对此司法实践中有两种判例倾向：一种观点认为，劳动者违反程序申请被迫辞职，属于违法解除劳动合同，不应获得经济补偿；另一种观点则认为，劳动者向仲裁机构申请解除与原单位的劳动合同，实际上是通过仲裁机构间接通知企业解除劳动合同，因此该程序不成立，只要庭审中员工能够举证企业过失的事实，则不构成违法解除。在某些支持程序违法的地区，用人单位可以以此来抗辩劳动者的仲裁或诉讼请求。

（2）如果企业制度、劳动合同约定条款、其他附加协议中设置了劳动者被迫辞职前的“通报程序”，例如，辞职前，员工必须给企业一定的宽限期进行改正，否则解除不成立等类似的条款。那么在庭审中，企业可以以劳动者未履行约定程序抗辩解除违法。

2. 实体性抗辩

根据《劳动合同法》相关规定，一共有七种企业过失的行为，可导致劳动者被迫辞职，因此，企业在庭审中应尽可能举证自身未有过失，这里的“过失”系主观故意而为之，如果企业能举证该“过失”属于客观情形导致，或非故意而为之，那么企业过失则不成立，无需承担法律责任。举例如下：

①未按劳动合同约定提供劳动条件

- 证明未有合同约定或实际履行不符
- 证明劳动合同约定的条件未变更或临时变更

（注意：劳动合同约定条件的临时变更，通常不视为劳动合同变更）

- 证明劳动条件已构成默示变更

（根据最新的《最高人民法院关于审理劳动争议案件适用法律问题的解释（一）》第四十三条规定，用人单位与劳动者协商一致变更劳动合同，虽未采用书面形式，但已经实际履行了口头变更的劳动合同超过一个月，变更后的劳动合同内容不违反法律、行政法规且不违背公序良俗，当事人以未采用书面形式为由主张劳动合同变更无效的，人民法院不予支持。因此，实践中要求企业举证双方协商变更合同内容，且已实际履行一个月以上。）

②未及时足额支付劳动报酬

- 证明属于客观情况（如不可抗力、自然灾害、经营困难等）
- 证明计算标准有差异（双方理解不一致）
- 证明人为失误（非主观故意行为）
- 证明非劳动报酬（如未休年休假工资、高温津贴等）

③未依法为劳动者缴纳社会保险

- 证明未足额缴纳（即缴纳基数与工资不一致）
- 证明未全部缴纳（即缴纳的险种不全，或缴纳年限不足）
- 证明未及时缴纳（即未在用工第一时间缴纳）
- 证明劳动者主动放弃社保（需要掌握员工主动放弃社保的书面声明）

以上情形，我国部分地区不支持经济补偿，部分地区限定期限补正，不补正的支持经济补偿。

④用人单位的规章制度违反法律、法规的规定，损害劳动者权益

- 证明规章制度符合法律、法规的规定
- 证明规章制度的制定和修改，程序合法（经过民主程序制定和修改并向员工进行公示）
- 不认可劳动者提供的其权利受到损害的证据

- 证明规章制度与劳动者利益的损害没有因果关系

⑤因本法第二十六条第一款规定的情形致使劳动合同无效

- 证明不存在欺诈、胁迫的手段或者乘人之危的行为
- 如果存在欺诈、胁迫的手段或者乘人之危的行为证明该行为不足以导致对方在违背真实意思的情况下订立或者变更劳动合同

⑥法律、行政法规规定劳动者可以解除劳动合同的其他情形

- 本项是一条兜底条款

《劳动合同法》对“未依法为劳动者缴纳社会保险”仅作了概括性的规定，但是在各地方的实际执行标准中存在差异。下表列举了各地区对未缴纳社保、未及时缴纳社保、未足额缴纳社保、未全部缴纳社保以及劳动者主动放弃缴纳社保等情况是否能被支持认定为被迫辞职，并要求支付经济补偿。下表中我们给大家列举了部分省市的裁判标准。

地区	未缴纳社保	未及时缴纳社保	未足额缴纳社保	未全部缴纳社保	劳动者主动放弃缴纳社保
北京市	支持	不支持	不支持	不支持	支持
天津市	限期改正否则支持	限期改正否则支持	限期改正否则支持	限期改正否则支持	—
浙江省	支持	—	—	—	—
江苏省	支持	—	—	—	—
广东省	支持	不支持	不支持	不支持	限期改正否则支持
深圳市	一个月内改正否则支持	一个月内改正否则支持	一个月内改正否则支持	一个月内改正否则支持	—
厦门市	支持	不支持	不支持	不支持	—
福州市	支持	—	—	—	不支持
山东省	支持	—	—	支持	—
贵州市	一个月内改正否则支持	—	—	—	—
湖南省	支持	支持	支持	支持	—

第四节　用工风险防范工具

工具一：辞职通知

1. 工具说明

员工在因个人原因或单位过错提出离职时使用该工具，对于因个人原因而提出的离职，员工需要提前30天提交书面申请。

2. 适用范围

员工提出被迫辞职时提交的书面通知。

3. 规避风险

通过该工具一般可解决如下问题或规避如下风险。

- 明确提出离职的主体；
- 明确解除原因；
- 明确解除时间。

4. 核心工具

本通知为员工填写。

此处填写辞职的理由，以此判断属于自愿离职还是被迫离职。

辞职通知

____________公司：

因____________事由，现本人向公司提出书面辞职通知，本人决定解除与公司的劳动合同关系。同时，积极配合公司办理离职交接等相关手续。

特此通知！

辞职人：________

____年___月___日

员工的辞职应进行流程管控，明确辞职通知的送达部门或人员，以及在递交辞职通知后出现违规情形的处理办法和越级提交的法律后果，虽然员工自愿离职无过多法律层面的程序要求，但是从用人单位管理角度出发应在制度中予以明确。

工具二：离职管理制度

核心工具

辞职流程：员工辞职应填写辞职通知书并递交直属主管及人力资源部，不得越级递交。试用期员工应提前3日、其他员工应提前30日（脱密期、服务期等特殊约定除外）递交《辞职通知书》，在此期间，如果员工无故缺勤，公司仍可依照相关规章制度处理。如果员工越级递交或未在规定期间内递交，公司直属主管或有关部门有权拒收，如员工因拒收行为拒不正常工作，按照旷工处理。除试用期员工外，递交形式仅限于书面递交，公司不接受口头、电子邮件等无纸化辞职方式。《辞职通知书》不得撤销。

人力资源部于收到《辞职通知书》后应在两日内完成对辞职员工的挽留沟通并填写离职员工沟通记录。如果员工仍坚持辞职，人力资源部于挽留沟通程序完成后两日内通报公司各部门并发给辞职员工《离职交接表》等离职资料。

离职前挽留的目的并不在于挽留员工，而是在于了解员工真正辞职原因以及离职后动向。

第五节　知识答疑

1. 员工辞职是否需要公司批准？

根据《劳动合同法》规定，员工辞职，只需要提前30天以书面方式通知单位即可，而对于试用期员工来说，只需要提前3天通知单位即可。即便企业与员工有未解决的纠纷，也无权阻止员工离职，对于未解决纠纷可通过仲裁或者诉讼等法律途径另行解决。

2. 员工不辞而别（自动离职），劳动合同是否自动解除？

对于不辞而别的员工，如果用人单位没有留存员工主动提出离职的证明文件，而且单位也没有向该员工送达解除通知，那双方的劳动关系依然存在，不能视为劳动合同自动解除。对于不辞而别的员工，单位应当按照规章制度的规定提出解除，并有效送达解除通知，才能完成劳动关系的解除。

3. 员工不办理工作交接能否不发最后一月的工资？

根据《工资支付暂行规定》第九条规定，劳动关系双方依法解除或终止劳动合同时，用人单位应在解除或终止劳动合同时一次性付清劳动者工资。所以，员工的工资不受是否办理工作交接的影响。另外，如果因为员工被迫辞职，单位需要支付经济补偿的情况，根据《劳动合同法》第五十条规定，劳动者应当按照双方约定，办理工作交接。用人单位依照本法有关规定应当向劳动者支付经济补偿的，在办结工作交接时支付。

4. 员工以用人单位未支付未休年休假工资为由离职，能否获得经济补偿？

目前就此问题有两种观点。一种观点认为，未休年休假工资属于劳动报酬，不及时足额支付，员工可以以此为由离职，并要求用人单位支付经济补偿金。重庆地区司法实践支持上述观点。另一种观点则认为，未休年休假工资不属于劳动报酬，劳动者以此为由离职不应当获得经济补偿金。广州、深圳地区司法实践支持上述观点。根据《深圳市中级人民法院关于审理劳动争议案件的裁判指引（2015年）》第九十二条规定，“劳动者以用人单位未依法支付未签订书面劳动合同二倍工资、年休假工资和高温津贴为由提出被迫解除劳动合同并要求经济补偿的，不予支持”。

根据《职工带薪年休假条例》第五条第三款规定，“……对职工应休未休的年休假天数，单位应当按照该职工日工资收入的300%支付年休假工资报酬”。此处的“300%支付年休假工资”，无法直接体现“劳动者付出体力或脑力劳动所得的对价”，难以定性为“劳动报酬”范畴。因此，即使用人单位未及时支付未休年休假工资，员工亦不能以此为由离职，并要求用人单位支付经济补偿金。

第六节　地方性法规参考

◆《北京市劳动合同规定》

第三十五条　有下列情形之一的，劳动者可以随时通知用人单位解除劳动合同，用人单位应当支付劳动者相应的劳动报酬并依法缴纳社会保险费：

（一）在试用期内的；

（二）用人单位以暴力、威胁或者非法限制人身自由的手段强迫劳动的；

（三）用人单位未按照劳动合同约定支付劳动报酬或者提供劳动条件的；

（四）用人单位未依法为劳动者缴纳社会保险费的。

◆《北京市高级人民法院、北京市劳动争议仲裁委员会关于劳动争议案件法律适用问题研讨会会议纪要（二）》

39. 劳动者以《劳动合同法》第三十八条规定之外的情形为由提出解除劳动合同的，在仲裁或诉讼阶段又主张是用人单位存在前述法定情形迫使其解除劳动合同，请求用人单位支付经济补偿金或赔偿金的如何处理？

对于劳动者提出解除劳动合同的，应以劳动者当时实际解除劳动合同时提出理由作为认定案件事实的依据，劳动者以《劳动合同法》第三十八条规定之外的情形为由提出解除劳动合同，在仲裁或诉讼阶段又主张是用人单位存在前述法定情形迫使其解除劳动合同，请求用人单位支付经济补偿金或赔偿金的，仲裁委、法院不予支持，但劳动者证明在解除劳动合同时，存在欺诈、胁迫、重大误解等违背其真实意思表示的情形的除外。

◆《上海市劳动合同条例》

第三十一条 有下列情形之一的，劳动者可以随时通知用人单位解除劳动合同。

（一）在试用期内的；

（二）用人单位以暴力、威胁或者非法限制人身自由的手段强迫劳动的；

（三）用人单位未按照劳动合同约定支付劳动报酬或者提供劳动条件的。

◆《广东省高级人民法院关于审理劳动争议案件疑难问题的解答》（2017年8月1日）（文件已失效，但在司法实践中仍有参考价值）

8.劳动者以用人单位存在《中华人民共和国劳动合同法》第三十八条第一款情形为由主张被迫解除劳动合同是否应在离职时明确提出？

劳动者以用人单位存在《中华人民共和国劳动合同法》第三十八条第一款情形为由主张被迫解除劳动合同，应当在离职时明确提出，劳动者在离职时未以用人单位存在《中华人民共和国劳动合同法》第三十八条第一款情形为由主张被迫解除劳动合同，其之后以用人单位存在《中华人民共和国劳动合同法》第三十八条第一款情形主张被迫解除劳动合同经济补偿金的，一般不予支持。

◆《佛山市中级人民法院、佛山市劳动仲裁委员会关于审理劳动争议案件若干问题的指导意见》（试行2011年2月）

第三十五条 用人单位实际存在《劳动合同法》第三十八条与最高人民法院《关于审理劳动争议案件适用法律若干问题的解释》第十五条规定的情形，但劳动者以其他不属于上述规定情形的理由提出辞职，后又以用人单位存在前述法定情形迫使其辞职为由，要求用人单位支付经济补偿金的，不予支持。

劳动者在离职时没有明确以何种理由辞职的，以提起劳动仲裁时主张的离职理由为准。

◆《深圳经济特区和谐劳动关系促进条例》

第十五条 用人单位和劳动者应当依法参加社会保险。

用人单位未依法为劳动者缴纳社会保险费的，劳动者应当依法要求用人单位缴纳；用人单位未在一个月内按规定缴纳的，劳动者可以解除劳动合同，用人单位应当依法支付经济补偿。

◆《深圳市中级人民法院关于审理劳动争议案件的裁判指引（2015）》

八十一、……劳动者以用人单位存在《劳动合同法》第三十八条第一款情形为由提出解除劳动合同的，应当在解除劳动合同时明确告知用人单位解除事由。劳动者在解除劳动合同时未明确告知用人单位解除事由，后又主张系被迫解除劳动合同，要求经济补偿的，不予支持……

◆《云南省高级人民法院关于审理劳动人事争议案件若干问题的座谈会纪要（2015）》

（五）劳动者以《劳动合同法》第三十八条规定以外的情形为由提出解除劳动合同，解除劳动合同后又以用人单位存在《劳动合同法》第三十八条规定情形请求用人单位支付经济补偿的，不予支持。但劳动者证明在解除劳动合同时存在欺诈、胁迫、重大误解等违背其真实意思表示情形的除外。

◆《天津市高级人民法院关于印发〈天津法院劳动争议案件审理指南〉的通知》

25.【《劳动合同法》第三十八条的适用：明示被迫辞职的理由方可获得经济补偿金】用人单位存在《中华人民共和国劳动合同法》第三十八条第一款规定的情形，劳动者以此为由主动解除劳动合同并主张经济补偿金的，应予支持，但劳动者并未以此为理由提出解除劳动合同的除外。

◆《浙江省高级人民法院民事审判第一庭、浙江省劳动人事争议仲裁院关于审理劳动争议案件若干问题的解答（三）》

七、劳动者辞职时未说明原因或理由，之后以《劳动合同法》第三十八条第一款为据，要求用人单位支付解除劳动合同经济补偿。经查用人单位确实存在《劳动合同法》第三十八条第一款规定情形的，对劳动者要求经济补偿的主张能否支持？

答：用人单位存在《劳动合同法》第三十八条第一款规定情形，但劳动者辞职时未说明原因或理由，事后以用人单位存在《劳动合同法》第三十八条第一款规定情形为由，要求用人单位支付解除劳动合同经济补偿的，不予支持。

◆《江苏省高级人民法院　江苏省劳动争议仲裁委员会关于审理劳动争议案件的指导意见》

第十五条　……劳动者以《劳动合同法》第三十八条第一款规定为由解除劳动合同，应当通知用人单位解除劳动合同并说明理由，劳动者未履行告知程序，事后又以《劳动合同法》第四十六条第（一）项规定为由请求用人单位支付经济补偿的，不予支持。

◆《四川省高级人民法院民事审判第一庭关于印发〈关于审理劳动争议案件若干疑难问题的解答〉的通知》

26.劳动者以其他理由辞职后，又以用人单位存在《劳动合同法》第三十八条所列情形迫使其辞职为由，要求用人单位支付经济补偿金或赔偿金的，一般不予支持。

劳动者与用人单位均无法证明劳动者的离职原因，可视为用人单位提出且经双方协商一致解除劳动合同，用人单位应依照《劳动合同法》第四十七条之规定向劳动者支付经济补偿。

第十七章 | 企业辞退管理

第一节　用工场景

劳动关系的解除，除了员工个人提出外，在实际用工中，用人单位也有单方解除劳动合同的权利。但是在企业单方解除劳动合同的过程中要遵循法定的事由和程序要求。如果解除理由或解除程序违法，企业要承担违法解除的法律责任。

企业单方面解除劳动合同中主要包括两种情形。一种是因为员工过错企业进行的单方解除，在不构成违法解除的情况下，单位无需支付经济补偿和赔偿金；另一种是非因员工过错企业进行的单方解除，此种情况解除，用人单位即便合法解除也需要支付经济补偿，且没有提前30天通知还需另行支付一个月工资作为代通知金。两种情形的解除事由和程序均存在较多差异，需要企业在实操中尤为注意。

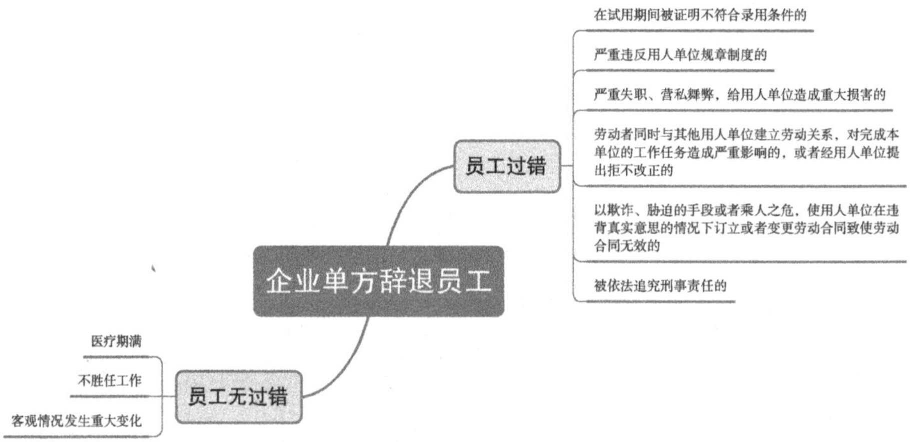

图17-1　企业单方辞退员工

企业单方辞退包括过错性解除程序要求和非过错性解除程序要求两种。

过错性解除程序要求具体如下。（参见图17-2）

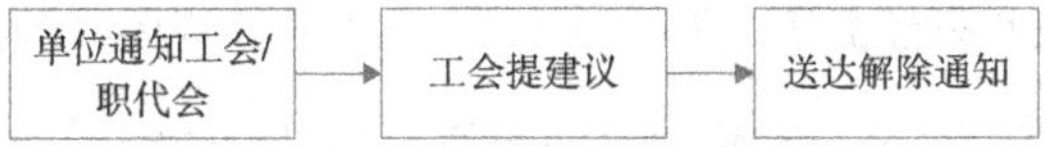

图 17-2　过错性解除程序要求

两步走：第一步，将解除理由通知工会，工会有权要求用人单位纠正，单位应当对工会的意见进行研究，最终将处理结果书面通知工会；第二步，对于过错性解除，单位无须提前通知劳动者，单位需要将解除理由有效告知劳动者，并且将解除通知有效送达劳动者，以产生解除劳动关系的法律效果。

非过错性解除程序要求具体如下。（参见图 17-3）

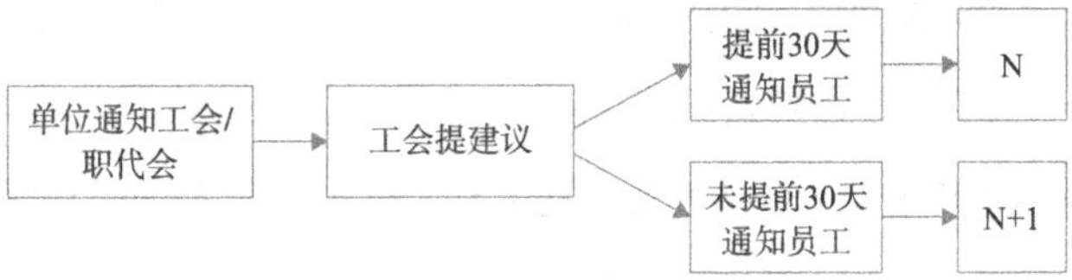

图 17-3　非过错性解除程序要求

两步走：第一步，将解除理由通知工会，工会有权要求用人单位纠正，单位应当对工会的意见进行研究，最终将处理结果书面通知工会；第二步，对于非过错性解除，单位须提前 30 天以书面形式通知劳动者，如果未提前 30 天通知，需要另外支付一个月工资作为代通知金，即“N+1”。

第二节　风险提示

用工风险 1：过错性解除劳动合同。

1. 在试用期间被证明不符合录用条件的。

用人单位在试用期解除劳动合同时要注意两点：第一，不符合录用条件的考评需要在试用期内做出并告知员工，如果过了试用期再进行考核，员工已经成为正式员工，不能再依据试用期不符合录用条件进行单方解除；第二，对于录用条件，用人单位需要在与员工签订劳动合同时或者员工入职时告知，并且录用条件要尽可能细化、明确。

2. 严重违反用人单位的规章制度的。

严重违规解除，用人单位应注意实体和程序两个方面。实体层面，对于严重违规的事实认定，单位应负有举证责任，所以在处理员工严重违规的时候，应注意留存违规事实的证据，比如可以通过录音、录像、证人证言等，必要的时候可以通过表单工具（如《违规情况申诉单》）确认的方式锁定员工违规证据。程序层面，在确定好违规事实后，还要有相配套的合法、有效的规章制度作为解除依据。

3. 员工严重失职且营私舞弊，给用人单位造成重大损害的。

对于员工严重失职、营私舞弊的情况，用人单位应结合规章制度及岗位职责对于失职、舞弊行为事实进行认定及留存证据。员工失职、营私舞弊的行为与企业的经济损失有直接的因果关系。另外，对于“重大损害”的标准，法律上没有明确的规定，需要企业根据实际情况在规章制度或劳动合同中进行明确，以确定重大损害的界定标准，这样在对过错员工进行解除时才能做到有理有据，以避免违法解除的情况发生。

4. 劳动者同时与其他用人单位建立劳动关系，对完成本单位的工作任务造成严重影响的，或者经用人单位提出，拒不改正的。

对于多重劳动关系，现行法律没有进行禁止性的规定，多重劳动关系均有效。但是对于多重劳动关系的员工，赋予了企业单方解除的权利，但是也需要满足两个条件。第一，对本单位工作任务造成严重影响；第二，经单位提出后拒不改正。另外，如果单位在规章制度中明确禁止员工存在多重劳动关系，并将该情况列为严重违规的范围，用人单位同样可以以严重违规情形来解除劳动关系。

5. 以欺诈、胁迫的手段或者乘人之危，使对方（用人单位）在违背真实意思的情况下订立或者变更劳动合同致使劳动合同无效的。

该项主要针对员工采用欺诈、胁迫等方式向企业提供虚假信息，导致劳动合同无效的情形。企业在规章制度没有明确规定的情况下，欺诈、胁迫的手段方式还应满足违背企业真实意思的情况才能够单方解除合同。虽然存在欺诈、胁迫等违法行为，但是未能诱使企业做出错误意思表示的，不成立劳动合同无效的情形。

6. 被依法追究刑事责任的。

根据《关于贯彻执行〈中华人民共和国劳动法〉若干问题的意见》第二十九条规定，“被依法追究刑事责任”是指：被人民检察院免予起诉的、被人民法院判处刑罚的、被人民法院依据《刑法》第三十二条免予刑事处分的。刑事责任问题有专业的概念限定，而不能想当然地理解为，只要员工被限制了人身自由，就认定为被追究刑事责任。比如，被拘留、逮捕的人员仍属于犯罪嫌疑人，并未被司法机关确认追究刑事责任；还比如员工被行政拘留的，被进行行政处罚的，虽然限制了人身自由被追究责任，但依然不属于被追究刑事责任的范畴。另外，有些情况下，看似没有被限制人身自由，但是事实上属于被追究刑事责任的范畴，比如被判管制、三年以下有期徒刑、缓刑的。总之，是否被追究刑事责任，应以司法机关依法作出的已经生效的裁判文书作为核心依据，而不能以员工的人身自由是否被剥夺作为判断标准。

根据《关于贯彻执行〈中华人民共和国劳动法〉若干问题的意见》第二十八条规定，劳动者涉嫌违法犯罪被公安机关收容审查、拘留或逮捕的，用人单位在劳动者被限制人身自由期间内，可与其暂时停止劳动合同的履行。因此，对于被限制人身自由，但是还未被司法机关确认追究刑事责任的员工，可以中止劳动合同，在劳动合同中止期间，用人单位可以暂停支付劳动报酬，以降低用人单位的用工成本。

用工风险 2：非过错性解除劳动合同。

根据《劳动合同法》第四十条规定，有下列情形之一的，用人单位提前 30 日以书面形式通知劳动者本人或者额外支付劳动者一个月工资后，可以解除劳动合同：

劳动者患病或者非因工负伤，在规定的医疗期满后不能从事原工作，也不能从事由用人单位另行安排的工作的；

劳动者不能胜任工作，经过培训或者调整工作岗位，仍不能胜任工作的；

劳动合同订立时所依据的客观情况发生重大变化，致使劳动合同无法履行，经用人单位与劳动者协商，未能就变更劳动合同内容达成协议的。

对于非过错性解除劳动合同，《劳动合同法》还规定了限制解除的六种情形。根据《劳动合同法》第四十二条规定，劳动者有下列情形之一的，用人单位不得依照本法第四十条、第四十一条的规定解除劳动合同：

从事接触职业病危害作业的劳动者未进行离岗前职业健康检查，或者疑似职业病病人在诊断或者医学观察期间的；

在本单位患职业病或者因工负伤并被确认丧失或者部分丧失劳动能力的；

患病或者非因工负伤，在规定的医疗期内的；

女职工在孕期、产期、哺乳期的；

在本单位连续工作满 15 年，且距法定退休年龄不足五年的；

法律、行政法规规定的其他情形。

对于《劳动合同法》第四十二条规定的限制解除的情形，虽然在解除操作上存在一定的阻碍，但是不排除员工自愿辞职、双方协商解除及用人单位依照《劳动合同法》第三十九条员工过错单位单方解除的情形，但是需要注意操作流程、事实认定及相关证据的留存。

用工风险 3：文书送达。

用人单位在解除劳动合同的过程中，对于解除通知、调岗调薪通知、返岗复工通知、考评结果通知等必要告知义务的履行时，均涉及通知文书送达问题，合法、有效的送达关系到最终解除结果的合法性。很多用人单位在实践操作中不重视送达的程序问题，导致关键节点的通知文件无法有效地告知员工，最终承担了违法解除的风险。送达分为直接送达、邮寄送达、公告送达、公证送达四种方式。在送达操作中，这四种送达方式并不能直接适用。关于四种送达方式的具体操作流程及关联关系，见 HR 操作建议指引中关于文书通知送达流程。

用工风险 4：违法解除与违法终止。

用人单位无论是由于员工过错性解除还是非过错性解除，只要符合法律规定，都属于合法解除。对于过错性解除，用人单位无需支付经济补偿，但对于非过错性解除，即便解除合法，也需要支付经济补偿，且没有提前一个月通知劳动者，还要另外支付一个月工资作为代通知金。用人单位无论采取哪种解除方式，均需要满足法定条件，并履行法定程序。如果解除条件或者程序违法均属于违法解除，劳动者要求继续履行劳动合同的，应当继续履行；劳动者不要求继续履行劳动合同或者劳动合同已经不能继续履行时，用人单位应当支付赔偿金，且支付标准为经济补偿的二倍。

从法律性质来看，劳动关系解除与劳动关系终止是完全不同的。劳动关系解除是劳资双方或者单方以明确的意思表示在劳动合同期内终结劳动关系，而劳动关系终止属于基于法定事实的出现（《劳动合同法》第四十四条规定）而产生的劳动关系的终结。不论用人单位解除还是终止劳动合同均有可能出现违法的情形，基于违法解除或终止劳动者可以选择继续履行或者要求单位支付 2N 的赔偿金（经济补偿的二倍）。

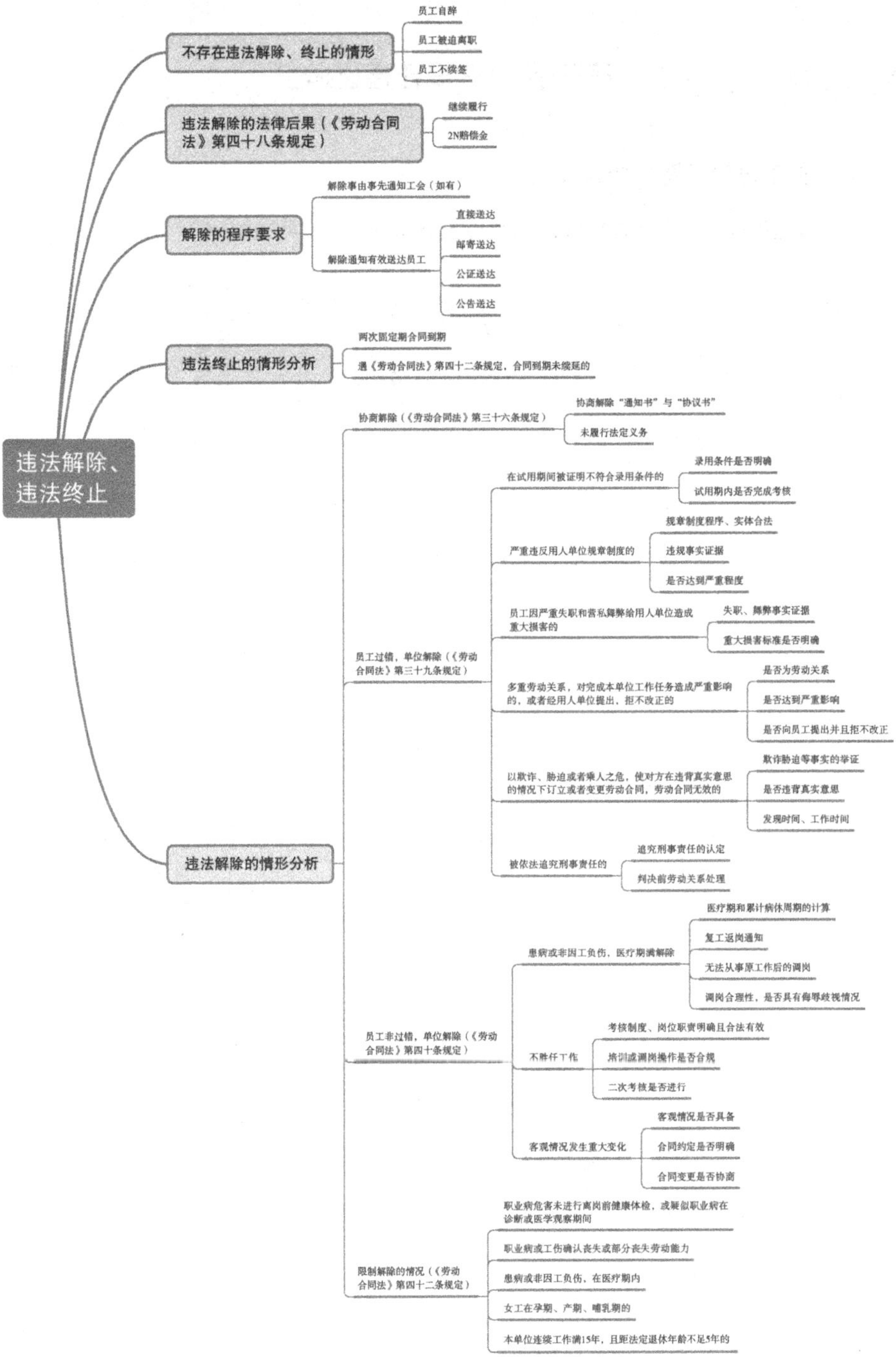

图 17-4　违法解除、违法终止的情形分析

第三节 HR操作建议指引

一、员工过错解除：严重违规解除

员工过错解除：严重违规解除的流程图具体如下。（参见图 17-5）

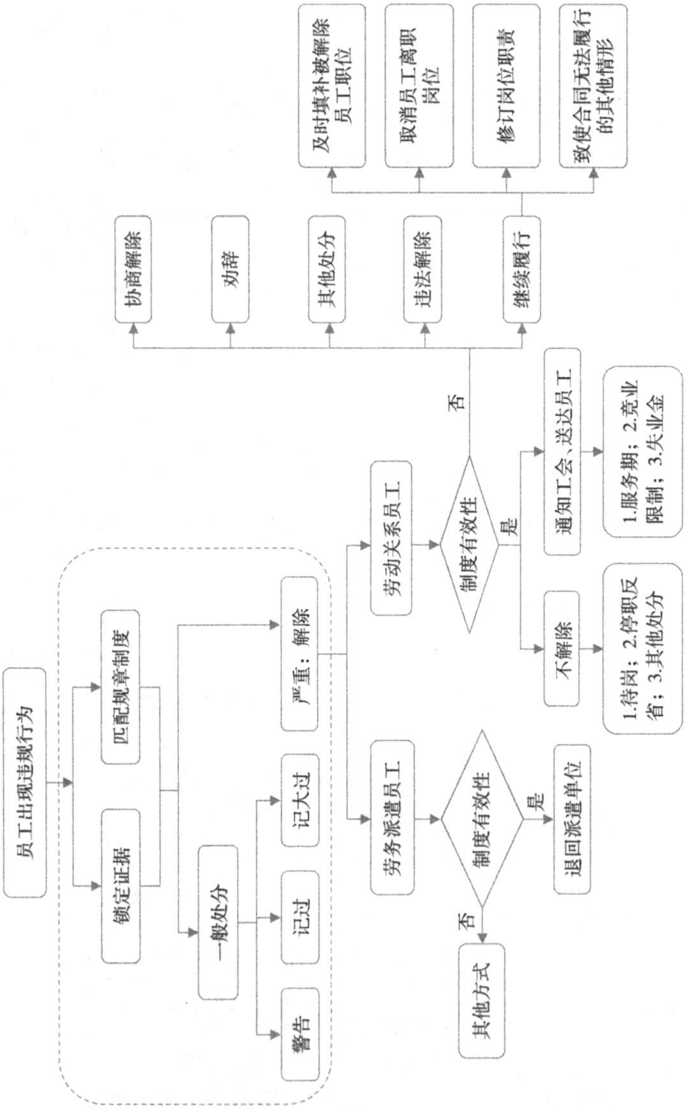

图 17-5 员工过错解除：严重违规解除

（一）严重违规解除的条件

用人单位规章制度的制定程序不能违反法律法规和司法解释的规定。根据《最高人民法院关于审理劳动争议案件适用法律问题的解释（一）》第五十条规定，用人单位根据《劳动合同法》第四条规定，通过民主程序制定的规章制度，不违反国家法律、行政法规及政策规定，并已向劳动者公示的，可以作为确定双方权利义务的依据。这说明用人单位规章制度制定程序必须民主协商确定，还应向劳动者公示。如果未经公示一般不能作为用人单位与劳动者解除劳动合同的依据。

用人单位规章制度的内容不得违反法律法规和司法解释的规定。用人单位的规章制度若违反法律法规、司法解释，可能会损害劳动者的合法权益。即便劳动者的行为违反了这些条款，用人单位也不得依据这些无效条款与劳动者解除劳动合同。

劳动者的行为在规章制度中应有明确的体现。劳动者做出一个看似违纪违规的行为，从其行为本身判断确实属于劳动者主观过错，且对企业的正常经营造成不良影响，但是如果在规章制度中对该行为未进行明确规定的，用人单位在依据严重违规与劳动者解除劳动合同时存在违规解除的风险。

对劳动者行为的认定，劳动合同约定达不到解除标准，而用人单位规章制度规定达到解除条件时，应以劳动合同约定作为判断是否达成严重违反规章制度的标准。对此，《最高人民法院关于审理劳动争议案件适用法律问题的解释（一）》第五十条规定用人单位制定的内部规章制度与集体合同或者劳动合同约定的内容不一致，劳动者请求优先适用合同约定的，人民法院应予支持。需要注意的是，劳动者如果要主张优先适用合同约定，其劳动合同签订的时间应在规章制度颁布后。这说明双方已作了例外约定，以替代原有规章制度的规定。但如果劳动合同签订于规章制度颁布之前时，就不能简单地适用劳动合同约定优先这一原则。因为用人单位后出台的规章制度从制定程序到规定内容只要不违反法律法规、司法解释，一般就对已在职劳动者产生约束力。

除规章制度本身合法性要求外，如果劳资双方对违规行为是否达到严重程度产生分歧，还可综合考虑下列因素：劳动者实施违纪行为的主观过错程度；劳动者实施违规行为的重复频率；劳动者违规行为给用人单位造成损失的大小。

（二）严重违规解除的适用范围

严重违规解除属于员工过错性解除劳动合同，适用于用人单位的全体员工，概无例外，劳务派遣员工可以将其退回劳务派遣单位。即便对于《劳动合同法》第四十二条规定的医疗期、女工“三期”或因其他情形而享有特殊解除保护的员工，只要存在《劳动合同法》第三十九条规定的包括严重违反规章制度在内的六种过错情形之一的，用人单位都可以单方解除劳动合同，且无需提前通知，无需支付经济补偿金。

（三）严重违规的操作流程

1. 违规分级处理

违规分级处理分为一般性违规处分和严重违规解除。一般性违规处分，可通过警告、记过、记大过的方式行使用人单位自主经营权，并将处分通知书有效送达当事人。一般性违规处分通过累计次数或者计分方式可以转化为严重违规情形。

2. 违规劳动者分类

违规员工分为劳务派遣员工和劳动关系员工。劳务派遣员工如果出现严重的违规事由，在确认违规事由后可退回派遣单位。劳动关系员工按照严重违规解除处理。

3. 确认违规事由

规章制度中对严重违规事由应进行具体的规定，且该规定应合理、合法，符合用人单位的发展和管理要求。用人单位发现违规事由时要及时向劳动者下发“违规情况申诉单”以确认违规事由。

4. 将解除理由通知工会

用人单位应在解除劳动合同前将解除理由通知工会，如果用人单位违反法律法规或者劳动合同约定的，工会有权要求用人单位纠正。用人单位应当研究工会的意见，并将其处理结果书面通知工会。

5. 向劳动者说明解除理由，并有效送达解除通知

因劳动者严重违规，用人单位无需提前通知劳动者即可解除。至于解除形式，法律没有强制性规定。我们建议用人单位采用书面方式，告诉劳动者解除理由，并将该解除通知有效送达劳动者本人，以避免劳动者将来主张劳动合同尚未解除的法律风险。

（四）严重违规的证据锁定

用人单位以劳动者严重违反规章制度解除劳动合同时，应当注意保留相关证据，包括但不限于劳动者违纪行为录音录像，经签收的违规核实单或确认单等证据，规章制度经民主、公示程序的证据，通知劳动者本人及工会的证据等，以避免在将来的诉讼中陷于不利地位。

（五）严重违规解除的后果

1. 用人单位无需向员工支付经济补偿金和代通知金。

2. 如果用人单位与劳动者签订了有服务期的劳动合同，但因《劳动合同法》第三十八条被解除劳动关系的，劳动者应当按照劳动合同的约定向用人单位支付违约金。

3. 因严重违反规章制度解除属于非因本人意愿中断就业情形，有资格申请失业保险金，并按照规定享受其他失业保险待遇。

（六）制度和证据瑕疵的处理

因规章制度制定程序、内容存在违法或不合理的情况或无法确定劳动者违规行为的，可以采取双方协商解除、劝辞、违法解除视为一般违规处分的解决方案。用人单位违法解除，员工有权要求继续履行劳动合同，对此用人单位可以通过及时填补被解除员工岗位（要注意该岗位应为唯一性不可替代性岗位），仲裁或诉讼期间，向劳动者送达复工通知，但劳动者拒绝复工的，应该通过调整公司组织架构，撤销该岗位等方式规避继续履行的风险。

二、员工无过错解除：不胜任工作解除

对于不胜任工作解除的操作，在实践中，企业形成违法解除的风险较高，主要是对于前期员工不胜任工作的判断依据，以及确认不胜任工作后的程序操作缺失产生的风险。员工不胜任工作解除的流程具体如下。（参见图 17-6）

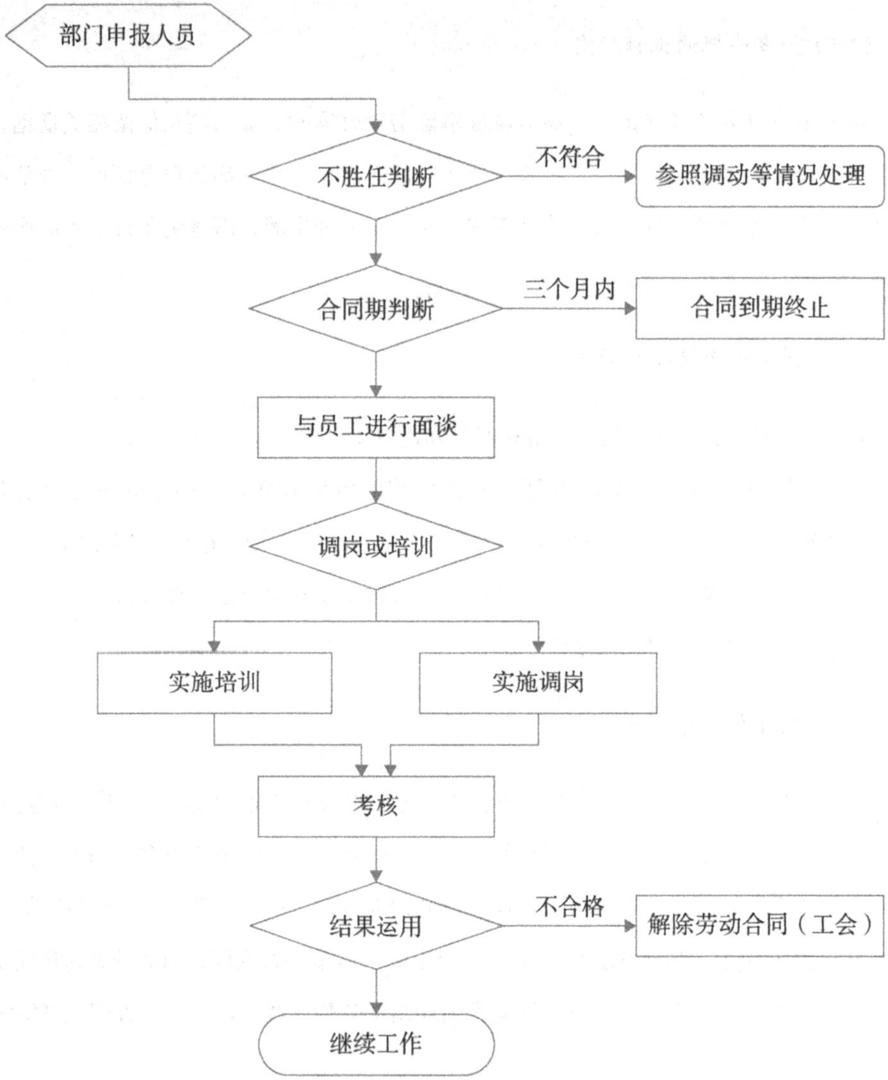

图 17-6　不胜任工作解除

对于不胜任工作的认定应保证证据化、流程化及表单化管理，需要对员工在职期间岗位职责及对应的考核标准予以量化明确，并有效告知员工，签署岗位职责确认单或责任书。如果形成了规范性的制度文件还需要履行民主公示程序。在司法实践中对于不胜任工作的考核结果，应以程序审查为原则，实体审查为补充。不胜任工作的考核不能完全等同于绩效考核，不胜任工作考核的范畴应大于绩效考核。如果经过考核确认员工不能胜任工作，需要将考核结果告知员工，并对其进行培训或调岗的操作。企业培训要有针对性，不胜任工作导致的调岗可以不与员工协商，用人单位可以单方进行调岗操作，以避免出现侮辱性歧视性调岗的情况。待培训或调岗后，还要进行第二次考核，如果员工依然不能胜任工作，用人单位才可以合法解除劳动关系。

三、员工无过错解除：情势变更解除

员工无过错解除：情势变更解除流程图具体如下。（参见图 17-7）

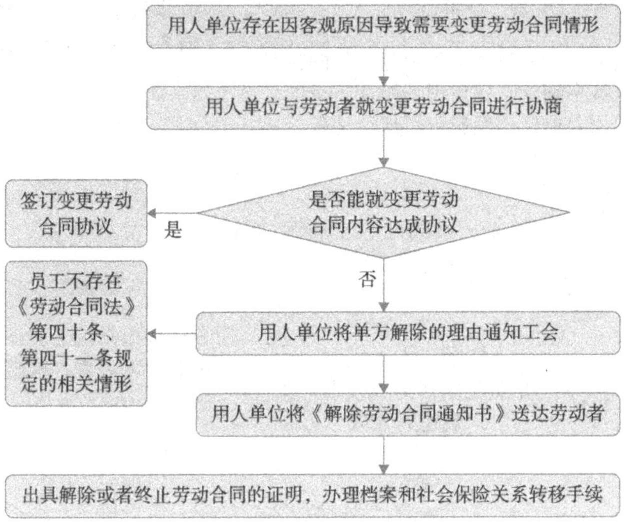

图 17-7　员工无过错解除：情势变更解除

对于客观情况发生重大变化（情势变更）导致的劳动合同解除，需要注意三个方面：第一，双方订立劳动合同时所依据的客观情况发生重大变化，比如企业搬迁、转产、改制经营战略重大调整等，企业要注意对于客观情况发生重大变化不能做任意扩大解释，应属于不可抗力的原因导致的情形。第二，该重大变化导致原劳动合同无法继续履行。第三，在出现情势变更后，企业要与员工协商变更劳动合同，如果无法协商一致单位可以单方解除劳动合同。就协商变更合同一事，各地有着具体的规定，比如北京、江苏、辽宁、新疆等地规定，关于变更劳动合同，用人单位应当书面形式送交给员工，员工应当在 15 日内答复，如果逾期未答复的，视为同意变更劳动合同。

文书通知送达流程具体如下。

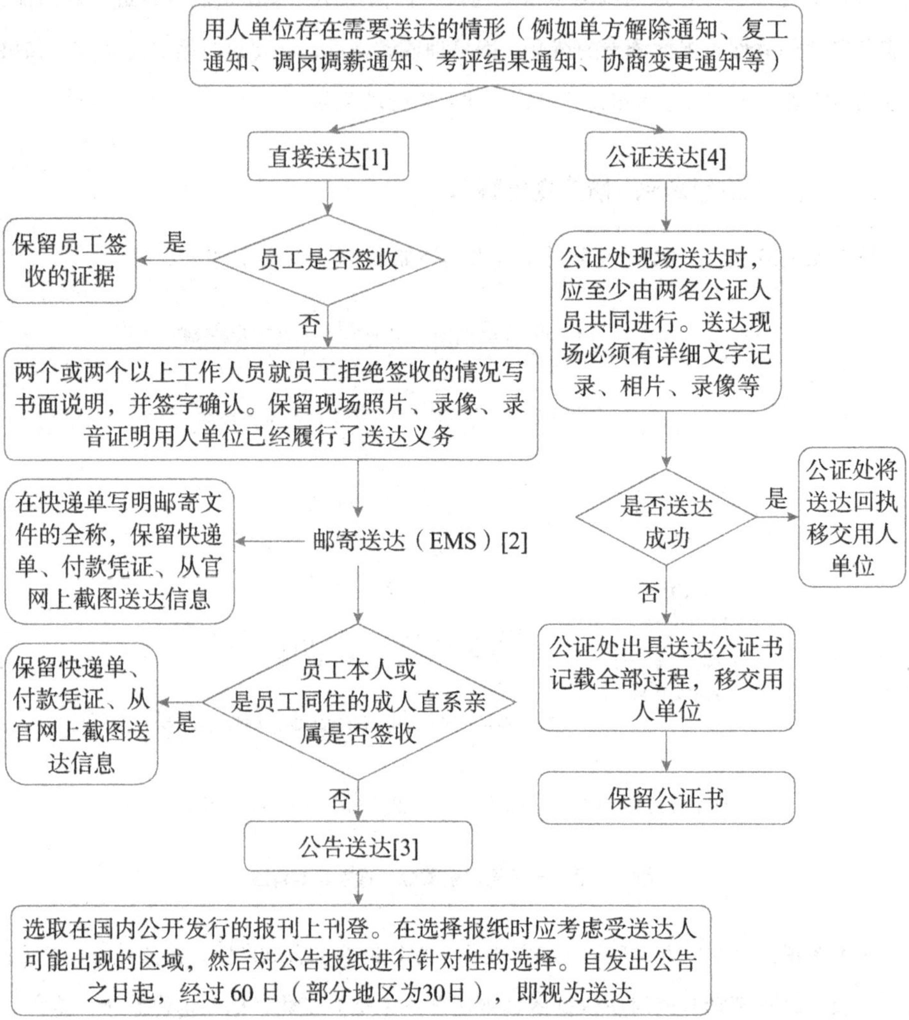

图 17-8　文书通知送达流程

直接送达不成（或直接送达困难）是进行邮寄送达、公告送达的前提。应首先采取直接送达的方式，将需要送达的文书当面送交本人，若本人拒绝签收或直接送达有困难，则应将当面送达的情况作出书面说明，以保留证据。

直接送达被拒收，或者无法直接送达，应采取邮寄送达方式，最好通过邮局以特快专递的方式，向员工寄送文件。在快递单上必须写上送达的内容是什么，写明文件全称。

在快递寄出一段时间后，还需要在EMS官网对送达信息进行截图。若邮件被退回未能送达，则人力资源部应将退回的信件完整保存，这是一份十分重要的未邮寄送达的证据。

需要注意的是：解除劳动合同通知寄往非劳动者确认的地址，解除行为不成立。如果劳动者已经书面确认了联系地址，在此情况下，用人单位仍私自向劳动者的其他地址邮寄送达相关手续，如果在劳动者本人未签收的情况下，则邮寄的文件对劳动者不会发生效力，也就导致解除行为对劳动者不发生法律效力。例如：某公司并未按照员工在劳动合同中填写的住址送达解除劳动合同通知，而仅仅向其户籍所在地邮寄，公司没有证据证明解除通知被签收，则公司送达行为并不符合法律规定，进而解除行为不发生法律效力。

只有在受送达职工下落不明，或者用直接送达、邮寄送达方式无法送达的情况下，方可公告送达，即张贴公告或通过新闻媒介通知。能用直接送达或者邮寄送达而未用，直接采用公告送达，视为无效。

由于当事人下落不明或故意拒收法律文书等原因，“送达难”现象较为突出，采取公告送达方式，则要过60日（部分地区为30日）才发生法律效力，才视为送达，采用公证送达可较好地解决送达难这一问题。

第四节 用工风险防范工具

工具一：解除劳动合同通知书（员工）

1. 工具说明

《劳动合同法》赋予了公司在多种情形下可以单方面解除劳动合同的权利，而解除劳动合同通知书是公司行使解除权的最直接的体现，在公司人事管理工作中扮演着重要的角色。首先，公司与员工解除劳动合同时向员工出具书面解除劳动合同通知书是单位的法定义务。其次，解除劳动合同通知书也是员工与用人单位发生劳动争议时最有效的证据，否则在产生争议时，公司将处于不利的地位。此通知书应为公司的必备文书之一。

2. 适用范围

本通知书在公司因《劳动合同法》第三十九条、第四十条与员工解除劳动合同时使用。

此通知书用于公司单方面主动与员工解除劳动合同。

1. 公司与员工解除劳动合同的原因，为通知书的必备内容；
2. 原因应是具体的原因，不应写"由于员工的原因"这些抽象的原因；
3. 原因陈述要点：重点突出，全面概括，在原因陈述最后加"等"，一但产生争议，在诉讼过程中出现对企业的不利因素，企业可以再次调整提交新的充分证据。

公司与员工解除劳动合同的依据，为通知书的必备内容。一般包括法律依据和公司规章制度的依据：法律依据一般为劳动合同法第三十九条、第四十条、第四十一条。一般应写明所依据的具体条款，应具体到第几条第几款。
书写方式1：根据劳动合同法规定和企业规章制度规定；
书写方式2：根据劳动合同法第几条等和企业规章制度第几条等规定。

根据劳动合同法第三十九条解除的没有经济补偿，根据第四十条、第四十一条解除的应支付经济补偿金。

3. 规避风险

- 履行法律规定的程序，避免造成违法解除的风险；
- 明确解除劳动关系的时间。

4. 核心工具

解除劳动合同通知书

________先生/女士（身份证号：________________）：

本单位与您签订的____________期限劳动合同，由于________________________原因，现根据《劳动合同法》第____条的规定和企业______________的规定，决定自_____年___月___日起，解除与您的劳动合同关系，经济补偿金为下列第____种情况：

（一）无经济补偿金。

（二）经济补偿金________元。

请您在接到此通知后____天内到本单位，办理终止劳动关系的相关手续。

特此通知

单位盖章：

________年____月____日

工具二：解除劳动合同通知书（工会）

1. 工具说明

根据国家的相关法律规定，对于建立了工会组织的公司，在行使法律赋予公司的单方解除劳动合同的权利时，应当事先将解除的事实和理由通知工会，这是法律规定的公司在行使解除权时应履行的义务之一。如果公司不履行这一义务而直接与员工解除劳动合同，则构成违法解除，公司将承担违法解除劳动合同的法律风险。因此，此通知书应为公司的必备文书之一。

2. 适用范围

本通知书在公司因《劳动合同法》第三十九条、第四十条规定与员工解除劳动合同时使用。

3. 规避风险

履行法律规定的解除劳动合同的程序，避免造成违法解除劳动合同的风险。

4. 核心工具

关于与________解除劳动合同的通知函

__________工会：

因________出现________________的行为，公司决定根据《劳动合同法》第____条的规定和企业________________________的规定，与________解除劳动合同。

如工会认为有不妥之处，请工会在收到此函后______日内提出相关意见。如果工会在______日内没有复函，则视为工会同意公司的处理意见，公司将与________解除劳动合同。

特此函告，盼复！

公司盖章：

________年____月____日

签收回执

我工会收到____________有限公司发出的《关于与________解除劳动合同的通知函》，通知内容与上述内容一致。

工会盖章：

工会主席签字：

________年____月____日

1. 写明公司与员工解除劳动合同的原因；
2. 原因应是具体的原因，不应写“由于员工违纪的原因”这些抽象的原因。

1. 公司与员工解除劳动合同的依据，一般包括法律依据和公司规章制度的依据；
2. 一般应写明所依据的具体条款，应具体到第几条第几款。

1. 本回执可以证明公司已经依法书面告知工会。
2. 本通知函及签收回执应当由公司妥善保留。

工具三：违规情况申诉单

1. 工具说明

违规情况申诉单是用人单位依据规章制度作出惩处决定时，用以确定违规事实，取得员工对于违规事实认可的书面证据表单，这关系到用人单位以严重违规解除时对于违规事实的确定。

2. 适用范围

本申诉单在公司因员工严重违规解除劳动关系前确定违规事实时使用。

3. 规避风险

- 履行法律规定的程序，避免造成违法惩处的风险；
- 固定用人单位对员工作出惩处决定的事实依据；

● 固定用人单位对员工作出惩处决定的制度依据。

4. 核心工具

违规事实的描述要求客观、具体、明确。

此处尽量要求由员工自行签字确认，以固定违规和惩处事实。确保员工本人面签，且与身份证姓名一致，不得出现错字、别字、也不建议填写繁体字。若员工不予认可，务必要求员工在下栏填写申诉理由，并面签确认。

落款日期为员工填写违规情况核实单日期，应为员工本人填写。

员工意见及申诉理由要求员工本人填写，主要内容为员工对违规事实的申辩。

确保员工本人面签，且与身份证姓名一致，不得出现错字、别字、也不建议填写繁体字。

应为员工本人根据实际日期填写。

确保相关负责人面签，且与身份证姓名一致，不得出现错字、别字、也不建议填写繁体字。（其他签字处，提示相同）

由于其他部门人员与企业有利害关系，尽管该约定对企业有利，但该约定的有效性存在一定风险。同时，也建议企业将该约定（规定）的意思内容写入相关制度或劳动合同。

违规情况申诉单

姓　　名		身份证号		岗　　位	
违规事实（列明日期、违规情节等情况）					
员工确认	□认可　　□不认可 签字：　　日期：____年___月___日				
员工意见及申诉理由	签字：　　日期：____年___月___日				
部门负责人意见		人力资源部意见		总经理意见	
签字： ____年___月___日		签字： ____年___月___日		签字： ____年___月___日	
备注： 1. 如实填写违规事实，不得捏造、虚构事实或为逃避责任而恶意诬陷他人。 2. 如果违规员工拒绝签字的，由部门负责人与人力资源部人员组成见证人共同签字并注明情况。 3. 如果员工拒绝在本核实单上签字的，见证人共同签字视为违规情况核实单生效。 4. 员工对违规事实不认可的，应在员工意见及申诉理由处写明具体意见、理由，若拒绝填写的可视为认可违规事实部分内容。					

工具四：离职管理制度核心规定

离职管理的常规性内容，必不可少，对于未办理工作交接的员工，用人单位有权对于除劳动报酬以外的费用暂不支付，如经济补偿。

费用结算：离职员工最后一个工资支付周期的工资应以现金形式发放，员工按照劳动合同约定的工资在支付期限领取。离职员工除工资依法支付外，其余应结费用均以离职员工按照本管理规定完成工作交接为结算前提，如果离职员工未按照或未完全按照本规定要求进行工作交接的，公司有权暂扣相应的费用。

工具五：奖惩管理制度核心规定

可以根据违规行为的程度，设定不同的处分方式，并将辞退解除作为严重违规的处罚方式。

一、惩罚

轻微违规行为：给予书面警告处分。

中等违规行为：给予记过处分。

严重违规行为：给予解除劳动合同处分。

二、员工有以下严重违规行为之一的，应处以解除劳动合同处分（列举部分核心条款）

1. 员工在自然年度内累计受到两次记过处分的；

2. 员工连续旷工3天以上（包括3天）或者在自然年度内累计旷工5天以上（包括5天）的；

3. 因过错造成公司或者其客户损失人民币20000元以上（包括20000元）的；

4. 挪用或者侵占公司财物，累计价值人民币10000元以上（包括10000元）的；

5. 在工作中有隐瞒真相、虚构事实的欺诈行为（包括但不限于虚假业务报告、虚假报销等），造成公司经济损失累计价值人民币10000元以上（包括10000元）的；

6. 利用职务或者职权，使用公司的资源进行利益授受活动，造成公司经济损失或者他人得利，累计价值人民币10000元以上（包括10000元）的；

7. 利用职务或者职权，从他人或者其他公司处接受任何形式的财物或者服务或者以其他方式接受贿赂的，或者为利于他人或者其他公司的经营活动而以任何方式索要、收取回扣、手续费等，累计价值人民币10000元以上（包括10000元）的；

8. 员工之间言行不文明，在工作场所内打架的；

9. 未能遵守公司保密制度及有关规定，或者未能妥善保管公司及客户资料的，或者未经公司许可，擅自将该等资料带出公司的，该等资料之载体包括但不限于公司电脑、外部记忆存储体、纸张等，或者在公共场所谈论涉及公司或者客户机密的；

10. 对下属工作监督管理不力，给公司造成人民币50000元以上（包括50000元）的重大损失的；

11. 员工存在提供虚假病假单，或在病假期间在外兼职、自营，或非因治疗所必需的外出旅游等情形的；

12. 未经公司许可，将未授权人员带入公司保密区域的；

13. 教唆他人做出上述严重违规行为的；

14. 因员工个人言行违反国家、地方政府法律法规，给公司带来重大损失或严重社会影响的。

对于大错不犯小错不断的员工，可以在规章制度中通过分阶段累计处罚的方式进行操作，如果达到了阶段标准，满足严重违规的情况，用人单位可以操作解除。

对于旷工可以认定为严重违规，但是需要用人单位在规章制度中对于旷工的天数进行细化规定。

对于严重失职，营私舞弊，给用人单位造成重大损害的情况需要用人单位在规章制度中对于失职及务必的行为进行明确，并且对重大损失的标准进行量化，一般重大损害的标准不低于10000元。

对于员工之间打架问题，应限定在工作场所内。

对于保密问题可以纳入到规章制度中，违反保密规定的可根据实际情况予以处罚，达到一定严重情形的，可以依据严重违规进行解除操作。

对于虚假病假，或者假借病假进行非治疗活动的情形，违反了劳动者的诚实信用原则，通过制度设计可以作为严重违规进行解除操作。

通过明确保密区域，对于违规进入该区域的行为依规可以进行处理。

对于非本人直接实施的严重违规行为，用人单位同样可以通过制度的设计，将教唆他人严重违规的人员列入解除劳动关系的范畴。

对于员工在公司外的行为，可通过制度规范，纳入严重违规的范畴，比如疫情期间严重违反相关防疫政策，导致给公司造成不良影响的，可以作为严重违规进行解除操作。

第五节　知识答疑

1. 企业单方解除时没有事先通知工会，在起诉前补正了通知工会程序，是否属于违法解除？

不属于违法解除。根据《最高人民法院关于审理劳动争议案件适用法律问题的解释（一）》第四十七条规定，建立了工会组织的用人单位解除劳动合同符合《劳动合同法》第三十九条、第四十条规定，但未按照《劳动合同法》第四十三条规定事先通知工会，劳动者以用人单位违法解除劳动合同为由请求用人单位支付赔偿金的，人民法院应予支持，但起诉前用人单位已经补正有关程序的除外。根据该规定，给用人单位一个补正的机会。在起诉前及时补正，可不继续承担违法解除的赔偿责任。

2. 末位淘汰解除合法吗？

劳动者在用人单位绩效考核中居于末位等次，不等同于“不能胜任工作”，不符合单方面解除劳动合同的法定条件，用人单位不能据此单方面解除劳动合同。在实践中，我们应当注意“末位”与“不能胜任”两者的区别：“末位”仅是一种考核排名的状况，而“不能胜任”则是劳动者的技能不能满足岗位需要而导致无法正常完成工作，两者是完全不同的情况。“末位”总是存在的，用人单位必须正确界定“末位”的内涵，应将“不能胜任工作而处于末位”和“能胜任工作却处于末位”区分开来。用人单位以“末位淘汰”开除员工不能仅举证员工处于末位，还必须举证证明员工是“不能胜任工作而处于末位”。不能以“不能胜任”的合法行为来掩盖“末位淘汰”的违法行为。

3. 公告送达当天就一定生效吗？

一般公告送达的方式单位需通过公开发行的报刊进行公示告知，但是对于某些需要员工进一步作为的通知内容，应给予员工合理期限。例如，在（2019）京 0106 民初 7928 号一案中，法院认为某公司选择通过公告形式向吕某送达《限期返岗通知书》，应给予吕某合理公告送达期限，而其于 2018 年 4 月 3 日公告要求吕某次日到岗，对吕某来说显失公平。某公司据此解除与吕某的劳动合同，显然不妥，故其关于双方劳动合同已经于 2018 年 4 月 9 日解除的主张，本院不予采信。

第六节　地方性法规参考

◆《北京市劳动和社会保障局关于进一步规范劳动关系的通知》（京劳社关发〔1999〕34 号）

八、对只在企业存放档案，不在企业工作，又未签订劳动合同的人员，企业应遵循对职工负责的原则，以书面形式直接通知职工本人在规定时间内将档案关系转移到职工实际工作的单位或职业介绍服务中心。本人不在的，通知其同住成年亲属签收；直接送达有困难的可以邮寄送达，在挂号查询回执上注明的收件日期为送达日期。在受送达职工下落不明，或者用上述送达方式无法送达的情况下，可通过新闻媒介公告通知。自公告发布之日起三十日后，即视为送达。在上述工作完成后，企业可将逾期未办理转移的档案转至职工户口所在区、县劳动（和社会保障）局，由街道另行存放。

◆《上海市人民政府印发修订后的〈关于本市劳动者在履行劳动合同期间患病或者非因工负伤的医疗期标准的规定〉的通知》

二、医疗期按照劳动者在本用人单位的工作年限设置。劳动者在本用人单位工作第1年，医疗期为3个月；以后工作每满1年，医疗期增加1个月，但不超过24个月。

三、劳动者经劳动能力鉴定委员会鉴定为完全丧失劳动能力但不符合退休、退职条件的，应当延长医疗期。延长的医疗期由用人单位与劳动者具体约定，但约定延长的医疗期与前条规定的医疗期合计不得低于24个月。

四、下列情形中关于医疗期的约定长于上述规定的，从其约定：

（一）集体合同对医疗期有特别约定的；

（二）劳动合同对医疗期有特别约定的；

（三）用人单位内部规章制度对医疗期有特别规定的。

五、劳动者在本单位工作期间累计病休时间超过按照规定享受的医疗期，用人单位可以依法与其解除劳动合同。

六、本规定施行前已经履行的劳动合同，其医疗期按照当时本市的相关规定执行。

◆《上海市人力资源和社会保障局关于用人单位依法实施裁减人员报告通知》（沪人社关发〔2009〕3号）

三、用人单位向工会或职工方说明情况至报告送达劳动行政部门应不少于三十日。劳动行政部门对材料齐全的裁员报告，予以接受并出具回执（附件二）。发现裁员方案与法律法规抵触的，应当告知用人单位予以纠正。

◆《重庆市劳动局印发〈关于贯彻执行《重庆市企业职工病假待遇暂行规定》若干问题的意见〉的通知》

一、医疗期的计算，当年或跨年度病休，在6个月内累计达到3个月的，按达到3个月医疗期处理；在12个月内累计达到6个月的，按达到6个月医疗期处理；在15个月内累计达到9个月的，按达到9个月医疗期处理；在18个月内累计达到12个月的，按达到12个月医疗期处理；在24个月内累计达到18个月的，按达到18个月医疗期处理；在30个月内累计达到24个月的，按达到24个月医疗期处理。

四、职工病假期间遇有国家法定节日（元旦、春节、劳动节、国庆节）和公休假日（星期六、日）时，应算作病假时间。

五、对于某些患特殊疾病（如癌症、精神病、瘫痪等）的职工，在原已享受的医疗期内尚不能痊愈的，经企业和所在区县（市）劳动保障行政部门批准，可以适当延长医疗期。延长的医疗期原则上在不超过本人原医疗期内掌握。延长医疗期满后仍不能工作的，按《暂行规定》第八条执行。

六、女职工患病，在医疗期内生育的，自生育之日起算产假，产假期间按有关规定享受产假待遇。产假期满，对符合晚育并只生育一个子女的女职工，经本人申请，企业批准，可连续休假至子女一周岁止，休假期间按本人工资的75%发给，之后，若病伤仍未痊愈，经指定医院检查，证明需要继续病休的，应将其生育前后的病假时间（不含产假后经批准连续休假至子女一周岁止的时间）合并计算。在规定的医疗期内，根据累计的病休时间，按《暂行规定》第四条和第五条的规定确定其享受短期或长期病假待遇。

◆《佛山市中级人民法院关于审理劳动争议案件的若干意见》（2005年9月22日）

五、诉讼与仲裁

16、如何理解《劳动法》第八十二条规定的“劳动争议发生之日”？

对于《劳动法》第八十二条规定的“劳动争议发生之日”，劳动部《关于贯彻执行若干问题的意见》第85条将“争议发生之日”解释为当事人知道或应当知道权利受侵害之日。

司法实践中对“争议发生之日”应从有利于劳动者权益保护的角度，具体情况具体分析：1、用人单位作出书面解除通知的，劳动争议发生之日应为劳动者收到该通知之日。2、用人单位口头告知解除劳动关系的，应由用人单位举证证明告知时间，未能证实的，劳动争议发生之日应为劳动者主张权利之日。3、根据《最高人民法院关于解除劳动合同的劳动争议仲裁申请期限应当如何起算问题的批复》规定，对于用人单位以劳动者被依法追究刑事责任的，劳动者申请仲裁期限应从其收到解除劳动合同的书面通知之日开始计算。4、劳动者请求用人单位支付拖欠工资的，应当从用人单位拒绝支付、或承诺支付劳动报酬的期限届满之日起计算，未明确偿付期限的，从劳动者主张之日起算。5、用人单位对劳动者作出开除、辞退、除名等决定的，从该决定送达之日起计算。6、劳动者请求用人单位返还订立劳动合同时收取的定金、保证金或抵押金（物）的，应从劳动关系终止之日起算。

◆《浙江省高级人民法院民事审判第一庭、浙江省劳动人事争议仲裁院关于印发〈关于审理劳动争议案件若干问题的解答（三）〉的通知》

十一、劳动者擅自离岗，用人单位以劳动者严重违反规章制度或劳动纪律为由解除劳动合同，劳动者以用人单位未及时足额支付其劳动报酬为由进行抗辩，该抗辩事由能否成立?

答：劳动者提供劳动是劳动关系的根本特征之一。用人单位未及时足额支付劳动报酬的，劳动者可以依据《劳动合同法》第三十八条规定解除劳动合同，或者依据《劳动合同法》第八十五条规定请求劳动行政部门责令用人单位限期支付，但不能以此为由擅自离岗。该抗辩事由不能成立。

◆《江苏省高级人民法院、省劳动争议仲裁委员会关于印发〈关于审理劳动争议案件的指导意见〉的通知》

第十九条 用人单位以劳动者严重违反规章制度为由解除劳动合同的，人民法院、仲裁机构应当审查用人单位规章制度的制定程序是否合法、劳动者的违纪行为在规章制度中是否有明确规定、规章制度对劳动者严重违纪行为的规定是否公平合理等，以判断劳动者是否属于严重违反用人单位规章制度、用人单位解除劳动合同的行为是否合法有效。

◆《山东省高级人民法院、山东省人力资源和社会保障厅关于审理劳动人事争议案件若干问题会议纪要》

二十二、关于用人单位解除劳动合同通知书的送达方式问题

用人单位根据劳动合同法有关规定解除与劳动者的劳动合同时，应当参照仲裁机构和法院的送达规定依法送达解除劳动合同通知书。对于受送达人下落不明，或者采用直接送达、留置送达、邮寄送达、电子送达等送达方式仍然无法送达的，可以适用公告送达。

◆《马鞍山市劳动人事争议仲裁委员会关于审理劳动人事争议案件若干问题的意见》

33. 劳动者是否严重违反规章制度，应综合劳动者的工作岗位、用人单位类型、性质

及规章制度制定目的、意图等进行判断，如该行为严重影响用人单位的发展和管理，应认定严重违反规章制度。

◆《黑龙江省劳动和社会保障厅关于妥善处理劳动关系若干问题的意见》(黑劳社发〔2004〕51号)

一、关于劳动合同的签（续）订、变更、解除和终止问题

……

（四）劳动合同的解除及经济补偿

……

3. 职工患病或者非因工负伤，按规定医疗期满后，不能从事原工作也不能从事由企业另行安排工作的，企业可以与其解除劳动合同，并按其在本企业的工作年限，每满一年发给相当于1个月工资的经济补偿金，同时还应发给不低于6个月工资的医疗补助费。其中，经劳动鉴定委员会鉴定完全丧失劳动能力或患绝症，但不符合享受退休、退职规定的，给予12个月工资的医疗补助费；患重病或者大部分丧失劳动能力（5—6级）的，给予9个月工资的医疗补助费；部分丧失劳动能力（7—10级）的，给予6个月工资的医疗补助费。

由劳动鉴定委员会鉴定完全丧失劳动能力的，办理因病或者非因工负伤退休、退职手续，按规定享受退休、退职待遇，企业不支付其经济补偿金。

◆《关于印发〈沈阳市企业劳动合同管理暂行办法〉的通知》(沈劳发〔2001〕33号)

第二十七条 用人单位通知放长假、长病、长学、出国等不在岗人员回单位办理劳动合同续订、终止和解除手续，应遵循对职工负责原则，以书面形式直接送达职工本人；本人不在的，交其具有独立承担责任能力的成年直系亲属签收。直接送达有困难的可以邮寄送达，以挂号查询回执上注明的收信日期为送达日期。职工因下落不明，或者用上述送达方式无法送达情况下，可采取公告送达，通过新闻媒介通知，自公告之日起三十日，即视为送达。在此基础上，用人单位方可对旷工和违反国家劳动法规规定的人员进行处理，办理解除劳动合同手续。

第十八章 | 离职成本计算

第一节　用工场景

员工离职成本计算，是企业与员工办理解除或终止劳动合同手续时，按照劳动法律法规规定，与员工进行关于离职对价支付的一系列成本计算过程。有些科目是企业要向员工履行的支付义务，如经济补偿金、代通知金、竞业限制补偿金等；还有些科目是员工向企业履行的支付义务，比如违反服务期的违约金等。

首先，从法律角度来看，对于离职对价支付项目，双方解除或终止劳动合同时，如果触发了法律法规中的相关条款，即达到了支付条件，各自要履行支付义务，拒不支付的，另一方可通过相关部门进行权利救济。而作为企业，如果违反法律规定，不向员工履行支付义务，可能要承担更高的违法成本。因此，作为人力资源从业者，知法懂法是最基本的要求之一。

其次，从用工成本角度来看，对于一个即将不再为企业效力的离职员工而言，无论是自辞还是被企业辞退，都有可能产生损失，一方面是来自经济补偿类的损失；另一方面是来自员工违约离职的损失，对此，企业有权利依法向员工追偿。因此，作为现代人力资源管理者，正确认知员工离职成本的支付条件、计算方式，同时了解企业可向员工主张的权利，并在一定程度上进行成本管控，是职责范围内的必备技能。

第二节　风险提示

用工风险：未依法支付对价补偿。

企业与员工因解除或终止劳动合同，向对方支付对价补偿的情形，是法律法规的强制性规定，尤其是企业，如果拒不执行或未按法定标准执行，企业可能承担更大的违法成本，除面临司法机关的强制执行，还可能承担赔偿责任。比如，对于企业拒不支付经济补偿金的情形，参考《劳动合同法》第八十五条之规定，用人单位解除或者终止劳动合同，未依照本法规定向劳动者支付经济补偿的，由劳动行政部门责令限期支付，逾期不支付的，用人单位按应付金额 50% 以上 100% 以下的标准向劳动者加付赔偿金。也就是说，劳动者若要获得此种权利保障，可以向有关部门寻求权利救济，最终除获得经济补偿的本金外，还可获得加付的赔偿金。

通常情况下，企业拒付员工离职对价补偿，劳动者有以下三种救济方式：

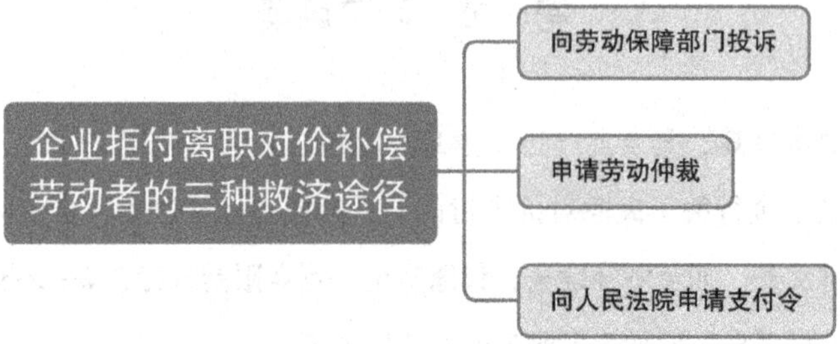

图 18-1　企业拒付离职对价补偿劳动者的三种救济途径

第三节　HR 操作建议指引

为了避免员工离职时因对价支付问题与企业发生争议，也为了避免企业因计算错误给自身造成损失，我们要正确认识员工离职成本的支付科目、支付条件、计算方式，并且在一定程度上控制离职成本。

员工离职时，企业与员工进行对价支付的项目具体如下。（参见图 18-2）

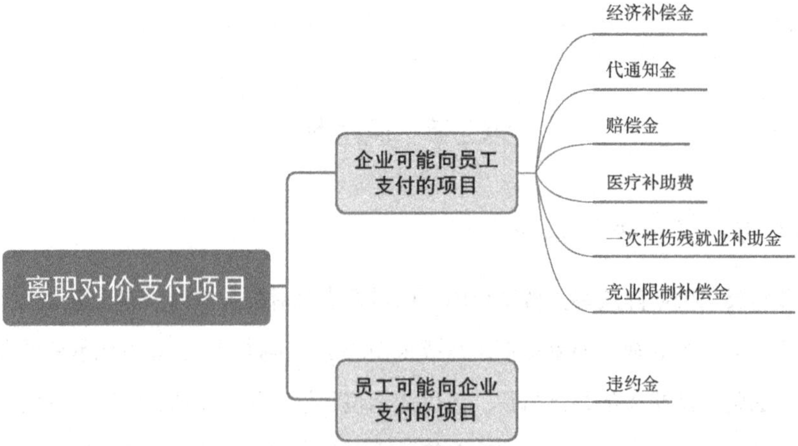

图 18-2　离职对价支付项目

一、经济补偿金

根据《劳动法》《劳动合同法》《劳动合同法实施条例》《劳务派遣暂行规定》等相关规定，用人单位与劳动者解除或终止劳动合同时，经济补偿金的支付情形及计算方式如下。

1. 经济补偿金的支付情形

（1）劳动者解除劳动合同，用人单位应当支付经济补偿金的 8 种情形。

①用人单位未按照劳动合同约定提供劳动保护或劳动条件，劳动者解除劳动合同的；

②用人单位未依法支付劳动报酬，劳动者解除劳动合同的；

③用人单位未依法为劳动者缴纳社会保险费，劳动者解除劳动合同的；

④用人单位的规章制度违反法律、法规规定，损害劳动者权益，劳动者解除劳动合同的；

⑤用人单位以欺诈、胁迫的手段或者乘人之危，使劳动者在违背真实意思的情况下订立或变更劳动合同，致使劳动合同无效，劳动者解除劳动合同的；

⑥用人单位免除自己的法定责任、排除劳动者权利，致使劳动合同无效，劳动者解除劳动合同的；

⑦用人单位订立劳动合同违反法律、行政法规强制性规定，致使劳动合同无效，劳动者解除劳动合同的；

⑧用人单位以暴力、威胁或非法限制人身自由的手段强迫劳动，或者用人单位违章指挥、强令冒险作业危及劳动者人身安全，劳动者解除劳动合同的；

（2）用人单位解除或终止劳动合同，应当向劳动者支付经济补偿金的 12 种情形。

①用人单位提出，双方协商解除劳动合同的；

②劳动者患病或者非因工负伤，在规定的医疗期满后不能从事原工作，也不能从事由用人单位另行安排的工作，用人单位解除劳动合同的；

③劳动者不能胜任工作，经过培训或者调整工作岗位，仍不能胜任工作，用人单位解除劳动合同的；

④劳动合同订立时所依据的客观情况发生重大变化，致使劳动合同无法履行，经用人单位与劳动者协商，未能就变更劳动合同内容达成协议，用人单位解除劳动合同的；

⑤用人单位依照企业破产法规定进行重整，依法裁减人员的；

⑥用人单位生产经营发生严重困难，依法裁减人员的；

⑦企业转产、重大技术革新或者经营方式调整，经变更劳动合同后，仍需裁减人员，用人单位依法裁减人员的；

⑧其他因劳动合同订立时所依据的客观经济情况发生重大变化，致使劳动合同无法履行，用人单位依法裁减人员的；

⑨劳动合同期满，除用人单位维持或者提高劳动合同约定条件续订劳动合同，劳动者不同意续订的情形外，由用人单位终止劳动合同的；

⑩用人单位被依法宣告破产而终止劳动合同的；

⑪用人单位被吊销营业执照、责令关闭、撤销或决定提前解散而终止劳动合同的；

⑫法律、行政法规规定的其他情形，如：用人单位经营期限届满后不再继续经营，劳动合同必须终止的。

（3）被派遣劳动者因下列情形被用工单位退回，劳务派遣单位重新派遣时维持或者提高劳动合同约定条件，被派遣劳动者不同意，劳务派遣单位提出解除劳动合同的；或劳务派遣单位重新派遣时降低劳动合同约定条件，被派遣劳动者不同意且提出解除劳动合同的，劳务派遣单位需支付经济补偿的 7 种情形。

①被派遣劳动者进入用工单位时所依据的客观情况发生重大变化，致使劳务派遣用工无法履行，用工单位提出退回的；

②用工单位依照企业破产法规定进行重整，需退回派遣人员的；

③用工单位生产经营发生严重困难，需退回派遣人员的；

④用工单位转产、重大技术革新或者经营方式调整，需退回派遣人员的；

⑤其他因劳务派遣用工关系建立时所依据的客观经济情况发生重大变化，致使劳务派遣用工无法继续履行，用工单位需退回的；

⑥用工单位被依法宣告破产、吊销营业执照、责令关闭、撤销、决定提前解散或者经营期限届满不再继续经营的；

⑦劳务派遣协议期满终止的。

2. 经济补偿金的计算方式

根据《劳动合同法》第四十七条的规定，经济补偿按劳动者在本单位工作的年限，每满一年支付一个月工资的标准向劳动者支付。六个月以上不满一年的，按一年计算；不满六个月的，向劳动者支付半个月工资的经济补偿。劳动者月工资高于用人单位所在直辖市、设区的市级人民政府公布的本地区上年度职工月平均工资三倍的，向其支付经济补偿的标准按职工月平均工资三倍的数额支付，向其支付经济补偿的年限最高不超过 12 年。本条所称月工资是指劳动者在劳动合同解除或者终止前 12 个月的平均工资。

另根据《劳动合同法实施条例》第二十七条规定，劳动合同法第四十七条规定的经济补偿的月工资按照劳动者应得工资计算，包括计时工资或者计件工资以及奖金、津贴和补贴等货币性收入。劳动者在劳动合同解除或者终止前 12 个月的平均工资低于当地最低工资标准的，按照当地最低工资标准计算。劳动者工作不满 12 个月的，按照实际工作的月数计算平均工资。

通过上述法条释义，我们将经济补偿金的计算方式总结如图 18-3 所示。

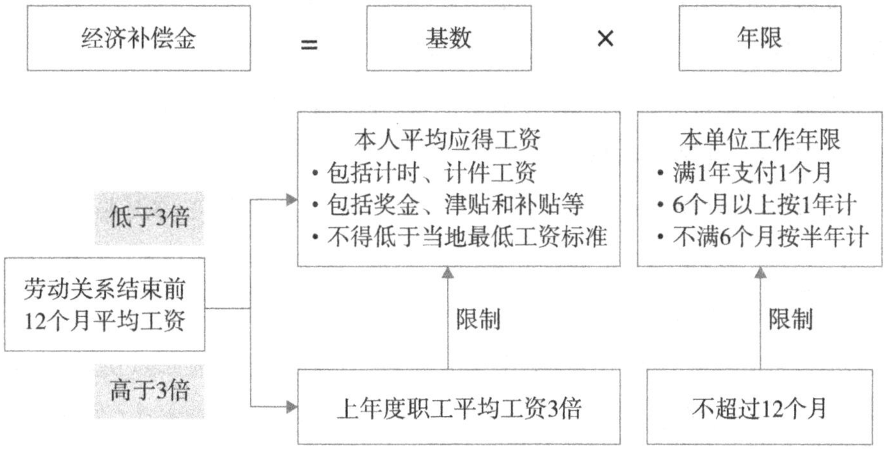

图 18-3 经济补偿金的计算方式

如图 18-3 描述，经济补偿金的计算方式以劳动者与单位结束劳动关系前 12 个月平均工资作为基数，以劳动者在本单位实际工作年限作为倍数，其乘积便为劳动者离职时可获得的对价补偿。实操中，有几点需要强调说明：

（1）关于经济补偿金的计算基数

“劳动者应得工资”，也称应发工资，是劳动者提供正常劳动后，用人单位按照法律规定及双方约定，支付给劳动者的全部劳动报酬，包括计时、计件工资，奖金、津贴、补贴等，并包括用人单位代扣代缴的社会保险费、公积金以及个人所得税等其他应从工资中扣除的部分。

实操中，常见用人单位按照员工的实得工资或基本工资计算基数，这些都是错误的做法，实得工资并不能反映劳动者的真实工资水平，通常都是在扣除了所有费用之后发给劳动者的到手工资，这些费用不仅包括上述提到的法定代扣代缴费用，可能还包括公司给员工代垫的生活费用，如住宿费、伙食费等，甚至还可能包括其他损失赔偿，所以切勿以员工的实得工资作为计算基数。而基本工资并非是法定支付科目，只不过是人力资源管理中，用人单位与劳动者约定的计时工资科目之一，并不是劳动者所有应得工资，所以亦不能以基本工资作为经济补偿的计算基数。

此外，实操中，用人单位在提取“解除或终止前12个月工资”时，还会出现一些特殊情况，用人单位需斟酌处理：

一是劳动者解除或终止劳动合同前不是正常的工作状态，而是正处于休假时期，在此期间享受的法定假期待遇，是否计入经济补偿金的计算基数。

二是劳动者除正常工时出勤外，还有加班现象，在此期间用人单位支付的加班费，是否计入经济补偿金的计算基数。

三是劳动者的工资中含有非按月支付的奖金，如季度奖、年终奖；或是非常规性奖金、津补贴、福利，如交通补贴、防暑降温费等，这些科目是否并入发放当月的月工资，作为经济补偿金的计算基数。

根据《关于贯彻执行〈中华人民共和国劳动法〉若干问题的意见》（劳部发〔1995〕309号）第五十三条规定，劳动法中的“工资”是指用人单位依据国家有关规定或劳动合同的约定，以货币形式直接支付给本单位劳动者的劳动报酬，一般包括计时工资、计件工资、奖金、津贴和补贴、延长工作时间的工资报酬以及特殊情况下支付的工资等。这里提到的延长工作时间的工资和特殊情况下支付的工资，是指劳动者的加班工资和假期工资。因此，我们得出一个结论，加班费、假期工资和奖金都属于法定的劳动报酬，理应包含在经济补偿的计算基数中。

但从各地的司法审判实践来看，各地区对此问题的裁判口径并不统一：

针对假期工资，无论是病假、事假还是婚丧假，一部分地区认为，假期工资不一定是劳动者的真实工资水平，如果计入经济补偿计算基数有损劳动者利益，比如，浙江省高级人民法院认为“劳动合同解除或者终止前劳动者正常工作状态下十二个月的平均工资，不包括医疗期等非正常工作期间”。另一部分地区认为，《劳动合同法》明确说明“月工资是指劳动者在劳动合同解除或者终止前十二个月的平均工资”，并未剔除假期工资，因此应当计入基数计算。比如，重庆市高级人民法院认为“劳动者因患病、工伤、产假、婚丧假、事假、探亲假等原因，用人单位按一定比例或者标准支付的工资，属于特殊情况下支付的工资，因此，用人单位按月向工伤职工支付的停工留薪期工资、鉴定期间生活津贴等属于特殊情况下支付的工资，应当作为平均工资的计算基数”。

针对加班费，一部分地区认为，经济补偿金的计算基数只是正常工时内的工资，不应该包括加班费，比如，江苏省法院认为“经济补偿金的工资计算标准是指企业正常生产情况下劳动者解除合同前十二个月的月平均工资，经济补偿金的工资计算标准应当不包含加班工资”。另一部分地区认为，加班费也是工资科目之一，理应计入经济补偿金的计算基数，比如，北京市高级人民法院认为“在计算劳动者解除劳动合同前十二个月平均工资时，应当包括计时工资或者计件工资以及奖金、津贴和补贴等货币性收入。其中包括正常工作时间的工资，还包括劳动者延长工作时间的加班费”。

针对未按月发放的奖金，或非常规性奖金、津补贴、福利，主流观点是未按月发放的奖金（如季度奖、年终奖、双薪），对应发放月份平均分摊后再并入经济补偿金的计算基数，这样得出的平均工资公平且合理；而用人单位发放的法定福利（如防暑降温费、冬季取暖补贴），或自定义发放的津补贴不并入经济补偿金的计算基数。

综上所述，遇到上述关于经济补偿金的计算难题，用人单位还需参考当地司法审判意见或主流观点后，确定参与基数计算的工资数额。

（2）关于经济补偿金的计算年限

关于经济补偿金的计算年限，下面将从两个方面进行解析：一是经济补偿金给付的起始日期；二是经济补偿金的给付上限。

根据《劳动合同法》第九十七条第三款规定，“本法施行之日存续的劳动合同在本法施行后解除或者终止，依照本法第四十六条规定应当支付经济补偿的，经济补偿年限自本法施行之日起计算；本法施行前按照当时有关规定，用人单位应当向劳动者支付经济补偿的，按照当时有关规定执行”。

第一，关于经济补偿金给付的起始日期，司法实践中对“劳动者被迫辞职”的情形，以及“劳动合同终止”的情形，给付经济补偿金的起始日期多有争议。

对于劳动者被迫辞职可获得经济补偿金的法律依据，我们先后查找了《劳动法》《劳动合同法》及最高人民法院的司法解释。首先，1994 年出台的《劳动法》中，并未出现过关于劳动者被迫辞职的内容。而 2001 年 4 月 30 日起施行的最高人民法院《关于审理劳动争议案件适用法律若干问题的解释》（法释〔2001〕14 号）文件中，第十五条规定用人单位有强迫劳动、未按约定提供劳动条件、克扣或者无故拖欠劳动报酬，迫使劳动者提出解除劳动合同的，用人单位应当支付劳动者的劳动报酬和经济补偿。此外，2008 年 1 月 1 日起实施的《劳动合同法》第三十八条也规定，因用人单位未按照劳动合同约定提供劳动保护或者劳动条件、未及时足额支付劳动报酬、未依法为劳动者缴纳社会保险费等情形，迫使劳动者主动提出解除劳动合同的，用人单位应按相关规定给付劳动者解除劳动合同的经济补偿金。相比之下，法释〔2001〕14 号文件中，并未涉猎“用人单位未依法缴纳社会保险”之条款。因此，根据法不溯及既往的原则，如员工以“未依法为劳动者缴纳社会保险费”为由主张被迫离职，即使其入职在 2008 年之前，主张的经济补偿金也只能从 2008 年之后计算。

需要特别说明的是，法释〔2001〕14 号文件，目前已被 2021 年 1 月 1 日起施行的《最高人民法院关于审理劳动争议案件适用法律问题的解释（一）》（法释〔2020〕26 号）文件所取代，但因其中保留了原法释〔2001〕14 号文件第十五条的内容，因此我们有理由认为，被迫辞职的经济补偿金仍可以追溯到 2008 年之前。

对于劳动合同终止可获得经济补偿金的法律依据，《劳动法》中并未见，而《劳动合同法》第四十六条规定，除用人单位维持或者提高劳动合同约定条件续订劳动合同，劳动者不同意续订的情形外，劳动合同到期终止的，用人单位应支付经济补偿金。因此，根据上述法条终止劳动合同的（不包括符合订立无固定期限劳动合同的情形），用人单位只需要支付 2008 年之后的经济补偿金，而对于 2008 年之前的则不用支付。

第二，关于经济补偿金给付上限，原劳动部在 1994 年颁布了一份文件《违反和解除劳动合同的经济补偿办法》（劳部发〔1994〕481 号），该文件虽于 2017 年已被人力资源社会保障部宣布失效，但该文件对经济补偿金的计算方式却有深远的影响。该办法中特别规定了两种解除劳动合同支付经济补偿金最多不超过 12 个月的情形：第一种，经劳动合同当事人协商一致，由用人单位解除劳动合同的；第二种，劳动者不能胜任工作，经过培训或者调整工作岗位仍不能胜任工作被解除劳动合同的。而其他解除劳动合同支付经济补偿金的情形并未规定不超过 12 个月。

2008 年《劳动合同法》施行后，不再限定只有两种解除情形经济补偿金有 12 个月限制，而是统一以劳动者的月工资额作为是否受 12 个月限制的标准，即“劳动者月工资高于用人单位所在直辖市、设区的市级人民政府公布的本地区上年度职工月平均工资三倍的，向其支付经济补偿的标准按职工月平均工资三倍的数额支付，向其支付经济补偿的年限最高不超过十二年”。也就是说，只有劳动者月工资高于当地上年度社会平均工资 3 倍的，经济补偿才最多给付 12 个月工资，即基数和年限“双封顶”；如果劳动者月工资低于当地上年度社会平均工资 3 倍的，基数和年限都不受封顶限制。

（3）关于经济补偿金的分段计算

根据《劳动合同法》第九十七条第三款规定，“本法施行之日存续的劳动合同在本法施行后解除或者终止，依照本法第四十六条规定应当支付经济补偿的，经济补偿年限自本法施行之日起计算；本法施行前按照当时有关规定，用人单位应当向劳动者支付经济补偿的，按照当时有关规定执行”。又结合上文中我们提到的劳部发〔1994〕481 号文件，很多人认为，481 号文件废止了，这意味着经济补偿金不再分段计算，即对劳动者 2008 年之前的工作年限进行经济补偿时，不再受 12 个月的限制。这种观点是错误的，虽说 481 号文件已废止，但也只是从废止之日不再具有法律效力，对其工作年限跨越 2008 年的经济补偿分段计算不会产生影响，仍是按照《劳动合同法》的规定执行，即 2008 年之前工作年限的经济补偿，继续按照当时具有法律效力的 481 号文件执行。

实践中，各地对经济补偿金的分段计算理解不一，我们暂归纳了北京市、上海市、广州市的高级人民法院的意见，供大家参考。

北京市高级人民法院的意见，“《劳动合同法》施行之日存续的劳动合同，在《劳动合同法》施行后解除或者终止，依照《劳动合同法》第四十六的规定应当支付经济补偿的，2007 年 12 月 31 日前的经济补偿依照《劳动法》及其配套规定计算，2008 年 1 月 1 日后的经济补偿依照《劳动合同法》的规定计算。经济补偿金的基数为劳动者在劳动合同解除或者终止前十二个月的平均工资，不再分段计算”。

上海市高级人民法院的意见，“根据《劳动合同法》第九十七条的规定，《劳动合同法》施行之日存续的劳动合同，在《劳动合同法》施行后解除或终止的，其经济补偿金的具体计算方法如下：（一）《劳动合同法》与2008年1月1日之前施行的相关法律法规的规定（以下简称以前规定）均规定应当支付经济补偿金的情况，且劳动者的月平均工资不高于上年度本市职工月平均工资三倍的，经济补偿金的计算基数按劳动者在劳动合同解除或终止前十二个月的月平均工资确定。（二）《劳动合同法》规定应当支付经济补偿金的情形，且不属于以前规定中'经济补偿金总额不超过劳动者前十二个月的工资收入'情形的，经济补偿年限自用工之日起计算。《劳动合同法》规定应当支付经济补偿金的情形，但属于以前规定中'经济补偿金总额不超过劳动者前十二个月的工资收入'情形的，劳动者在《劳动合同法》施行前的经济补偿年限按照以前规定计算；劳动者在《劳动合同法》施行后的工作年限在计算经济补偿年限时并入计算。（三）符合《劳动合同法》规定三倍封顶的情形，实施封顶计算经济补偿年限自《劳动合同法》施行之日起计算，《劳动合同法》施行之前的工作年限仍按以前规定的标准计算经济补偿金"。

广东省高级人民法院的意见，"用人单位支付劳动者解除或终止劳动合同经济补偿或赔偿金时，经济补偿或赔偿金的基数为劳动者在劳动合同解除或者终止前十二个月的平均工资，不再以《劳动合同法》施行之日为界分段计算。劳动者月工资高于用人单位所在地上年度职工月平均工资三倍的，经济补偿或赔偿金的基数按用人单位所在地上年度职工月平均工资的三倍计算"。

劳动关系建立于《劳动合同法》实施以前，但在《劳动合同法》实施后解除或终止的，经济补偿按以下方式计算：（一）按《劳动合同法》实施以前的有关规定，用人单位无需支付经济补偿的，劳动者工作年限自《劳动合同法》实施之日起计算。（二）按《劳动合同法》实施前后的有关规定，用人单位均需支付经济补偿的，劳动者的工作年限自用工之日起计算。用人单位与劳动者协商一致解除劳动合同或因劳动者不能胜任工作、经培训及调整岗位仍不能胜任工作为由解除劳动合同的，劳动者在《劳动合同法》实施以前计发经济补偿的工作年限最多不超过12年。劳动者月工资高于用人单位所在地上年度职工月平均工资的三倍，非因协商一致或劳动者不能胜任工作为由解除劳动合同的，劳动者在《劳动合同法》实施以前计发经济补偿的工作年限自用工之日起计算，不受最多不超过12年的限制。

二、代通知金

很多HR朋友都有一个认知误区，认为只要是用人单位提出解除劳动合同，且需要支付经济补偿金的情况下，就要在经济补偿金的基础上加一个“代通知金”，俗称“N+1”。其实法律并非这样规定的，代通知金的支付条件及计算标准总结如下：

1. 代通知金的支付条件

《劳动合同法》第四十条规定，有下列情形之一的，用人单位提前30日以书面形式通知劳动者本人或者额外支付劳动者一个月工资后，可以解除劳动合同：（一）劳动者患病或者非因工负伤，在规定的医疗期满后不能从事原工作，也不能从事由用人单位另行安排的工作的；（二）劳动者不能胜任工作，经过培训或者调整工作岗位，仍不能胜任工作的；（三）劳动合同订立时所依据的客观情况发生重大变化，致使劳动合同无法履行，经用人单位与劳动者协商，未能就变更劳动合同内容达成协议的。

由此得知，“代通知金”即“代替通知期的对价支付”的意思，仅在用人单位以《劳动合同法》第四十条解除合同且未提前30日书面通知劳动者时才能够适用，如果用人单位解除合同并非依据《劳动合同法》第四十条，或依据该条款同时提前30日通知的，其解除劳动合同是无须向劳动者支付代通知金的。

此外，有人认为，企业依据《劳动合同法》第四十一条进行裁员时，须按照法定程序“提前三十日向工会或者全体职工说明情况”，如果用人单位未提前30日向工会或者全体职工说明情况，亦应向劳动者支付“代通知金”。此种理解亦是错误的，用人单位依据第四十一条裁减人员，但未提前30日向工会或者全体职工说明情况的，属于“程序违法”的一种情形，在此情况下用人单位须承担违法解除劳动合同的法律后果。这里再次强调，《劳动合同法》规定可用一个月工资代替通知期的仅限于依据《劳动合同法》第四十条解除的情形。

2. 代通知金的计算标准

根据《劳动合同法实施条例》第二十条规定，用人单位依照《劳动合同法》第四十条的规定，选择额外支付劳动者一个月工资解除劳动合同的，其额外支付的工资应当按照该劳动者上一个月的工资标准确定。在实操中，我们会遇到以下问题：

首先，如果劳动者被解除劳动合同前一个月的工资标准是非正常情况下的工资，如病假、事假期间的工资，明显低于正常劳动期间的工资水平，抑或是正值季度奖金、年终奖金发放时期，明显高于正常工资水平，在这些情况下，代通知金金额该如何确定？对此，法律法规并没有给予明确的解释，但部分地方法规中可见释义，例如，上海市高级人民法院意见,《实施条例》规定“代通金”的支付标准，应当以上个月的工资标准确定，但只以单月的工资为准，可能过高或过低，既有可能对用人单位不利，也有可能对劳动者不利，从整体上看不利于促进和形成和谐稳定的劳动关系。所以，结合《劳动法》和《劳动合同法》的立法精神，上个月的“工资标准”，应当是指劳动者的正常工资标准。如果其上个月工资不能反映正常工资水平的，可按解除劳动合同之前劳动者 12 个月的平均工资确认。

其次，部分 HR 朋友可能会问，如果上个月工资高于社会平均工资三倍的，代通知金是否按社会平均工资三倍计算？答案是否定的，受社会平均工资三倍限制的是经济补偿金的计算基数。对于代通知金的标准，法律并没有社会平均工资三倍限制的规定。

三、赔偿金

根据《劳动合同法》的相关规定，企业向员工支付赔偿金的情形共有四种：

一是企业与员工建立劳动关系，但未在法定时间内与员工签订劳动合同的，需向劳动者支付相当于“二倍工资”的赔偿金；

二是企业违法与员工约定试用期且已履行的，用人单位须以劳动者试用期满月工资为标准，按已经履行的超过法定试用期的期间向劳动者支付赔偿金；

三是企业违法与员工解除或终止劳动合同，员工主张赔偿的，应当依照经济补偿标准的二倍向劳动者支付赔偿金；

四是用人单位拒不支付劳动报酬、加班费及经济补偿的，劳动行政部门可能责令按应付金额 50% 以上 100% 以下的标准向劳动者加付赔偿金。

这里需要说明的是，本章节只针对上述第三种情形下支付的赔偿金进行详细讲解。下面，我们一起来探讨一下关于用人单位违法解除或终止劳动合同时，须向劳动者支付赔偿金的计算依据：

1. 赔偿金的支付条件

根据《劳动合同法》第四十八条规定，用人单位违反本法规定解除或者终止劳动合同，劳动者要求继续履行劳动合同的，用人单位应当继续履行；劳动者不要求继续履行劳动合同或者劳动合同已经不能继续履行的，用人单位应当依照本法第八十七条规定支付赔偿金。

对于“赔偿金”的支付条件，实践中，很多用人单位有这样一个认知误区，认为违法解除或终止与员工的劳动合同时，只需要主动向员工支付赔偿金即可转化为合法解除或终止，这种理解是错误的。事实上，当员工被企业违法解除或终止劳动合同时，可向仲裁机构或法院主张恢复劳动关系或支付赔偿金，其选择权和主动权在劳动者手里，只有在劳动者不要求继续履行劳动合同，或劳动合同客观上不能继续履行，且要求支付赔偿金的，此时，用人单位才需按照法律规定，支付违法解除或终止的对价赔偿。

2. 赔偿金的计算标准

根据《劳动合同法》第八十七条规定，用人单位违反本法规定解除或者终止劳动合同的，应当依照本法第四十七条规定的经济补偿标准的二倍向劳动者支付赔偿金。

根据《劳动合同法实施条例》第二十五条规定，用人单位违反《劳动合同法》的规定解除或者终止劳动合同，依照《劳动合同法》第八十七条的规定支付了赔偿金的，不再支付经济补偿。赔偿金的计算年限自用工之日起计算。

尽管上述法条明确说明了赔偿金的计算标准，但由于2008年《劳动合同法》实施前，劳动法律体系中并没有关于违法解除或终止赔偿金的规定，而《劳动合同法实施条例》规定“赔偿金的计算年限自用工之日起计算”，因此，在违法解除或终止案件中，对于赔偿金的计算年限，司法实践多有争议：

一部分地区认为：赔偿金的计算年限包括《劳动合同法》实施前劳动者在用人单位的工作年限。比如，江苏省高级人民法院认为，“劳动者不要求继续履行劳动合同的，可以解除双方的劳动合同，由用人单位支付违法解除劳动合同的赔偿金，赔偿金的计算年限应包括《劳动合同法》实施前劳动者在用人单位的工作年限”。

另一部分地区认为：赔偿金的计算年限最早从2008年1月1日起算。比如，天津市高级人民法院认为，“用人单位违法解除劳动合同，劳动者请求用人单位支付赔偿金的，赔偿金计算年限应当区分《劳动合同法》实施前后而分别计算。《劳动合同法》实施前，是否支持劳动者提出的赔偿金的诉讼请求，应当按照当时的法律法规执行；《劳动合同法》实施后，赔偿金计算年限自用工之日起计算，最早自2008年1月1日起算”。综上所述，用人单位在向劳动者支付违法解除或终止的赔偿金时，还需按地方司法意见执行。

此外，实践中还有很多人疑惑，违法解除或终止的赔偿金，其计算标准是否实行经济补偿金的“双封顶”，即受社会平均工资三倍和12个月的限制。针对此问题，各地区对于赔偿金计算按职工月平均工资三倍封顶计算，基本无争议。有争议的是，是否按12个月封顶计算，其问题的根源仍来自《劳动合同法实施条例》中“赔偿金的计算年限自用工之日起计算”这一规定。对此，上海、广州等地给了明确的说法，其观点是，因为赔偿金是基于经济补偿计算出来的，既然经济补偿受三倍和不超过12年的限制，则赔偿金自然也应当受到限制。

四、医疗补助费

医疗补助费，是指在劳动者患病或非因工负伤，医疗期满后，用人单位解除或终止劳动合同时，按照法律规定支付给丧失劳动能力劳动者的对价补偿，主要用于后续的治疗与生活。下面，我们将从三个角度出发，对医疗补助费相关法律规定做详细解析：

1. 医疗期补助费的支付依据

（1）劳动合同解除后的医疗补助费支付

关于劳动合同解除后医疗补助费的支付，最早见于劳部发〔1994〕481号文件，《违反和解除劳动合同的经济补偿办法》第六条规定，劳动者患病或者非因工负伤，经劳动鉴定委员会确认不能从事原工作、也不能从事用人单位另行安排的工作而解除劳动合同的，用人单位应按其在本单位的工作年限，每满一年发给相当于一个月工资的经济补偿金，同时还应发给不低于六个月工资的医疗补助费。患重病和绝症的还应增加医疗补助费，患重病的增加部分不低于医疗补助费的50%，患绝症的增加部分不低于医疗补助费的100%。

随着2017年人力资源和社会保障部宣布废止了上述481号文，有不少观点认为481号文废止之后，医疗期满解除劳动合同可不再支付医疗补助费，这种观点是错误的，虽然481号文被废止，但不意味着医疗补助费的支付就失去了依据，仍有其他相关意见就医疗补助费支付问题作出了规定。

北京市规定，劳动者患病或者非因工负伤，医疗期满后不能从事原工作，也不能从事由用人单位另行安排的工作或者不符合国家和本市从事有关行业、工种岗位规定，用人单位无法另行安排工作，解除劳动合同的，还应当依照国家及本市有关规定支付医疗补助费。

上海市规定，用人单位以劳动者患病或者非因工负伤，医疗期满后，不能从事原工作也不能从事由用人单位另行安排的工作来解除劳动合同的，除按规定给予经济补偿外，还应当给予不低于劳动者本人六个月工资收入的医疗补助费。

（2）劳动合同终止后的医疗补助费支付

上述481号文件只提及了员工医疗期满后，用人单位解除劳动合同时需支付医疗补助费。对于医疗期满终止劳动合同的，是否支付医疗补助费，法律也有额外的规定，根据《关于实行劳动合同制度若干问题的通知》（劳部发〔1996〕354号）第二十二条规定，劳动者患病或者非因工负伤，合同期满终止劳动合同的，用人单位应当支付不低于六个月工资的医疗补助费；对患重病或绝症的，还应适当增加医疗补助费。

此外，《劳动部办公厅关于对劳部发〔1996〕354号文件有关问题解释的通知》对劳动合同终止情形中医疗补助费的支付还作了补充规定，即“劳动者患病或者非因工负伤，合同期满终止劳动合同的，用人单位应当支付不低于六个月工资的医疗补助费”是指合同期满的劳动者终止劳动合同时，医疗期满或者医疗终结被劳动鉴定委员会鉴定为五级至十级的，用人单位应当支付不低于六个月工资的医疗补助费。鉴定为一级至四级的，应当办理退休、退职手续，享受退休、退职待遇。

2. 医疗补助费的支付条件和支付标准

根据劳部发〔1994〕481号文件的第六条规定，我们可知，医疗补助费的支付须满足一个前提条件，即必须经劳动鉴定委员会鉴定，通常情况下，鉴定结论会有关于劳动能力丧失程度的描述，此时，若劳动者不能从事原工作，也不能从事用人单位另行安排的工作，用人单位决定解除劳动合同的，必须向劳动者支付医疗补助费。

关于医疗补助费的支付标准，同样根据481号文件规定，用人单位应按其在本单位的工作年限，每满一年发给相当于一个月工资的经济补偿金，同时还应发给不低于六个月工资的医疗补助费。患重病和绝症的还应增加医疗补助费，患重病的增加部分不低于医疗补助费的50%，患绝症的增加部分不低于医疗补助费的100%。

实践中，医疗补助费的计算基数通常与经济补偿金的计算基数一致，即解除或终止劳动合同前平均12个月工资。此外，很多HR对增加医疗期补助费的情形有所疑惑。对于哪些疾病算“重病”和“绝症”，法律并没有明确的解释，HR在实操中也只能根据常识去判定。

五、一次性伤残就业补助金

伤残就业补助金，是指劳动者发生工伤事故后，因工致残被鉴定为五级、六级伤残的，经工伤职工本人提出，与用人单位解除或者终止劳动关系的，以及工伤职工因工致残被鉴定为七级至十级伤残，劳动合同期满终止，或者职工本人提出解除劳动合同的，由用人单位一次性支付的伤残就业补助金额。

1. 一次性伤残就业补助金的支付依据

《工伤保险条例》第三十六条规定，职工因工致残被鉴定为五级、六级伤残的，享受以下待遇：（一）从工伤保险基金按伤残等级支付一次性伤残补助金，标准为：五级伤残为18个月的本人工资，六级伤残为16个月的本人工资；（二）保留与用人单位的劳动关系，由用人单位安排适当工作。难以安排工作的，由用人单位按月发给伤残津贴，标准为：五级伤残为本人工资的70%，六级伤残为本人工资的60%，并由用人单位按照规定为其缴纳应缴纳的各项社会保险费。伤残津贴实际金额低于当地最低工资标准的，由用人单位补足差额。经工伤职工本人提出，该职工可以与用人单位解除或者终止劳动关系，由工伤保险基金支付一次性工伤医疗补助金，由用人单位支付一次性伤残就业补助金。一次性工伤医疗补助金和一次性伤残就业补助金的具体标准由省、自治区、直辖市人民政府规定。

第三十七条规定，职工因工致残被鉴定为七级至十级伤残的，享受以下待遇：（一）从工伤保险基金按伤残等级支付一次性伤残补助金，标准为：七级伤残为13个月的本人工资，八级伤残为11个月的本人工资，九级伤残为9个月的本人工资，十级伤残为7个月的本人工资；（二）劳动、聘用合同期满终止，或者职工本人提出解除劳动、聘用合同的，由工伤保险基金支付一次性工伤医疗补助金，由用人单位支付一次性伤残就业补助金。一次性工伤医疗补助金和一次性伤残就业补助金的具体标准由省、自治区、直辖市人民政府规定。

2. 一次性伤残就业补助金的支付标准

上述条款中，我们提到“一次性伤残就业补助金的具体标准由省、自治区、直辖市人民政府规定”，我们暂且参考《天津市工伤保险若干规定》第二十九条规定，职工因工致残被鉴定为五级、六级伤残的，经本人提出，可以与用人单位解除劳动（聘用）合同或者终止劳动（人事）关系；被鉴定为七级至十级伤残的，劳动（聘用）合同期满或者经本人提出，可以与用人单位解除劳动（聘用）合同或者终止劳动（人事）关系。解除劳动（聘用）合同或者终止劳动（人事）关系的职工，由工伤保险基金支付一次性工伤医疗补助金，由用人单位支付一次性伤残就业补助金。一次性工伤医疗补助金的具体标准为本市上年度职工月平均工资的 2 至 12 个月：五级伤残为 12 个月，六级伤残为 10 个月，七级伤残为 8 个月，八级伤残为 6 个月，九级伤残为 4 个月，十级伤残为 2 个月。一次性伤残就业补助金的具体标准为本市上年度职工月平均工资的 3 至 18 个月：五级伤残为 18 个月，六级伤残为 15 个月，七级伤残为 12 个月，八级伤残为 9 个月，九级伤残为 6 个月，十级伤残为 3 个月。工伤职工解除劳动（聘用）合同或者终止劳动（人事）关系时，距法定退休年龄不足五年的，一次性工伤医疗补助金和一次性伤残就业补助金按金额的 80% 支付，不足四年的按 60% 支付，不足三年的按 40% 支付，不足二年的按 20% 支付，不足一年的按 10% 支付。工伤职工解除劳动（聘用）合同或者终止劳动（人事）关系时，已达到法定退休年龄并符合按月领取养老金条件的，不支付一次性工伤医疗补助金和一次性伤残就业补助金，但属于《劳动合同法》第三十八条规定的情形除外。

六、竞业限制补偿

竞业限制补偿金，是用人单位与劳动者解除或终止劳动合同后，因员工按照事先约定履行了竞业限制义务，用人单位为此支付的对价补偿。

1. 竞业限制补偿的支付依据

根据《劳动合同法》第二十三条规定，用人单位与劳动者可以在劳动合同中约定保守用人单位的商业秘密和与知识产权相关的保密事项。对负有保密义务的劳动者，用人单位可以在劳动合同或者保密协议中与劳动者约定竞业限制条款，并约定在解除或者终止劳动合同后，在竞业限制期限内按月给予劳动者经济补偿。劳动者违反竞业限制约定的，应当按照约定向用人单位支付违约金。

2. 竞业限制补偿的支付标准

《劳动合同法》及其他法律法规，并没有明确规定竞业限制补偿的支付标准，仅有最高人民法院的司法解释作支撑，即《最高人民法院关于审理劳动争议案件适用法律问题的解释（一）》（法释〔2020〕26 号）第三十六条规定，当事人在劳动合同或者保密协议中约定了竞业限制，但未约定解除或者终止劳动合同后给予劳动者经济补偿，劳动者履行了竞业限制义务，要求用人单位按照劳动者在劳动合同解除或者终止前12个月平均工资的30%按月支付经济补偿的，人民法院应予支持。前款规定的月平均工资的30%低于劳动合同履行地最低工资标准的，按照劳动合同履行地最低工资标准支付。

此外，部分地区也作出了一些补充性规定，若用人单位与劳动者就竞业限制补偿无约定，或约定不明的，可参考司法解释及地方规定执行。

北京市规定，用人单位与劳动者在劳动合同或保密协议中约定了竞业限制条款，但未就补偿费的给付或具体给付标准进行约定，不应据此认定竞业限制条款无效，双方在劳动关系存续期间或在解除、终止劳动合同时，可以通过协商予以补救，经协商不能达成一致的，可按照双方劳动关系终止前最后一个年度劳动者工资的20%—60%确定补偿费数额。用人单位明确表示不支付补偿费的，竞业限制条款对劳动者不具有约束力。

江苏省规定，用人单位对处于竞业限制期限内的离职劳动者应当按月给予经济补偿，月经济补偿额不得低于该劳动者离开用人单位前12个月的月平均工资的1/3。

深圳市规定，竞业限制补偿费不得少于该员工离开企业前最后12个月平均工资的1/2，约定补偿费少于上述标准或没有约定补偿费的，按上述标准计算。

七、违约金

违约金是指按照当事人的约定或者法律直接规定，一方当事人违约的，应向另一方支付金钱。在劳动用工领域，因劳动者违约，用人单位可以向劳动者收取违约金的情形只有两种：一种是劳动者违反培训服务期约定的，另一种是劳动者违反竞业限制义务的。根据《劳动合同法》第二十五条规定，除本法第二十二条和第二十三条规定的情形外，用人单位不得与劳动者约定由劳动者承担违约金。下面，我们将分别对两种违约金的支付标准做具体分析。

1. 关于违反培训服务期的违约金

《劳动合同法》第二十二条规定，用人单位为劳动者提供专项培训费用，对其进行专业技术培训的，可以与该劳动者订立协议，约定服务期。劳动者违反服务期约定的，应当按照约定向用人单位支付违约金。违约金的数额不得超过用人单位提供的培训费用。用人单位要求劳动者支付的违约金不得超过服务期尚未履行部分所应分摊的培训费用。

用人单位与劳动者约定服务期的，不影响按照正常的工资调整机制提高劳动者在服务期期间的劳动报酬。

由上述法条，可以得出违约金的计算公式：

违约金 =（培训费用 ÷ 服务期期间）×（服务期签订期间 - 服务期已履行期间）

因为违约金的数额不得超过用人单位提供的培训费用，那么在实操中如何确定培训费用，以及培训费用是否包含培训期间的差旅费和工资福利待遇？

《劳动合同法实施条例》第十六条和《劳动合同法》第二十二条第二款规定的培训费用，包括用人单位为了对劳动者进行专业技术培训而支付的有凭证的培训费用、培训期间的差旅费用以及因培训产生的用于该劳动者的其他直接费用。

因此，用人单位在核定培训费用的时候，应注意保存与培训相关的费用凭证，如参训费、差旅费发票等，以便日后作为核定违约金数额的证明。这里需要注意的是，与培训相关的直接费用并不包括劳动者在培训期间的工资福利待遇。

2. 关于违反竞业限制的违约金

根据《劳动合同法》第二十三条规定，用人单位与劳动者可以在劳动合同中约定保守用人单位的商业秘密和与知识产权相关的保密事项。对负有保密义务的劳动者，用人单位可以在劳动合同或者保密协议中与劳动者约定竞业限制条款，并约定在解除或者终止劳动合同后，在竞业限制期限内按月给予劳动者经济补偿。劳动者违反竞业限制约定的，应当按照约定向用人单位支付违约金。

（1）违反竞业限制违约金的支付条件

由上述法条，我们得知，用人单位要求劳动者支付竞业限制违约金的前提条件是：第一，用人单位与劳动者签订了“竞业限制协议”，且约定了违约金数额；第二，无论是否给用人单位造成损害，劳动者解除或终止劳动合同后未按约定履行竞业限制义务。

（2）违反竞业限制违约金的支付标准

对竞业限制违约金的支付标准，法律没有明确的规定，所以实操中谈不上合法与否，只有是否合理的问题。我国《劳动合同法（草案）》中曾明确过违约金的上限，即劳动者违反竞业限制约定的，应当向用人单位支付违约金，其数额不得超过用人单位向劳动者支付的竞业限制经济补偿的三倍，但是该规定在后来正式实施的《劳动合同法》中被删除，尽管该条款未被正式写入《劳动合同法》中，但在司法实践中，也未免不可借鉴。

此外，实操中，当劳动者违反竞业限制约定时，不仅构成了违约行为，同时还有可能给用人单位造成一定的经济损害，而用人单位在主张权益时，也不乏在追索违约金的同时，向劳动者主张损害赔偿，那么，“竞业限制的违约金”与“损害赔偿”是否能同时主张呢？这个问题需要分析“违约金”的性质。根据法律规定，“违约金”分为两种：

惩罚性违约金，强调“损害免证”，其作用全在惩罚，如果对方因违约而遭受经济损失，则违约一方除支付违约金外，还应另行赔偿对方的损失。

补偿性违约金，以“填补损失”为主，是对一方当事人因他方违约可能遭受的经济损失的一种预先估计，给付了违约金，即免除了违约方赔偿对方所遭受的经济损失的责任；即使损失大于违约金，亦不再补偿。

也就是说，用人单位能否同时主张“违约金”与“损害赔偿”，其关键在于“竞业限制违约金”在劳动法律体系中的定性。根据《劳动合同法》第九十条规定，“劳动者违反本法规定解除劳动合同，或者违反劳动合同中约定的保密义务或者竞业限制，给用人单位造成损失的，应当承担赔偿责任”。我们有理由认为，《劳动合同法》中的违约金理解为“补偿性违约金”更为适宜，这也就意味着，当用人单位与劳动者以书面形式约定了违约金金额后，如果不存在过低的情况，用人单位还要求劳动者赔偿损失的，法院不予支持。

当然，实践中，也有因违约金数额约定过低或过高，在履行过程中发生争议的。在司法实践中，仲裁机构或法院针对此类问题会根据申请人的要求，及被申请人的举证进行合理性的判定。为避免用人单位主张的违约金低于实际损失金额，建议用人单位在与劳动者约定违约金的同时，对可预见的损失类型及定损方式一并进行约定，以便履行日后的举证责任。法律依据参考如下：

根据《民法典》第五百八十四条规定，当事人一方不履行合同义务或者履行合同义务不符合约定，造成对方损失的，损失赔偿额应当相当于因违约所造成的损失，包括合同履行后可以获得的利益；但是，不得超过违约一方订立合同时预见到或者应当预见到的因违约可能造成的损失。

根据《民法典》第五百八十五条规定，当事人可以约定一方违约时应当根据违约情况向对方支付一定数额的违约金，也可以约定因违约产生的损失赔偿额的计算方法。约定的违约金低于造成的损失的，人民法院或者仲裁机构可以根据当事人的请求予以增加；约定的违约金过分高于造成的损失的，人民法院或者仲裁机构可以根据当事人的请求予以适当减少。当事人就迟延履行约定违约金的，违约方支付违约金后，还应当履行债务。

八、费用冲抵

员工在做离职交接时，需要进行一些财务方面的交接，如公务借款报销、因私借款等，还会结算员工对企业造成的损失赔偿，最后可一并做费用冲抵。其中，员工给企业造成的损失赔偿包括但不限于：

- 劳动者违反培训服务期的违约金；
- 劳动者违反劳动合同中约定的竞业限制义务，按照约定支付的违约金；
- 劳动者本人因失职、严重违规给企业造成的损失；
- 劳动者因不当离职给用人单位造成的损失；
- 因劳动者的过错，致使劳动合同被确认无效，给单位造成损害的。

这里需要特别说明的是，对于劳动者需要承担的损失赔偿，用人单位往往会从员工的工资中进行扣除，但扣除的比例需遵守法律规定。根据《工资支付暂行规定》第十六条规定，因劳动者本人原因给用人单位造成经济损失的，用人单位可按照劳动合同的约定要求其赔偿经济损失。经济损失的赔偿，可从劳动者本人的工资中扣除。但每月扣除的部分不得超过劳动者当月工资的20%。若扣除后的剩余工资部分低于当地月最低工资标准，则按最低工资标准支付。

实操中，我们会遇到这么一个问题，员工离职当月扣除的20%工资，不能完全覆盖剩余应赔付金额，而员工离职后，企业没有工资可扣，所以，这就需要企业与员工在合同或制度中另行约定，员工离职当月，如存在应付未付企业的赔偿金，企业有权从员工应付未付工资中全额扣除，不足部分也有权要求员工以现金形式补足。

第四节　用工风险防范工具

工具：经济补偿金结算清单

1. 工具说明

经济补偿金结算清单方便用人单位梳理经济补偿金的计算过程，固定计算依据。

2. 适用范围

本表单在员工办理离职交接时，供人力资源部内部使用。

3. 规避风险

- 表单化数据可帮助用人单位厘清计算思路，防止计算错误。

4. 核心工具

经济补偿金结算清单

姓名	身份证号	入职日期	解除/终止日期	合同类别	企业工龄
离职前 12 个月平均工资					
1	2	3	4	5	6
___年__月	_____年__月	___年__月	___年__月	___年__月	___年__月
7	8	9	10	11	12
___年__月	___年__月	___年__月	___年__月	___年__月	___年__月
___年 年终奖	离职前 12 个月工资总计	离职前 12 个月平均工资标准	是否社会平均三倍封顶	2008 年前补偿月数	2008 年后补偿月数
经济补偿金					
劳动者工作不满 12 个月的，按照实际工作的月数计算平均工资。					

劳动者工作不满 12 个月的，按照实际工作的月数计算平均工资。

在计算前 12 个月平均工资时，如前 12 个月支付的工资中包含某年度年终奖，正确做法是将年终奖金额均分到该年度的每个月内，而后再计算平均工资，这样做在某种程度上对用人单位起到公平保护作用。

当劳动者前 12 个月平均工资高于用人单位所在地上年度职工月平均工资三倍的，向其支付经济补偿的标准按职工月平均工资三倍的数额支付，因此，该空格内可填写当地上年度职工月平均工资三倍数额，作为经济补偿金的计算基数。

第五节 知识答疑

1. 跨主体单位调动用工的，其经济补偿金的年限计算是否连续？

前文我们提到，在计算经济补偿金时，需要确定劳动者在本单位的工作年限，如果劳动者在用人单位工作期间，非因本人原因曾在关联单位之间调动用工的，如调动时前一用人单位未结算经济补偿金的，入职新单位后需承继前一单位工龄。因此，在新单位离职结算经济补偿金时，需要将不同主体单位之间的工龄进行连续计算。法律依据参考如下：

《劳动合同法实施条例》第十条规定："劳动者非因本人原因从原用人单位被安排到新用人单位工作的，劳动者在原用人单位的工作年限合并计算为新用人单位的工作年限。原用人单位已经向劳动者支付经济补偿的，新用人单位在依法解除、终止劳动合同计算支付经济补偿的工作年限时，不再计算劳动者在原用人单位的工作年限。"

《最高人民法院关于审理劳动争议案件适用法律问题的解释（一）》（法释〔2020〕26号）第四十六条规定，劳动者非因本人原因从原用人单位被安排到新用人单位工作，原用人单位未支付经济补偿，劳动者依照《劳动合同法》第三十八条规定与新用人单位解除劳动合同，或者新用人单位向劳动者提出解除、终止劳动合同，在计算支付经济补偿或赔偿金的工作年限时，劳动者请求把在原用人单位的工作年限合并计算为新用人单位工作年限的，人民法院应予支持。用人单位符合下列情形之一的，应当认定属于"劳动者非因本人原因从原用人单位被安排到新用人单位工作"：（一）劳动者仍在原工作场所、工作岗位工作，劳动合同主体由原用人单位变更为新用人单位；（二）用人单位以组织委派或任命形式对劳动者进行工作调动；（三）因用人单位合并、分立等原因导致劳动者工作调动；（四）用人单位及其关联企业与劳动者轮流订立劳动合同；（五）其他合理情形。

2. 劳动者违反竞业限制，用人单位能否要求其返还已收取的经济补偿？

竞业限制补偿金作为劳动者履行竞业限制义务的对价支付，也就意味着，用人单位对劳动者履约行为的损失进行了弥补，如果劳动者违反竞业限制约定，用人单位有权主张劳动者返还违约期间已收取的经济补偿。地方意见中可见，如浙江省高级人民法院规定，"劳动者违反竞业限制约定，用人单位要求劳动者返还违反竞业限制约定期间用人单位向其支付的经济补偿的，应予支持。对劳动者履行竞业限制约定期间用人单位向其支付的经济补偿，用人单位要求返还的，不予支持。用人单位向劳动者一次性支付经济补偿的，应当将经济补偿数额进行折算，对劳动者违反竞业限制约定期间相对应的经济补偿予以返还"。

第六节 地方性法规参考

◆《上海市高级人民法院关于适用〈劳动合同法〉若干问题的意见》(沪高法〔2009〕73号)

十三、当事人对竞业限制条款约定不清的处理

劳动合同当事人仅约定劳动者应当履行竞业限制义务，但未约定是否向劳动者支付补偿金，或者虽约定向劳动者支付补偿金但未明确约定具体支付标准的，基于当事人就竞业限制有一致的意思表示，可以认为竞业限制条款对双方仍有约束力。补偿金数额不明的，双方可以继续就补偿金的标准进行协商；协商不能达成一致的，用人单位应当按照劳动者此前正常工资的20%—50%支付。协商不能达成一致的，限制期最长不得超过两年。

二十一、关于经济补偿金“分段计算”的问题

……

（四）根据《劳动合同法实施条例》第二十五条的规定，用人单位违反《劳动合同法》的规定解除或终止劳动合同，依法支付劳动者赔偿金，赔偿金的计算年限自用工之日起计算。如劳动者在劳动合同被违法解除或终止前十二个月的月平均工资高于上年度本市职工月平均工资三倍的，根据《劳动合同法》第八十七条规定，应当按照第四十七条第二款规定的经济补偿标准计算。

◆《重庆市高级人民法院等六部门关于审理劳动争议案件适用法律问题的会议纪要（三）》

五、停工留薪期工资、鉴定期间生活津贴等是否作为平均工资的计算基数的问题

根据《中华人民共和国劳动合同法》第四十七条之规定，经济补偿金的计算标准为劳动者在劳动合同解除或者终止前十二个月的平均工资。根据法律、行政法规规定，劳动者因患病、工伤、产假、婚丧假、事假、探亲假等原因，用人单位按一定比例或者标准支付的工资，属于特殊情况下支付的工资，因此，用人单位按月向工伤职工支付的停工留薪期工资、鉴定期间生活津贴等属于特殊情况下支付的工资，应当作为平均工资的计算基数。

◆**《天津法院劳动争议案件审理指南》(津高法〔2017〕246号)**

31. 用人单位违法解除劳动合同、劳动者请求用人单位支付赔偿金的，赔偿金计算年限应当区分《中华人民共和国劳动合同法》实施前后而分别计算。

《中华人民共和国劳动合同法》实施前，是否支持劳动者提出的赔偿金的诉讼请求，应当按照当时的法律法规执行；《中华人民共和国劳动合同法》实施后，赔偿金计算年限自用工之日起计算，最早自2008年1月1日起算。

◆**《浙江省高级人民法院民一庭、浙江省劳动人事争议仲裁院关于审理劳动争议案件若干问题的解答(二)》**

十一、劳动者解除或者终止劳动合同前十二个月包含医疗期等非正常工作期间，且在该期间内用人单位未支付正常工作工资的，经济补偿基数应如何确定?

答:《劳动合同法》第四十七条第三款规定的“本条所称月工资是指劳动者在劳动合同解除或者终止前十二个月的平均工资”，应理解为劳动合同解除或者终止前劳动者正常工作状态下十二个月的平均工资，不包括医疗期等非正常工作期间。

◆**《江苏省高级人民法院、江苏省劳动人事争议仲裁委员会〈关于审理劳动人事争议案件的指导意见(二)〉》**

第十六条 用人单位违法解除或终止劳动合同，劳动者请求撤销用人单位的解除决定、继续履行劳动合同，并请求用人单位赔偿仲裁、诉讼期间工资损失的，应予支持。

劳动者不要求继续履行劳动合同的，可以解除双方的劳动合同，由用人单位支付违法解除劳动合同的赔偿金，赔偿金的计算年限应包括《劳动合同法》实施前劳动者在用人单位的工作年限。

◆**《江苏省实施〈工伤保险条例〉办法》**

第二十七条 职工因工致残被鉴定为五至十级伤残，按照《条例》规定与用人单位解除或者终止劳动关系时，由工伤保险基金支付一次性工伤医疗补助金，由用人单位支付一次性伤残就业补助金。一次性工伤医疗补助金的基准标准为:五级20万元，六级16万元，七级12万元，八级8万元，九级5万元，十级3万元。一次性伤残就业补助金的基准标准为:五级9.5万元，六级8.5万元，七级4.5万元，八级3.5万元，九级2.5万元，十级1.5万元。

设区的市人民政府可以根据当地经济发展水平、居民生活水平等情况，在基准标准基础上上下浮动不超过20%确定一次性工伤医疗补助金和一次性伤残就业补助金标准，并报省社会保险行政部门备案。

患职业病的工伤职工，一次性工伤医疗补助金在上述标准的基础上增发40%。

一次性工伤医疗补助金和一次性伤残就业补助金基准标准的调整，由省社会保险行政部门会同省财政部门报省人民政府批准确定。

第十九章 ┃ 离职交接

第一节　用工场景

离职交接，是员工脱离工作岗位前的最后工作时刻，也是与企业结束劳动关系前的法定义务。每一名员工，在工作过程中都积累了很多与工作有关的资料和信息，尤其是那些关键岗位的员工，更是掌握着与企业经营发展相关的重要资源。因此，与离职员工办理好交接工作，是保证企业财产、名誉等不遭受损失，以及稳定有序地经营发展的重要环节。

从员工离职交接的类型来看，大致分为岗位异动交接、停职交接（因休假或过失等原因）以及解除、终止劳动合同前交接。其工作交接的流程并不因离职类型不同而有较大的差异；但工作交接内容的真实性、完整性与否，以及员工的配合度，在很大程度上与离职类型有关，如员工因职级晋升需办理交接，或因自身客观情况需离职，因其对工作尚存热爱之情、敬畏之心，在这种情况下多数员工愿意“站好最后一班岗”，完整地进行工作交接。相反，如员工因工作过失被停职，或被企业解除、终止劳动合同，抑或是因企业过失被迫辞职，因其情感上对企业有诸多怨言，其工作交接的配合度自然会很低。

因此，本文主要围绕员工与企业结束劳动关系后，离职交接过程中可能发生的风险，以及产生的损失类型、救济途径进行剖析。实践中，常见的员工离职交接风险如下。（参见图 19-1）

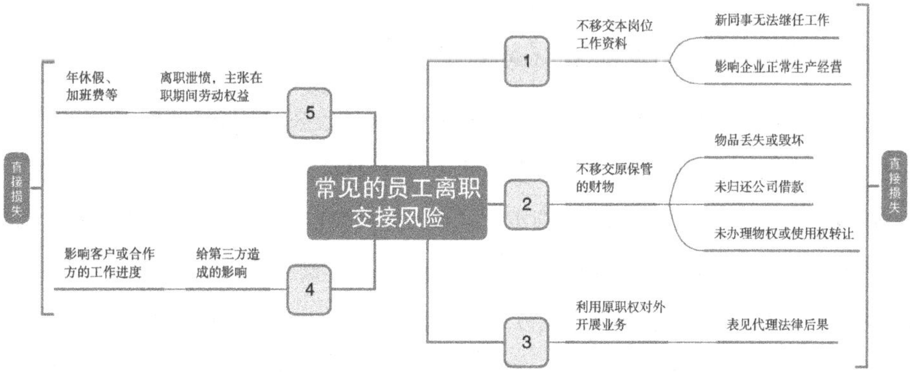

图 19-1　常见的员工离职交接风险

第二节　风险提示

用工风险 1：离职员工不移交本岗位工作资料。

根据《劳动合同法》第五十条的规定，企业与员工解除或终止劳动合同时，劳动者应当按照双方约定，办理工作交接。也就是说，员工与企业结束劳动关系，办理工作交接是法定义务。

实操中，离职员工常因情绪问题，不积极配合企业进行工作交接，可能故意销毁资料、删除电脑文件，隐瞒与工作相关的重要信息。工作文档在某种程度上是企业的一笔无形资产，如果离职员工不完整地交付，企业很可能需要很长一段时间去构建新档案，这不仅给继任该岗位的新同事带来不便，同时也是企业的一种损失，严重情况下将影响企业正常的生产经营。此外，由于员工不配合交接，很多问题可能在员工离开公司后才被发掘，为企业追究责任加大了难度。

用工风险 2：离职员工不移交原职务范围内保管的财物。

员工离职时因情绪低落很可能做出一些违法的行为：不归还公司借款；带走在职期间获取的公司生产经营设备（如电脑、公车、文件柜钥匙等）；故意丢失、毁坏物品；抑或是不办理物权及使用权转让，例如，某些员工在职期间以自己的名义为企业开办用于对外经营的电话号码、网络账号等，原则上员工离职时应办理过户或转让其使用权，如果员工未办理且私自注销账户，将给企业经营带来不可估量的影响。

用工风险 3：离职员工利用原在职权限继续对外开展业务。

部分员工在职期间，因其既定的岗位职责，经常代表公司对外开展经营活动，例如，销售员代表公司向客户销售货品，采购员代表公司向供应商下单采买。长此以往该员工与合作方建立了信任，而员工往往利用这一点，在离职后继续以原公司名义向客户销售货品，但在收取货款后不交付货物；或向供应商下单采买后，不支付账款。这会导致合作方向原公司追究赔偿责任，最终由原公司为离职员工的行为承担法律责任。

此种行为在法律上称为“表见代理”，是指虽然行为人事实上无代理权，但相对人有理由认为行为人有代理权而与其进行法律行为，其行为的法律后果由被代理人承担的代理。表见代理从广义上看也是无权代理，但是为了保护善意第三人的信赖利益与交易的安全，法律强制被代理人承担其法律后果。

用工风险 4：离职员工因不办理交接给第三方造成影响。

实践中，部分员工的岗位具有一定的外联性质，或具有对第三方（合作方、客户）交付工作成果的性质，该类员工如产生不当离职行为，将严重损害第三方的利益，轻者拖延工作进度，重者直接导致经济损失。

此外，公司为尽快弥补损失，在采取措施时亦会产生成本，如：雇用第三方替代离职员工履行职责的支出、包括但不限于招聘成本、替代人员工资及加班费等，以及解决争议时产生的其他间接费用，如鉴定费、律师费、诉讼费等。

用工风险 5：离职员工泄私愤。

根据过往劳动争议案件调查，大部分员工都是在离职时向企业主张自己的劳动权益，如加班费等，从表面来看是员工在维权，本质上是员工通过仲裁或诉讼方式进行离职泄愤，发泄对单位的不满情绪。如果企业在过往的用工过程中存在不合规的现象，且员工能够提供有效的证据证明企业的违法行为，那么企业最终要为此付出代价。

第三节　HR 操作建议指引

为应对因离职员工不配合工作交接而给企业带来风险，我们建议用人单位先对员工离职流程进行梳理，指定各岗位的离职交接负责人、监交人，并详细列明各岗位员工离职前应交接的内容、交接期限及注意事项。除此之外，用人单位还应制定完善的离职交接管理制度，并在制度中明示，离职员工不妥善交接要承担的法律后果及赔偿责任，该制度经法定程序生效后即对员工产生效力，发生任何争议，用人单位可依据制度主张权利。

建议用人单位在与员工进行离职面谈时，就要明确工作交接包括的内容及重点，并指导员工做好对其工作的梳理、交接资料的整理，以及交接表的填写。此外，用人单位在办理员工离职交接过程中，还应注意规避自身不合法、不合理的行为，全面预防法律风险的产生。

员工离职交接流程具体如下。（参见图 19-2）

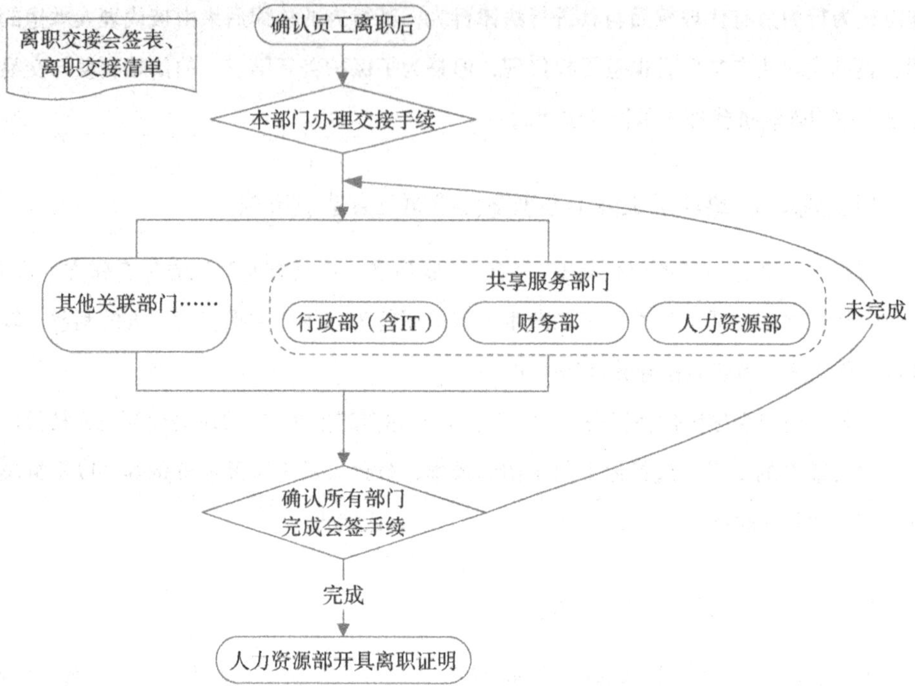

图 19-2　员工离职交接流程

1. 人力资源部组织离职交接

确定员工离职后，人力资源部应通知员工办理离职交接手续，并给员工发放离职交接会签表、离职交接清单。员工需按照会签表的指示，与“本部门”“其他关联部门”“共享服务部门”进行工作交接。

“本部门”：指员工在职期间所供职的部门；

“其他关联部门”：指员工所在部门与公司内部有工作交集的其他部门；

“共享服务部门”：指在企业组织架构中具有为全体员工提供服务或支持性质的部门，通常包括行政部门（含 IT）、财务部门以及人力资源部门等。

2. 离职员工与本部门交接

（1）拟订交接计划：部门负责人自接到员工离职通知两个工作日内，应拟订交接计划，确定交接内容、时间、地点，并及时通知人力资源部进行监督交接。

（2）做好风控管理：考虑到待离职员工可能存在不良情绪，建议用人部门根据待离职员工岗位的重要性、职级、对外影响力，在公司内外部公开收回在职权限，在某种程度上可起到及时止损的作用，举例如下：

离职人员权限回收清单										
离职时间	部门	岗位	姓名	联系电话	钉钉群	微信群	公司邮箱	OA系统	客户管理系统	合作方
2018/ 8/5	营销部	营销经理	潘 ××	138××××××××	删除	删除	密码修改	权限收回	权限收回	发函通知

①用人部门根据员工离职原因（如个人原因自辞、被迫辞职、过失辞退、非过失辞退、协商解除等），判断该员工对公司的风险程度，对涉及公司经营层面的重要管理平台（如OA系统、客户管理系统，钉钉群、微信群等）确定权限回收时间，并及时通知各相关部门。

②需要特别提示的是，对于中高层管理人员，如“营销总监”，因在职期间对外影响力较大，经常代表公司洽谈业务，因此为防止该员工离职后给公司造成不良的影响，部门最高领导可要求人力资源部协助对外发函，即从该员工离职提出之日起，收回该人员代表本公司对外开展的一切邀约与承诺的权利，与此同时，将该岗位的继任人员，一并告知对方。

告知函

尊敬的客户：

您好！我公司营销部_________员工出于________________原因已于_______年____月____日向我公司提出离职，即日起其与贵司的一切事务均与我公司无关。

此前由其负责的与贵司相关工作，现由我公司在职人员负责：

姓名：××　　　　联系电话：13×××××××××　　　　邮箱：_____________

给贵公司带来的不便之处敬请谅解。愿保持合作，共谋发展。

祝商祺！

××有限公司

_______年____月____日

实操中，由于管理人员疏忽大意，加之企业内部离职交接程序混乱，所以离职人员钻空子，给公司造成损失的案件也不在少数，例如，赵某应聘一家服装店设计师，入职不久后被公司辞退，情绪始终难以平复。她发现自己虽然辞职，但仍有权限进入公司网站，于是登录公司网店后台更换了主页，删除了很多商品的图片。公司发现后为修复网站，花费了近3万元。最终，法院认定：赵某为泄私愤，以删除、修改计算机数据的方式破坏生产经营，其行为已触犯《刑法》第二百七十六条，构成破坏生产经营罪。判处有期徒刑六个月，缓刑一年。

这里需要说明的是，离职员工泄私愤，毁坏公司财物，致使公司无法正常生产经营，通常情况下涉及三类法律责任：

- 民事赔偿责任：给公司造成经济损失的，需照价赔偿；
- 行政责任：性质恶劣，警方还可能以扰乱公共秩序将其行政拘留；
- 刑事责任：一旦涉案金额较大，被检察院提起公诉，将会认定破坏生产经营罪。

企业各部门应重视离职风控，人力资源部要给业务部门做好日常培训，让业务部门意识到一些常见的员工离职风险。当管理人员具备了风险意识，懂得将预防工作做在前边，才能最大限度地降低不良离职带给企业的伤害。

（3）资料交接：每个员工在职期间都积累了大量跟工作相关的文件与资料，这些全部是员工经验的总结，同时也是企业宝贵的财富。因其工作内容不同，交接的内容和程度均有所不同，通常本部门交接可按如下分类整理：

- 公司类文件，包括培训材料、规章制度、操作手册、各类宣传材料等；
- 在职期间的工作记录，如电子版的工作日志、记事本等；
- 岗位所涉及的工作流程、关键控制点和注意事项；
- 目前工作的进展程度，包括已完成事项、未完成事项、待办事项的交接；
- 合作方资料交接，主要包括销售客户、供应商、对外联系的部门及人员情况交接，尤其要注意档案的完整性和准确性，除联系人姓名、职务、联系方式、电子邮箱外，还应注明合作方的交易习惯，如交易价格、交易周期、客户特殊要求等重要信息。

为便于日后查询上述资料，用人单位须要求员工在离职手续清单上逐一列明，并注明资料的存储方式及存放地。整理好的资料不建议直接交给继任的新同事，可先一并交接给直接上级，由直接上级先对资料的全面性和准确性进行审核、签收与存档，而后转交给该岗位的新员工。当然，为了节省时间，提高工作交接的效率，待离职人员也可以与继任同事直接交接，但直属领导应一同参与，并对交接的内容进行审核，确保不出现任何纰漏。

因每个企业的管理深度不一样，人力资源部可根据企业内控需要，对离职人员的交接资料进行双重备份，如用人部门一份，人力资源部门或行政部门一份，有利于日后校对文档数据。

（4）交接培训：为便于继任同事尽快熟悉工作岗位，如果仅通过阅读交接资料不能完全掌握其中的工作细节、技巧及注意事项，因此建议部门内部开展一个交接培训环节，由待离职人员、继任同事和上级领导共同参与，由离职人员向继任同事进行讲解，讲解的形式不限于 PPT 培训形式，或是会议形式；此外，与该岗位工作流程紧密相关的同事，也可一并邀请参与旁听和交流，这样便于继任同事对工作流程有一个立体的认知。

（5）实操指导：经过了资料交接和交接培训后，继任同事对该岗位的工作流程有了整体的了解，但是了解并不等于会干，真正上手做的时候，还是会感到有难度，毕竟理论和实际是有偏差的，所以建议本部门针对核心业务流程增加一个实操指导环节，让待离职人员指导继任同事进行一次业务实操，这样一来，使继任该岗位的新同事对业务流程的掌握，从最初的理解式记忆转变为内化式记忆，让工作开展得更加流畅。因此，在条件允许的情况下，工作交接过程中的实操指导环节是必不可少的，在很大程度上可以减少因人员异动而带来的工作效率损失。

（6）外联交接：因工作性质原因，员工在职期间可能会成为公司与外界联络的固定联系人，包括但不限于客户、供应商、合作伙伴以及政府经办部门等，因此，员工离职前进行对外联络人交接，抑或是办理经办人变更手续，是保证日后工作顺利开展的必要环节。上述风控环节我们曾提到，由公司发函通知合作方，目的是规避表见代理的法律后果；但如果待离职员工愿意主动配合公司做好对外联络人交接，效果会更好，例如，某公司销售人员离职，其在职期间与客户不仅在工作层面上建立了良好的合作关系，生活上可能也是朋友关系，如能在离职前带领继任同事到客户处拜访，那么，这种紧密合作的关系将会很自然地过渡和衔接。对内而言，公司会节省很多人力、物力；对外而言，客户会认为公司内部有严谨的工作流程，这种严谨的态度会辐射到合作过程中的各个环节，更能提高企业对外的信誉度。再如，某公司人事专员离职，因在职期间在社保、公积金等部门已备案成经办人，所以，离职前，需要员工本人配合办理经办人变更的手续。这些都是离职前不可或缺的交接步骤。所有交接程序完毕后，部门负责人需在离职交接会签表上签字确认。

3. 离职员工与其他关联部门交接

员工在本部门完成工作交接后，还要考虑其工作内容是否与内部其他部门有交集，必要情况下，应与其他关联部门进一步交接。上述“交接培训”环节中我们提到，与该岗位工作流程紧密相关的同事，也可一并邀请参与旁听和交流，其实这个过程已经初步完成了关联部门的交接，但为了体现工作交接的完整性与严谨性，离职员工有必要向关联部门进行书面总结，至于具体内容，各单位还需根据实际业务情况来定。

4. 离职员工与行政部门交接

员工在职期间的办公用品及设备通常都是公司提供，每个员工工作职责不同、职级不同，其标配也不一样，有些企业行政工作做得比较细致，按照在职员工的级别对行政配备做了详细划分，比如对经理级以上、以下人员的电脑、手机、车辆、宿舍等配置等级进行了区分。因此，员工离职时，就要对在职时发放的配置逐一进行回收，通常包括以下几个方面：

①电脑（台式机、笔记本）等电子产品：查看物品是否损坏；

②办公桌、柜子钥匙：核对钥匙数量，以及钥匙对应的桌子、柜子是否配套；

③宿舍钥匙及宿舍物品：重点核查宿舍物品是否有损坏，以及水费、电费的结算等；

④ OA/电脑账号密码：所有公司内部的应用系统账号、密码要全部回收，回收后要及时更改密码，防止原密码外泄后造成未知的损失；

⑤工装、胸卡、业务书籍、光盘等回收：根据各公司的管理规定，如有必要，可向员工回收在职期间的工装、胸卡及向单位借阅的业务书籍、光盘等物品；

⑥车辆违章情况：查询员工在职期间使用公车出行是否产生违章罚款。

以上财产及物资交接，行政人员要按照员工在职期间签收的“物品清单”进行逐一清点、回收，并核实完整性，出现物资财产损坏或丢失的现象，需先确定责任人，如果确实是因员工保管不善导致损毁或丢失，公司有权按照制度规定要求员工进行赔偿。

另外，用人单位还须注意以下两点。

第一，回收财产和物资时，部分员工为发泄情绪，可能会做出一些破坏行为，比如故意毁坏财物，或故意侵占公司财产和物资，拒不归还。这种情况与上述我们讲到的员工保管不善有着本质的区别，保管不善属于非主观故意行为，属于过失导致；而故意毁坏或侵占则属于主观恶意行为，其性质恶劣，情节严重的，员工需承担相应的刑事责任，包括职务侵占罪、盗窃罪、贪污罪、非法占有罪等。在过去处理的案件中，我们发现部分员工常常拒绝承认自己接受过公司配备的物资，而行政人员又未保留员工在职期间领用过财物的书面证据。没有证据证明员工曾经占有，企业又何谈追偿呢！因此，从证据角度提醒行政负责人，一定要做好财物领用签收工作，保留书面证据，避免日后发生争议。

第二，回收财物时，除考虑有形资产外，还应考虑无形资产，比如电话号码的使用权、某网站的登录权，这些有可能是员工在职时以自己的名义帮企业购入或开通的，因企业方已应用于生产经营中，间接给企业创造了效益，所以工作交接时应注意办理使用权的转让，比如将电话号码过户给企业或指定负责人；涉及网站的登录权限，可考虑办理账号密码的更改，这样一来，确保公司后续的业务正常开展，避免间接损失发生。如果员工以电话号码户名是其本人为由拒绝办理过户，而强行注销的，由此给企业带来直接损失的，企业可向员工进行追偿。

5. 离职员工与财务部门交接

企业里的每个员工或多或少都与财务部门有交集。无论是对公层面还是对私层面，员工离职前都应与财务进行“钱财”方面的交接。交接内容主要涉及以下四个方面：

应付款项：如果员工在职期间工作职责涉及对外采购，那么公司层面必然产生“应付账款”，因此在员工离职前，财务部门有必要与员工经手的供应商进行应付账款核对，以免员工离职后发现问题，在没有当事人的情况下，给对账工作增加难度。

应收款项：如果员工在职期间属于营销类岗位，通常会与客户之间产生应收账款，财务人员在员工离职前应将涉及该员工经手的全部应收账款进行核对，此外，哪些应收账款已开票未回款，哪些是未开票未回款，这些内容在交接过程中要全部进行明细划分，开票抬头是否做区分，离职人员有必要将客户的交易习惯如实告知财务人员，避免后续给客户带来不便。

公务借款报销：有些员工在职期间因职务原因向公司支取了备用金，用于出差、业务招待或是采购等，在这种情况下，在员工离职前需按照公司制度规定走报销流程，向财务提供已开销的部分发票，返还剩余部分备用金；还有些员工是自己垫付款项代公司消费，在这种情况下，需等待财务人员验票后进行报销。

因私借款：部分员工在职期间还可能与公司发生“个人借款”行为。在员工离职前，财务部门需审核借款合同条款，是否有关于员工离职后款项返还的相应要求，如离职后的还款额度、还款时间、利率等与员工进行确认。

6. 离职员工与人力资源部门交接

当离职员工分别与本部门、其他关联部门、行政部门、财务部门依次交接后，最后一个部门便是人力资源部门。人力资源部门应做好全面的审核工作。

（1）交接工作是否按照公司制度贯彻执行，交接内容是否完善，在很大程度上取决于交接人的态度，以及各部门负责人、经办人的执行力度。人力资源部门在交接工作中的职责就是监督、管理、审核各环节，比如，审核交接资料是否完整，可以抽检相关的电子或纸质文档，进行数据比对和逻辑比对，在此期间发现数据差错可询问相关责任人。再如，对部门负责人或经办人怠于管理的失职行为，人力资源部有权督促其整改，情节严重的可根据企业规章制度作出处分决定。

（2）人力资源部除对内履行上述职责外，还应对离职员工做好结算工作，通常包括：

①最后工作日：员工的最后工作日与员工的薪资结算、其他劳动权益息息相关，因此，

离职前与员工确认最后工作日是非常有必要的。

②加班调休、年休假结算：员工离职前如存在未调休的加班时数和应休但未休的年休假，通常员工会要求带薪休假后再离职，或要求企业支付相应的对价报酬，人力资源部需与员工进行确认。

③最后结薪日：员工的最后结薪日不一定等于最后工作日，因为如果员工要求带薪休完之前的加班调休、年休假后再离职，那最后结薪日可能是带薪休假的最后一天。

④社保、公积金终止日期：通常员工离职当月为社保、公积金的最后缴纳月份。

⑤档案处理方式：如果员工在职期间将档案存入了单位指定的存档机构，那么离职后，常见的档案处理方式有两种：一种是在人才机构以“个人档案”形式进行存放，另一种是将员工档案调转到区属劳动行政部门进行存放。当然，也有部分员工要求调回原籍，具体办理形式，人力资源部可与员工协商处理。

⑥奖惩情况：主要审核员工在职期间是否有未处理的违规事件，其处分形式涉及绩效、奖金扣除的，应向员工示明，即绩效、奖金部分须从员工应结未结工资中扣除。

⑦培训服务期、竞业限制：如果员工在职期间签署了培训服务期协议、保密和竞业限制协议，人力资源部应审核待离职员工是否违反协议约定，需按照法定标准向公司赔付违约金。

⑧代通知金、经济补偿金等法定补偿：相关内容详见“离职成本计算”章节。

⑨员工给企业造成的损失赔偿：相关内容详见“离职成本计算”章节。

⑩内部联络平台：在由公司组建的微信群、钉钉群中将离职人员删除。

关于以上交接内容，我们需要额外提醒人力资源部门注意以下两点。

第一，关于加班调休和应休但未休年休假的结算问题，站在企业角度更希望员工休假过后再离职，这样一来，我们只需在员工休息时间内支付一倍工资即可，但如果员工要求折算对价报酬支付，那么，未调休的加班时数需要向员工支付二倍工资，应休但未休年休假天数需要向员工额外支付二倍工资，这样一来加大了企业的用工成本。实操中，员工与企业之间难免因为此类问题发生冲突，那么，企业和员工谁才拥有最终选择权呢？

首先，根据劳动部的《工资支付暂行规定》第十三条规定，用人单位依法安排劳动者在休息日工作，而又不能安排补休的，按照不低于劳动合同规定的劳动者本人日或小时工资标准的200%支付劳动者工资。从此法条来看，员工在休息日加班的，企业有权利优先安排员工进行补休，不能补休的，需按照法定标准向员工支付工资。

其次，根据国务院颁发的《职工带薪年休假条例》第五条规定，单位根据生产、工作的具体情况，并考虑职工本人意愿，统筹安排职工年休假。年休假在 1 个年度内可以集中安排，也可以分段安排，一般不跨年度安排。单位因生产、工作特点确有必要跨年度安排职工年休假的，可以跨 1 个年度安排。单位确因工作需要不能安排职工休年休假的，经职工本人同意，可以不安排职工休年休假。对职工应休未休的年休假天数，单位应当按照该职工日工资收入的 300% 支付年休假工资报酬。由此，我们得出结论，企业有权利根据自身的生产、工作情况安排员工休年休假，不能安排的，需要向员工支付 300% 年休假工资报酬。

综上所述，对于待离职员工与企业之间因加班调休、年休假是应该休假后离职，还是应该支付补偿工资后离职的问题，双方协商不一致的，企业拥有最终的选择权。

第二，关于从员工工资中扣除绩效、奖金的情形：根据《劳动法》规定，“不得克扣或者无故拖欠劳动者的工资”。如用人单位依据内部奖惩规定，扣减员工绩效、奖金部分，前提条件是员工的工资结构，事先经双方协商一致的情况下已进行明确拆分，且每部分金额有相应的发放、扣减说明，同时扣发额度不能超过工资结构中额定的金额，如果企业未按上述要求操作，则构成了无故克扣，需要承担一定的法律责任。

（3）根据《劳动合同法》规定，“用人单位应当在解除或者终止劳动合同时出具解除或者终止劳动合同的证明”。因此，人力资源部办结上述所有交接、审核、结算、确认步骤后，应当依法向员工开具离职证明。

此外，因员工离职未妥善处理工作交接，部分用人单位可能会采取不正当的救济途径，以损害离职员工的利益达到惩治的目的，这种做法可能导致离职员工追究企业法律责任。用人单位应尽量规避如下错误行为，具体参见图 19-3。

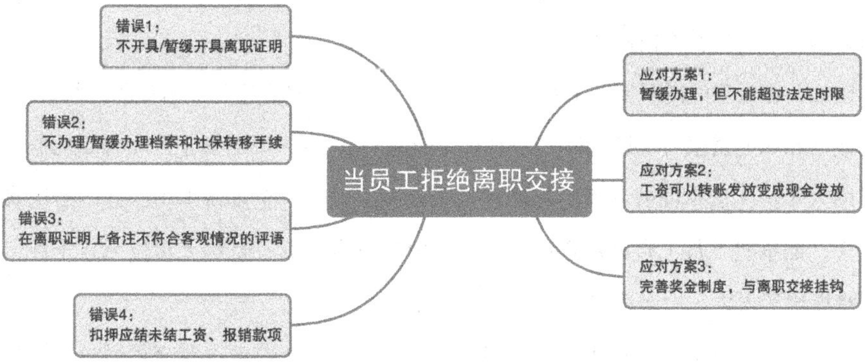

图 19-3　当员工拒绝离职交接，用人单位常出现的错误做法

（1）不为离职员工开具离职证明、办理档案和社保转移，或暂缓开具和办理，在很大程度上会影响劳动者在新单位处入职，所以对于那些已找到新工作的劳动者来说，确实有一定的压力，可促使他们办理交接。但根据《劳动合同法》第五十条规定，用人单位应当在解除或者终止劳动合同时出具解除或者终止劳动合同的证明，并在15日内为劳动者办理档案和社会保险关系转移手续。根据《劳动合同法》第八十九条规定，用人单位违反本法规定未向劳动者出具解除或者终止劳动合同的书面证明，由劳动行政部门责令改正；给劳动者造成损害的，应当承担赔偿责任。因此，用人单位在使用此措施时应注意控制法律风险。

不开具离职证明，不办理档案和社保转移，是万万不可行的。即便是"暂缓"办理，时间也不要超过法定时限。在实践中，因用人单位长时间拖延办理离职手续，导致员工成功主张赔偿的案例也不在少数。对于已找到新工作却未能入职的员工而言，主张的损失赔偿主要为未能入职新单位的潜在收益损失。对于那些未找到新工作的员工而言，提出的损失赔偿可能包括失业、医疗、生育保险待遇的损失。

（2）部分用人单位别出心裁，在员工的离职证明上做文章，除正常内容外，还添加一些带有主观色彩且失实的评语，其目的是为离职员工找新工作增加障碍，变相迫使员工按照企业要求办理离职交接，此种行为一定程度上对员工产生了威胁效力，但同时也触犯了法律法规。

根据《劳动合同法实施条例》规定，"用人单位出具的解除、终止劳动合同的证明，应当写明劳动合同期限、解除或者终止劳动合同的日期、工作岗位、在本单位的工作年限"。尽管法条中并未禁止用人单位在离职证明上添加评语，但该评语如果给离职员工造成损失的，单位亦要承担赔偿责任。

比如，在员工的离职证明上添加如下字眼："员工以家庭原因提出辞职，与事实不符，缺乏诚信和职业道德"，试问哪一个新单位见到如此评论，不对员工产生怀疑的心态，但如果用人单位无法举证劳动者的辞职理由非真实原因时，企业将承担因此给劳动者造成的损失，而事实上员工自辞的理由，及该理由的真实性，一是用人单位无权干涉，二是举证难度确实很大，用人单位最终将面临赔偿责任。

（3）扣押应结但未结的工资、报销款项，待员工完全办理离职交接后再行支付，从法律规定来看，此种做法存在一定的法律风险。根据《劳动合同法》第五十条规定，仅经济补偿金在办结工作交接时支付，并未涉及工资、报销等事宜。又根据劳动部《工资支付暂行规定》第九条规定，劳动关系双方依法解除或终止劳动合同时，用人单位应在解除或终止劳动合同时一次付清劳动者工资。由此可见，公司拖延支付工资是违法行为。而报销款项作为员工已经因公支出的费用，用人单位拒绝支付也是缺乏法律依据的。

因此，我们建议用人单位考虑采取一定的变通措施来防范法律风险。

其一，对于不正常出勤办理工作交接的员工，建议用人单位改变工资支付的形式，比如，原先以转账形式支付，现采取现金形式支付，既规避了不发工资的法律风险，也实现了让员工到公司出勤的目的，还可以让员工办理工作交接。

其二，对于那些按时出勤，但不积极配合工作交接的员工，建议完善奖金制度。如果奖金发放规则中规定，离职员工奖金支付的条件是办结工作交接，那么，员工不配合交接工作，企业扣发奖金则具有一定的合理性。

第四节 用工风险防范工具

工具一：离职交接会签表

1. 工具说明

员工在职期间因其工作内容与组织体系内各部门关联交集，因此离职交接过程有必要与各部门联动交接，一个离职交接会签表能够较好地将各部门交接情况集合在一起，方便各部门之间交流，同时也方便人力资源部对各部门交接情况进行监督管理。

2. 适用范围

本表单可在员工办理离职交接时，由人力资源部提供，并让离职员工按照表单指示顺序与各部门办理交接。

3. 规避风险

- 有利于各部门之间对交接内容进行信息共享，规避因信息不对称带来的风险；
- 有利于人力资源部全面监管交接进程，落实监交人责任到位，从全局把控离职人员带来的风险；
- 在一定程度上能规避劳动争议的发生。

4. 核心工具

此表单为会签表，即员工离职前需持该表单，到各部门办理交接手续，待各部门经办人签字后，最终人事部门负责将该表单收入员工个人档案。

1. 最后工作日通常是员工离开工作岗位或工作交接完毕之日；
2. 最后工作日不一定等于劳动合同解除日，如果员工离职前存在应休未休年休假，或存在加班调休，用人单位有权要求员工休息后再离职，因此劳动合同解除日可能会晚于最后工作日。

1. 如员工在职期间签订了培训协议，离职时务必确认服务期是否履行完毕，如有需要，请参考“离职成本计算”章节，与员工结算违约金。
2. 如员工在职期间签订了竞业限制协议，离职时务必确认是否启动竞业限制，详见“竞业限制管理”与“保密管理”章节，阅读具体操作流程。

离职交接会签表

姓 名		部 门		岗 位	
所在部门确认					
文件、资料类上交情况（另附交接清单）	资料（含书面 / 电子形式）：				部门接手人签字
	其他交接：				
财务部门确认					
应收、应付款项，因私借款及公务借款情况（另附交接清单）	应收、应付款项：				财务经手人签字
	公务借款报销合计：				
	因私借款合计：				
	其他交接：				
行政部门确认					
财产、物资清点及移交手续情况（另附交接清单）	电脑密码：				行政经手人签字
	工作 E-mail、QQ 密码：				
	IT 设备检查收回：				
	办公文具、名片、胸卡：				
	门、工位、文件柜等钥匙：				
	其他交接：				
人事部门确认					
劳动关系 劳动报酬 权限回收	本月最后工作日：				人事经手人签字
	最后结薪日：				
	社保、公积金终止日期：				
	钉钉权限清除 / 微信群 /QQ 群清除：				
	是否签订培训协议、竞业限制协议：				
本人确认已完成上述手续，与 ××× 公司解除劳动关系，自此再无任何争议和纠纷，并保证不外泄在职期间所了解的公司相关商业、技术等秘密，离职后若公司发现我在离职前有任何损害公司利益的行为，本人同意向公司支付相应的劳动报酬作为赔偿金。 本人离职后联系电话为： 离职人员签字：　　　　日期：					
部门主管		日期			
部门经理		日期			
总经理		日期			

工具二：离职交接清单

1. 工具说明

此清单为离职交接会签表的配套表单，辅助各部门细化、梳理交接内容。

2. 适用范围

在与各部门办理离职会签时，作为交接明细清单。

3. 规避风险

- 如果公司在员工离职后发现其在职期间的任何工作疏忽，给公司造成损失的，可通过清单固定证据，进行责任认定并向离职人员追偿。

4. 核心工具

离职交接清单

该表单与“离职交接会签表”相互关联，让交接内容更加详尽。

姓　名		部　门		岗　位	
入职日期		最后工作日		交接日期	
交接部门					
序号	项　目	数量	描　述	交接人	
1					
2					
3					
4					
5					
6					
7					
8					
9					
10					
监交人		移交人		交接人	
说　明	1. 此清单为离职交接会签表的配套表单，辅助各部门梳理交接内容。 2. 各相关部门必须逐项认真安排工作交接，并由专人签字确认。				

监交人通常为人力资源部相关人员，移交人为离职员工，交接人指该部门接手工作的人员。这里需要特别说明的是，监交人只对工作交接的过程进行监督管理，保证交接程序合规，并不对交接的具体事项负责。

工具三：离职管理制度核心规定

1. 高管职级员工离职，应先由人力资源部收回其对内、对外的工作权限。然后，由财务部另行进行离职审计，在确认没有经济、行政、法律责任或相关责任已经处理完毕后方可离职；财务部将相关情况及结果提报公司决策层，同时抄送人力资源部。 2. 员工离职时给公司造成损失的，应予以赔偿，包括但不限于以下情形： ①员工离职未进行工作交接或其他公司要求办理的事项，给公司造成经济损失的； ②员工因本人过失损坏设备工具或其他公司财产，使公司遭受经济损失的； ③员工违反保密义务，给公司造成损失的； ④其他应赔偿的事项。 3. 离职员工除工资依法支付外，其余应结费用均以离职员工按照本管理规定完成工作交接为结算前提，如离职员工未按照或未完全按照本规定要求进行工作交接，公司有权暂扣相应费用。 4. 鉴于被辞退员工不认可公司的辞退行为可直接启动劳动争议仲裁等程序，故其救济途径并未丧失。因此，无论被辞退员工对公司的辞退行为是否认可，均应按照公司的指令，配合公司按照上述流程完成工作交接，如果拒不配合或消极怠工，对公司或具体主管、承办人员采取过激言行的，公司有权就此情形依据公司的规章制度作出相应的处理。在劳动争议仲裁期间，除被辞退员工工资正常结算外，其余款项一律至争议程序终结且员工完成离职交接程序后结算。 5. 离职程序中涉及的监交人、工作接收人的签章捺印均仅限对离职员工工作项目的交接确认，并不涉及工作内容、性质方面的认可。因离职员工自身原因导致工作出现问题，监交人、工作接收人不承担责任。但后者存在明显过错的除外。

第五节　知识答疑

1. 以离职审计为由，要求员工延长交接时间是否可行？

部分企业因其特殊的行业性质，往往员工离职前，还须由财务部另行进行离职审计，在确认没有经济、行政、法律责任或相关责任已经处理完毕后方可离职。但这个过程可能会持续 2—3 个月。实操中，如果员工是自辞的，根据法律规定，员工需提前 30 天通知企业，这也就意味着员工与企业最长的工作交接周期是 30 天，而超长的离职交接过程必然超过了一个月，这样一来，就给企业增加了风险：

其一，员工超过30日未办理离职手续，继续在公司工作，且公司发放工资的，司法实践中可能被认定为“视为双方对是否解除劳动关系重新协商一致，继续履行原劳动合同”，如果之后公司再以员工自辞为由办理离职，法院可能判公司违法解除，需要向其支付违法解除劳动合同的赔偿金。

其二，员工超过30日未办理离职手续，且公司同意员工继续在公司工作（办理离职交接），此时，公司虽未与员工签订劳动合同，但已形成事实劳动关系，面临着因未签劳动合同而向员工支付二倍工资的风险。

因此，实操中不建议企业拖延员工离职交接时间，如某些特殊岗位（通常为企业高管、核心技术人员等）确实存在离职审计需要，且时间较长的，可以通过与员工签订保密协议，约定“脱密期（不超过6个月）”为由延长员工离职交接期。

2. 员工要求企业离职后帮忙代缴保险，是否存在风险？

员工离职后，原则上离职当月为社保、公积金的最后缴纳月份，次月停缴。但部分员工离职时，可能会要求企业帮忙代缴离职后的社保费。针对该问题，很多HR朋友表示困惑，如果答应员工的要求会不会给企业带来风险隐患？其实，我国法律法规虽未禁止社会保险代缴行为，但这并不意味着代缴保险就毫无风险。

首先，用人单位并不具备代缴保险的资质，超出了经营范围；其次，从经办角度看，代缴保险需要虚构劳动合同，还涉及做假工资、假报税，这些本身就是违法行为；最后，将来解除劳动关系、停缴保险时，员工可能与企业之间发生劳动争议，例如，向企业索要解除劳动合同的经济补偿金等。除此之外，企业最大的风险就是，员工一旦申请办理并享受了社会保险待遇（如生育津贴、工伤待遇、失业金等），那么企业就构成了骗保行为，员工和企业同时面临着刑事处罚和行政处罚。

如果企业碍于人情面子，或迫不得已为员工代缴保险，我们建议企业与员工之间签订一份协议：声明代缴社保需求是由员工提出，企业同意；协议中还应明确双方之间无事实劳动关系，仅存在代缴社保的关系，因此企业并不承担任何基于劳动关系项下的责任和义务，亦不承担任何社会保险的赔偿责任。

鉴于社保代缴问题在法律上没有明确规定，目前争议较大，所以出现这种情形，企业应当从自我保护角度出发与员工明确法律关系和法律责任。

第六节　地方性法规参考

◆《北京市高级人民法院、北京市劳动争议仲裁委员会关于劳动争议案件法律适用问题研讨会会议纪要（二）》

40. 劳动者未按规定提前三十天（在试用期内提前三天）通知用人单位解除劳动合同即自行离职，或虽然履行通知义务，但有未履行的相关义务，给用人单位造成损失的，应否赔偿？

劳动者未提前三十天（在试用期内提前三天）通知用人单位解除劳动合同，自行离职，或虽然履行通知义务，但有未履行的相关义务，如其应当履行的办理工作交接等义务，给用人单位造成直接经济损失的，应当承担相应的赔偿责任，对所造成的经济损失，用人单位负有举证责任。

41. 解除或终止劳动合同后，用人单位拒不向劳动者出具终止或者解除劳动关系证明或者未在法律规定的期限内为劳动者办理档案和社会保险关系转移手续，造成劳动者无法就业的，劳动者请求用人单位赔偿损失的，如何处理？

劳动者能够证明因用人单位的过错造成其无法就业并发生实际经济损失的，应当予以支持。劳动者对用人单位过错与其无法就业有直接的因果关系以及因此所造成经济损失的具体数额负有举证责任，不能证明有直接因果关系的不予支持，如确实造成经济损失，但无法确定经济损失具体数额的，可以按照劳动者在解除或终止劳动合同前十二个月平均工资确定。

◆《上海市劳动和社会保障局关于实施〈上海市劳动合同条例〉若干问题的通知（二）》

五、关于未及时办理退工手续的赔偿问题

（一）劳动合同关系已经解除或者终止，用人单位未按《条例》规定出具解除或者终止劳动合同关系的有效证明或未及时办理退工手续，影响劳动者办理失业登记手续造成损失的，用人单位应当按照失业保险金有关规定予以赔偿；给劳动者造成其他实际损失的，用人单位应当按照劳动者的请求，赔偿其他实际损失，但不再承担法定失业保险金的赔偿责任。

（二）因劳动者原因造成用人单位未能及时办理退工手续的，其损失由劳动者承担。

◆《江苏省劳动合同条例》

第三十五条第一款　解除或者终止劳动合同时，劳动者应当归还用人单位的财物、技术资料等，并根据用人单位规章制度、双方约定办理工作交接手续。

第五十五条　劳动者违反本条例规定，解除或者终止劳动合同时，未归还用人单位的财物、技术资料等，或者未根据用人单位规章制度、双方约定办理工作交接手续的，应当依法承担赔偿责任。

◆《江苏省高级人民法院关于印发〈关于审理劳动争议案件若干问题的意见〉的通知》

18.劳动合同依法解除或终止后，用人单位未向劳动者出具解除或者终止劳动合同的证明，或者未为劳动者办理档案、社会保险关系移转手续，劳动者因此要求用人单位办理相关证明或手续的，不受劳动争议仲裁申请期间的限制。但劳动者因用人单位不办理上述手续而主张用人单位赔偿经济损失的，应当在劳动争议仲裁申请斯间内提出。

25.劳动合同解除或终止后，用人单位不得以双方未结清欠款或劳动者未支付有关赔偿金为由扣留劳动者档案或不办理相关手续，如用人单位的行为直接导致劳动者无法就业而造成劳动者损失的，应当承担赔偿责任。

◆《山东省劳动合同条例》

第三十条　用人单位应当自出具解除或者终止劳动合同证明之日起十五日内为劳动者办理档案和社会保险转移手续，并结清劳动者的劳动报酬和其他费用。

劳动合同解除或者终止后，劳动者应当按照双方约定的时间、地点办理工作交接，归还用人单位的生产工具、技术资料等财物；用人单位依法向劳动者支付经济补偿的，应当在办理工作交接时支付。

CHAPTER

第七篇

规章制度与劳动争议

HUMAN RESOURCES RISK MANAGEMENT

☑ 第二十章　规章制度制定

☑ 第二十一章　劳动争议处理

第二十章 | 规章制度制定

第一节　用工场景

“无规矩不成方圆”，规章制度越来越受到企业和员工的关注。一个合法、有效的规章制度有助于企业合法、合理地管理员工，行使企业的用工自主权，并可以作为处罚员工的重要依据。

然而，在大量的劳动争议案件中，我们发现很多企业的规章制度不仅违反了相关的法律法规，而且没有通过民主程序，员工也不知晓公司的规章制度。这种情况导致企业在遇到劳动争议时，只能被动地处理，甚至承担违法解除的赔偿金。

那么，一个不规范的规章制度会给企业带来哪些法律后果呢？对此，我们进行了总结，具体如下。（参见图 20-1）

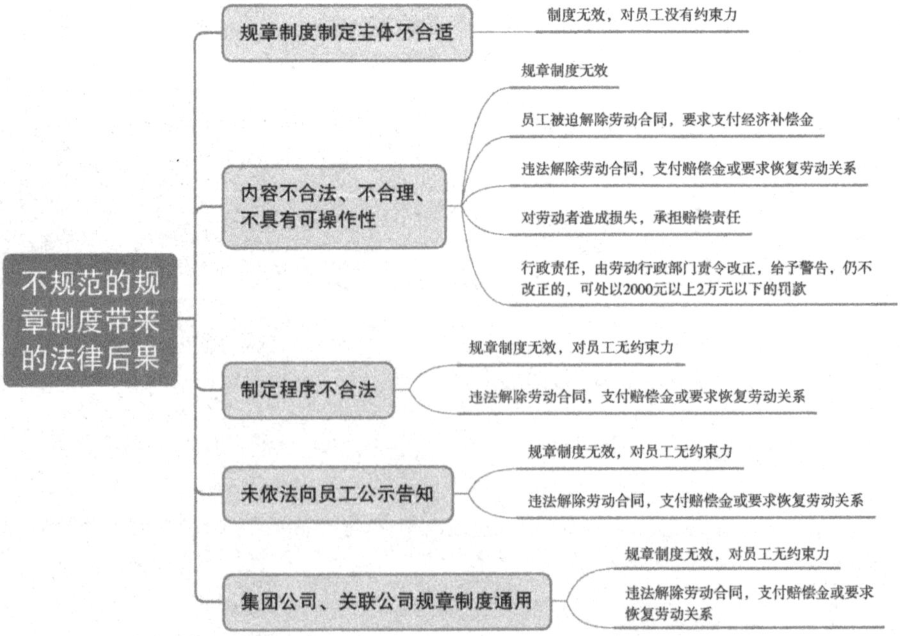

图 20-1　不规范的规章制度带来的法律后果

第二节 风险提示

用工风险 1：规章制度制定主体不合适。

《劳动法》第四条明确规定："用人单位应当依法建立和完善规章制度，保障劳动者享有劳动权利和履行劳动义务。"制定企业规章制度的主体必须合法，必须有权代表用人单位制定规章制度。

用人单位其他管理机构不具有劳动规章制度制定的主体资格，只能参与规章制度的制定活动。企业内部某个部门制定的并以其部门名义发布的规章制度就存在非常大的风险。

用工风险 2：规章制度内容不合法、不合理、不具有可操作性。

《最高人民法院关于审理劳动争议案件适用法律问题的解释（一）》第五十条规定，用人单位根据《劳动合同法》第四条规定，通过民主程序制定的规章制度，不违反国家法律、行政法规及政策规定，并已向劳动者公示的，可以作为确定双方权利义务的依据。用人单位制定的内部规章制度与集体合同或者劳动合同约定的内容不一致，劳动者请求优先适用合同约定的，人民法院应予支持。

用人单位按照以上规定制定规章制度时，应保证其符合法律法规的相关规定，并在合法性的基础上通过民主和公示告知的程序，保证其是合法有效的规章制度。但是用人单位在制定规章制度时，除了保证合法性和有效性外，还应当注意规章制度的可执行性问题，应根据自己的生产、经营、管理体制的特点，将法律条款具体化、量化，让其具有可操作性，且保证合理性。

用工风险 3：规章制度制定程序不合法。

根据《劳动合同法》第四条的规定，用人单位在制定、修改或者决定有关劳动报酬、工作时间、休息休假、劳动安全卫生、保险福利、职工培训、劳动纪律以及劳动定额管理等直接涉及劳动者切身利益的规章制度或者重大事项时，应当经职工代表大会或者全体职工讨论，提出方案和意见，与工会或者职工代表平等协商确定。

许多企业制定规章制度都只是由企业的董事会或总经理甚至是某个部门制定后即实施。

但法律规定企业的规章制度应经民主程序，否则不发生法律效力，且需要特别注意，规章制度除了制定过程中需要通过民主程序外，规章制度的修改、完善也需要通过民主程序。

用工风险4：规章制度未依法向员工公示告知。

关于直接涉及劳动者切身利益的规章制度或者重大事项，用人单位应公示、告知给员工，让每个劳动者知悉。很多用人单位在制定规章制度后，不予告知劳动者，也不进行必要的宣导，既不能起到规章制度对劳动者约束的作用，也导致规章制度无效的法律后果。因此，用人单位必须向员工公示、告知规章制度，否则该规章制度对员工不产生效力。

用工风险5：集团公司、关联公司制定的规章制度共用。

目前，不少企业是以集团化的形式运营，在管理上由集团公司或者是上级公司制定一套规章制度，各个公司共用一套规章制度。那么，集团公司、关联公司是否可以共用一套规章制度呢？

集团公司、关联公司的制度是不能直接共用的，如果需要共用一套规章制度，需要按照规章制度制定的程序来制定，并公示告知给员工，且注意使用范围的规定。

第三节 HR操作建议指引

一、合法、有效的规章制度三大要件

合法、有效的规章制度三大要件具体如下。（参见图20-2）

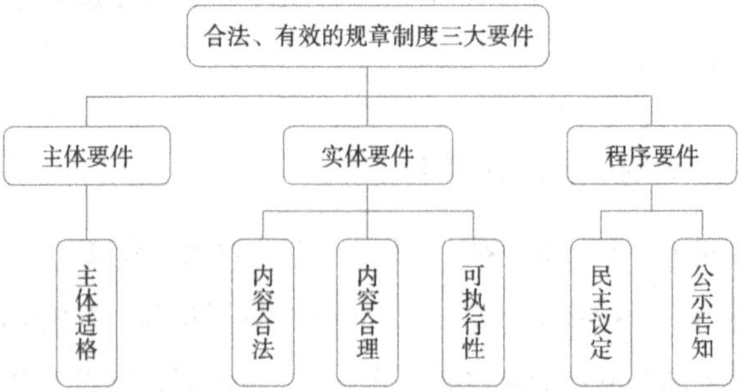

图20-2 合法、有效的规章制度三大要件

二、规章制度制定操作建议指引

制定规章制度的流程具体如下。（参见图 20-3）

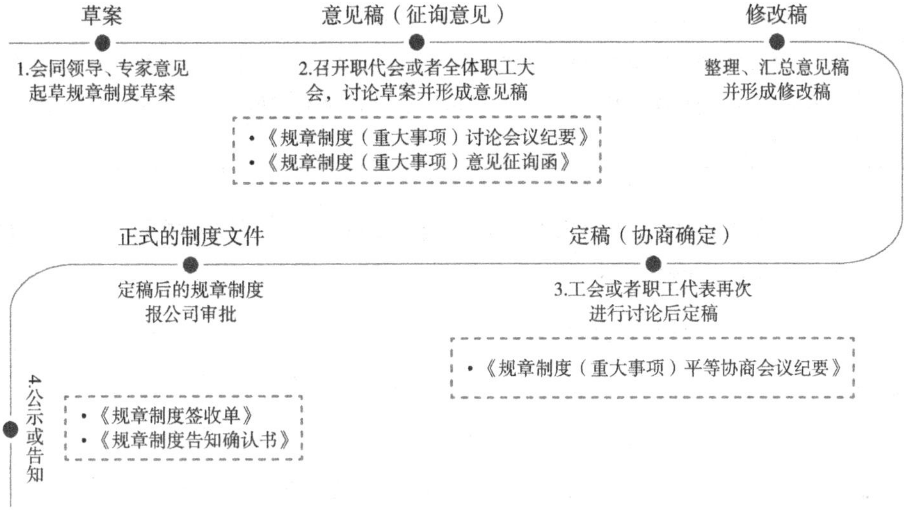

图 20-3　制定规章制度的流程

用工流程操作指引注意事项：

1. 用人单位在制定规章制度时，首先要注意的是，规章制度制定主体要适格。

2. 在征询意见阶段，征询意见的方式可以采用以下 2 种方式：

（1）用人单位可以通过开会（如职工代表大会或者全体职工大会）的形式征询意见。若选择职工代表大会，需注意各地区对职工代表大会中职工代表的资格、人数等的规定。注意保留征询意见的证据，比如会议通知、会议签到表、规章制度（重大事项）讨论会议纪要。

（2）征询意见阶段若采用开会的形式确实有困难的，或者是很难集中全体员工开会，建议采用规章制度征询意见函的形式，但需要注意的是，意见函上员工的签字必须是本人的签字。建议将此项工作计入相关人员的岗位职责，并对此项职责进行考核，以保证此表单签字的真实性。具体可采用以下形式：

形式	具体操作
1	用人单位可以将初步草拟的规章制度草案发放到每个劳动者手中，要求劳动者根据自己的岗位特点和工作环境提出修改意见，并将反馈信息留档。
2	用人单位可以将初步草拟的规章制度按部门发放，各部门主管根据自己本部门的实际情况，开会讨论，提出反馈意见。
3	用人单位有制定规章制度的初步共识后，可以将此初步意思传达给每个劳动者，要求劳动者根据本部门的具体情况提出初步的草案意见，用人单位根据劳动者反馈的草案意见汇总并制作草案。

（3）在协商确定阶段，用人单位可以通过工会或职工代表协商确定。须注意的是，用人单位一定要保留证据。

（4）关于征询意见阶段与协商确定阶段是顺序关系还是二选一的关系，目前在各地区执行细则不一样，具体是顺序关系还是选择关系，需参照当地的执行细则。

（5）经过征询意见阶段、协商确定阶段后，规章制度并未生效。一个合法、有效的规章制度，需要经过公示告知阶段。公示的本质是让公众知晓，标准是劳动者能否通过公开的渠道查阅到；告知的本质在于送达，标准就是在客观结果上企业有没有主动作为，采取有效的手段使受众主体知晓。

（6）规章制度公示告知的方式

方式	具体操作	备注
公告栏	用人单位将要进行执行的规章制度张贴在公司的公告栏中进行公示，便于劳动者在上班或用餐时可以知晓。	
网站	对于用人单位拥有自己企业的网站的情形，可以将制定的规章制度张贴在本单位的网站上进行公示，可以在劳动者登录网站时了解信息。	
培训	可以对劳动者进行培训，以培训的方式进行宣导，使劳动者了解公司规章制度的具体信息。	推荐使用
考试	为了便于劳动者深刻了解规章制度的内容，用人单位可以组织针对规章制度的考试来测试劳动者的知悉程度。	推荐使用
印制成册	用人单位可以将制定的规章制度印制成册，发给劳动者，以这种宣传方式让劳动者知悉，便于了解用人单位执行的各项规章制度。	推荐使用

续表

方式	具体操作	备注
邮件	用人单位可以将制定的规章制度通过邮件的方式发送到每个劳动者的邮箱中，在其工作中，就能对规章制度进行学习了解。	
会议	用人单位制定规章制度后，可以召开会议，专门针对用人单位的此项规章制度进行公示，让每个出席的劳动者进行签字确认。	推荐使用
将规章制度作为劳动合同附件	用人单位可以将规章制度作为劳动合同的附件，在劳动者签订劳动合同时进行告知，作为附件公示给劳动者。	
公证	针对用人单位人数众多，不能有效行使公示的行为，不能达到公示的效果，可以请公证机构进行公证，完成公示内容。	推荐使用，但成本最高
表单、文书确认	用人单位可以在劳动者入职登记表等相关表单、文书中将此内容注明，作为对劳动者进行公示的方式。	推荐使用

（7）规章制度公示告知要注意公示的盲区，比如不在岗休假人员、外借人员等。

（8）规章制度公示告知方式的选择，建议采用规章制度告知确认书的方式。

第四节　用工风险防范工具

工具一：规章制度（重大事项）讨论会议纪要

1. 工具说明

用人单位在制定或修改规章制度时，按照《劳动合同法》的规定，需要经过职工代表大会或者全体职工征求意见，表明规章制度经过了民主程序中的征询意见环节，同时可以作为仲裁或诉讼中证明规章制度已经通过民主协商议定程序制定的证据。

2. 适用范围

本纪要适用于制定或修改规章制度、公示解读召开讨论会议时形成的书面文件。

3. 规避风险

公司通过本会议纪要一般可规避如下法律风险：

- 证明该规章制度是经过民主协商讨论这一过程的；
- 证明全体职工或职工代表参与了规章制度的制定；
- 证明制定规章制度的程序合法。

4. 核心工具

需要明确是哪个规章制度。

如果采用的是职工代表大会的形式，需要改成职工代表大会形式。

按照实际情况填写。

按照实际情况填写。

需要汇总整理大家对规章制度的意见。

如果是采用召开职工代表大会的形式，这需要特别注意，各个地区对职工代表、职工代表大会的人数是有要求的，需要符合人数的要求。

1. 用人单位按照此工具进行操作，用以证明规章制度的制定经过了民主程序中的征询意见环节。
2. 本工具采用召开全体员工代表大会的形式，实操中还可以采用召开职工代表大会或者是向员工发放《规章制度征询意见函》。

规章制度（重大事项）民主讨论会议纪要

会议议题：《××规章制度（草案）》民主讨论会议纪要

会议形式：全体员工大会

会议时间：________年____月____日____时

会议地点：____________________

主持部门：人力资源部

____________________公司（以下简称公司）根据管理需要制定了《××规章制度（草案）》，依据相关法律规定，公司组织全体员工对《××规章制度（草案）》进行民主讨论。

会议由________主持，会议的主要内容如下：

1. 会议主持对《××规章制度（草案）》进行了详细的讲解和说明。
2. 全体参会人员认真讨论了《××规章制度（草案）》，并提出了如下方案和意见：

____

____

____

3. 针对参会人员提出的以上方案和意见，公司进行了认真分析和充分的考虑，与全体参会人员进行了充分的讨论。
4. 对于规章制度进行最后定稿和颁布时间等事宜进行表决。

参会人员签字：________　　　　公司：（盖章）

签署日期：________年____月____日

工具二：规章制度（重大事项）平等协商会议纪要

1. 工具说明

用人单位在制定或修改规章制度的过程中，会征求劳动者的方案和意见，并在此基础上对规章制度进行修改、完善，直至规章制度确定定稿。在确定定稿时，一般有一个民主通过定稿的过程。这时用人单位可以会议纪要的形式记录下来民主确定的过程。

2. 适用范围

本纪要适用于制定规章制度、召开通过规章制度定稿会议时形成的书面文件。

3. 规避风险

公司通过审核规章制度和确定会议纪要，一般可规避如下法律风险：

- 证明制定规章制度是经过民主协商讨论的；
- 证明制定规章制度经工会或职工代表参与；
- 证明制定规章制度的程序合法。

4. 核心工具

规章制度（重大事项）平等协商确定会议纪要

（批注：明确是哪份规章制度。）

会议议题：《××规章制度（草案）》平等协商确定会议纪要

会议形式：公司与工会平等协商确定会议

（批注：如果是职工代表，需要改成职工代表，按照实际情况填写。）

会议时间：________年____月____日____时

会议地点：____________________

主持部门：人力资源部

（批注：按照实际情况填写。）

____________________公司（以下简称公司）根据管理需要制定了《××规章制度（草案）》，依据相关法律规定，公司同工会就《××规章制度（草案）》进行了充分的平等协商。会议由________主持，会议的主要内容具体如下：

（批注：根据实际情况更改。）

1. 会议主持对《××规章制度（草案）》进行了详细的讲解和说明。

2. 由全体参会人员就《××规章制度（草案）》存在疑问、不解的地方进行提问，与会人员一致认为会议主持对《××规章制度（草案）》的讲解清晰、明了，没有疑问。

3. 全体参会人员经过协商，针对《××规章制度（草案）》提出了方案和意见，全体参会人员共同对《××规章制度（草案）》进行了修改。

4. 由全体参会人员就修改后的《××规章制度（草案）》进行审核，提出意见，共同讨论。经仔细审核，全体参会人员一致认为会议确定的《××规章制度（草案）》在征求意见的基础上，充分考虑了员工意志，体现了民主性。

5. 公司和工会基于相互理解和企业与职工共同发展的理念共同协商确定了《××规章制度（草案）》，并确定于________年____月____日颁布施行。

参会人员签字：________　　　　工会：（盖章）　　　　公司：（盖章）

签署日期：________年____月____日

工具三：规章制度告知确认书

1. 工具说明

用人单位制定、修改的直接涉及劳动者切身利益的规章制度或者重大事项，员工享有知悉权。同时，劳动者也可以依据用人单位违反法律规定做出损害劳动者切身利益的行为，而提出解除劳动合同并要求其支付经济补偿。因此，用人单位制定规章制度告知确认书就显得尤为重要。

规章制度的确认表明了劳动者已经知悉用人单位的各种决策和规定，同时也表明其接受用人单位的规章制度的管理。因此，此确认书为用人单位的必备表单之一。

2. 适用范围

适用于用人单位制定各项规章制度，保障劳动者的知悉权及制度的有效性。

3. 避免风险

公司通过该确认书，一般应解决如下问题或规避如下法律风险：

1. 避免劳动者未知悉而规章制度未生效的法律风险；

2. 避免规章制度对劳动者不具有约束力的法律风险。

4. 核心工具

明确是哪份规章制度。

规章制度公示告知的方式有多种，我们建议使用文书确认的形式，但实操中如果大家采用的是开会、培训等形式，注意保留相关证据。

规章制度告知确认书

本人 ××× (身份证号：________________) 已收到并全面理解 ×× 公司的规章制度。本人承诺将严格遵守公司的规章制度，并同意依照公司制度享有相应的权利，并履行公司规章制度所规定的各项义务。如有违反，本人同意接受公司按照相关规定进行的各类处理。

特此确认。

员工确认签字：

第五节　知识答疑

1. 用人单位制定的所有规章制度都需要经过民主程序吗?

根据《劳动合同法》规定，涉及劳动者切身利益的，如劳动报酬、工作时间、休息休假、劳动安全卫生、保险福利、职工培训、劳动纪律以及劳动定额管理等规章制度都需要通过民主程序，保障劳动者对整个制定过程的了解和学习，保障劳动者的知情权，约束劳动者的同时也保护劳动者的切身利益。法律对涉及劳动者切身利益的信息进行了罗列，但并未全部涵盖。那么其他未涉及劳动者的切身利益的规章制度，原则上，可以不遵守严格的民主程序，但如果是涉及劳动者切身利益的规章制度的规定，必须严格遵守法律的规定，否则不能依法生效。

2. 在履行规章制度民主程序的过程中，若协商无法达成一致，那么该如何处理？员工不同意公司规章制度，规章制度可以生效吗？

在履行规章制度的民主程序过程中，无法达成一致该如何处理呢？用人单位起草的规章制度草案首先应当提交职工代表大会或者全体职工讨论，由职工代表大会或全体职工提出方案和意见。征询意见后，结合企业实际情况，按照平等的协商程序予以决定。但规章制度属于用人单位用工管理的制度依据，即使最终无法达成协商一致，最后的决定权依然在用人单位。

用人单位按照法定程序制定通过的规章制度，并不会因为个别员工不同意就失去约束力，规章制度依法对公司全体人员产生约束力。如果员工认为规章制度对其切身利益造成损害，可另寻法律途径依法维护自身权益。

3. 子公司能否套用总公司规章制度？

用人单位规章制度的适用范围必须与制定过程中民主参与的职工范围一致，上级法人制定的规章制度，必须经过下级法人自身通过民主形式进行转换，才能在下级法人执行。集团企业制定的规章制度如果要适用于旗下子公司，在制定过程中必须有子公司全体职工或职工代表的参与，否则不能适用。

4. 集团公司的规章制度如何适用于子公司？

（1）民主程序的方式

①集团公司制定草案后，发送到各个分公司或子公司，各个分公司或子公司根据本公司的具体情况按照上述提及的征询讨论方式确定草案的具体内容，并确定最终定稿，将最终定稿反馈给总公司。

②集团公司计划制定集团内的规章制度，可将其初步意思下发到各个分公司或子公司，分公司或子公司根据自身的情况制定符合本地域本公司具体情况的制度草案稿，集团公司再根据各个子公司或分公司的具体情况和集团公司的体系需要，制定规章制度的最终稿。

③集团公司的各个子公司和分公司，需要制定符合公司经营以及符合法律规定的规章制度，各个分公司和子公司将其需要制定的规章制度的信息反馈给总公司，总公司按

照其集团的文化和经营理念，制定草案，将草案下发到各个子公司和分公司宣传并讨论，制定定稿发送到各个分公司和子公司。

（2）集团公司规章制度的公示

集团公司可以根据各自的企业文化和管理模式，根据上述提及的方式进行公示。

5. 若规章制度与劳动合同发生冲突，如何处理？

《最高人民法院关于审理劳动争议案件适用法律问题的解释（一）》第五十条规定，用人单位根据《劳动合同法》第四条规定，通过民主程序制定的规章制度，不违反国家法律、行政法规及政策规定，并已向劳动者公示的，可以作为确定双方权利义务的依据。用人单位制定的内部规章制度与集体合同或者劳动合同约定的内容不一致，劳动者请求优先适用合同约定的，人民法院应予支持。

第六节　地方性法规参考

◆《上海市总工会关于印发〈关于切实履行工会职责推进劳动合同制度建设的指导意见〉的通知》

三、通过民主程序参与企业规章制度的制定

按照民主程序依法制定的企业规章制度是企业有效的劳动管理制度，也是处理劳动纠纷的重要依据。工会应积极参与企业规章制度的制定，保障劳动者享有劳动权利，履行劳动义务。企业在制定、修改或决定有关劳动报酬、工作时间、休息休假、劳动安全卫生、保险福利、职工培训、劳动纪律以及劳动定额管理等直接涉及职工切身利益的规章制度或者重大事项时，应当经职工代表大会或全体职工讨论，提出方案和修改意见，工会应当将职工意见汇总后与企业进行协商，协商不一致时，可以提请劳动保障行政部门协调处理。工会应督促企业将涉及职工切身利益的规章制度和重大事项决定及时公示，告知全体职工。

◆《北京市劳动合同管理办法（试行）》

第十一条　企业规章制度与国家有关法规、规章相悖的，应及时进行调整或修订，经过职工代表大会或职工大会讨论通过后，向全体职工公布。

◆《天津法院劳动争议案件审理指南》

23.【规章制度的制定程序】对于《中华人民共和国劳动合同法》第四条第二款规定的规章制度，用人单位制定时经过以下程序之一的，可以认定为已经经过民主议定程序：

（1）经过职工代表大会或者全体职工讨论协商；

（2）与用人单位工会平等协商；

（3）与用人单位职工代表平等协商。

◆《浙江省高级人民法院关于审理劳动争议案件若干问题的意见（试行）》（浙法民一〔2009〕3号）

第三十四条 用人单位在《劳动合同法》实施前制定的规章制度，虽未经过该法第四条第二款规定的民主程序，但内容不违反法律、行政法规、政策及集体合同规定，不存在明显不合理的情形，并已向劳动者公示或告知的，可以作为人民法院审理劳动争议案件的依据。

《劳动合同法》实施后，用人单位制定、修改或者决定直接涉及劳动者切身利益的规章制度或者重大事项时，未经过该法第四条第二款规定的民主程序的，一般不能作为人民法院审理劳动争议案件的依据。但规章制度或者重大事项决定的内容不违反法律、行政法规、政策及集体合同规定，不存在明显不合理的情形，并已向劳动者公示或告知，且劳动者没有异议的，可以作为人民法院审理劳动争议案件的依据。

◆《江苏省高级人民法院关于审理劳动争议案件的指导意见》

第十八条第三款 有独立法人资格的子公司执行母公司的规章制度时，如子公司履行了《劳动合同法》第四条规定的民主程序，或母公司履行了《劳动合同法》第四条规定的民主程序且在子公司内向劳动者公示或告知的，母公司的规章制度也可以作为处理子公司劳动争议的依据。

◆《厦门市中级人民法院、厦门市劳动人事争议仲裁委员会关于印发〈关于审理劳动争议案件若干疑难问题的解答〉的通知》

1.用人单位制定的规章制度未经民主程序如何认定其效力？

《劳动合同法》第四条第二款规定，用人单位制定、修改或者决定直接涉及劳动者切身利益的规章制度或者重大事项时，应当经职工代表大会或者全体职工讨论，提出方案和意见，与工会或者职工代表平等协商确定。因此，劳动者提出用人单位规章制度未经民主程序而用人单位无法证明的，该规章制度对劳动者不具有约束力。

◆《辽宁省职工劳动权益保障条例》

第二十条 用人单位制定、修改或者决定直接涉及职工切身利益的规章制度或者重大事项时，应当依法经职工代表大会或者全体职工讨论，提出方案和意见，与工会或者职工代表平等协商确定，并公示或者告知职工。

第二十一章 ┃ 劳动争议处理

第一节　用工场景

劳动者与用人单位之间经常会出现各种各样的劳动争议问题。为了公正、及时地解决劳动争议，保护当事人的合法权益，促进劳动关系的稳定，我国于 2008 年 5 月 1 日专门颁布了《劳动争议调解仲裁法》，对于双方发生的劳动争议，本着一调一裁两审、仲裁前置的原则，劳资双方可前期自行协商和解或通过第三方调解的方式友好解决争议，双方均无法有效协商的情况下，可通过仲裁解决劳动争议，对仲裁裁决不服的，除了一些特殊情形，双方均可以向人民法院提起诉讼。

图 21-1　劳动争议处理流程

不论是用人单位还是劳动者，在处理劳动争议时都应遵循劳动争议的相关程序，做到实体正义与程序正义相结合。实体正义与程序正义是相辅相成的，各方当事人应在法律的框架内主张权益。用人单位和劳动者都应注意劳动争议解决机制中和解、调解、仲裁、诉讼的区别与内在联系。在争议解决过程中还应注意时效期间、管辖范围以及举证责任的分配等程序要求。

第二节　风险提示

用工风险 1：和解与调解的约束力。

和解协议在法律效力上不具有强制约束力。根据《劳动争议调解仲裁法》第四条规定“发生劳动争议，劳动者可以与用人单位协商，也可以请工会或者第三方共同与用人单位协商，达成和解协议”，劳资双方在出现劳动纠纷后，自行协商解决是最理想的解决方式。对于协商和解，双方简单签订和解协议，依约履行。但是和解协议在法律效力上不具有强制约束力，换句话说，双方达成和解后任何一方反悔，对方均无法依据双方签订的和解协议申请法院强制执行，需要向调解组织申请调解或通过劳动仲裁解决争议。

经过调解组织调解达成的调解协议，具有法律约束力。根据《劳动争议调解仲裁法》规定发生劳动争议，当事人可以到下列调解组织申请调解：企业劳动争议调解委员会；依法设立的基层人民调解组织；在乡镇、街道设立的具有劳动争议调解职能的组织。企业劳动争议调解委员会由职工代表和企业代表组成。职工代表由工会成员担任或者由全体职工推举产生，企业代表由企业负责人指定。企业劳动争议调解委员会主任由工会成员或者双方推举的人员担任。当事人申请劳动争议调解可以书面申请，也可以口头申请。口头申请的，调解组织应当当场记录申请人的基本情况，申请调解的争议事项、理由和时间。自劳动争议调解组织收到调解申请之日起 15 日内未达成调解协议的，当事人可以依法申请仲裁。经过调解组织调解达成的调解协议，具有法律约束力，如一方当事人未按调解协议约定履行，根据《人民调解法》规定，双方当事人可以自调解协议生效之日起 30 日内共同向人民法院申请司法确认，经过确认有效的调解协议，一方拒绝履行或者未全部履行时可向人民法院申请强制执行。另外，根据《劳动争议调解仲裁法》第十六条规定，因支付拖欠劳动报酬、工伤医疗费、经济补偿或者赔偿金事项达成调解协议，用人单位在协议约定期限内不履行的，劳动者可以持调解协议书依法向人民法院申请支付令。人民法院应当依法发出支付令。

用工风险 2：仲裁时效。

当事人从知道或者应当知道其权利被侵害之日起超过一年，没有申请劳动仲裁的，就丧失了仲裁胜诉权，一方当事人超过仲裁时效申请劳动仲裁，如果对方提出时效抗辩，其申请事项将无法得到仲裁委支持。一般情况下，仲裁时效的起算点应该从当事人知道或应当知道其权利被侵害之日起开始计算一年的时效。但是在某些情况下适用特殊仲裁时效的规定，根据《劳动争议调解仲裁法》第二十七条规定，劳动关系存续期间因拖欠劳动报酬发生争议的，劳动者申请仲裁不受本条第一款规定的仲裁时效期间的限制，但是，劳动关系终止的，应当自劳动关系终止之日起一年内提出。特殊时效的规定是对劳动者的一种保护，在实践中，很多劳动者为了暂时保住工作，不想激化与单位的矛盾，对于拖欠工资、加班费等劳动报酬的争议往往不愿在劳动合同存续期间提出仲裁。所以如果适用一般时效的规定，不利于维护员工的合法权益。对企业而言，特殊时效的规定也要求企业规范日常劳动报酬的管理。

另外，由于一些法定事由，仲裁时效也会出现中断和中止的情况。因当事人一方向对方当事人主张权利，或者向有关部门请求权利救济，或者对方当事人同意履行义务而中断。从中断时起，仲裁时效期间重新计算。根据《劳动人事争议仲裁办案规则》规定，仲裁时效中断的情形有：一方当事人通过协商、申请调解等方式向对方当事人主张权利的；一方当事人通过向有关部门投诉，向仲裁委员会申请仲裁，向人民法院起诉或者申请支付令等方式请求权利救济的；对方当事人同意履行义务的。从中断时起，仲裁时效期间重新计算。

因不可抗力，或者有无民事行为能力或者限制民事行为能力劳动者的法定代理人未确定等其他正当理由，未能在规定的仲裁时效期间申请仲裁的，仲裁时效中止。从中止时效的原因消除之日起，仲裁时效期间继续计算。

用工风险 3：劳动仲裁管辖。

1. 地域管辖

根据《劳动争议调解仲裁法》第二十一条规定，劳动争议仲裁委员会负责管辖本区域内发生的劳动争议。劳动争议由劳动合同履行地或者用人单位所在地的劳动争议仲裁委员会管辖。双方当事人分别向劳动合同履行地和用人单位所在地的劳动争议仲裁委员会申请仲裁的，由劳动合同履行地的劳动争议仲裁委员会管辖。

劳动合同履行地是指劳动者实际工作场所地。用人单位所在地是指用人单位注册、登记地，用人单位未经注册、登记的，其出资人、开办单位或主管部门所在地为用人单位所在地。

2. 级别管辖

级别管辖亦称纵向管辖，是指在劳动争议仲裁机关的组织系统内，纵向上确定哪一家仲裁委员会受理什么样的劳动争议案件。关于劳动争议仲裁的级别管辖，国家的法律、法规目前并未作出明确的规定，而是交由各省、自治区、直辖市人民政府规定。比如，《天津市人力社保局关于调整劳动人事争议仲裁管辖问题的通知》（津人社局发〔2017〕131号）、《北京市劳动和社会保障局关于进一步明确我市劳动争议仲裁案件管辖的通知》（京劳社仲发〔2009〕35号）等地区的地方通知中都明确了劳动仲裁的级别管辖标准。一般是由省级仲裁委员会管辖本省、自治区、直辖市区域范围内有重大影响的劳动争议案件；地市一级劳动争议仲裁委员会管辖本地区范围内有重大影响的劳动争议案件和大型企业、外商投资企业发生的劳动争议案件；县区级劳动争议仲裁委员会管辖上级劳动争议仲裁委员会管辖范围以外的所有劳动争议案件，大多数的劳动争议案件都是由这一级受理的。

3. 管辖异议

管辖异议是指一方当事人对已经受理劳动争议案件的仲裁委员会的管辖权提出异议，认为该仲裁委员会无管辖权。管辖权异议的提出应当在答辩期满前以书面形式提出。如果当事人逾期提出异议的，不影响仲裁程序正常进行。当事人对裁决不服的可以向人民法院起诉或申请撤销裁决。

用工风险 4：举证实务操作风险。

1. 以事实为依据，以法律为准绳

不论是仲裁庭审还是法院庭审，对法律事实的认定要严格遵循证据规则。打官司就是打证据。在劳动争议案件中，用人单位往往承担着更大的举证责任。很多用人单位在日常的用工管理中往往没有证据意识，比如入职没有完整的登记信息、未签劳动合同、薪资结构不确认、考勤记录欠缺、离职手续欠缺等。也许客观事实确实对单位有利，但是单位在没有证据支持的情况下往往承担败诉的不利后果，从下面这个表格我们可以发现，基于客观表象与证据的组合会推出不一样的哲学和法律的事实结果。

表　　象	证　　据	哲学事实结果	法律事实结果
杀人	有	有罪	有罪
杀人	无	有罪	无罪
非杀人	有	无罪	有罪
非杀人	无	无罪	无罪

审判人员对单一证据一般从下列方面进行审核认定：证据是不是原件、原物，复印件、复制品与原件、原物是否相符；证据与本案事实是否相关；证据的形式、来源是否符合法律规定；证据的内容是否真实；证人或者提供证据的人，与当事人有无利害关系。

2. 举证责任分配

一般原则。谁主张谁举证，也就是说，当事人对自己提出的主张或事实，有提供证

据加以证明的责任。

特殊原则。举证责任倒置，简单来说就是，在特殊情况下，把由提出事实主张的当事人的举证责任，分配给对方当事人。

《劳动争议调解仲裁法》第六条规定，“……与争议事项有关的证据属于用人单位掌握管理的，用人单位应当提供；用人单位不提供的，应当承担不利后果”。第三十九条第二款规定，“劳动者无法提供由用人单位掌握管理的与仲裁请求有关的证据，仲裁庭可以要求用人单位在指定期限内提供。用人单位在指定期限内不提供的，应当承担不利后果”。可见，劳动争议案件中举证责任倒置明显增加了用人单位的举证责任。并且在司法解释中又对举证责任倒置进行了具体的规定，比如《最高人民法院关于审理劳动争议案件适用法律问题的解释（一）》第四十四条规定，“因用人单位作出的开除、除名、辞退、解除劳动合同、减少劳动报酬、计算劳动者工作年限等决定而发生的劳动争议，用人单位负举证责任”。第四十二条规定，“劳动者主张加班费的，应当就加班事实的存在承担举证责任。但劳动者有证据证明用人单位掌握加班事实存在的证据，用人单位不提供的，由用人单位承担不利后果”。

3. 举证期限

举证期限不论是在仲裁阶段还是在法院诉讼阶段都是尤为关键的，如果当事人未在举证期限内提交证据，则视为放弃举证权利。

4. 仲裁举证期限

《劳动人事争议仲裁办案规则》规定，“承担举证责任的当事人应当在仲裁委员会指定的期限内提供有关证据。当事人在指定期限内不能提供的，应当承担不利后果”。在司法实践中，举证期限由仲裁委员会根据案件的具体情况确定，并以举证通知书的形式告知当事人，一般为 10—15 天，部分仲裁委也允许当事人开庭当天提交证据材料。总之，用人单位在收到仲裁相关通知类文件后要仔细阅读，避免因为错过举证期限承担举证不能的不利后果。

5. 诉讼举证期限

法院诉讼阶段的举证要求较为严格，《最高人民法院关于适用〈中华人民共和国民事诉讼法〉的解释》规定，人民法院在受理劳动争议案件后，将根据审理程序确定举证期限，适用一审普通程序的，举证期限不得少于 15 日；适用简易程序的，举证期限由人民法院确定，也可以由当事人协商一致并经人民法院准许，但不得超过 15 日。对于法院诉讼阶段的举证期限，当事人也应关注法院送达的举证通知书。

用工风险 5：拒不履行生效法律文书的法律后果。

当事人拒不履行生效法律文书的，可能面临被强制执行，甚至是触犯刑法的风险：

1. 被列入失信被执行人名单。纳入失信被执行人名单，指法院将被执行人的信息录入最高人民法院失信被执行人名单库，通过该名单库统一向社会公布，并进行不良信用记录，对被执行人予以信用惩戒。

2. 被限制高消费。即限制有关人员（包括被执行人本人、执行单位的法定代表人、主要负责人、直接责任人、实际控制人等）高消费及非生活或者经营所必需的有关消费。

3. 拒不执行判决、裁定罪。根据刑法规定，当事人对法院依法作出的具有执行内容并已发生法律效力的判决、裁定，有能力执行而拒不执行，情节严重的，处三年以下有期徒刑、拘役或者罚金。

第三节　HR 操作建议指引

劳动争议流程具体如下。（参见图 21-2）

一、仲裁申请的受案范围

《最高人民法院关于审理劳动争议案件适用法律问题的解释（一）》第一条，劳动者与用人单位之间发生的下列纠纷，属于劳动争议，当事人不服劳动争议仲裁机构作出的裁决，依法提起诉讼的，人民法院应予受理：

（一）劳动者与用人单位在履行劳动合同过程中发生的纠纷；

（二）劳动者与用人单位之间没有订立书面劳动合同，但已形成劳动关系后发生的纠纷；

（三）劳动者与用人单位因劳动关系是否已经解除或者终止，以及应否支付解除或者终止劳动关系经济补偿金发生的纠纷；

（四）劳动者与用人单位解除或者终止劳动关系后，请求用人单位返还其收取的劳动合同定金、保证金、抵押金、抵押物发生的纠纷，或者办理劳动者的人事档案、社会保险关系等移转手续发生的纠纷；

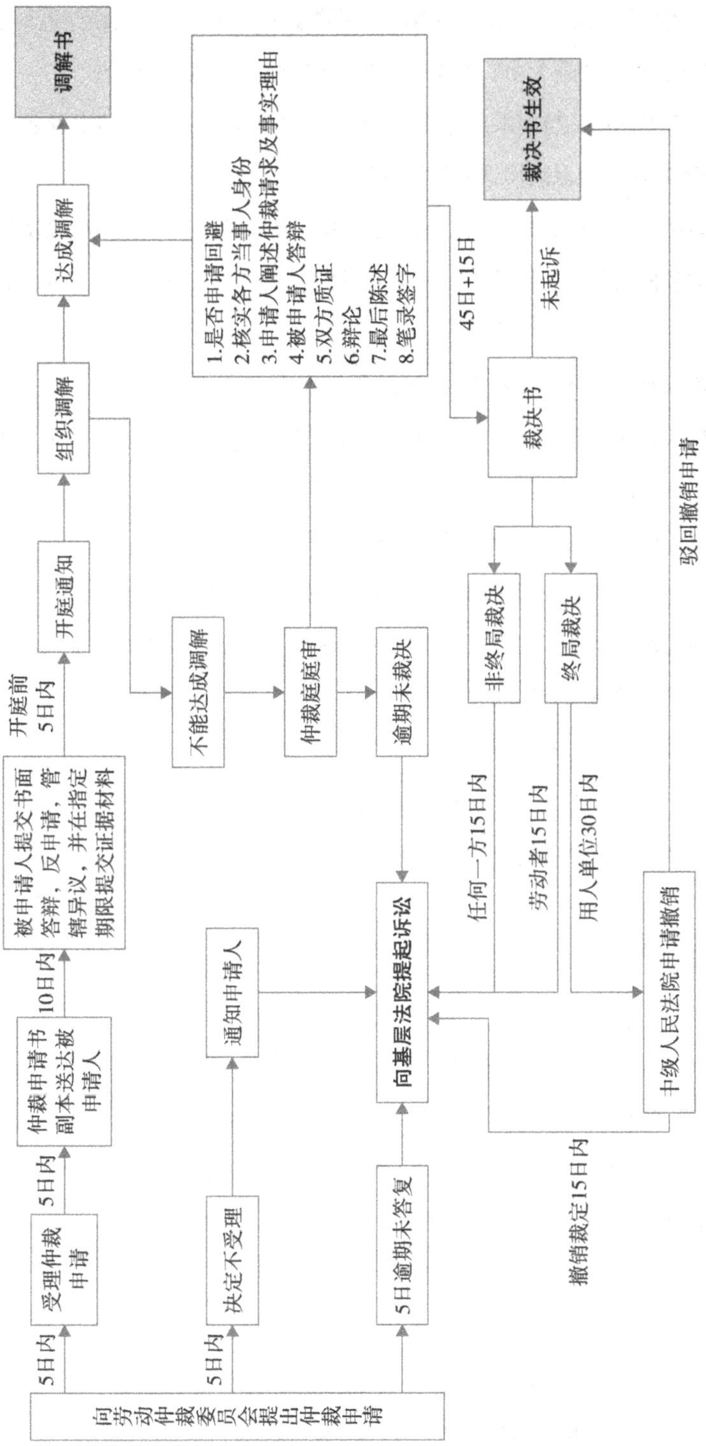
向劳动仲裁委员会提出仲裁申请
5日内
受理仲裁申请
5日内
仲裁申请书副本送达被申请人
10日内
被申请人提交书面答辩，反申请，管辖异议，并在指定期限提交证据材料
开庭前5日内
开庭通知
组织调解
达成调解
调解书
5日内
决定不受理
通知申请人
不能达成调解
仲裁庭庭审
1.是否申请回避
2.核实各方当事人身份
3.申请人阐述仲裁请求及事实理由
4.被申请人答辩
5.双方质证
6.辩论
7.最后陈述
8.笔录签字
45日+15日
5日逾期未答复
逾期未裁决
向基层法院提起诉讼
裁决书
未起诉
裁决书生效
非终局裁决
终局裁决
任何一方15日内
劳动者15日内
用人单位30日内
中级人民法院申请撤销
撤销裁定15日内
驳回撤销申请

图 21-2 劳动争议流程

（五）劳动者以用人单位未为其办理社会保险手续，且社会保险经办机构不能补办导致其无法享受社会保险待遇为由，要求用人单位赔偿损失发生的纠纷；

（六）劳动者退休后，与尚未参加社会保险统筹的原用人单位因追索养老金、医疗费、工伤保险待遇和其他社会保险待遇而发生的纠纷；

（七）劳动者因为工伤、职业病，请求用人单位依法给予工伤保险待遇发生的纠纷；

（八）劳动者依据劳动合同法第八十五条规定，要求用人单位支付加付赔偿金发生的纠纷；

（九）因企业自主进行改制发生的纠纷。

《最高人民法院关于审理劳动争议案件适用法律问题的解释（一）》第二条，对不属于劳动争议的纠纷进行了规定：

（一）劳动者请求社会保险经办机构发放社会保险金的纠纷；

（二）劳动者与用人单位因住房制度改革产生的公有住房转让纠纷；

（三）劳动者对劳动能力鉴定委员会的伤残等级鉴定结论或者对职业病诊断鉴定委员会的职业病诊断鉴定结论的异议纠纷；

（四）家庭或者个人与家政服务人员之间的纠纷；

（五）个体工匠与帮工、学徒之间的纠纷；

（六）农村承包经营户与受雇人之间的纠纷。

二、仲裁程序

1. 申请

根据《劳动争议调解仲裁法》第五条规定，“发生劳动争议，当事人不愿协商、协商不成或者达成和解协议后不履行的，可以向调解组织申请调解；不愿调解、调解不成或者达成调解协议后不履行的，可以向劳动争议仲裁委员会申请仲裁；对仲裁裁决不服的，除本法另有规定的外，可以向人民法院提起诉讼”。仲裁申请应当以书面形式呈现，但是如果本人确实书写困难，可以口头申请，由仲裁委立案庭记录，申请人签字或盖章确认。仲裁申请书应当载明下列事项：（1）劳动者的姓名、性别、年龄、职业、工作单位和住所，用人单位的名称、住所和法定代表人或者主要负责人的姓名、职务；（2）仲裁请求和所根据的事实、理由；（3）证据和证据来源、证人姓名和住所。

2. 受理

劳动争议仲裁委员会收到仲裁申请之日起五日内，认为符合受理条件的，应当受理，并通知申请人；认为不符合受理条件的，应当书面通知申请人不予受理，并说明理由。对劳动争议仲裁委员会不予受理或者逾期未作出决定的，申请人可以就该劳动争议事项向人民法院提起诉讼。

在司法实践中，仲裁委不予受理，向申请人出具不予受理通知书或者自仲裁委收到仲裁申请五日内未作出决定的，申请人可以向人民法院起诉。

3. 答辩

劳动争议仲裁委员会受理仲裁申请后，应当在五日内将仲裁申请书副本送达被申请人。被申请人收到仲裁申请书副本后，应当在十日内向劳动争议仲裁委员会提交答辩书。劳动争议仲裁委员会收到答辩书后，应当在五日内将答辩书副本送达申请人。被申请人未提交答辩书的，不影响仲裁程序的进行。

4. 开庭审理

当事人根据开庭通知应当按时参加庭审，如果申请人无故拒不到庭，仲裁委可以按撤回申请处理，申请人重新申请仲裁的，仲裁委员会不予受理。如果被申请人无故拒不到庭，可以按照缺席裁决。

5. 双方质证

在庭审过程中，各方当事人针对仲裁员整理的争议焦点进行举证和质证，对于对方提交的证据应从真实性、合法性、关联性三方面质证。

6. 调解

调解贯穿整个劳动争议案件的仲裁阶段，如庭前、庭中、庭后调解。双方可以自行调解，也可以在仲裁庭的主持下，进行调解。调解达成一致的，仲裁庭应当庭制作调解书。调解书写明仲裁请求和调解结果，并由仲裁员签名，仲裁委盖章，送达双方当事人签收后，调解书生效。生效的调解书与裁决书同样具有法律约束力。

7. 裁决

根据《劳动争议调解仲裁法》第四十三条规定，仲裁庭裁决劳动争议案件，应当自劳动争议仲裁委员会受理仲裁申请之日起 45 日内结束。案情复杂需要延期的，经劳动争议仲裁委员会主任批准，可以延期并书面通知当事人，但是延长期限不得超过 15 日。逾期未作出仲裁裁决的，当事人可以就该劳动争议事项向人民法院提起诉讼。仲裁庭裁决劳动争议案件时，其中一部分事实已经清楚，可以就该部分先行裁决。

8. 终局裁决

对于仲裁裁决，当事人如果不服的，自收到裁决之日起15日内可以向人民法院起诉。但是为了解决劳动争议案件久拖不决的问题，尤其是对于小额劳动争议案件审理周期长，劳动者维权困难的问题，《劳动争议调解仲裁法》规定了两类劳动争议案件适用“一裁终局”，换言之，仲裁裁决一经作出即发生法律效力。这两类案件为：追索劳动报酬、工伤医疗费、经济补偿或者赔偿金，不超过当地月最低工资标准12个月金额的争议；因执行国家的劳动标准在工作时间、休息休假、社会保险等方面发生的争议。

对于上述两类案件，我们应注意的是，适用对象仅为用人单位，如果劳动者一方对“终局”裁决不服的，仍可以在收到裁决之日起15日内向法院提起诉讼。另外，对于追索劳动报酬、工伤医疗费、经济补偿或者赔偿金，如果仲裁裁决涉及数项，每项确定的数额均不超过当地月最低工资标准12个月金额的，应当按照终局裁决处理。如果仲裁委员会作出的同一仲裁裁决同时包含终局裁决事项和非终局裁决事项，当事人不服该仲裁裁决向人民法院提起诉讼的，应当按照非终局裁决处理。在司法实践中，对于裁决内容中包含终局裁决的项目，一般仲裁委会单独制作终局裁决书，以降低劳动者的维权成本。

那么，对于“终局裁决”，用人单位又有什么救济途径呢？如果单位有证据证明“终局裁决”有下列情形之一，可以自收到仲裁裁决书之日起30日内向劳动争议仲裁委员会所在地的中级人民法院申请撤销裁决：

- 适用法律、法规确有错误的；
- 劳动争议仲裁委员会无管辖权的；
- 违反法定程序的；
- 裁决所根据的证据是伪造的；
- 对方当事人隐瞒了足以影响公正裁决的证据的；
- 仲裁员在仲裁该案时有索贿受贿、营私舞弊、枉法裁决行为的。

人民法院经组成合议庭审查核实裁决有上述情形之一的，应当裁定撤销。仲裁裁决被人民法院裁定撤销的，当事人可以自收到裁定书之日起15日内就该劳动争议事项向人民法院提起诉讼。

第四节　用工风险防范工具

工具：劳动人事争议仲裁申请书

1. 工具说明

当事人出现劳动争议，向劳动人事争议仲裁委员会申请劳动仲裁，需提交相关身份证明文件、劳动关系证明文件以及申请书。劳动人事争议仲裁申请书作为申请劳动仲裁的必备文件，应包含相关必要信息。

2. 适用范围

当事人一方向劳动人事争议仲裁委员会提起劳动仲裁时使用。

3. 规避风险

- 有助于列明双方当事人的基本信息和争议事实理由。

4. 核心工具

劳动人事争议仲裁申请书

申请人				被申请人			
姓名或单位名称				姓名或单位名称			
单位性质				单位性质			
法定代表人姓名		职务		法定代表人姓名		职务	
性别		年龄		性别		年龄	
民族或国籍		用工性质		民族或国籍		用工性质	
工作单位				工作单位			
通信地址				通信地址			
电话				电话			
邮编				邮编			
仲裁请求：							

劳动者和用人单位都可以作为一方当事人申请劳动仲裁。

填写公司类别，如有限责任公司、股份公司、个体工商户等。

劳动关系填写劳动用工，非劳动关系填写劳务用工。

明确仲裁申请的具体诉求，如劳动关系的确认、履行某些行为，主张的项目、金额、期限。

对仲裁请求依据的基础事实和理由进行描述，比如入职时间、工作岗位、工作内容、工资支付情况等，对于仲裁请求的法律依据和理由可进行适当描述。该部分做到有理有据，言简意赅即可。

该部分如果证据较多建议单独制作证据目录和清单。通过分组编号列明证明名称和证明目的。

事实和理由：

此致

××劳动人事争议仲裁委员会

申请人：　　　　（盖章或签字）

________年____月____日

附：1. 副本____________份

2. 物证____________份

3. 书证____________份

第五节　知识答疑

1. 用人单位可以申请劳动仲裁吗？

很多公司认为，提起劳动仲裁的主体只能是劳动者。其实不然，根据《劳动争议调解仲裁法》的规定，发生劳动争议的劳动者和用人单位为劳动仲裁案件的双方当事人。换言之，在双方发生劳动争议时，用人单位一方权利受到侵害依然可以依法提起劳动仲裁，比如在竞业限制协议或培训服务期协议中，若劳动者违约，用人单位均可向劳动者提起仲裁，依法主张权益。

2. 社保欠缴可以通过劳动仲裁或法院起诉解决吗？

社保征缴属于社会保险部门的行政职责。所以，在司法实践中，对于补缴社会保险费的争议不属于劳动争议，不在劳动仲裁和法院的受案范围。所以，面临补缴社保的争议，劳动者应通过劳动行政部门解决，一般为当地劳动监察部门或者社会保险部门。并且很多地区对于欠缴、少缴社保的情况，劳动者不能直接因此提出被迫离职，主张经济补偿，需要先经过行政部门的申诉，在相关部门给用人单位出具的整改通知未依法履行的情况下才可以提出被迫离职，主张经济补偿。

3. 劳动仲裁约定管辖有效吗？

在司法实践中，劳动仲裁约定管辖一般是无效的，因为劳动争议案件涉及的法律关系是用人单位与劳动者之间的劳动关系，具有人身属性，不适用约定管辖。根据《劳动争议调解仲裁法》的规定，劳动争议由劳动合同履行地或者用人单位所在地的劳动争议委员会管辖。如果管辖发生冲突时，基于便利劳动者，节约维权成本角度考虑，优先适用劳动合同履行地管辖。

第六节　地方性法规参考

◆《北京市高级人民法院、北京市劳动争议仲裁委员会关于劳动争议案件法律适用问题研讨会会议纪要（二）》

28.《劳动合同法》第八十二条“二倍工资”的认定与起止时间、计算方法？

（1）依据《劳动合同法》第十条、第八十二条第一款规定，用人单位自用工之日起超过一个月不满一年未与劳动者订立书面劳动合同的，自用工之日满一个月的次日起开始计算二倍工资，截止点为双方订立书面劳动合同的前一日，最长不超过十一个月。

（2）用人单位因违反《劳动合同法》第十四条第三款规定，自用工之日满一年不与劳动者订立书面劳动合同，视为用人单位与劳动者已订立无固定期限劳动合同的情况下，劳动者可以向仲裁委、法院主张确认其与用人单位之间属于无固定期限劳动合同关系。在此情况下，劳动者同时主张用人单位支付用工之日满一年后的二倍工资的不予支持。

（3）如果劳动合同期满后，劳动者仍在用人单位工作，用人单位未与劳动者订立书面劳动合同的，计算二倍工资的起算点为自劳动合同期满的次日，截止点为双方补订书面劳动合同的前一日，最长不超过十二个月。

（4）用人单位违反《劳动合同法》第十四条第二款、第八十二条第二款规定，不与劳动者订立无固定期劳动合同的，二倍工资自应订立无固定期限劳动合同之日起算，截止点为双方实际订立无固定期限劳动合同的前一日。

（5）二倍工资中属于劳动者正常工作时间劳动报酬的部分，适用《调解仲裁法》二十七条第四款的规定；增加一倍的工资属于惩罚性赔偿的部分，不属于劳动报酬，适用《调解仲裁法》二十七条第一款的规定，即一年的仲裁时效。

二倍工资适用时效的计算方法为：在劳动者主张二倍工资时，因未签劳动合同行为处于持续状态，故时效可从其主张权利之日起向前计算一年，据此实际给付的二倍工资不超过十二个月，二倍工资按未订立劳动合同所对应时间用人单位应当正常支付的工资为标准计算。

◆《北京市劳动和社会保障局关于进一步明确我市劳动争议仲裁案件管辖的通知》（京劳社仲发〔2009〕35号）

一、市劳动争议仲裁委员会管辖下列劳动争议案件：

（一）用人单位注册地及劳动合同履行地位于东城区、西城区、崇文区、宣武区、海淀区、丰台区、朝阳区和石景山区，注册资金在壹仟万美元以上（或者相当于壹仟万美元以上）的中央、市属单位与外商合资、合作企业和外商独资企业（含港澳台合资、合作和独资企业）的劳动争议案件；

（二）在全市有重大影响的劳动争议案件；

（三）市劳动争议仲裁委员会认为应当受理的劳动争议案件。

◆《天津市人力社保局关于调整劳动人事争议仲裁管辖问题的通知》（津人社局发〔2017〕131号）

一、市劳动人事争议仲裁委员会管辖范围

（一）用人单位所在地为市内六区及环城四区，且注册资本在1亿元人民币（以外币注册的，注册资本相当于2000万美元）以上的企业及其分支机构（非独立法人）的劳动争议案件。

（二）经银监会批准设立的银行企业（含其分支机构）的劳动争议案件。

（三）经保监会、证监会批准设立的保险、证券企业（含其分支机构）的劳动争议案件，且劳动合同履行地为市内六区及环城四区的。

前款所称保险、证券企业不包含由保监会业务管理的保险代理、经纪、公估等中介服务机构以及证监会业务管理的其他经纪、咨询等服务机构。

（四）中央驻津国家机关、企事业单位及经有关国家部委行政审批的社会团体、民办非企业单位等组织发生的劳动人事争议案件。

（五）市属机关、事业单位及经市有关行政部门审批设立的社会团体、民办非企业单位等组织发生的劳动人事争议和军队文职人员用人单位与聘用制文职人员因履行聘用合同发生的争议。

（六）劳动者与中国人民解放军驻津部队、武警部队、部队院校及所属单位发生的劳动争议。

（七）取得合法就业资格并在津就业的港澳台人员、外籍人员、无国籍人员与用人单位发生的劳动人事争议。

（八）在本市有重大影响的劳动人事争议。

CHAPTER 8

第八篇

复合用工

HUMAN RESOURCES RISK MANAGEMENT

第二十二章 | 个人型复合用工

第一节 用工场景

企业从成本控制的角度考虑，往往在劳动用工的模式下，另行开辟新的用工模式，以使自身免除或降低因用人单位的身份所承担的相关劳动法义务。例如，招用退休返聘人员、在校实习生、劳务派遣员工和非全日制用工（小时工），又如，与合作单位进行外包用工或者借调用工等。

此种非标准劳动形式或者去劳动化用工模式在劳动用工领域定义为“复合用工”。该方法在法律的框架内可行，但由于事前缺少确认程序，往往导致发生争议后，劳动者将实际用工单位作为用人单位来主张相关劳动权利。届时，如果用人单位逃避或消失，实际用工单位又无法就非标准劳动关系进行举证，则势必承担法律风险。

为此，我们从个人型复合用工模式和三方型复合用工模式对复合用工模式进行梳理，使用人单位知晓自身用工风险，明确相关用工模型的风险特点，采取相应的应对方案。

个人型复合用工模式，即用人单位面对个人提供的劳动，涉及复合用工时如何应对，如招用大学生、退休返聘人员、非全日制劳动者。三方型复合用工模式，即用人单位对外合作，如采用劳务派遣、劳务外包、借调用工，涉及三方关系的复合用工时如何应对。

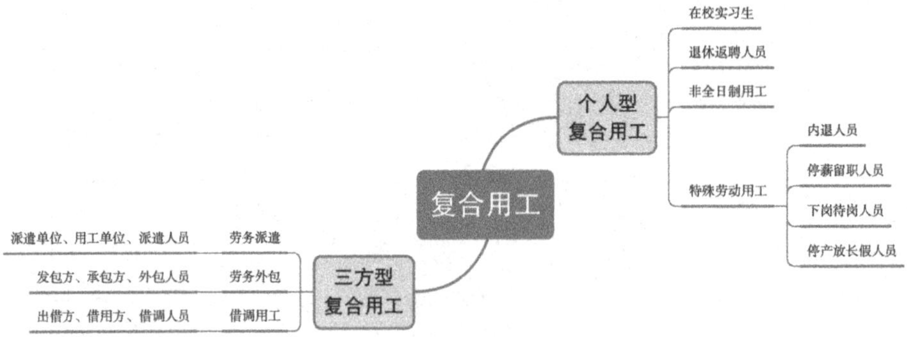

图 22-1 复合用工

第二节　风险提示

用工风险1：招用在校大学生顶岗实习。

用人单位招用大学生时要注意实习的性质。在校学生为完成学习任务到用人单位提供劳动的，双方不构成劳动关系或者劳务关系，在校学生为勤工俭学到用人单位提供劳动的，双方构成劳务关系。但是，如果用人单位安排大学生顶岗实习，相当于工作目的的实习，与其他正式员工无差别，在这种情况下将会被认定为劳动关系。如果该大学生在工作过程中发生伤害事故，会被认定为工伤，将由用人单位承担全部工伤待遇，即使用人单位抗辩无法为该大学生缴纳工伤保险，也不被法院支持。目前，有些地区考虑到该用工情况，给用人单位为大学生实习开放了缴纳工伤保险渠道。

用工风险2：招用未享受退休待遇的退休人员。

已经享受基本养老保险待遇或者退休金的人员与用人单位之间形成实际用工关系的，按照劳务关系处理。这点在实务中没有争议，但是，如果用人单位招用未享受基本养老保险待遇或者未领取退休金的退休人员，将有被认定为形成劳动关系的可能性。如《天津法院劳动争议案件审理指南》中规定，因用人单位原因致使已经达到法定退休年龄的劳动者尚未享受基本养老保险待遇或者尚未领取退休金，劳动者与原用人单位之间形成实际用工关系的，按照劳动关系处理。

用工风险3：招用非全日制用工人员，未订立书面协议。

根据《劳动合同法》规定，非全日制用工，是指以小时计酬为主，劳动者在同一用人单位一般平均每日工作时间不超过4小时，每周工作时间累计不超过24小时的用工形式。同时规定，非全日制用工双方当事人可以订立口头协议。非全日制用工劳动报酬结算支付周期最长不得超过15日。

虽然法律允许用人单位与劳动者口头订立非全日制用工协议，但是，实践中，用人单位往往对非全日制员工的出勤管理不严格，无法证明员工的工时符合非全日制的特征，另外，用人单位对于非全日制员工的工资支付周期与正式员工一样统一结算与发放，未遵守结算支付周期最长不得超过15日的法律规定，导致一旦发生争议，用人单位无法举证劳动者的出勤，工资支付周期符合非全日制的特征，承担举证不利的后果，被认定为全日制劳动关系。

用工风险4：招用特殊劳动者（内退人员、停薪留职人员、下岗待岗人员、停产放长假人员）未缴纳工伤保险。

《最高人民法院关于审理劳动争议案件适用法律问题的解释（一）》第三十二条规定，“用人单位与其招用的已经依法享受养老保险待遇或者领取退休金的人员发生用工争议而提起诉讼的，人民法院应当按劳务关系处理。企业停薪留职人员、未达到法定退休年龄的内退人员、下岗待岗人员以及企业经营性停产放长假人员，因与新的用人单位发生用工争议而提起诉讼的，人民法院应当按劳动关系处理”。因此，该类特殊劳动者实际上与新用人单位能够建立劳动关系，但是由于新用人单位认为该类人员已经享受原单位社会保险，便不再为其缴纳社会保险，一旦发生工作伤害，该类人员被认定为工伤，进而主张新用人单位因未为其缴纳工伤保险，要求承担全部工伤保险待遇。

第三节　HR操作建议指引

个人型复合用工流程具体如下。（参见图22-2）

1. 在校实习生

- 核实在校生的学生身份，要求其提供学生证复印件等材料并要求签字确认。
- 签署在校生实习协议，明确双方的权利和义务，规避建立事实劳动关系。
- 办理商业保险。（优先雇主责任险）

2. 退休返聘人员

- 核实退休人员的年龄及是否享受退休待遇，要求其提供退休证复印件等材料并要求签字确认。
- 签署劳务协议（退休返聘），明确双方的权利和义务，建立劳务关系，规避建立事实劳动关系。
- 办理商业保险。（优先雇主责任险）

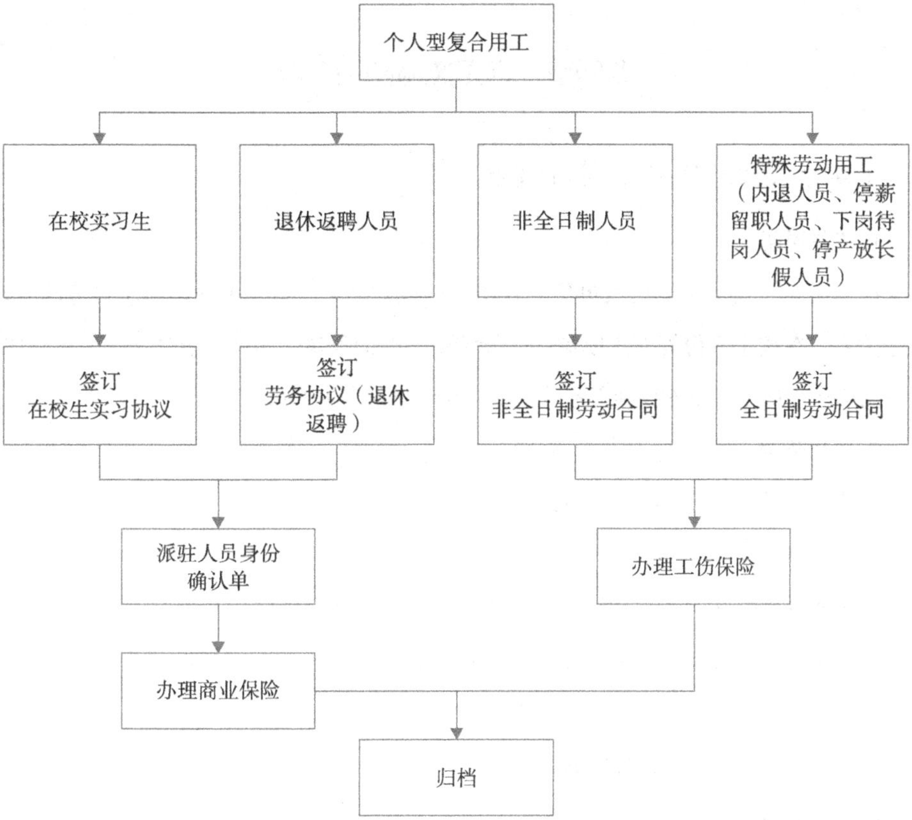

图 22-2　个人型复合用工流程

3. 非全日制人员

- 签订书面劳动合同，对工作时间、工资支付方式和周期进行明确约定。
- 制定并落实非全日制工时制度，严格控制员工实际工作时间，实行考勤打卡，并由专人负责相关记录的保存，避免随意安排加班，或者恶意利用进行加班，从而被倾向认定为全日制用工的风险。
- 缴纳工伤保险。

4. 特殊劳动者（内退人员、停薪留职人员、下岗待岗人员、停产放长假人员）

- 按照正式员工办理入职手续。
- 缴纳工伤保险。（如有些地区无法缴纳工伤保险，建议购买雇主责任险）

第四节　用工风险防范工具

工具一：在校生实习协议核心条款

1. 工具说明

在校生实习用工属于用人单位复合用工的模式之一。但实务中，由于对劳动关系、劳务关系、在校生身份等概念模糊往往导致不必要的争议。因此，通过在校生实习协议可以明确法律适用、双方权利义务等内容，降低争议发生的概率。

2. 适用范围

本协议适用于用人单位与适格的在校生。

3. 规避风险

公司通过该协议，一般应解决如下问题或规避如下法律风险：

- 防止未签订协议，发生争议时无法明确处理依据；
- 防止实习人员主体不适格，导致事实劳动关系；
- 为伤害索赔等提供处理依据。

4. 核心工具

在校生实习协议

甲方（实习单位）：____________

乙方（实习生）：____________

甲乙双方经友好协商，根据《合同法》等法规政策的规定，就乙方在甲方处实习事宜签订如下协议，以资共同遵守。

1. 乙方基本信息

1.1 乙方为 16 周岁以上的全日制在校学生，学生证号：________________

（建议要求在校实习生提供学生证复印件或学校出具的在校生证明。）

1.2 乙方所在学校名称：________________

2. 实习目的

乙方利用业余时间勤工助学。

3. 实习期限

…………

4. 实习岗位

…………

5. 实习补贴

…………

6. 实习时间

乙方实习时间由甲乙双方协商决定，正常作息情况下，乙方每日工作____小时，每周工作____日。实习时间可以根据实际情况由甲方安排变动。如果乙方因学校学习原因需改变实习工作日，应事先向甲方说明情况。

直接参照劳动关系员工工作时间存在被认定劳动关系的风险。

7. 实习地点

…………

8. 工作保护

…………

9. 实习管理

…………

10. 伤害赔偿

实习人员在工作期间发生伤害，单位应承担侵权赔偿责任，为避免单位承担赔偿责任，建议单位为实习人员购买雇主责任险。

10.1 乙方因从事实习活动负伤，甲方应向乙方承担赔偿责任。从事实习活动，是指从事甲方授权或者指示范围内的生产经营活动或者其他劳务活动。

10.2 出现下列行为之一，甲方不承担赔偿责任：

10.2.1 乙方在上下班途中发生交通事故的；

10.2.2 乙方因自身过错造成在工作中受到伤害的；

该约定有部分无效的风险，法律规定雇员在从事雇佣活动中遭受人身损害，雇主应当承担赔偿责任，受害人有重大过失的，可以减轻赔偿义务人的赔偿责任。

10.2.3 乙方因第三方原因受到伤害的；

10.2.4 其他非因从事劳务活动受到伤害的情形。

10.3 如乙方受到人身损害造成损失，先由侵权方向乙方承担赔偿责任，如侵权方无法确定或赔偿不足以弥补乙方损失，甲方依法承担补充赔偿责任。

10.4 乙方在从事实习活动期间超越工作范围或因过错造成他人伤害的，自行承担赔偿责任。如因此导致甲方对第三方承担赔偿责任的，甲方有权向乙方予以追偿。

11. 协议解除

…………

12. 知识产权及商业秘密

…………

13. 争议解决

…………

14. 信息送达

甲乙双方共同确认如下送达信息：

______________________________如上列送达信息发生变更，变更方

应于发生变更情形3个工作日内书面通知对方，未予通知或逾期通知的，对方以原信息送达相关资料的，视为有效。

15. 法律关系确认

甲乙双方为劳务关系，双方不适用劳动关系的相关法规政策调整。

16. 协议生效

…………

甲方（盖章）：　　　　　　　　　　　　　　　乙方（签字）：

________年____月____日　　　　　　　　　　________年____月____日

工具二：劳务协议（退休返聘）核心条款

1. 工具说明

退休返聘用工属于用人单位复合用工的模式之一。但实务中，由于对劳动关系、劳务关系、退休人员身份等概念模糊往往导致不必要的争议，因此，通过退休返聘协议可以明确法律适用、双方权利义务等内容，降低争议发生的概率。

2. 适用范围

本协议适用于用人单位与适格的退休人员建立劳务关系。

3. 规避风险

公司通过该协议，一般应解决如下问题或规避如下法律风险：

- 防止未签订协议，发生争议时无法明确处理依据；
- 防止返聘人员主体不适格，导致事实劳动关系；
- 为伤害索赔等提供处理依据。

4. 核心工具

劳务协议（退休返聘）

甲方（雇佣方）：____________

乙方（受雇方）：____________

甲乙双方经友好协商，根据《合同法》等法规政策的规定，就乙方向甲方提供劳务事宜签订如下协议，以资共同遵守。

1. 乙方基本信息

1.1 乙方已经达到退休年龄且已经领取退休金或者虽未达到退休年龄但已经享受退休待遇；

建议要求退休人员提供退休证复印件。

1.2 乙方离退休单位：____

1.3 乙方承诺无__________________等慢性病史；

1.4 乙方结合自身身体健康情况认可甲方的工作内容、工作时间、劳务报酬、伤害赔偿等事宜，并愿意为甲方提供相应的劳务工作。

2. 劳务期限

…………

3. 工作岗位

…………

4. 工作地点

…………

5. 工作时间

5.1 正常作息情况下，乙方每日工作____小时，每周工作____日。

5.2 因工作需要加班的，甲方支付加班补贴，________元 / 小时。

关于加班费的支付可以自由约定，但针对不同人群建议：（1）普通劳动者：加班费可以按照当地最低工资作为加班费基数计算加班费；（2）技术人员：可以按照实发工资作为加班费基数计算加班费；（3）高管人员：可以按照应发工资作为加班费基数计算加班费。

6. 劳务报酬

6.1 以月为单位进行结算，每月________元，甲方于每月____日之前向乙方支付劳务报酬。根据税务机关相关规定，上述劳务报酬按月由甲方代扣代缴所得税（如有）。

6.2 因乙方原因造成甲方损失或对外承担责任的，甲方有权用与乙方未结算的报酬进行冲抵。

6.3 乙方因请假或假期未为甲方提供劳务的，甲方有权不支付乙方请假或假期期间的劳务报酬。

7. 用工管理

…………

8. 因公赔偿

退休返聘人员在工作期间发生伤害的，单位应承担侵权赔偿责任，为避免单位承担赔偿责任，建议单位为退休返聘人员购买雇主责任险。

8.1 乙方因从事劳务活动负伤，甲方应向乙方承担赔偿责任。从事劳务活动，是指从事甲方授权或者指示范围内的生产经营活动或者其他劳务活动。

8.2 出现下列情形之一，甲方不承担赔偿责任：

8.2.1 乙方在上下班途中发生交通事故的；

8.2.2 乙方因自身过错造成在工作中受到伤害的；

该约定有部分无效的风险，法律规定雇员在从事雇佣活动中遭受人身损害，雇主应当承担赔偿责任，受害人有重大过失的，可以减轻赔偿义务人的赔偿责任。

8.2.3 乙方因第三方原因受到伤害的；

8.2.4 其他非因从事劳务活动受到伤害的情形。

8.3 如乙方受到人身损害造成损失，先由侵权方向乙方承担赔偿责任，如侵权方无法确定或赔偿不足以弥补乙方损失，甲方依法承担补充责任。

8.4 乙方在从事劳务活动期间超越工作范围或因过错造成他人伤害的，自行承担赔偿责任。如果因此导致甲方对第三方承担赔偿责任的，甲方有权向乙方予以追偿。

9. 知识产权及商业秘密

…………

10. 协议解除

出现下列情形之一，本协议解除且甲方不承担赔偿责任：

10.1 甲方提前 15 日书面通知乙方的；

10.2 乙方提前 15 日书面通知甲方的；

10.3 乙方患病或非因工负伤导致本协议无法继续履行的；

10.4 甲方因客观情况发生变化，导致本协议无法履行或已经无履行必要的；

10.5 乙方行为符合甲方用工制度的辞退情形的；

10.6 协议中约定的其他解除情形。

11. 争议解决

…………

12. 信息送达

…………

13. 法律关系确认

甲乙双方为劳务关系，双方不适用劳动关系的相关法规政策调整。

14. 协议生效

…………

甲方（盖章）： 乙方（签字）：

________年____月____日 ________年____月____日

工具三：非全日制劳动合同核心条款

1. 工具说明

非全日制劳动用工属于用人单位复合用工的模式之一。由于非全日制用工可以不签劳动合同，导致用人单位误以为不签劳动合同合法却在产生问题时无法证明双方属于非全日制劳动关系。因此，通过非全日制劳动合同可以明确法律适用、双方权利义务等内容，降低争议发生的概率。

2. 适用范围

本协议适用于用人单位招用非全日制劳动者。

3. 规避风险

公司通过该协议，一般应解决如下问题或规避如下法律风险：

- 防止未签订协议，发生争议时无法明确双方属于非全日制劳动关系；
- 为伤害索赔等提供处理依据。

4. 核心工具

1. 此协议在用人单位招用非全日制劳动者时使用。

非全日制劳动合同

2. 协议名称，协议的必备内容，也可以简单称之为“协议书”“合同书”等。

甲方：______________________________

乙方：______________________________

第一条　本合同期限采用下列第（____）种方式

（一）合同期限自________年____月____日起至________年____月____日止。

（二）自________年____月____日起开始履行。

第二条　工作地点

1. 工作地点，应为协议的必备内容；
2. 工作地点应具体到点，而不应约定为“××省”等区域；
3. 可以约定多个地点。

甲乙双方约定劳动合同履行地为：__________________，根据甲方的工作需要，经甲乙双方协商一致，可以变更工作地点。

第三条　用工形式

甲乙双方的用工形式为非全日制用工。

第四条　岗位职责

…………

乙方应当按岗位要求完成工作任务。

第五条　工作时间为下列第（____）种方式

1. 工作时间，应为协议的必备内容；
2. 根据规定，非全日制用工工作时间每天不应超过4个小时，每周不超过24个小时。

（一）每周工作____日，每日平均工作____小时。

（二）每周工作____日，每日具体工作时间为：______________________

（三）…………

第六条　劳动报酬

1. 劳动报酬，应为协议的必备内容；
2. 根据规定，非全日制用工的工资结算周期不能超过15日。

（一）乙方完成本合同约定的工作内容后，甲方应当以货币形式向乙方支付劳动报酬，劳动报酬标准为每小时________元。甲方向乙方支付劳动报酬的周期不得超过15日。

（二）乙方在法定节假日工作不视为加班，甲方仍按照本合同第六条第一项的标准向乙方支付劳动报酬。

对于非全日制加班无地方规定的省市，可以加入此条款明确，法定节假日是否支付加班费。

（三）支付劳动报酬的其他约定：…………

第七条　社会保险

1. 社会保险，一般应为协议的必备内容；
2. 根据规定，非全日制用工应当缴纳工伤保险。

（一）乙方采用下列第（____）种方式参加基本养老保险和基本医疗保险。

1. 以自由职业者身份参加社会保险；

2. 委托第三方代办社会保险；

3. 乙方不参加基本养老保险和基本医疗保险。

（二）甲方应当按本市相关规定为乙方缴纳工伤保险费，乙方发生工伤，依法享受工伤保险待遇。

劳动保护和劳动条件，一般应为协议的必备内容。

第八条　劳动保护和劳动条件

…………

发生工伤事故，甲方应负责及时救治，并在规定时间内，为乙方申请工伤认定、办理伤残鉴定，为伤残职工享受工伤待遇提供条件。

1. 合同的变更、解除和终止，一般应为协议的必备内容。
2. 主要约定合同的变更、解除和终止的情形。

第九条　劳动合同的变更、解除和终止

（一）经双方当事人协商一致，本合同可以变更。

（二）以本合同第一条第一项方式签订的合同终止，一方希望续订劳动合同的，应在本合同期限届满前（____）日与对方协商续订劳动合同。

（三）甲乙双方任何一方都可以随时以书面形式通知对方终止劳动关系。终止劳动关系，甲方不向乙方支付经济补偿。

第十条　保密条款

…………

1. 劳动争议的处理，一般应为协议的必备内容。
2. 主要约定解决劳动争议的途径和方式。

第十一条　劳动争议的处理

…………

第十二条　其他

用人单位履行告知义务的条款，一般应为协议的必备内容。

（一）甲方招用乙方时，已如实告知乙方工作内容、工作条件、工作地点、职业危害、安全生产状况、劳动报酬，以及乙方要求了解的其他情况。

甲方：　　　　　　　　　　　　乙方：

________年____月____日　　　　________年____月____日

第五节　地方性法规参考

◆《广东省高级人民法院关于已退休人员与用人单位之间的用工关系是否应按劳动关系处理及相关问题的批复》

一、《劳动法》及相关行政法规明确禁止用人单位非法招用未满十六周岁的未成年人，但未禁止用人单位在不损害劳动者健康的前提下招用已达法定退休年龄或已办理退休手续的人员。因此，为充分维护退休再聘人员的合法权益，在法律、行政法规未有明确规定之前，宜将该类用工关系按劳动关系处理。但对于劳动关系解除或终止时的经济补偿问题，可参照劳动部办公厅《对〈关于实行劳动合同制度若干问题的请示〉的复函》的规定处理，即对于已享受养老保险待遇的退休人员，除非其与用人单位已就劳动关系解除或终止时的经济补偿问题作出特别规定，否则双方在劳动关系解除或终止时不适用《劳动法》第二十八条有关经济补偿的规定。

◆《北京市工资支付规定》

第十八条 从事非全日制工作的劳动者，实行小时工资制。小时工资由用人单位与劳动者协商确定，但不得低于本市规定的非全日制从业人员小时最低工资标准。

用人单位招用非全日制工作的劳动者，可以不执行本规定第十四条的规定，但用人单位安排其在法定休假日工作的，其小时工资不得低于本市规定的非全日制从业人员法定休假日小时最低工资标准。

非全日制从业人员小时最低工资标准和法定休假日小时最低工资标准由市劳动保障部门确定、调整和公布。

◆《北京市非全日制就业管理若干问题的通知》

一、本通知所称非全日制从业人员是指：本市行政区域内的企业、个体工商户、民办非企业单位、国家机关、事业单位及社会团体（以下统称为用人单位）所雇用的每日工作时间不超过4小时（包括4小时），并以小时为单位计算发放工资的劳动者，劳动者在同一用人单位每日工作时间超过4小时的视为全日制从业人员。

……

◆《上海市劳动合同条例》

第四十六条 非全日制劳动合同是劳动者与用人单位约定的以小时作为工作时间单位确立劳动关系的协议。

劳动者与一个或者一个以上用人单位确立非全日制劳动合同关系的，劳动者与每个用人单位约定的每日、每周或者每月工作时间，应当分别在法定工作时间的百分之五十以下。

劳动者在多个用人单位的工作时数总和，不得超过法定最高工作时数。

◆《上海市企业工资支付办法》

二十四、非全日制就业的劳动者，小时工资由企业与劳动者约定，但不得低于本市规定的小时最低工资标准，且支付周期最长不得超过十五日。

◆《深圳市员工工资支付条例》

第三十九条 全日制就业劳动者最低工资以月最低工资为基本形式，非全日制就业劳动者最低工资以小时最低工资为基本形式。

◆《江苏省劳动合同条例》

第四十一条 非全日制用工，是指以小时计酬为主，劳动者在同一用人单位一般平均每日工作时间不超过四小时，每周工作时间累计不超过二十四小时的用工形式。

非全日制用工不适用带薪年休假、加班加点、医疗期等规定。用人单位和劳动者另有约定的除外。

◆《青岛市企业工资支付规定》

第二十三条 非全日制就业人员的劳动报酬支付，从其约定，可按周、日、小时支付，但不得低于当地最低工资标准。

非全日制最低小时劳动报酬标准由市劳动保障行政部门会同有关部门制定，按照规定程序批准后执行。

非全日制就业的最低小时劳动报酬标准包括小时工资收入和应当缴纳的社会保险费。

◆《中山市中级人民法院关于审理劳动争议案件若干问题的参考意见》

1.7……企业停薪留职人员、未达到法定退休年龄的内退人员、下岗待岗人员以及企业经营性停产放长假人员的劳动者，与其他用人单位形成的用工关系，一般应按劳动关系处理。但原用人单位继续为其缴纳社会保险费，劳动者又要求现用人单位为其缴纳社会保险费的，不予受理。

◆《山东省高级人民法院、山东省人力资源和社会保障厅关于审理劳动人事争议案件若干问题会议纪要》

二、关于双重劳动关系中新用人单位应履行的法律义务问题

企业停薪留职人员、未达到法定退休年龄的内退人员、下岗待岗人员以及企业经营性停产放长假人员，到新用人单位工作构成双重劳动关系情况下，新用人单位应履行的义务包括：（一）依法为劳动者缴纳社会保险费（新用人单位非因自身原因无法为劳动者缴纳社会保险费的除外）；（二）发生工伤事故时承担工伤保险责任；（三）在劳动合同解除或终止后依法支付经济补偿或赔偿金（用人单位按照本条第一项执行后，劳动者以用人单位未依法为其缴纳社会保险费为由解除劳动合同并主张经济补偿或赔偿金的除外）；（四）未签订书面劳动合同的二倍工资；（五）其他按照劳动法律法规等

应履行的义务。

◆《内蒙古自治区高级人民法院、内蒙古自治区劳动人事争议仲裁委员会关于劳动人事争议案件适用法律若干问题的指导意见》

4.《最高人民法院关于审理劳动争议案件适用法律若干问题的解释(三)》第八条规定，企业停薪留职人员、未达到法定退休年龄的内退人员、下岗待岗人员以及企业经营性停产放长假人员，因与新的用人单位发生用工争议，人民法院应当按劳动关系处理。那么这类人员发生劳动争议，是否全部诉求都可支持?

企业停薪留职人员、未达到法定退休年龄的内退人员、下岗待岗人员以及企业经营性停产放长假人员在退休之前与新用人单位建立用工关系，应按劳动关系处理，但对于新用人单位因客观原因不能为其缴纳社会保险，该劳动者以此为由提出解除劳动合同并要求经济补偿的，不予支持。

……

第二十三章 | 三方型复合用工

第一节　风险提示

用工风险 1：名为业务外包，实为劳务派遣。

在劳务派遣关系中，企业注重的是对劳动过程的管理，用工单位直接对劳务派遣劳动者进行指挥监督、工作安排；劳务派遣公司在派出劳务派遣劳动者后，并不参与劳动过程。而在业务外包关系中，企业注重的是对工作结果的管理，外包人员为承包单位提供劳动；发包单位并不参与劳动过程，甚至无需关心或者干预承包单位用什么人、用多少人，只结合业务外包项目的完成情况，根据与承包单位签订的外包协议行使权利、履行义务。

但是在实务中，发包单位也直接管理外包人员，进行指挥监督、工作安排等，实际上取代承包单位的地位，变为用工单位，因而性质上转变为劳务派遣用工方式。也正是基于发包单位变为用工单位，名为业务外包，实为劳务派遣的用工模式在实践中比比皆是，一旦发生争议，发包单位将无法以业务外包名义规避劳动法上的用工主体责任。

用工风险 2：非法派遣。

根据《劳动合同法》第六十六条规定，劳动合同用工是我国的企业基本用工形式。劳务派遣用工是补充形式，只能在临时性、辅助性或者替代性的工作岗位上实施。前款规定的临时性工作岗位是指存续时间不超过六个月的岗位；辅助性工作岗位是指为主营业务岗位提供服务的非主营业务岗位；替代性工作岗位是指用工单位的劳动者因脱产学习、休假等原因无法工作的一定期间内，可以由其他劳动者替代工作的岗位。用工单位应当严格控制劳务派遣用工数量，不得超过其用工总量的一定比例，具体比例由国务院劳动行政部门规定。

但是在实践中，用工单位违反“三性”要求使用派遣员工，通过数次签订劳务派遣协议规避临时性要求，将主营业务安排派遣员工等规避法律强制性要求的做法屡见不鲜。上述做法就违反了法律规定，属于“非法派遣”，这让用人单位不仅面临劳动行政部门的处罚，还面临该模式被认定为违反“三性”要求，派遣员工直接与用工单位建立事实劳动关系的风险。

用工风险 3：借调用工。

借调用工，是指集团公司或者合作单位之间因某项目合作，需要外单位调派人员来本单位进行工作，同时由本单位进行工作安排，管理指挥。其形式非常符合劳务派遣用工模式，区别在于劳务派遣中，派遣单位按照派遣人数开展经营活动，而借调用工中，借出单位按照项目合作开展经验活动。实务中，因借用单位直接管理指挥借调员工的工作，实际与本单位正式员工没有差别，双方符合建立事实劳动关系的特征。因此，一旦发生工伤等重大争议，借调员工往往会将实际工作地点的借用单位作为被诉主体主张权利。

第二节　HR 操作建议指引

三方型复合用工流程具体如下。（参见图 23-1）

一、劳务派遣

1. 要求派遣员工签派驻人员身份确认单、员工手册（或具体制度）签收单。

2. 可以退回的情形是法定的，双方并不能约定其他非法定退回情形。

3. 签订劳务派遣协议：审查派遣用工是否成立劳务派遣协议应当具备的条款，详见《劳务派遣暂行规定》第七条，协议的附件：劳务派遣经营许可证；用人单位与用工单位连带责任法定，不因双方约定而解除；在实践中，劳务派遣单位承担的应由用人单位承担的费用是由用工单位实际承担的；明确解除而产生的经济补偿金、赔偿金，费用怎么分摊；明确工伤事故、劳动争议纠纷怎么处理，费用怎么分摊；明确派遣公司未签劳动合同、未及时足额支付劳动报酬、未及时足额缴纳社会保险及住房公积金的法定责任。

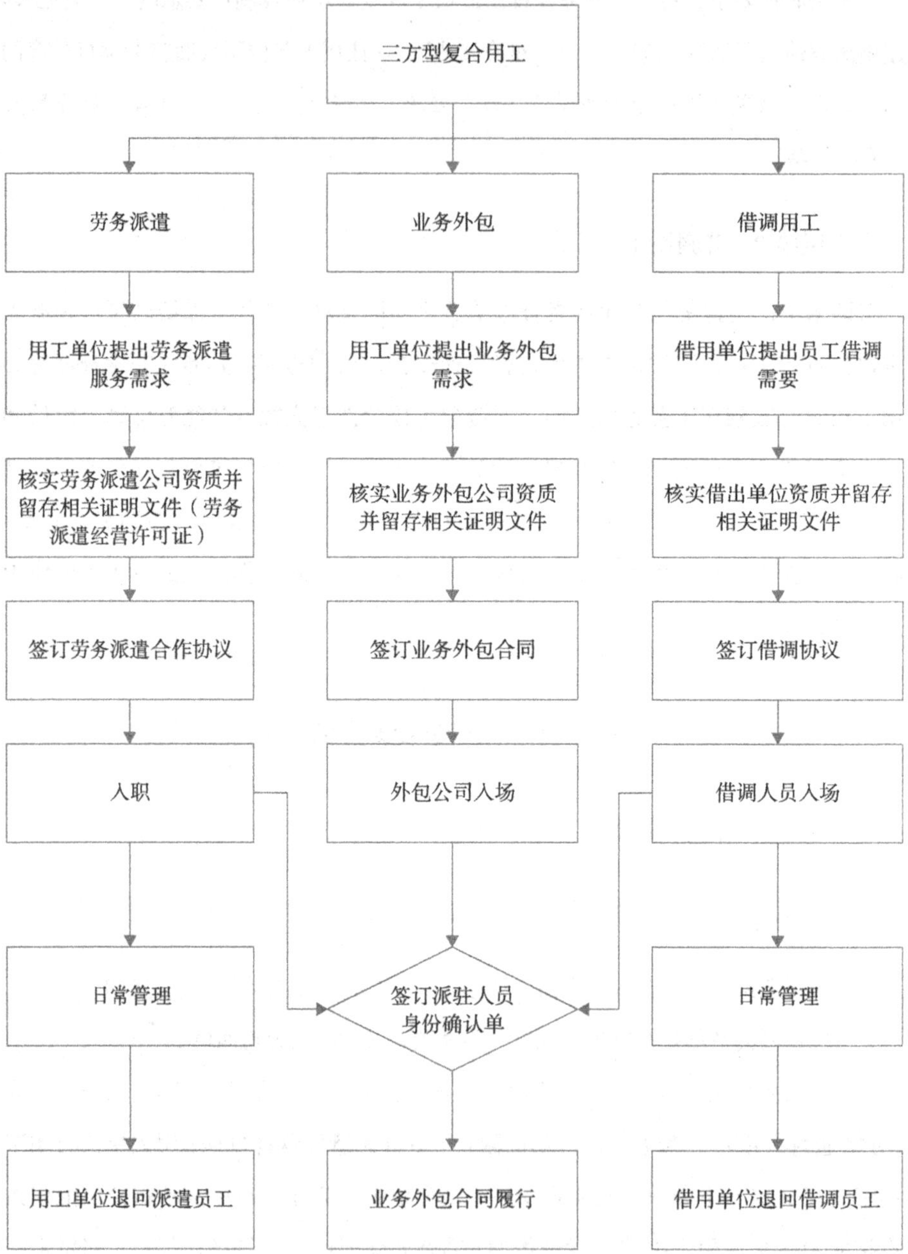

图 23-1 三方型复合用工流程

二、业务外包

核心关键业务岗位或可能接触到公司商业秘密的岗位杜绝使用外包员工，留存外包公司营业执照复印件，应当避免与劳务派遣协议的相关条款近似，避免出现假外包、真派遣的情况。

要求外包员工签派驻人员身份确认单。

业务外包合同履行：

发包方对外包人员无直接管理权限，外包人员接受承包方的工作安排和监督指挥；外包人员在工作中给第三方造成损害，承包单位作为实际用工方，需向第三方承担赔偿责任，发包方无需承担任何责任；发包方和外包人员无劳动合同关系也无实际的劳务用工关系，发包方不承担任何劳动争议风险；发包方根据外包业务的完成情况向承包方支付外包服务费，至于承包方使用外包人员的数量和时间一般和发包方支付的外包服务费数额并无直接关系；发包方考察工作成果，对工作成果进行验收，不负责外包员工的管理，由承包方负责外包员工的管理；不要求外包员工遵守发包方的规章制度；避免出现安全生产连带赔偿责任。

三、借调用工

通过三方型复合用工流程图对照发现，借调用工与劳务派遣非常相似，实务中借调用工参照劳务派遣管理。需要注意的是，借调用工系通过协议管理，允许双方自由约定，法律强制性约束少，因此，借用单位尽可能地在协议中明确各方的权利和义务。

第三节　用工风险防范工具

用人单位认识到用工风险并具备用工风险实操意识后，应当学会使用用工风险防范工具以抵御用工风险。为此，我们整理出以下防范工具，以供大家参考。

工具一：派驻人员身份确认单

1. 工具说明

企业从成本控制角度考虑，往往在劳动用工的模式下，另行开辟新的用工模式，以使自身免除因用人单位的身份所承担的相关劳动法义务。此种方法在法律的框架内可行，但由于事前缺少确认程序，往往导致发生争议后，劳动者将实际用工单位作为用人单位来主张相关劳动权利。届时，如果用人单位逃避或消失，实际用工单位又无法就非劳动关系进行举证，则势必承担法律风险。因此，在非劳动关系人员入职伊始，应当通过此工具资料确认其身份（或由委派单位出具由派驻人员签字的介绍函等身份介绍文件）。

2. 适用范围

本确认单适用于非劳动关系的全部用工人员（劳务派遣、关联公司借调、在校生实习、退休返聘、业务外包、合作、承揽、代理、居间等关系）。

3. 规避风险

公司通过该确认单，一般应解决如下问题或规避如下法律风险：

- 明确用工关系，避免实际用工单位承担劳动法责任；
- 明确员工身份，为实际用工单位的管理提供便捷。

4. 核心工具

写明单位名称，法定代表人，住址，联系方式。

建议要求派驻人员提供劳动合同复印件并签字确认。

建议要求派驻人员提供社保缴纳证明复印件并签字确认。

派驻人员身份确认单

派驻单位（用人单位）				接收单位（用工单位）			
派驻人员姓名		性别		民族		年龄	
联系电话				身份证号			
通信地址					邮编		
工作岗位/内容							
派驻类型	□劳务派遣 □业务外包 □关联企业借调 □合作单位借调 □退休返聘 □在校生实习 □民事承揽 □其他						
派驻期限	______年____月____日至______年____月____日						
说明	• 派驻人员与接收单位无劳动关系，派驻人员已与派驻单位签订劳动合同，派驻人员不得基于劳动关系向接收单位主张任何权利； • 派驻单位已为派驻人员缴纳社会保险；						

续表

	• 派驻人员须遵守接收单位的各项管理制度，如有违反，接收单位有权参照管理制度对派驻人员进行处理； • 派驻人员预留通信地址须为有效送达地址，如发生变更，派驻人员须在变更后 3 个工作日内书面通知接收单位，未予通知或逾期通知的，接收单位以原信息送达相关资料的，视为有效送达。				
派驻单位		接收单位		派驻人员	

工具二：业务外包合同核心条款

1. 工具说明

业务外包属于用人单位复合用工的模式之一。企业通过将非主营或核心业务外包给专业公司，既能降低用工成本，又能集中精力提高主营业务的竞争力。因此，需要规范的业务外包合同，明确发包方、承包方及劳动者之间的关系。

2. 适用范围

本合同适用于发包方与承包方。

3. 规避风险

公司通过该合同，一般应解决如下问题或规避如下法律风险：

- 避免发包方与承包方员工形成事实劳动关系；
- 明确发包方与承包方的权利义务关系，避免争议发生。

4. 核心工具

业务外包合同

本协议有利于发包方（甲方），承包方慎用。

甲方（发包方）：____________

乙方（承包方）：____________

根据《合同法》及相关法律法规，甲乙双方本着平等、自愿、诚实信用的原则，经友好协商，签订本合同，以资共同遵守。

1. 业务外包项目

根据服务项目据实填写。该项目应当为甲方非核心业务。

双方协商一致，由乙方承包甲方________________项目。

2. 服务期限

本合同有效期为____年，自______年____月____日起至______年____月____日止。

根据双方具体的约定据实填写。同时要避免将外包费用以人工费方式表述，否则容易被认定为劳务派遣。

3. 外包费用与结算

3.1 外包费用的计取

3.2 外包费用的支付

4. 双方权利义务

4.1 甲方的权利义务

…………

4.1.1 乙方工作人员如不遵守甲方相关管理制度，甲方有权要求乙方进行更换，乙方拒绝更换的，甲方有权单方解除本合同且不承担任何违约责任。

要求乙方提供外包人员的身份关系材料。避免甲方与外包人员建立劳动关系。

4.1.2 甲方有权要求乙方提供外包服务人员的有关资料，包括但不限于劳动合同、社会保险缴纳证明、健康证等。

4.2 乙方的权利义务

…………

进一步明确外包人员的身份关系隶属于乙方，同时如造成甲方损失，可以向乙方追偿。

4.2.1 乙方承诺，乙方安排向甲方提供服务的乙方员工均是已经依法与乙方建立了劳动关系的人员，否则甲方有权终止本协议，给甲方造成损失的，由乙方予以赔偿。

4.2.2 乙方员工在服务期间发生的事故伤害由乙方自行承担相关责任，如被认定为工伤，乙方应当及时申报工伤并自行承担工伤保险责任。

5. 合同解除及违约责任

甲方有权在提前 30 日以书面形式通知乙方的前提下单方解除本合同。

…………

6. 商业秘密

…………

7. 争议解决

…………

8. 送达

…………

9. 协议生效

…………

10. 其他

…………

甲方（盖章）：　　　　　　　　　　　　　　乙方（签字）：

________年____月____日　　　　　　　　　　________年____月____日

工具三：借调协议核心条款

1. 工具说明

关联企业或合作单位之间往往出于特定目的需要，通过彼此借调员工实现共同的目标。借调劳动者因此出现劳动关系归属和实际用工归属不同的情形。因此，需要通过借调协议明确借用方、出借方及劳动者三方的权利和义务关系。

2. 适用范围

本协议适用于关联企业借调员工或合作单位借调员工。

3. 规避风险

公司通过本协议，一般应解决如下问题或规避如下法律风险：

- 避免借调员工与用工单位形成事实劳动关系；
- 明确借调各方的权利义务关系，避免争议发生。

4. 核心工具

借调协议

甲方（借用方）：____________________________

乙方（出借方）：____________________________

丙方（员工）：____________________________

> 借调用工一定要注意取得借调人员的同意，才能被认可该用工模式的合法性。因此，借调协议列明丙方为借调员工必不可少。

甲乙双方为完成战略合作，本着互惠互利的原则，为完成甲方________项目，现向乙方借调丙方参与甲方项目。

1. 借调期限

1.1 借调期限为____月，自________年____月____日起至________年____月____日止，借调截止期限最长不超过乙丙双方的劳动合同期限。

1.2 借调期满后，如三方均无明确表示而继续按照本协议履行的，视为不定期借调，任何一方均有权随时解除本协议。

> 该约定在实际操作中风险较高，建议公司在借调合同期满后重新签订新的协议或者终止借调关系。

1.3 丙方不应在借调期满后继续为甲方提供有偿服务而与甲方建立劳动关系。

2. 工作内容

…………

3. 工作地点

…………

4. 工作时间

…………

借调员工管理上与正式员工无差别，为保证“同工同酬同福利”，该工资福利条款必不可少。

5. 工资福利

…………

丙方在借调期间的工资福利由□甲方承担　□乙方承担，如涉及甲方承担的，鉴于乙丙之间存在劳动关系，甲方于每月____日之前，根据丙方的出勤、绩效等情况将丙方上月的工资、福利及社会保险等费用一并汇至乙方指定账户。

6. 用工管理

…………

本条款适用于出借方。用工方可以约定该条款为：“借调期间如丙方出现工伤情形，乙方为丙方申报工伤，甲方予以配合。工伤保险赔偿责任应由乙方承担。”

7. 工伤待遇

借调期间如果丙方出现工伤情形，乙方为丙方申报工伤，甲方予以配合。工伤待遇中涉及用人单位担负的部分由甲方承担。如因甲方原因导致乙方无法申报工伤或因工伤事件对外承担责任，乙方有权向甲方追偿全部损失。

8. 商业秘密

…………

由于借调用工属于民事合同，所以对于借用单位解除协议，退回借调人员完全可以自由约定，不用遵照劳动合同法等解除劳动合同或退回劳务派遣工的限制性规定。因此，借用单位可以根据实际用工需要设计解除条款。

9. 协议解除

甲方在提前 15 日书面通知乙方、丙方的情况下，有权单方解除本协议且无需承担任何违约责任。

10. 争议解决

…………

11. 信息送达

…………

12. 协议生效

本协议自三方签订之日起生效，合同壹式叁份，三方各持壹份，具有同等法律效力。

甲方（盖章）：　　乙方（盖章）：　　丙方（签字）：

______年____月____日　　______年____月____日　　______年____月____日

第四节　知识答疑

1. 如何理解劳务派遣用工？

在劳务派遣用工中，存在三个主体，即派遣单位、用工单位以及派遣员工。

三者之间的关系如下：

一是派遣单位与派遣员工之间建立劳动关系，双方签订劳动合同，派遣单位行使《劳动合同法》中用人单位的权利并承担相对应的义务，包括行使管理权、支付劳动报酬、缴纳社会保险等。

二是派遣单位与用工单位之间通过劳务派遣协议建立劳务派遣关系，通过民事协议的约定来确定双方各自的权利义务，派遣单位根据用工单位要求派遣合适的劳动者，用工单位根据协议约定向派遣单位支付相应的报酬或管理费。

三是用工单位与派遣员工之间构成劳务关系，用工单位负责在劳动过程中对派遣员工进行指挥和管理，派遣员工应当遵守用工单位的规章制度，但用工单位无需履行订立劳动合同、支付劳动报酬、缴纳社会保险等《劳动合同法》规定的用人单位对劳动者的义务。

2. 如何理解业务外包用工？

在业务外包的形式中，存在三个主体，即发包方、承包方以及外包员工。

三者之间的关系如下：

一是承包方与外包员工之间建立劳动关系，双方签订劳动合同，承包方行使《劳动合同法》中用人单位的权利并承担相对应的义务，包括行使管理权、支付劳动报酬、缴纳社会保险等。

二是发包方与承包方之间通过业务外包协议建立承包关系，承包方根据外包协议的约定为发包方提供专业服务或负责具体业务，并对该项服务或项目负责，发包方向承包方支付整体的外包服务费用。

三是发包方与外包员工之间无直接的法律关系，外包员工仅是接受承包方的指派，具体执行工作任务，故发包方不对外包员工承担《劳动合同法》中用人单位的任何义务，亦无任何《劳动合同法》中用人单位的权利。

第五节　地方性法规参考

◆《北京市高级人民法院、北京市劳动争议仲裁委员会关于劳动争议案件法律适用问题研讨会会议纪要（二）》

17. 涉及建筑工程的用工关系中，包工头能否主张工人劳务费、工资、劳动报酬？

包工头与发包单位之间存在承包合同关系，可另行依据合同追索承包费用，其以支付劳务费、工资、劳动报酬为由提起仲裁或诉讼的不予支持。

19. 农民工在建筑施工过程中发生工伤损害的，如何承担责任？

建筑施工企业未为农民工办理工伤社会保险的，对在建筑施工过程中发生工伤损害的农民工承担工伤保险待遇赔偿。建筑施工企业将工程违法分包或非法转包给没有用工主体资格的单位或人员时，农民工不能享受工伤保险待遇时，建筑施工企业对工伤保险待遇赔偿承担连带赔偿责任。

◆《江苏省高级人民法院、江苏省劳动争议仲裁委员会关于审理劳动争议案件的指导意见》

第四条 没有用人单位主体资格的个人承包经营者违法招用劳动者给劳动者造成损害，劳动者请求损害赔偿的，应当将发包组织与个人承包经营者作为共同当事人。

发包组织在承担连带赔偿责任后可以依据双方签订的承包协议向个人承包经营者追偿。

◆《江苏省高级人民法院劳动争议案件审理指南》

5.……借调劳动关系，是指用人单位通过借调或劳务协议，将劳动者于一定期间内，借调到另一用人单位，接受该单位的指示与管理而形成的法律关系。因借调关系发生争议的，仍应从劳动关系的从属性特征把握此类劳动争议的适格当事人。如果原用人单位并未与劳动者协商变更劳动合同的，应认定劳动关系仍存在于原用人单位与劳动者之间，借调单位只是实际使用该劳动力的单位，故原则上仍应以原用人单位作为诉讼当事人……

◆《福建省高级人民法院关于审理劳动争议案件若干问题的意见》

18. 两个单位借调劳动者后与劳动者发生劳动争议，如果用人单位与劳动者未变更劳动合同，而与借调单位订立劳务协议，确定了劳动者待遇，劳动者实际接受该协议的，由该协议中对劳动者承扭责任的单位作为一方当事人；用人单位未与劳动者变更劳动合同或未与借调单位订立劳务协议的，由两个单位共同作为一方当事人。

34. 用人单位以承包合同形式将某项短期工程发包给私人包工负责人，由包工负责人组织临时务工人员去完成。如果包工负责人是用人单位职工的，所雇临时工的工伤待遇，由用人单位负责；如果包工负责人不是用人单位职工的，不管包工负责人是否经劳动行政部门审核批准具有用工权，所雇临时工的工伤待遇，均由包工负责人承担。

包工负责人对非法使用临时雇工所应承担的工伤责任，以其偿还能力为限，确实无力承担的，由发包方承担。

包工负责人与发包单位没有劳动关系而订立了经济承包合同，经济承包合同中对其工伤责任有约定的，按合同执行；没有约定的，由包工负责人承担。

后记

劳动法讲习所在劳动法律领域深耕多年，已取得丰硕的成果。我们在此感谢社会各界人士、企业管理者、HR、企业员工和所有被我们服务过的客户对劳动法讲习所品牌的信赖。结合多年的劳动法律实务经验和研究成果，劳动法讲习所为企业应对更加复杂的劳动法律环境变化，给企业用工合规方案提供指引，解决用工合规实际问题，促进劳资双方和谐共生。

为此，我们在写作之初就对团队定下了“讲师与律师的合作，非诉与诉讼的结合，线上和线下的交融”的工作思路，即在劳动法讲习所高级讲师王勇律师的带领下，人力资源合规培训服务的资深讲师与从事劳动法业务的律师一起参与出书体系和写作风格的探讨，旨在保证图书内容更加贴合读者的阅读感受；用工合规处理除在考虑符合法律规定之外，也考虑到劳动争议的诉讼经验，使讲解更贴近实务，避免纸上谈兵；本书除可以单独在线下作为全面、系统的企业用工合规工具书之外，还可以结合劳动法讲习所一系列线上课程搭配学习使用，使得本书的价值更具有延伸性用途。

劳动法讲习所写作团队

2021 年 5 月

图书在版编目（CIP）数据

人力资源法律风险防范体系：可视化流程指引和工具化落地方案 / 王勇主编
. — 北京：中国法制出版社，2021.6（2025.12重印）
（企业人力资源管理与法律顾问实务指引丛书）
ISBN 978-7-5216-1842-6

Ⅰ. ①人…　Ⅱ. ①王…　Ⅲ. ①企业管理 – 人力资源管理 – 劳动法 – 研究 – 中国　Ⅳ. ① D922.504

中国版本图书馆 CIP 数据核字（2021）第 079093 号

策划编辑：郭会娟（gina0214@126.com）
责任编辑：刘　悦（editor_liuyue@163.com）　　封面设计：李　宁

人力资源法律风险防范体系：可视化流程指引和工具化落地方案
RENLI ZIYUAN FALÜ FENGXIAN FANGFAN TIXI : KESHIHUA LIUCHENG ZHIYIN HE GONGJUHUA LUODI FANG'AN

主编 / 王　勇
经销 / 新华书店
印刷 / 北京虎彩文化传播有限公司
开本 / 730 毫米 × 1030 毫米　16 开　　印张 / 25　字数 / 426 千
版次 / 2021 年 6 月第 1 版　　2025 年12月第 29 次印刷

中国法制出版社出版
书号 ISBN 978-7-5216-1842-6　　定价：79.80 元

北京市西城区西便门西里甲 16 号西便门办公区
邮政编码：100053　　传真：010-63141852
网址：http://www.zgfzs.com　　**编辑部电话：010-66073673**
市场营销部电话：010-63141612　　**总编室电话：010-63141606**
（如有印装质量问题，请与本社总编室联系。）